Jakob Hauter

RUSSLANDS UNBEMERKTE INVASION

Die Ursachen des Kriegsausbruchs im ukrainischen Donbas im Jahr 2014

Mit einem Vorwort von Hiroaki Kuromiya

ibidem
Verlag

Bibliografische Information der Deutschen Nationalbibliothek
Die Deutsche Nationalbibliothek verzeichnet diese Publikation in der Deutschen Nationalbibliografie; detaillierte bibliografische Daten sind im Internet über http://dnb.d-nb.de abrufbar.

Bibliographic information published by the Deutsche Nationalbibliothek
The Deutsche Nationalbibliothek lists this publication in the Deutsche Nationalbibliografie; detailed bibliographic data are available on the Internet at http://dnb.d-nb.de.

Coverabbildung: Mitglied von Igor Girkins Gruppe vor dem Rathaus von Slowjansk am 14. April 2014
© Yevgen Nasadyuk, lizensiert unter CC BY-SA 3.0 (https://creativecommons.org/licenses/by-sa/3.0/)
Quelle: https://commons.wikimedia.org/wiki/File:2014-04-14_Sloviansk_city_council_-_3.jpg

ISBN (Print): 978-3-8382-2003-1
ISBN (E-Book [PDF]): 978-3-8382-8003-5

Printed in the EU

Danksagung

Dieses Buch ist eine aktualisierte und gestraffte Version meiner Doktorarbeit (Hauter 2022), die ich Anfang Februar 2022 verteidigt habe. Es ist all jenen gewidmet, die für eine freie und demokratische Ukraine kämpfen. Weder meine Doktorarbeit noch dieses Buch wären ohne eine Reihe von Menschen möglich gewesen, die mich auf meinem Weg unterstützt haben.

Andreas Umland inspirierte mich im Sommer 2015 in einem Café in Kyjiw dazu, die Entstehung des Donbas-Krieges zu untersuchen. Andrew Wilson interessierte sich für mein Projekt und erklärte sich bereit, mich zu betreuen, als ich mich 2018 entschied, meine Promotion in Angriff zu nehmen. Er war immer da, um neue Gedanken und Ideen einzubringen, aber er gab mir auch den nötigen Freiraum, um das Projekt auf meine eigene Weise zu entwickeln. Ben Noble half mir, meine Forschung zu fokussieren und zu strukturieren, und ermutigte mich, Teile meiner Arbeit lieber früher als später zu veröffentlichen. Sein Feedback zu meinen Entwürfen fand immer die richtige Balance zwischen Lob und konstruktiver Kritik. Er und Andrew waren das perfekte Doktorvatertandem.

Außerdem stand die Tür von Pete Duncan immer offen, und er war immer bereit, mir Rat zu geben, wenn ich ihn brauchte. Kristin Roth-Ey leitete einen sehr guten Einführungsworkshop für unsere Doktorandenkohorte, der alle Grundlagen abdeckte. Seth Graham löste sie als Tutor für Doktoranden ab und steuerte das Schiff durch den Sturm der Pandemie. Oxana Shevel, Dominique Arel und Vincent Keating waren kritische, aber hilfreiche Diskutanten bei meinen Vorträgen auf Konferenzen in Ottawa und Paris. Auch viele andere Konferenzteilnehmer gaben mir hilfreiches Feedback.

Carolin Heilig, Carlos Gómez del Tronco, Anna Stanisz-Lubowiecka, Ursula Woolley, Julia Klimova, Dave Dalton, Peter Flew, David Rypel und meine anderen Doktorandenkollegen waren während unserer gemeinsamen Zeit am SSEES großartige Zuhörer und gute Begleiter. Hiroaki Kuromiya und Mark Galeotti erklärten sich bereit, meine Doktorarbeit zu prüfen, und sprachen in ihren Berichten und während des Rigorosums wichtige Punkte an, die mir halfen, meine Arbeit weiter zu verbessern. Eyal Weizman,

Stefan Laxness und das wunderbare Team von Forensic Architecture gaben mir die Möglichkeit, an ihrer Untersuchung der Schlacht von Ilowajsk mitzuarbeiten.

Meine lieben ukrainischen Freunde Artem Schaipow, Wsewolod Masurenko, Viktoria Sawtschuk und Julia Schaipowa halfen mir, während des gesamten Projekts meine persönliche Verbindung zur Ukraine, zu ihrer Sprache und ihren Menschen aufrechtzuerhalten. Vor allem Artems Familie hat eine unglaubliche Gastfreundschaft gezeigt, als wir sie im Sommer 2018 im Donbas besuchten. Ich hoffe aufrichtig, dass sie eines Tages in ein friedliches Bachmut zurückkehren und wieder aufbauen können, was Russland zerstört hat.

Schließlich haben mir meine Frau, meine Eltern, mein Bruder und all meine anderen Freunde immer den Rücken gestärkt, während ich von meiner Arbeit und den Ereignissen im Donbas in Anspruch genommen war. Ich bin sehr dankbar für ihre Liebe, Geduld und Unterstützung.

Inhalt

Abkürzungsverzeichnis

COW	Projekt „Korrelationen des Krieges“
DNR	Donezker Volksrepublik
DOSI	digitale Informationen aus öffentlichen Quellen
DR	Donezker Republik
ESM	Eurasische Jugendbewegung
FSB	Föderaler Sicherheitsdienst (russischer Inlandsgeheimdienst)
GRU	Hauptnachrichtendirektorat (russischer militärischer Nachrichtendienst)
JIT	Gemeinsame Untersuchungskommission (für den Abschuss des Fluges MH17 der Malaysia Airlines über dem Donbas)
LNR	Luhansker Volksrepublik
MID	militärische zwischenstaatliche Auseinandersetzungen
NWO	Nesawisimoje Wojennoje Obosrenije (russische Wochenzeitung mit Schwerpunkt auf militärischen Angelegenheiten)
OSINT	Open Source Intelligence
OUN	Organisation Ukrainischer Nationalisten
PHIA	Professional Head of Intelligence Assessment (britische Regierungsinstitution)
SBU	Sicherheitsdienst der Ukraine
UCDP	Uppsala-Konfliktdatenprogramm

Vorwort

Wenn das 20. Jahrhundert den Höhepunkt und den endgültigen Untergang des Imperialismus markierte, so signalisierte das 21. Jahrhundert eine postimperialistische Welt. Als Moskau 2014 die Krim annektierte und heimlich in die Ostukraine einmarschierte, war die Welt schockiert, auch wenn es im Nachhinein betrachtet keine solche Überraschung hätte sein dürfen. Dennoch kann man Angela Merkel, der damaligen deutschen Bundeskanzlerin, nachfühlen, als sie über Russlands militärischen Angriff auf die Ukraine sagte:

> Wer hätte gedacht, dass 25 Jahre nach dem Fall der Mauer, nach dem Ende des Kalten Krieges, nach dem Ende der Teilung Europas und dem Ende der Zweiteilung der Welt so etwas mitten im Herzen Europas passieren kann? (Smale 2014)

Der Zusammenbruch eines Imperiums ist eine chaotische Angelegenheit. Er führt zu komplexen und verworrenen territorialen, ethnischen, sprachlichen und einer Vielzahl anderer Probleme und hinterlässt überall, wo er auftritt, ein leidvolles und oft boshaftes Erbe. Heute ist die Welt mit diesen Problemen und Hinterlassenschaften konfrontiert. Der Zusammenbruch des russischen (sowjetischen) Imperiums im Jahr 1991 bildet da keine Ausnahme. Edyta Bojanowska (2022) erinnert uns daran, dass „Russland der einzige europäische Staat ist, der sich darangemacht hat, seine ehemaligen imperialen Herrschaftsgebiete zurückzuerobern".

Jakob Hauters sehr lesenswertes Buch *Russlands unbemerkte Invasion* untersucht Russlands Versuch, die Ukraine 2014 zurückzuerobern, und konzentriert sich dabei auf Moskaus geheime Operationen im Donbas, von dem in jenem Jahr bedeutende Teile durch russische Militäroperationen besetzt wurden. Sowohl theoretische als auch empirische Fragen der Invasion werden eingehend behandelt. Dieses Vorwort soll den Lesern helfen, die dramatischen und folgenreichen Ereignisse des Jahres 2014 in einem breiteren historischen Kontext zu verstehen.

In den chaotischen Nachwehen des Zusammenbruchs blieb keine Region der ehemaligen Sowjetunion in einem so widersprüchlichen, rätselhaften und geradezu unverständlichen Zustand zurück wie der Donbas. Um zu verstehen, wie und warum der Krieg im Donbas 2014 ausgebrochen ist, ist es wichtig, die Gründe dafür zu untersuchen. In Hauters Buch wird der Donbas als zwei Oblasten in der Ostukraine definiert, Donezk und Luhansk, die an die Russische Föderation grenzen. Im Jahr 2014 machten sie zusammen etwa 9 Prozent des ukrainischen Territoriums und 15 Prozent der Bevölkerung des Landes aus. Der Donbas ist ein riesiges Steppengebiet, in dem sich im 19. und 20. Jahrhundert die Kohle- und Stahlindustrie entwickelte. Seine Bedeutung als industrielles Zentrum war so groß, dass er in den Stalinjahren als „Heizkessel der ganzen Union" bezeichnet wurde. Historisch gesehen war der Donbas ein Kosakenland, das „wilde Feld", so genannt, weil die konkurrierenden politischen Mächte, die es zu beherrschen versuchten - die Polnisch-Litauische Union, das Russische Reich und das Osmanische Reich - es nicht wirklich kontrollieren konnten. Das „wilde Feld" symbolisierte eine Art politisches Vakuum, in dem die Menschen Zuflucht suchen und ein gewisses Maß an Freiheit finden konnten. Seit dem 16. Jahrhundert gründeten diejenigen, die dorthin geflohen waren, militärische Bruderschaften zum Zweck der Selbstverteidigung und wurden Kosaken genannt (abgeleitet von einem türkischen Wort, das „freie Männer" bedeutet). Ihr Zentrum befand sich in Saporischschja, unmittelbar westlich des Donbas in der heutigen Ukraine. Während ein großer Teil des heutigen Donbas den (ukrainischen) Saporischschja-Kosaken gehörte, die nur nominell unter polnisch-litauischer Kontrolle standen, wurden kleinere Teile im östlichen Donbas von einer anderen Kosakengruppe beansprucht, den (russischen) Donkosaken, die etwa zur gleichen Zeit vor allem von denjenigen gegründet und entwickelt wurden, die vor der autokratischen Moskauer Herrschaft geflohen waren, als diese die Leibeigenschaft ausweitete und vergrößerte. Ein großer Teil dieses kleineren Gebiets kam im 17. Jahrhundert unter moskowitische Herrschaft. Die Gebiete der Saporischschja-Kosaken (der Großteil des heutigen Donbas) kamen im 18. Jahrhundert unter russische Herrschaft, als die russische Zarin Katharina II. die freien Menschen und ihre Ländereien eroberte und der autokratischen Herrschaft Russlands unterwarf. Dieser große Landraub Russlands umfasste auch die Krim. Katharina nannte die neu erworbenen Ländereien am Nordufer des Schwarzen Meeres „Neurussland“, ein Ausdruck unverhohlener imperialistischer Hybris.

Da der Donbas historisch gesehen ein nichtrussisches Gebiet war, lud die russische Regierung ethnische Russen, Deutsche und viele andere ein, sich in „Neurussland“ niederzulassen. Die Entdeckung riesiger Kohlevorkommen im Donbas und die anschließende rasche Industrialisierung Ende des 19. Jahrhunderts und in der ersten Hälfte des 20. Jahrhunderts hatten weitere Auswirkungen auf die ethnische Zusammensetzung des Donbas. Ethnische Russen begannen, sich massenhaft in den Städten und Bergwerken anzusiedeln und hinterließen im Donbas starke kulturelle und sprachliche Spuren. Die Verkehrssprache des gesamten Donbas, wie auch des größten Teils von Neurussland, wurde Russisch, während das überwiegend von ethnischen Ukrainern bewohnte Umland im Allgemeinen die ukrainische Sprache beibehielt. In der Geschichte des Donbas bildeten ethnische Russen jedoch nie eine Mehrheit. Bei der letzten sowjetischen Volkszählung von 1989 lag der Anteil der ukrainischen Bevölkerung bei knapp über 50 Prozent. Der Anteil der ethnischen Russen war zwar beträchtlich, betrug aber höchstens etwa 44 Prozent. Seit der Unabhängigkeit der Ukraine ist der Anteil der ethnischen Russen auf unter 40 Prozent gesunken.

Trotz der Veränderungen durch die Industrialisierungswellen und die brutale sowjetische Herrschaft von 1918 bis 1991 hat der Donbas seinen Ruf als wilde und freie Steppe nie wirklich verloren. Die Industrialisierung des Donbas sowohl in der zaristischen als auch in der sowjetischen Zeit schuf enorme Möglichkeiten für alle Arten von Menschen, die nach Freiheit strebten: Glücksritter, Kriminelle, Abenteurer, Arme und Verzweifelte sowie Menschen, die vor politischer, wirtschaftlicher und religiöser Verfolgung flohen. Selbst in der Zeit der härtesten Repressionen unter Stalin behielt der Donbas seinen Ruf als Zufluchtsort für Freiheitssuchende. Viele, die vor Stalins Kollektivierung und Entkulakisierung (Enteignung der Bauern) flohen, versteckten sich im wahrsten Sinne des Wortes und im übertragenen Sinne im Untergrund des Donbas als Bergarbeiter (Kuromiya 1998). Besonders interessant ist, dass nach dem Zweiten Weltkrieg ukrainischen Partisanen, die einen aussichtslosen Krieg gegen die sowjetischen Streitkräfte führten und nicht in den Westen fliehen konnten, geraten wurde, sich im Donbas zu verstecken (Armstrong 1990, 221). Trotz der ständigen Bedrohung durch politische Verfolgung ist der Donbas über weite Strecken seiner modernen Geschichte ein Land der Zuflucht und Freiheit geblieben.

Der Donbas war und bleibt für viele Außenstehende ein Rätsel. Fast jede politische Partei hat sich im Donbas die Finger verbrannt. Das war in der Vergangenheit so und ist so geblieben. In diesem Sinne war der Donbas schon immer ein berüchtigter politischer Spielplatz.

Der Grund dafür liegt vor allem in der scheinbar widersprüchlichen Natur des Donbas, der für die einen Freiheit, für die anderen aber Versklavung durch die gefährliche, harte und ausbeuterische Arbeit in den Kohlebergwerken bedeutet (Kultschyzkyj und Jakubowa 2016, 18-20). Ebenso wichtig ist das starke Vorurteil innerhalb der Ukraine gegenüber dem Donbas als „unkultiviertem", rohem Land. Vor nicht allzu langer Zeit bezeichnete einer der bekanntesten zeitgenössischen ukrainischen Intellektuellen den Donbas als ein außereuropäisches „proto-kulturelles Ödland", das „leicht der politischen Manipulation in Verbindung mit einer Schwarz-Weiß-Sicht auf die Welt erliegt". Seine Bewohner nannte er „mittelalterlich-feudal" und „Cro-Magnon-Neandertaler" (Andruchowytsch 2005, 3; 2006, 10-11).

Obwohl es keine Frage ist, dass es Unterdrückung und Ausbeutung gab, stand der Donbas zumindest bis vor kurzem für Freiheit. Diesen Widerspruch teilt der Donbas mit Amerika, das für viele Nichtweiße, seltsam genug, sowohl Freiheit als auch Unterdrückung verkörpert. Zum Leidwesen aller politischen Parteien hat sich der Donbas als Ganzes nie auf eine bestimmte politische Ausrichtung festgelegt, genau wie die ukrainischen Kosaken, deren ständig wechselnde Bündnisse alle Beteiligten (Polen, Russen und Osmanen) verärgerten.

Doch der Donbas war und ist weit davon entfernt, ein prinzipienloses Söldnergebiet zu sein, das leicht von äußeren Kräften manipuliert werden kann. Seine scheinbar zerrissene und verwirrende politische Ausrichtung war und ist in Wirklichkeit eine klar definierte Selbstverteidigungsstrategie, die für Grenzregionen im Allgemeinen typisch ist, um mit konkurrierenden politischen Kräften von außen, denen man misstraut, fertigzuwerden. Der Donbas als „freies" Land hat nie aufgehört, Flüchtlinge anzuziehen. Tatsächlich versuchten Menschen, die nirgendwo hinkonnten, ihr Glück im Donbas. So war es auch in der späten Stalinzeit mit dem Vater von Anatoli Schtscharanski (heute ein israelischer Politiker), der wegen des Antisemitismus in Odesa nicht arbeiten konnte und in den Donbas geschickt wurde: „Versuchen Sie Ihr Glück in Stalino [dem heutigen Donezk]" (Kuromiya 1998, 325). Wenn die Freiheit die Essenz der ukrainischen nationalen Identität darstellt, dann verkörpert der Donbas sie historisch gesehen. Das bedeutet auch, dass der Donbas nicht nur Freiheitssuchende, sondern auch alle Arten von Intriganten und politischem „Gesindel" angezogen hat, die anderswo nicht ihren Geschäften nachgehen konnten. In den Jahren vor 2014 hat Russland mit ziemlicher Sicherheit solche Agenten ungehindert in den Donbas entsandt.

Es stimmt, der Donbas war ein Sorgenkind für die Machthaber. Doch das bedeutete nicht, dass der Donbas nach dem Zusammenbruch der Sowjetunion die Integration in die Ukraine ablehnte. Im Gegenteil: 1991 unterstützte die Bevölkerung des Donbas mit überwältigender Mehrheit die Unabhängigkeit der Ukraine, über 80 Prozent der Bevölkerung stimmten für die Unabhängigkeit. Obwohl die ukrainische Politik die Bevölkerung des Donbas letztlich enttäuschte und die Unzufriedenheit zunahm, sahen die Menschen im Donbas ihre Zukunft nach wie vor in einer unabhängigen Ukraine. Vor 2014 gab es im Donbas nur wenige Anzeichen für separatistische Bestrebungen oder Bewegungen. Populärer Separatismus entstand erst nach der russischen Intervention im Donbas im Jahr 2014. Hauter hat völlig Recht: „Separatistisches Gedankengut kann einen Konflikt verursachen, aber ein Konflikt kann auch separatistisches Gedankengut hervorrufen" (siehe Abschnitt 1.3.2.5. in diesem Buch). Es war ein von außen herbeigeführter Konflikt, der 2014 den Separatismus in den Donbas brachte.

In den Jahren bis 2014 verlief die politische Integration des Donbas in die ukrainische Politik in aller Stille. Anstatt sich von der Ukraine abzuspalten, versuchten die Politiker des Donbas, die Macht in der Hauptstadt Kyjiw zu übernehmen. In den Jahren 2004-

2005 scheiterten sie an der „Orangenen Revolution", doch 2010 hatten sie Erfolg, als Viktor Janukowitsch, ein von Moskau unterstützter Politiker aus dem Donbas, zum Präsidenten der Ukraine gewählt wurde. Durch Janukowitsch versuchte Moskau, die Ukraine zu kontrollieren. Als ukrainischer Politiker war er jedoch nicht in allen Fragen einer Meinung mit Moskau. Nichtsdestotrotz führten die Politik und der Regierungsstil von Janukowitschs Regierung, die von Moskaus Machenschaften hinter den Kulissen beeinflusst waren, 2013/2014 zu einem Massenaufstand in Kyjiw (die „Revolution der Würde" oder „Maidan-Revolution"). Zunächst schien Janukowitsch nicht den Mut zu haben, Demonstranten zu töten, doch schließlich starben mehrere Dutzend von ihnen durch die Hände der Sicherheitskräfte, möglicherweise mit heimlicher Beteiligung russischer Agenten. Janukowitsch widersetzte sich den Befehlen Wladimir Putins am Präsidentenamt festzuhalten und floh. Die militärische Besetzung der Krim durch Russland folgte unmittelbar im Februar 2014. Kurz darauf marschierte Russland in den Donbas ein.

Zugegeben, das Misstrauen gegenüber Kyjiw und die Unzufriedenheit waren im Donbas schon während der Janukowitsch-Ära spürbar, doch gab es keinen Separatismus in der Bevölkerung. Die Menschen im Donbas mögen dazu beigetragen haben, Janukowitsch 2010 zu wählen, doch war er dort als „Dieb aus Jenakijewe [Janukowitschs Heimatstadt im Donbas]" und als „Schande des Donbas" bekannt (Studenna-Skrukwa 2014, 284-285). Janukowitsch und seine Bande waren „Banditen", aber sie waren „*unsere* Banditen" (Hervorhebung hinzugefügt). Ein Arbeiter aus dem Donbas bemerkte recht aufschlussreich: „Janukowitsch ist ein Krimineller [...] alle Regierungen sind kriminell" (Kuromiya 2019, 249).

Die Behauptung Putins, dass es im Donbas Feindseligkeit gegenüber ethnischen Russen oder russischsprachigen Menschen gebe, ist schlichtweg lächerlich. Selbst Pawel Gubarew, der zu einem der Separatistenführer im Donbas geworden war, verkündete offen, dass „hier [im Donbas] keine ethnische Feindschaft herrscht" (Kuromiya 2019, 246).

Das Fehlen ethnischer Feindschaft in einem ethnisch gemischten Gebiet bedeutete, dass der Donbas ein großes Potenzial für einen demokratischen und zivilen (im Gegensatz zu einem ethnischen) Nationalismus besaß. Während des Zweiten Weltkriegs arbeitete Jewhen Stachiw im Donbas als Agent der Organisation Ukrainischer Nationalisten (OUN) und stellte fest, dass die Menschen im Donbas den OUN-Ideologen Dmytro Donzow als „Faschisten" betrachteten. Unter dem Einfluss der Menschen im Donbas gab Stachiw, der einst das spanische Franco-Regime idealisiert hatte, „einen eng definierten ukrainischen Nationalismus auf und vertrat das Ideal einer demokratischen Ukraine ohne Diskriminierung ihrer nationalen Minderheiten". Bis zu seinem Tod viele Jahre später blieb Stachiw der Bevölkerung des Donbas für seine demokratische Bekehrung dankbar (Stachiw 1995, 133-134, 308). Der Donbas war alles andere als eine antidemokratische Bastion, sondern übte einen demokratisierenden Einfluss auf die ukrainische Politik aus.

Der offene, freie und scheinbar unbestimmte Charakter des Donbas erleichterte jedoch eine heimliche politische und militärische Intervention von außen. Putin machte sich die in der Ukraine und darüber hinaus vorherrschenden Vorurteile gegenüber dem Donbas zunutze und behauptete absurderweise, der Donbas sei nicht ukrainisch, sondern historisch bedingt und von Natur aus russisch, und es herrsche dort Verfolgung gegen ethnische Russen und russischsprachige Menschen. Darüber hinaus behauptete Putin, ein ehemaliger Geheimdienstoffizier des sowjetischen (kommunistischen) Staates, in einer Art bösartigem Scherz, dass er Kyjiw bei seinen Bemühungen um eine „Entkommunisierung" der Ukraine helfen würde, indem er die Ukraine als solche zerstöre. Schließlich, so Putin, sei es Wladimir I. Lenin gewesen, der das „künstliche" Gebilde namens Ukraine geschaffen habe und es von Russland abtrennte; es sei ebenfalls Lenin gewesen, der sich 1918 gegen die Abtrennung des Donbas und der umliegenden Regionen von der Ukraine aussprach und die (von einigen wenigen Bolschewiken geschaffene) „Republik Donez-Kriwoi Rog" auflöste und sie der Ukraine einverleibte (Putin 2022a). Mit anderen Worten: Putin greift nun Lenin und die Bolschewiki als antirussisch und proukrainisch an.

Die russischen Streitkräfte verwenden heute ein zweibändiges Lehrbuch über Maskirowka (Tarnung), das nach eigenen Angaben „dreimal so lang wie Leo Tolstois Krieg und Frieden" ist (Ash 2015).

Desinformation, Tarnung, Verschwörung und verdeckte Subversion sind der Kern von Putins politischen Operationen. Er hat sie von der umfassenden, aber weitgehend unerforschten Erfahrung des Sowjetstaates geerbt. Bei seinem Griff nach „Neurussland" im Jahr 2014 setzte er alle diese Mittel ein.

Putins verdeckte Operationen haben viele westliche Akademiker und Beobachter getäuscht, die selbst nach dem großangelegten Einmarsch Russlands in die Ukraine im Jahr 2022 immer noch behaupten, dass der Krieg, der 2014 im Donbas tobte, im Wesentlichen ein Bürgerkrieg war. Hauters akribische und methodisch rigide Analyse der Ereignisse von 2014 macht überdeutlich, dass sie falsch liegen: Der Krieg war ein zwischenstaatlicher Krieg, der durch Russlands verdeckte militärische Invasion ausgelöst wurde.

Hiroaki Kuromiya
Indiana University Bloomington, USA

1. Einleitung

Der 24. Februar 2022 wird als der Beginn des Krieges in der Ukraine in die Geschichte eingehen. Das ist verständlich, aber unzutreffend. Als Russland 2022 seine großangelegte Invasion startete, hatte die Ukraine bereits fast acht Jahre lang einen bewaffneten Konflikt in ihrer östlichen Donbas-Region erleben müssen.[1]

Die Gewalt im Donbas brach erstmals im Frühjahr 2014 aus, kurz nach der Maidan-Revolution in Kyjiw und der Annexion der Krim durch Russland. Die Kämpfe erreichten ihren ersten Höhepunkt im August 2014. In den darauffolgenden Jahren nahmen die Feindseligkeiten an Intensität ab, hörten aber nie ganz auf. Nach Schätzungen der Vereinten Nationen verloren zwischen April 2014 und Dezember 2021 zwischen 14.200 und 14.400 Menschen ihr Leben infolge des Krieges (OHCHR 2022, 3).

Was 2014 im Donbas geschah, ist ein untrennbarer Teil der Geschichte des Krieges in der Ukraine. Um die Ereignisse zu verstehen, die die Welt im Jahr 2022 erschütterten, ist es entscheidend, die Gründe für die erste Eskalation der Gewalt acht Jahre zuvor zu verstehen. Diese Gründe werden jedoch nicht nur in der politischen und medialen Diskussion um die Invasion von 2022, sondern auch in der wissenschaftlichen Literatur kontrovers diskutiert. Im Mittelpunkt dieser Kontroverse steht die Frage, ob es sich bei den Ereignissen von 2014 in erster Linie um einen ukrainischen Bürgerkrieg oder in Wirklichkeit um eine getarnte russische Invasion handelte. Die Antwort auf diese Frage hat wichtige Auswirkungen auf die Interpretation der dramatischen Eskalation von 2022 und auch auf die weitere Forschung zu Kriegsursachen in der Ukraine und anderswo. Aus diesem Grund verdient sie die Aufmerksamkeit dieses Buches.[2]

---

1 In diesem Buch wird der Begriff Donbas für zwei Verwaltungsregionen (*Oblasten)* der modernen Ukraine verwendet – die Oblast Donezk und die Oblast Luhansk. Dies ist die heute am häufigsten verwendete Definition. Historisch gesehen wurde der Begriff Donbas aber auch für ein größeres Gebiet verwendet, das weitere Teile der heutigen Ukraine und Russlands umfasst. Eine ausgezeichnete regionale Geschichte des Donbas findet sich in Kuromiya (1998).

2 Dieses Buch ist eine aktualisierte und gestraffte Version meiner Doktorarbeit (Hauter 2022), die ich Anfang Februar 2022 verteidigt habe.

Gleichzeitig veranschaulicht dieses Buch, wie sich die Konfliktforschung an die wachsende Bedeutung moderner Informationstechnologie anpassen kann. Der Donbas-Krieg von 2014 war einer der ersten Konflikte im Zeitalter der sozialen Medien. Für die Forschung ist dies Segen und Fluch zugleich (Hauter 2021c, 1-2). Einerseits bietet das Internet einen noch nie dagewesenen Zugang zu Informationen aus Konfliktgebieten. Andererseits erschwert die Verbreitung von Desinformation eine transparente und überzeugende Nutzung dieser Informationen. Somit hat das Internet das Potenzial, die Suche nach Kriegsursachen auf zwei gegensätzliche Arten zu beeinflussen. Es kann entweder zusätzliches Licht auf diese Ursachen werfen oder sie weiter verdunkeln. Die akademische Forschung hat sich bisher hauptsächlich auf das Problem der Verschleierung konzentriert, indem sie untersucht hat, wie Konfliktparteien und ihre Unterstützer das Internet zu einem Propagandaschlachtfeld gemacht haben. Dieses Buch wird das Gegenteil tun. Es wird zeigen, wie eine Analyse von Onlinemedien mehr Klarheit über die Ursachen eines Krieges schaffen kann.

Darüber hinaus befasst sich dieses Buch mit Fragen von Ursache und Wirkung, die über den Fall der Ukraine hinausgehen. Wie können wir zwischen Bürgerkrieg und zwischenstaatlichem Krieg unterscheiden, wenn viele Konflikte sowohl interne als auch internationale Komponenten aufweisen? Wie können wir eine Hauptursache identifizieren, wenn ein Krieg erst durch viele miteinander verknüpfte Bedingungen ermöglicht wird? Und wie gehen wir in einem aufgeheizten politischen Klima mit Unsicherheit und einer lückenhaften Beweislage um?

Ich werde in zehn Kapiteln vorgehen. Der Rest dieser Einleitung gibt einen Überblick darüber, wie sich die akademische Forschung mit den Ursachen von Krieg im Allgemeinen und dem besonderen Fall des Donbas auseinandergesetzt hat. In Kapitel zwei wird ein Modell der Eskalation des Donbas-Krieges entwickelt, um die Entwicklung des Konflikts zu veranschaulichen. Diesem Modell zufolge umfasste die Entstehungsphase des Krieges den Zeitraum zwischen Anfang April und Ende August 2014 und bestand aus sechs kritischen Wendepunkten. In Kapitel drei wird die Prozessanalyse als die Methode der Wahl für die Untersuchung der Ursachen dieser Wendepunkte vorgestellt. Es wird erläutert, was die Prozessanalyse ist, wie sie zur Untersuchung von Kriegsursachen eingesetzt wird und wie sie für das Internetzeitalter auf den neuesten Stand gebracht werden kann, indem sie mit der Analyse digitaler Informationen aus öffentlichen Quellen (DOSI) kombiniert wird. In den Kapiteln vier bis neun wird die entwickelte Methodik verwendet, um die Ursachen für jeden Wendepunkt im Eskalationsmodell zu untersuchen. In jedem Kapitel werden die verfügbaren Belege aus öffentlichen Quellen mit den widersprüchlichen Hypothesen verglichen, die dem Streit über die Ursachen des Krieges zugrunde liegen. Zwei dieser Kapitel kommen zu dem Ergebnis, dass der von ihnen untersuchte Wendepunkt in erster Linie durch interne ukrainische Faktoren verursacht wurde. In vier Kapiteln wird das Vorgehen Russlands als Hauptursache identifiziert. Auf dieser Grundlage kommt Kapitel zehn zu dem Schluss, dass es angemessen ist, den Donbas-Konflikt 2014 in erster Linie als einen zwischenstaatlichen Krieg zwischen Russland und der Ukraine zu bezeichnen.

Der Rest dieser Einführung besteht aus drei Teilen. Zuerst werde ich einen Überblick über die wissenschaftliche Forschung zu den Arten und Ursachen von Kriegen geben. Als Zweites werde ich erläutern, warum qualitative Forschung zu einzelnen Konflikten eine unverzichtbare Ergänzung zur quantitativen Forschung ist, insbesondere im Zeitalter der sozialen Medien. Im dritten Teil werde ich den Fall des Donbas im Jahr 2014 und die Kluft zwischen Befürwortern interner und externer Ursachen vorstellen. Ich werde argumentieren, dass Studien auf beiden Seiten dieser Kluft derzeit theoretische und methodische Mängel aufweisen.

1.1. Die Erforschung des Krieges

Die Erklärung des Ausbruchs von Kriegen ist eine der großen Aufgaben sozialwissenschaftlicher Forschung. Gleichzeitig ist Krieg ein komplexes und vielschichtiges Phänomen. Aus diesem Grund plädieren viele Wissenschaftler für eine Unterscheidung zwischen verschiedenen Arten von Kriegen als ersten Schritt zu einem besseren Verständnis des Krieges im Allgemeinen. Bei Kriegen, die bestimmte Merkmale aufweisen, lassen sich gemeinsame Ursachen und Abhilfemaßnahmen möglicherweise leichter erkennen. Auf

Grundlage dieser Annahme haben Wissenschaftler verschiedene Kriegstypologien entwickelt. Midlarsky (1990, 173) schlägt zum Beispiel eine Unterscheidung zwischen systemischen und dyadischen Kriegen vor. An einem systemischen Krieg sind „alle Hauptmächte innerhalb des Systems" beteiligt, und er „reicht bis in die Tiefen der Gesellschaft und betrifft fast alle Zivilisten". Dyadische Kriege sind eher begrenzte Konflikte. Ein weiteres Beispiel ist die Unterscheidung zwischen regulären und irregulären Kriegen (Kalyvas 2006, 67-70; M.L.R. Smith 2012, 615-616). Bei regulären Kriegen kommt es zu offenen Zusammenstößen zwischen bewaffneten Verbänden auf Schlachtfeldern oder entlang von Frontlinien. In irregulären Kriegen sind die Kämpfer und Frontlinien weniger klar definiert.

Die am weitesten verbreitete und allgemein akzeptierte Kriegstypologie ist jedoch die Unterscheidung zwischen Bürgerkrieg und zwischenstaatlichem Krieg. Laut Kalyvas (2006, 18-19) geht die Unterscheidung zwischen internem oder Bürgerkrieg einerseits und externem oder zwischenstaatlichem Krieg andererseits weit in die europäische Geschichte zurück und wurde von Denkern wie Thukydides, Platon, Aristoteles, Grotius und Hobbes verwendet. Heute wird diese Unterscheidung von den meisten Konfliktforschern akzeptiert, und die Ursachen von Bürgerkriegen und zwischenstaatlichen Kriegen werden in separaten akademischen Debatten diskutiert.

In einer Übersicht von Cederman und Vogt (2017, 1995) wird festgestellt, dass die wissenschaftliche Literatur zu den Ursachen von Bürgerkriegen von drei Erklärungslogiken dominiert wird: Missstände, Habgier und Gelegenheiten. Erklärungen, die sich auf Missstände konzentrieren, argumentieren, dass Bürgerkrieg das Ergebnis von Ungerechtigkeit ist. Erklärungen, die sich auf die Habgier konzentrieren, sehen den Bürgerkrieg als Ergebnis des Versuchs von Individuen, ihren Gewinn zu maximieren. Erklärungen, die sich auf Gelegenheiten konzentrieren, argumentieren, dass die Umstände, die den Ausbruch eines Bürgerkriegs begünstigen, wichtiger sind als die Motive der beteiligten Akteure.

Die Forschung zu den Ursachen zwischenstaatlicher Kriege konzentriert sich dagegen hauptsächlich auf das Machtgleichgewicht zwischen Staaten und die Entscheidungsstrategien ihrer

Anführer. Die Theorie der Schritte zum Krieg von Vasquez (1993) beispielsweise besagt, dass zwischenstaatliche Kriege das Ergebnis von Rüstungswettläufen und Bündnisbildungen - die in der Regel zwischen Nachbarn aufgrund territorialer Streitigkeiten stattfinden - in Kombination mit einer Dominanz von Falken gegenüber kompromissbereiten Entscheidungsträgern auf nationaler Ebene sind. Befürworter der Angriffs-Verteidigungs-Theorie argumentieren, dass „Krieg wahrscheinlicher ist, wenn Eroberung einfach ist" (van Evera 1999, 117). Johnson und Tierney (2011, 7) schlagen eine „Rubikon-Theorie des Krieges" vor, nach der Entscheidungsträger von einer „deliberativen" zu einer „umsetzungsorientierten" Denkweise übergehen, sobald sie „glauben, einen psychologischen Rubikon überschritten zu haben und einen Krieg als unmittelbar bevorstehend wahrnehmen". Sie argumentieren, dass dieser Wechsel der Denkweise einen Krieg wahrscheinlicher macht. Fearon (1995) hingegen argumentiert, dass unvollständige Informationen und die Unfähigkeit, dem Gegner zu vertrauen, die beiden Schlüsselfaktoren sind, die rationale Akteure dazu bringen, den Krieg dem Frieden vorzuziehen.

Diese Liste der vorgeschlagenen Erklärungen für Bürgerkriege und zwischenstaatliche Kriege ist keineswegs erschöpfend. Verschiedene Übersichten über die wissenschaftliche Literatur haben auf die Vielfalt der Ansätze und Ergebnisse hingewiesen (siehe zum Beispiel Dixon 2009; Levy 1998; Levy und Thompson 2010; Sambanis 2002; Smith 2004; Suganami 1996, 43-113). Bis heute besteht wenig Einigkeit über die relative Bedeutung der von verschiedenen Wissenschaftlern vorgeschlagenen Kriegstypologien und -ursachen oder die Art und Weise, wie sie miteinander interagieren. Auch über die Methoden, mit denen ein solcher Konsens erreicht werden könnte, besteht keine Einigkeit.

1.2. Die Unabdingbarkeit der Fallstudienanalyse

Quantitative Methoden spielen eine zentrale Rolle bei der Suche nach den Ursachen von Kriegen. Wissenschaftler kodieren Merkmale von Kriegen als Zahlen und führen Regressionsanalysen durch, um Korrelationen zu ermitteln. Die Popularität dieses Ansatzes hat zur Einrichtung großer Konfliktdatenbanken geführt.

Die bekanntesten davon sind das Projekt „Korrelationen des Krieges“ (COW) (Sarkees und Wayman 2010; Dixon und Sarkees 2015; Palmer et al. 2021; Maoz et al. 2019) und das Uppsala-Konfliktdatenprogramm (UCDP) (Pettersson und Öberg 2020; Gleditsch et al. 2002).

Eine frühe Kritik an diesem Ansatz stammt von Dessler (1991). Er argumentiert, dass eine ausschließliche Konzentration auf Korrelationen zu einer Zersplitterung des Wissens führt, da es eine Vielzahl von Möglichkeiten gibt, wie verschiedene Faktoren entweder zusammenwirken oder zufällig zusammentreffen können. Dessler fordert stattdessen eine „kausale Theorie des Krieges“, die sich auf die Mechanismen konzentriert, die den Korrelationen zugrunde liegen. Wie diese Theorie aussehen soll, sagt er nicht, aber es ist klar, dass sie die eingehende Untersuchung einzelner Kriege erfordern würde.

Zwanzig Jahre nach Desslers Artikel besteht die Kluft zwischen Befürwortern und Kritikern korrelationsbasierter Ansätze fort. Die quantitative sozialwissenschaftliche Konfliktforschung floriert weiterhin. Daneben gibt es eine eingehende Forschung zu Einzelfällen, die jedoch häufig Historikern und Fachleuten für Regionalstudien überlassen wird. Dies wäre unter zwei Bedingungen kein Problem. Erstens müssten Historiker und Regionalwissenschaftler, die über Krieg schreiben, auf ihre Methodik achten und überlegen, wie ihre Forschung andere Forschende, die verschiedene Fälle vergleichen und sich auf das Gesamtbild konzentrieren, informieren und anleiten kann. Zweitens müssten Forschende der quantitativen Konfliktforschung die Ergebnisse von Fallstudien ernst nehmen und sie bei ihren Kodierungsbemühungen berücksichtigen. In der Praxis werden diese Bedingungen nur selten erfüllt. Wissenschaftler wie Mahoney (2008) und Seawright (2016) haben auf kompatible Aspekte und Synergieeffekte von quantitativen und qualitativen Methoden hingewiesen. Dennoch ist die mangelnde Interaktion zwischen beiden nach wie vor ein Problem, sowohl in der Konfliktforschung als auch in den Sozialwissenschaften im Allgemeinen. In der quantitativen Forschung wird häufig die Notwendigkeit einer eingehenden Untersuchung von Einzelfällen außer Acht gelassen. Qualitative Fallstudienforschung hingegen vernachlässigt oft die Notwendigkeit, über die Nuancen des

Einzelfalls hinaus zu blicken, was zu einem Mangel an konzeptioneller und methodologischer Strenge führt.

Eine genauere Betrachtung der quantitativen Konfliktforschungsliteratur und der potenziellen Unklarheiten in Bezug auf die grundlegendsten Parameter eines Konflikts verdeutlicht den Bedarf an qualitativ hochwertigen Fallstudien und einem quantitativ-qualitativen Dialog. Ein Beispiel ist das Datum des Konfliktbeginns. Den Beginn eines Krieges zu definieren, kann eine schwierige Aufgabe sein – manchmal sogar in Fällen mit einem scheinbar offensichtlichen Anfangsdatum, wie einer offiziellen Kriegserklärung oder der Landung einer Invasionstruppe. Gewalt kann diesen Ereignissen vorausgehen, oder sie kann erst mit erheblicher Verzögerung ausbrechen. In anderen Fällen gibt es vielleicht gar kein offensichtliches Anfangsdatum. Gewalt kann sich einfach einschleichen, während Spannungen zunehmen. Dennoch benötigen Wissenschaftler, die quantitative Forschung betreiben, eine genaue Definition des Konfliktbeginns. Komplexe Kodierungsregeln sind die Folge. Im UCDP wird beispielsweise der Tag des ersten kampfbedingten Todesopfers als erstes Anfangsdatum eines bewaffneten Konflikts erfasst. Der Tag, an dem die Gesamtzahl der kampfbedingten Todesfälle 25 übersteigt, wird als zweites Anfangsdatum festgehalten. Ein bewaffneter Konflikt wird rückwirkend als Krieg kategorisiert, wenn die Gesamtzahl der kampfbedingten Todesfälle in einem bestimmten Jahr 1000 übersteigt (Pettersson 2020, 5-6).[3] Nach diesen Kodierungsregeln hängt das Anfangsdatum eines Krieges von drei Entscheidungen der Forschenden ab, die die Kodierung vornehmen. Erstens müssen sie Datenquellen auswählen, die genaue Opferzahlen liefern. Zweitens müssen sie prüfen, ob diese Opfer im Zusammenhang mit bewaffneten Kämpfen stehen und nicht beispielsweise das Ergebnis eines Massakers sind, an dem nur eine Seite mit Waffengewalt beteiligt war. Drittens müssen sie entscheiden, wie sie mit Fällen umgehen, in denen verschiedene Quellen widersprüchliche Informationen liefern. Wie komplex diese Entscheidungen sind, hängt von der Informationsumgebung

3 Diese Unterscheidung zwischen Krieg und bewaffnetem Konflikt ist für die Argumentation in diesem Buch nicht relevant. Aus diesem Grund verwende ich die Begriffe „Krieg", „bewaffneter Konflikt" und „Konflikt" synonym.

ab, in der der Konflikt stattfindet. Je größer die Anzahl der verfügbaren Quellen und je mehr die Konfliktparteien versuchen, die Informationen, die das Konfliktgebiet verlassen, zu verzerren, desto komplexer werden die Kodierungsentscheidungen.

In Fällen besonders widersprüchlicher Informationsumgebungen erreicht die Komplexität dieser Kodierungsentscheidungen ein Niveau, das in einer Fußnote oder einem methodischen Anhang nicht mehr ausreichend behandelt werden kann. In solchen Fällen ist eine separate qualitative Untersuchung erforderlich, um die Kodierungsentscheidungen zu begründen. Darüber hinaus beschränken sich die Herausforderungen bei der Kodierung nicht auf vergleichsweise einfache Parameter wie das genaue Datum des Kriegsbeginns oder die genaue Zahl der Gefallenen. Sie können auch grundlegendere und komplexere Parameter betreffen, wie die Art des Konflikts oder die Rolle der beteiligten Akteure. Die Kategorisierung eines Krieges und die Bestimmung der Rolle der beteiligten Akteure erfordern mehr konzeptionelle und methodische Vorarbeit als die Zählung der kampfbedingten Todesopfer. Sie benötigen einen genaueren Blick auf Fragen von Ursache und Wirkung sowie auf die Definitionen, die Konflikttypologien zugrunde liegen. Daher können quantitative Konfliktforscher in vielen Fällen eigentlich nur im Dialog mit Historikern und Regionalwissenschaftlern, die auf der Grundlage ihres regionalen Fachwissens Fallstudien beisteuern, akkurate Kodierungsentscheidungen treffen. Leider scheint ein solcher Dialog jedoch nicht Teil der derzeitigen Praxis des UCDP oder des COW zu sein.

1.3. Der Donbas im Jahr 2014: Bürgerkrieg oder Invasion?

Ein Paradebeispiel für einen Krieg, der einer eingehenden qualitativen Fallstudie mit Schwerpunkt auf Kausalität bedarf, ist der Krieg, der 2014 im ostukrainischen Donbas begann. Das reichhaltige, aber undurchsichtige Informationsumfeld, in dem sich dieser Konflikt entfaltete, und die politischen und wissenschaftlichen Kontroversen um seine Natur und Ursachen machen ihn zu einem Extremfall (Gerring 2007, 101-105), was die Komplexität von Kodierungsentscheidungen angeht. Dieser Extremfall könnte jedoch durchaus zur neuen Normalität werden, da das Internet das Wissen über zeitgenössische Konflikte zunehmend prägt. Dies würde den Donbas-Konflikt zu einem typischen Fall (Gerring 2007, 91-97) eines Krieges machen, der im Zeitalter der modernen Informationstechnologie geführt wird. So oder so ist der Fall des Donbas im Jahr 2014 ideal, um zu veranschaulichen, wie die vergleichende Erforschung von Kriegsursachen von regionaler Expertise und der eingehenden Untersuchung von Einzelfällen profitieren kann.

Die politische Darstellung des Ausbruchs der militarisierten Gewalt im Donbas ist von grundlegenden Meinungsverschiedenheiten über das Wesen und die Ursachen des Konflikts geprägt. Die ukrainische Staatsführung hat den Krieg von Anfang an als einen russischen Angriff dargestellt. Als der damalige Interimspräsident der Ukraine Oleksandr Turtschynow am 13. April 2014 bekannt gab, dass seine Regierung eine Militäroperation im Osten des Landes eingeleitet habe, erklärte er, diese Entscheidung sei getroffen worden, nachdem „von der Russischen Föderation koordinierte terroristische Einheiten" mehrere Verwaltungsgebäude in der Oblast Donezk besetzt hätten (Turtschynow 2014b). Seitdem hat sich an der Linie Kyjiws nichts geändert: Die Ukraine verteidigt sich seit 2014 gegen Russland, das damals den Südosten der Ukraine sowohl mit Spezialeinheiten als auch mit regulären Streitkräften angriff. Einheimische, die gegen Kyjiw-treue Kräfte kämpften, sind „Terroristen" oder „Söldner" in Moskaus Diensten. Die russische Staatsführung hingegen leugnet jegliche Beteiligung an dem Konflikt vor 2022, die über humanitäre Hilfe für die notleidende Zivilbevölkerung hinausgeht. Sie hat die Anwesenheit einiger Freiwilliger mit russischer Staatsbürgerschaft unter den separatistischen Kräften im Donbas zugegeben, aber behauptet, diese hätten sich dem Konflikt auf eigene private Initiative angeschlossen und hätten keinerlei Verbindungen zum russischen Staat. Nach Ansicht Moskaus handelt es sich bei dem 2014 begonnenen Konflikt um einen Bürgerkrieg. Die Bevölkerung des Donbas lehnte sich gegen ein illegitimes Regime westlich unterstützter Nationalisten auf, die in Kyjiw einen Staatsstreich durchgeführt hatten. Das Regime setzte das Militär ein, um die Rebellion zu unterdrücken, was zum Ausbruch des Krieges führte. Russland war ein Vermittler – ein Fürsprecher für die von der Kyjiwer Militäroperation betroffenen

Zivilisten –, aber keineswegs eine Konfliktpartei. Präsident Putin wiederholte dieses Narrativ nicht nur, als er den Einmarsch am 24. Februar 2022 ankündigte, sondern nutzte es sogar zur Rechtfertigung seiner Entscheidung. „Acht Jahre lang, acht endlose Jahre lang haben wir alles getan, um die Situation mit friedlichen politischen Mitteln zu regeln", sagte Putin. Dann fuhr er fort, dass der Zweck der russischen Invasion darin bestehe, „die Menschen zu schützen, die seit nunmehr acht Jahren der Demütigung und dem Völkermord durch das Kyjiwer Regime ausgesetzt sind" (Putin 2022b).

Die beiden diametral entgegengesetzten Narrative aus Kyjiw und Moskau prägten die Art und Weise, in der der Konflikt zwischen 2014 und 2022 in Politik und Medien diskutiert und analysiert wurde. Die Befürworter beider Seiten versuchten, ihrem Narrativ Glaubwürdigkeit zu verleihen und das Narrativ ihrer Gegner zu diskreditieren. Propagandaschlachten dieser Art sind kein neues Phänomen. Neu ist jedoch die Leichtigkeit, mit der sowohl Informationen als auch Desinformationen über einen Krieg erstellt und verbreitet werden können. Der Ausbruch des Krieges im Donbas im Jahr 2014 wurde von Nachrichtenagenturen sowie von Anwohnern und Konfliktanalysten, die in sozialen Medien posteten, in einem noch nie dagewesenen Ausmaß begleitet. Dadurch hat sich die Vielfalt des Quellenmaterials, das Forschenden zur Verfügung steht, dramatisch erhöht. Die akademische Forschung zu diesem Krieg muss sich daher in einem Informationsumfeld bewegen, das einerseits undurchsichtig, andererseits aber auch reichhaltig ist. In früheren Fällen, in denen die Informationslage undurchsichtig war, konnten Forschende darauf verweisen, dass es an zuverlässigen Informationen fehlte, und darauf warten, dass die entsprechenden Militärarchive geöffnet wurden. Im Fall des Donbas ist der Mangel an zuverlässigen Informationen jedoch nicht das Problem. Im Gegenteil: Die Menge an wertvollen Primärinformationen aus dem Konfliktgebiet ist größer als je zuvor. Das bedeutet, dass die Trennung von Fakten und Fiktion zu einer Herausforderung wird, die es wert ist, in Angriff genommen zu werden.

Bisher hat sich die akademische Forschung nur mit begrenztem Erfolg der Herausforderung gestellt, die das reichhaltige, aber undurchsichtige Informationsumfeld des Donbas-Krieges schafft.

Natürlich ist die akademische Debatte über die Ursachen des Krieges nuancierter als die Positionen von Kyjiw und Moskau. Die meisten Wissenschaftler akzeptieren, dass der 2014 begonnene Konflikt durch ein Zusammenspiel in- und ausländischer Faktoren verursacht wurde. Sie lehnen die Vorstellung ab, dass der Kreml völlig unbeteiligt und ahnungslos war, und weisen auch die Idee zurück, dass der Krieg nach einem Masterplan ablief, der von Wladimir Putin persönlich ausgearbeitet und umgesetzt wurde. Sie räumen ein, dass eine Vielzahl von Akteuren in Russland mit einer Vielzahl von Akteuren in der Ukraine in einer sich rasch entwickelnden Krisensituation interagierte. Hinsichtlich der relativen Bedeutung dieser Akteure und der Rolle des russischen Staates als zersplittertes und doch kollektives Gebilde zeigt sich in der akademischen Debatte jedoch eine Kluft, die der Kluft im politischen Diskurs ähnlich ist.

Die Mehrheit der zwischen 2014 und 2021 veröffentlichten westlichen akademischen Forschungsarbeiten zu den Ursachen des Donbas-Krieges steht der Darstellung Moskaus näher als der Kyjiws. Sie stützen das, was ich als Bürgerkriegshypothese bezeichne – die Behauptung, dass der Krieg im Donbas trotz eines gewissen Maßes an russischer Einmischung in erster Linie ein hausgemachtes Phänomen und ein innerukrainischer Konflikt war. Ein kleinerer Teil der akademischen Publikationen stellt die gegenteilige Behauptung auf und bezeichnet den Krieg in erster Linie als eine russische Invasion.

Tabelle 1: Sich widersprechende Hypothesen zu den Ursachen des Donbas-Krieges

Bürgerkriegshypothese	Trotz eines gewissen Maßes an russischer Einmischung ist der Krieg im Donbas in erster Linie ein hausgemachtes Phänomen und ein innerukrainischer Konflikt.
Invasionshypothese	Obwohl interne Faktoren eine wichtige Nebenrolle spielen, ist der Krieg im Donbas in erster Linie eine russische Invasion der Ukraine.

1.3.1. Warum es wichtig ist

Diese Kluft in der wissenschaftlichen Literatur sollte vor allem aus zwei Gründen überwunden werden. Erstens hat die Frage, welche Art von Krieg 2014 im Donbas ausbrach, wichtige politische Auswirkungen. Den Konflikt bis 2022 als Bürgerkrieg zu bezeichnen, rechtfertigt zwar nicht die nachfolgenden Handlungen Russlands, hat aber das Potenzial, deren Schwere zumindest bis zu einem gewissen Grad zu relativieren. Sie ließe Raum für das Argument, dass der Angriff von 2022 vielleicht eine Überreaktion war, die auf berechtigten Bedenken hinsichtlich der Lage in der Ukraine beruhte, und dass sich diese Überreaktion dann verselbständigt hat. Es würde auch ermöglichen, der Ukraine zumindest eine gewisse Verantwortung zuzuweisen, indem man sagt, dass Kyjiw sich darauf hätte konzentrieren sollen, seine inneren Probleme mit gewaltfreien Mitteln zu lösen, um eine Verschlechterung der Beziehungen zu Russland zu verhindern. Gleichzeitig würde es den ukrainischen Standpunkt in Frage stellen, dass Versuche, 2014 verlorene Gebiete zurückzuerobern, als legitime Selbstverteidigungsbemühungen zu werten sind. Vor allem aber würde die Definition des Konflikts vor 2022 als primär interner Konflikt die Hoffnung aufrechterhalten, dass es eine diplomatische Lösung für die Invasion des Jahres 2022 geben könnte, bei der sich Russland zurückzieht und die Souveränität der Ukraine akzeptiert, ohne dass ein hohes Maß an militärischer Abschreckung erforderlich wäre.

Die Ereignisse von 2014 als Invasion zu bezeichnen, würde hingegen bedeuten, dass Russlands Darstellung einer präventiven Intervention nach acht Jahren friedlicher Konfliktlösungsbemühungen auch den letzten Rest an Glaubwürdigkeit einbüßt. Es würde darauf hindeuten, dass der Angriff von 2022 eher die Fortsetzung einer aggressiven imperialistischen Politik war als eine Überreaktion oder eine vorübergehende Änderung der russischen Haltung gegenüber der Ukraine. Es würde bedeuten, dass Russland innerhalb eines Jahrzehnts zwei militärische Versuche unternommen hat, die Ukraine als freien und unabhängigen Staat zu zerstören. Dies wiederum würde das Vertrauen in künftige Vereinbarungen mit dem derzeitigen russischen Regime und in jede russische Zusicherung, in Zukunft keine Gewalt gegen die Ukraine oder andere Nachbarländer anzuwenden, drastisch schwächen. Eine diplomatische Konfliktregulierung auf der Grundlage von Zusicherungen und Vertrauen in die Einhaltung des Völkerrechts würde als zunehmend aussichtsloser Ansatz erscheinen. Die Bedeutung von militärischer Abschreckung, um die Ukraine vor künftigen Angriffen zu bewahren, würde erheblich zunehmen.

Zweitens hat die korrekte Klassifizierung des Donbas-Konflikts wichtige Auswirkungen auf die wissenschaftliche Forschung. Sie ist nicht nur ein wichtiger historischer Fakt, sondern auch eine Frage der Datenqualität für diejenigen, die den Donbas für die vergleichende Forschung über die Ursachen von Kriegen nutzen. Wie bereits erwähnt, sind Konfliktdatensätze wie das UCDP und das COW derzeit die wichtigsten Quellen für viele Wissenschaftler, die quantitative Analysen bewaffneter Konflikte durchführen. Da quantitative Forschung nur so gut sein kann wie die Daten, auf denen sie basiert, ist die korrekte Kodierung eines einzelnen Konflikts in Datensätzen äußerst wichtig. Die Unterscheidung zwischen Bürgerkrieg und zwischenstaatlichem Krieg ist unter Konfliktforschern fest etabliert. Die Einordnung des Donbas-Konflikts wird daher vorgeben, mit welchen anderen Kriegen er in der Folge verglichen werden wird.

Darüber hinaus beeinflussen unterschiedliche Charakterisierungen des Krieges, der 2014 begann, den Fokus der Forschenden, die versuchen, die Invasion von 2022 zu erklären. Ein Bürgerkrieg im Jahr 2014 würde darauf hinweisen, dass das Jahr 2022 für beide Konfliktparteien einen dramatischen Richtungswechsel bedeutete. Es würde darauf hinweisen, dass Russland sich zum Einmarsch entschloss, nachdem es sich viele Jahre lang aus dem Konflikt herausgehalten hatte. Gleichzeitig würde dies darauf hinweisen, dass es der Ukraine plötzlich gelungen ist, sich gegen eine großangelegte Invasion zu wehren, nachdem sie zuvor Mühe hatte, eine Rebellion im eigenen Land einzudämmen. Dies würde bedeuten, dass die akademische Forschung eine Erklärung für plötzlichen und dramatischen Wandel liefern muss. Es würde Forschende ermutigen, die Ereignisse nach 2022 mit denen vor 2022 zu vergleichen und die Invasion von 2022 als ein eigenständiges Phänomen mit eigenständigen Ursachen zu behandeln.

Eine Invasion im Jahr 2014 hingegen würde darauf hinweisen, dass die Ereignisse von 2022 eher einer beschleunigten Bewegung entlang einer bereits bestehenden Flugbahn als einem dramatischen Richtungswechsel ähneln. Was sich geändert hat, war das Ausmaß der Ereignisse und nicht die Tatsache, dass Russland angegriffen und die Ukraine sich gewehrt hat. Dies würde Forschende dazu ermutigen, die Ereignisse von 2014 und 2022 als Teil desselben Kontinuums zu betrachten. Es würde 2014 und nicht 2022 als den entscheidenden Wendepunkt in den Beziehungen zwischen Russland und der Ukraine hervorheben. Die dramatische Eskalation von 2022 würde im Nachhinein vorhersehbarer und weniger überraschend erscheinen. Infolgedessen müsste sich die Suche nach den Ursachen des Krieges stärker auf das Jahr 2014 konzentrieren. In Bezug auf das Jahr 2022 wäre die Schlüsselfrage nicht so sehr, was sich geändert hat. Die Frage wäre vielmehr, was sich nach 2014 nicht geändert hat, um eine weitere Eskalation des Krieges zu verhindern.

1.3.2. Die Beweise und ihre Unzulänglichkeiten

Aus akademischer Sicht ist die Frage, ob der 2014 begonnene Krieg in erster Linie intern oder international war, ungeklärt geblieben, weil die vorhandene Literatur auf beiden Seiten der Kluft zwischen Bürgerkrieg und Invasion mehrere Mängel aufweist. Diese Unzulänglichkeiten beeinträchtigen die Aussagekraft der Argumente beider Seiten. Sie lassen sich in sechs Kategorien unterteilen.

1.3.2.1. Unscharfe Definitionen

In der Forschung zum Donbas-Konflikt wird die Bezeichnung „Bürgerkrieg“ oder „zwischenstaatlicher Krieg“ häufig befürwortet oder abgelehnt, ohne dass eine klare Definition der beiden Begriffe vorliegt. Viele Beiträge beschreiben Beispiele lokaler Mobilisierung oder ausländischer Einmischung, machen aber nicht deutlich, warum diese Beispiele für die Kategorisierung des Konflikts entscheidend sind. Eine Invasion kann immer mit lokaler Kollaboration einhergehen, und ein Bürgerkrieg kann eine ausländische Intervention beinhalten (siehe auch Hauter 2019). Aus diesem Grund kann eine Studie, die Beispiele einheimischer Mobilisierung oder ausländischer Intervention hervorhebt, kein überzeugendes

Argument liefern, ohne klarzustellen, warum die beschriebenen Ereignisse mit der Definition des einen Konflikttyps vereinbar sind, nicht aber mit der des anderen.

Zu den Wissenschaftlern, die versuchen, Kriterien dieser Art zu entwickeln, gehören Kudelia (2016) und Katchanovski (2016), die argumentieren, dass die Nationalität der Kombattanten für die Kategorisierung eines Krieges entscheidend ist. Sie argumentieren, dass der Donbas-Konflikt 2014 ein Bürgerkrieg war, weil ihrer Einschätzung nach die meisten Kämpfer auf beiden Seiten ukrainische Staatsbürger waren. Dieser Fokus auf die Nationalität ist jedoch problematisch. Es ist fraglich, ob die Staatsangehörigkeit der Kombattanten ausreicht, um einen Konflikt als primär intern zu definieren. Würde man die Staatsangehörigkeit der Kämpfer als entscheidenden Indikator akzeptieren, würde dies bedeuten, dass jede Invasion zu einem Bürgerkrieg wird, wenn sich genügend lokale Kollaborateure dem Angreifer anschließen.

Die Definition des zwischenstaatlichen Krieges des COW (Sarkees 2010; Palmer et al. 2020) ist aus einem ähnlichen Grund problematisch. Sie betont, dass an einem zwischenstaatlichen Krieg die „regulären" Streitkräfte zweier Staaten beteiligt sein müssen. Dies wirft die Frage auf, wie verdeckte Militäroperationen zu behandeln sind, an denen zum Beispiel Söldner im Auftrag eines Staates beteiligt sind. Das Kodierungshandbuch des COW erkennt dieses Problem an, bietet aber keine kohärente Lösung.

1.3.2.2. Historischer Determinismus

Ein weiteres Problem ist die Tatsache, dass viele Arbeiten zum Donbas-Krieg strukturellen Bedingungen Vorrang vor unmittelbaren Ursachen einräumen. Sie konzentrieren ihre Analyse nicht auf eine Untersuchung der kausalen Beziehungen zwischen den Ereignissen in der Konfliktzone zum Zeitpunkt der Konflikteskalation. Stattdessen konzentrieren sie sich auf ein breiteres historisches oder geopolitisches Narrativ und stellen den Donbas-Konflikt dann als eine Episode dar, die sich in dieses Narrativ einfügt. Diese Priorisierung der Makroebene kann zu historischem Determinismus in dem Sinne führen, dass die dargestellte historische Erzählung die Interpretation der Fakten im konkreten Fall beeinflusst. Loshkariov und Sushentsov (2016), Sakwa (2015; 2017) und Sotiriou (2016) betonen zum Beispiel die seit langem bestehenden Identitätsspaltungen in der postsowjetischen Ukraine. Diese Fokussierung bei der Wahl des historischen Narrativs führt unweigerlich zu einer stärkeren Fokussierung auf die innerstaatliche Konfliktdynamik, wenn es um die Analyse des Konflikts selbst geht. In den Arbeiten von Wissenschaftlern wie Wilson (2014) oder Kuzio (2017) hingegen wird durch die Betonung nationalistischer und irredentistischer Tendenzen in der jüngeren Geschichte Russlands implizit eine Interpretation des Konflikts unterstützt, die sich stärker auf die Handlungen Russlands konzentriert.

Untersuchungen darüber, wie sich historische Entwicklungen auf den Konflikt ausgewirkt haben oder nicht, sind sehr wichtig. Sie sind jedoch effektiver, nachdem die unmittelbaren Ursachen des Krieges durch eine eher induktive Analyse ermittelt wurden. Ein deduktiver Rahmen, der den Konflikt zunächst in ein breiteres historisches Narrativ einbindet, erhöht das Risiko, kausale Prozesse auf der Mikroebene während des Ausbruchs des Konflikts selbst zu übersehen oder falsch zu charakterisieren.

1.3.2.3. Der Frage ausweichen

Andere Werke weisen eine ähnliche Art von Determinismus auf. Sie konzentrieren sich selektiv auf bestimmte Aspekte des Konflikts und betonen damit entweder inländische oder ausländische Ursachen. Matveeva (2016, 25) schreibt, dass ihr Artikel „die Rolle der russischen Regierung als großes Problem anerkennt, sie aber nicht untersucht und sich stattdessen auf die interne Dynamik konzentriert". Das bedeutet, dass Matveeva (2016, 35) ihre Schlussfolgerung, dass der Donbas-Konflikt „führerlos war und nicht von einer Elite angeführt wurde", innerhalb eines Analyserahmens erreicht, der die Handlungen Russlands von vornherein vollständig ignoriert. Hosakas (2019) Fokus auf die Beteiligung des Kremlberaters Wladislaw Surkow am Konflikt unterstreicht dagegen die Rolle Russlands als Hauptakteur von Anfang an.

Andere Analysen verengen ihren Rahmen auf andere Weise. Die Aussagekraft der aufschlussreichen Studie von Melnyk (2020) über die Ursachen des Konflikts wird durch die Tatsache eingeschränkt, dass sie nur die Vorgeschichte des Konflikts abdeckt, nicht aber den tatsächlichen Ausbruch und die Eskalation militärischer Gewalt untersucht. Mykhnenko (2020) beginnt damit, dass er wirtschaftliche Faktoren als die einzig mögliche innerstaatliche Erklärung für den Krieg definiert, was bedeutet, dass die Widerlegung wirtschaftlicher Erklärungen als ausreichender Beweis für die vorrangige Rolle Russlands gelten kann. Und Yurchenkos (2018) marxistische Einrahmung des Konflikts definiert die postsowjetische Transformation der Ukraine durch den westlichen Kapitalismus als Hauptursache des Krieges und macht die russische Intervention damit von vornherein zu einem untergeordneten Faktor.

1.3.2.4. Mangel an regionalem Fachwissen

Ein wichtiges methodologisches Problem betrifft die Kodierungsverfahren der beiden großen Datenbanken zu bewaffneten Konflikten. Diese Verfahren sind für die Kategorisierung des Krieges im Donbas und von Konflikten, die in einem ähnlichen Informationsumfeld ausbrechen, ungeeignet. Das UCDP stützt sich bei seinen Kodierungsentscheidungen auf von der Factiva-Datenbank aggregierte Daten zur Medienberichterstattung aus der ganzen Welt. Darüber hinaus stützt sich das Projekt auf Berichte von Nichtregierungsorganisationen und einige gebietsspezifische Quellen, die nicht in Factiva enthalten sind. Die Daten werden nach einer Reihe von Suchbegriffen gefiltert, die alle Nachrichtenartikel finden sollen, die über Gewaltanwendung berichten. Die Ergebnisse werden dann manuell gelesen und kodiert (Sundberg, Eck und Kreutz 2012, 354-355).

Hier stellt sich die Frage, ob das UCDP über die Zeit, die Ressourcen und das Fachwissen verfügte, um ihre Datenerhebung an das spezifische Informationsumfeld im Donbas anzupassen und die gesammelten Daten dann so zu analysieren, dass sie zu transparenten Ergebnissen führen. Die Berichte des UCDP über den Konflikt legen nahe, dass dies nicht der Fall war. Es handelt sich nicht um eine eingehende qualitative Untersuchung, die erforderlich wäre, um Kodierungsentscheidungen in einem komplexen Fall wie dem Donbas zu rechtfertigen. Den Berichten mangelt es an Quellenangaben, sie bieten einen eher oberflächlichen Überblick über die Ereignisse und scheinen bestimmte Behauptungen aus den Medien – wie die angebliche Vereinigung der separatistischen

Streitkräfte im Donbas zu den „Vereinigten Streitkräften von Noworossija" im September 2014 – für bare Münze zu nehmen, ohne zu untersuchen, ob sie Auswirkungen auf den tatsächlichen Verlauf des Konflikts hatten (UCDP n.d.a; n.d.b; n.d.c; siehe auch Brik 2021, 203-204, 209-214). Ein Datensatz des zur Analyse der Anfangsphase des Donbas-Konflikts verwendeten Quellenmaterials kann von der Webseite des UCDP heruntergeladen werden. Er umfasst 152 Ereignisse, die den Zeitraum zwischen dem 13. April und dem 16. September 2014 abdecken. Der Ereigniskatalog basiert ausschließlich auf der Berichterstattung englischsprachiger Quellen. Bei den meisten dieser Quellen handelt es sich um große Nachrichtenagenturen. Nur eine von ihnen hat ihren Sitz in der Ukraine, und keine von ihnen konzentriert sich speziell auf den Donbas oder ist für ihre regionale Expertise bekannt.

In ähnlicher Weise sind die meisten Quellen, die von den Kodierern des COW-Datensatzes zu militärischen zwischenstaatlichen Auseinandersetzungen (MID) verwendet wurden, ebenfalls große englischsprachige Nachrichtenagenturen und Zeitungswebseiten (Palmer et al. 2021, 3). Das daraus resultierende „Konfliktnarrativ" für zwischenstaatliche Spannungen zwischen Russland und der Ukraine im Jahr 2014 (Konflikt Nr. 4682) ist sogar noch kürzer als die Beschreibung des UCDP (Palmer et al. 2020). Darüber hinaus übergeht das MID-Narrativ jegliche Behauptung über russische Militäroperationen in der Ukraine, die vom Kreml bestritten wird. Dies führt zu einer inkohärenten Darstellung der Ereignisse, die mit keinem der in der wissenschaftlichen Literatur vorgeschlagenen Konfliktnarrative vereinbar ist.

1.3.2.5. Korrelation versus Kausalität

Ein weiteres methodisches Problem besteht in der Verwechslung von Korrelation und Kausalität, die sich aus einem übermäßigen Rückgriff auf Meinungsumfragen ergibt. Kudelia (2016), Katchanovski (2016) und Giuliano (2018) führen Meinungsumfragen als Beweis dafür an, dass die separatistische Stimmung in der Bevölkerung des Donbas ein wichtiger Faktor für den Ausbruch des Krieges war. Sowohl Kudelia (2016, 9-12) als auch Giuliano (2018) zitieren eine Meinungsumfrage, die zwischen dem 8. und 16. April 2014 vom Kyjiwer Internationalen Institut für Soziologie (KIIS 2014a) durchgeführt wurde und die nahelegt, dass separatistische Ideen im Donbas weiter verbreitet waren als in anderen Regionen der Ukraine. Giuliano (2018, 158) weist jedoch darauf hin, dass laut dieser Umfrage nur eine Minderheit der Befragten separatistische Ansichten vertrat. Katchanovski (2016, 484) hingegen argumentiert, dass eine andere von ihm in Auftrag gegebene Meinungsumfrage desselben Meinungsforschungsinstituts vom April bis Mai 2014 (KIIS 2014b) ergab, dass „die Mehrheit der Bewohner des Donbas verschiedene Formen des Separatismus unterstützte".

Diese Diskrepanzen sind nicht überraschend. Der Wortlaut der Fragen unterscheidet sich zwischen den beiden Umfragen, und sie wurden im Abstand von fast einem Monat durchgeführt. Zu dieser Zeit war die Eskalation des Konflikts im Donbas bereits im Gange, und es ist möglich, dass die zunehmenden Spannungen Spuren in der öffentlichen Meinung hinterlassen haben. Mit anderen Worten: Separatistisches Gedankengut kann einen Konflikt verursachen, aber ein Konflikt kann auch separatistisches Gedankengut hervorrufen. Aber selbst wenn separatistisches Gedankengut weit verbreitet ist, bedeutet dies nicht zwangsläufig, dass viele Menschen es in die Tat umsetzen. Und auch das Gegenteil ist der Fall: Ein bewaffneter Konflikt kann von einer kleinen Gruppe von Fanatikern ausgelöst werden, die keine breite öffentliche Unterstützung genießt. Gleichzeitig liegt auch die Vermutung nahe, dass Russland für eine Invasion die am stärksten prorussischen Regionen der Ukraine als ersten Angriffspunkt wählen würde.

All dies bedeutet nicht, dass öffentliche Meinung unwichtig ist. Die Tatsache, dass separatistisches Gedankengut im April 2014 im Donbas populärer zu sein schien als in anderen Teilen der Ukraine, muss bei jeder Bewertung der Konfliktursachen berücksichtigt werden. Für sich genommen hat diese Korrelation zwischen separatistischer Stimmung und Krieg jedoch keine große kausale Bedeutung, da sie die wichtigste Frage offenlässt: Was waren die Prozesse, die die separatistische Stimmung mit der Mobilisierung, der Militarisierung und dem Ausbruch des Krieges verbanden?

1.3.2.6. Unzureichende Quellenkritik

Das größte Manko der akademischen Forschung auf beiden Seiten der Bürgerkriegsdebatte ist der Mangel an Transparenz und

Detailgenauigkeit bei der Diskussion von Quellen und den von ihnen gelieferten Beweisen. Der größte Teil der vorhandenen Literatur behandelt Quellen eher als Nachsatz zu einer Erzählung, anstatt sie als die Informationen zu behandeln, die diese Erzählung überhaupt erst entstehen lassen. Kaum ein Werk übt explizite Quellenkritik. Bowen (2019, 325-333) zum Beispiel verwendet eine Auswahl investigativer Online-Nachrichtenartikel, um seine Erzählung zu untermauern. Eine kritische Würdigung dieses Quellenmaterials ist jedoch kein zentraler Bestandteil seiner Studie. Dieser Ansatz ist problematisch. Investigativer Journalismus ist eine unverzichtbare Quelle für Beweise im Zusammenhang mit verdeckten militärischen Aktivitäten. Allerdings dürfen die Behauptungen von Online-Nachrichtenquellen nicht für bare Münze genommen werden. Sie müssen anhand von vier Fragen kritisch bewertet werden: Welche Beweise liefern sie? Sind diese Beweise überzeugend? Wie belegen diese Beweise ihre Behauptungen? Und wie widerlegen diese Beweise gegenteilige Behauptungen? Wenn ein Autor diese Fragen nicht erörtert, wird seine Analyse unweigerlich anfälliger für Angriffe von Kritikern, die einfach die Qualität des zitierten Quellenmaterials in Frage stellen können. Darüber hinaus zwingt eine explizite und transparente Bewertung der verfügbaren Belege Forschende dazu, die Glaubwürdigkeit ihrer Quellen stärker zu reflektieren, und senkt damit das Risiko von Rosinenpickerei und unbewusster Voreingenommenheit.

Dies gilt auch für andere Datenquellen der wissenschaftlichen Forschung. Matsuzato (2017, 190-200) stützt sich beispielsweise auf seine Besuche in den selbsternannten separatistischen Volksrepubliken im Donbas und seine Interviews mit Separatistenführern. Matveeva (2018, 301-303) stützt sich ebenfalls auf Interviews mit separatistischen Anführern und Kämpfern, Bewohnern des Donbas sowie russischen und ukrainischen Experten. Keine der beiden Studien nimmt jedoch eine kritische Bewertung der Zuverlässigkeit ihrer Quellen in ihre empirische Darstellung auf, obwohl Matveeva (2018, 307-308) in einem kurzen methodischen Anhang einige Einschränkungen interviewbasierter Forschung erörtert. Dieses Fehlen von Quellenkritik in der empirischen Erzählung ist ein Problem. Eine kritische Reflexion über die Glaubwürdigkeit der gesammelten Interviewdaten ist in einer Konfliktsituation, in der verschiedene Akteure Anweisungen oder persönliche Motive haben könnten, bestimmte Fakten falsch darzustellen, von entscheidender Bedeutung. Nur weil ein Separatist Verbindungen zum russischen Staat leugnet, kann nicht davon ausgegangen werden, dass es sie nicht gibt. Nur weil ein Besucher von Donezk auf den ersten Blick keine Einmischung des Kremls erkennen kann, ist nicht anzunehmen, dass es keine russische Präsenz gibt. Und nur weil ein lokaler Experte eine Meinung äußert, kann man nicht davon ausgehen, dass diese Meinung auf Fakten beruht.

Davies (2016, 733-743) und Robinson (2016, 509-512) stehen vor einem ähnlichen Problem. Sie verwenden offizielle Erklärungen der russischen Führung, um die Bereitschaft des Kremls zur Konfliktlösung zu beweisen, und betonen Diskrepanzen zwischen Moskaus Rhetorik und den Aktionen der Separatisten, um mangelnde Kontrolle zu demonstrieren. Es ist jedoch problematisch, sich auf eine wörtliche Lesart offizieller Erklärungen aus Moskau zu verlassen, um Schlussfolgerungen über den Konflikt zu ziehen, da die Verlautbarungen des Kremls von seinen Fähigkeiten, Absichten und Handlungen abweichen können.

Ein Mangel an Quellenkritik wird noch problematischer, wenn es mehrere Schritte zur Primärquelle gibt. Wie Brik (2021, 198) richtig feststellt, bergen Verweisketten das Risiko, dass „minderwertige Informationen aus Medienberichten nach ein paar Querverweisen zu unbestrittenem Allgemeinwissen werden". Eine wichtige Quelle, die von mehreren Befürwortern der Invasionshypothese zitiert wird (Bowen 2019, 324; Mykhnenko 2020, 529; Wilson 2016, 647-649), ist beispielsweise ein von Igor Sutyagin (2015) für das Royal United Services Institute erstellter Bericht. Dieser Bericht enthält detaillierte Zahlen zur Anzahl russischer Truppen in der Ukraine und zu den einzelnen beteiligten Einheiten. Die Quellenangaben des Berichts sind jedoch lückenhaft. Die einzigen Quellen, die zitiert werden, sind ein Artikel einer ukrainischen Nachrichtenwebseite, ein Interview mit einem ungenannten Mitglied der ukrainischen Streitkräfte und einige Erklärungen von Vertretern des US-Militärs. Eine weitere wichtige Quelle, die häufig zitiert wird, um die Rolle Russlands zu betonen (Gentile 2020, 14; Kuromiya 2019, 258; Mykhnenko 2020, 529; Wilson 2016, 647-649), ist eine Studie von Mitrokhin (2015). Diese Studie wiederum stützt sich auf eine Auswahl von investigativen Internetartikeln und Posts aus sozialen Medien, lässt aber Quellenkritik vermissen (Hauter 2021a, 222). Es ist natürlich möglich, dass Sutyagin über zusätzliche Insiderinformationen aus Quellen verfügt, die aus Gründen der Vertraulichkeit nicht genannt werden können, und dass die von Mitrokhin zitierten Quellen nützlich und zuverlässig sind. Wenn jedoch Sekundärquellen zur Untermauerung eines Arguments herangezogen werden, müssen die Quellen dieser Quellen - oder ihr Fehlen - erörtert werden. So weit wie möglich sollten Verweisketten vermieden werden. Belege sollten zurückverfolgt und auf ihre Primärquelle zurückgeführt werden, und die Glaubwürdigkeit dieser Quelle sollte ausdrücklich angesprochen werden. Wie ich in Kapitel drei näher erläutern werde, ist diese Art der Quellenkritik ein Schlüsselelement der Prozessanalyse und der DOSI-Analyse. Dennoch ist sie in der akademischen Literatur zum Donbas-Konflikt und in der breiteren akademischen Literatur zu den Ursachen von Kriegen praktisch nicht vorhanden.

1.4. Zwischenfazit

Dieses einleitende Kapitel hat einen Überblick über die akademische Debatte zu den Ursachen bewaffneter Konflikte gegeben und die Wahl des Donbas-Krieges 2014 als Fallstudie erläutert. Ich habe argumentiert, dass die Ereignisse von 2014 für ein besseres Verständnis der dramatischen Eskalation des Krieges im Jahr 2022 äußerst wichtig sind. Darüber hinaus sind sie ein ideales Beispiel, um zu zeigen, wie sich die sozialwissenschaftliche Forschung an das reichhaltige, aber undurchsichtige Informationsumfeld anpassen kann, das Krieg im Zeitalter der sozialen Medien kennzeichnet. Anschließend habe ich die Kluft zwischen Befürwortern innenpolitischer und außenpolitischer Ursachen erläutert, die die politische und wissenschaftliche Debatte über die Ursachen des Krieges im Donbas im Jahr 2014 charakterisiert. Schließlich habe ich dargelegt, warum die akademische Forschung auf beiden Seiten der Kluft zwischen Bürgerkrieg und Invasion unter einem Mangel an theoretischer und methodischer Rigorosität leidet.

Die Kluft in der Literatur zum Donbas-Krieg hat das Potenzial, zwei sich selbst verstärkende Echokammern im akademischen

Diskurs zu schaffen. Der Rest dieses Buches zielt darauf ab, diesem Trend entgegenzuwirken, indem es eine transparente Analyse auf Grundlage öffentlich zugänglicher Primärinformationen aus dem Konfliktgebiet liefert. Um diese Analyse zu ermöglichen, werden in den nächsten beiden Kapiteln die theoretischen und methodischen Defizite angegangen, die ich im aktuellen akademischen Diskurs identifiziert habe. In Kapitel zwei wird ein analytischer Rahmen für die Untersuchung der Kriegsursachen entwickelt. Gleichzeitig wird ein Überblick über die Eskalation des Konflikts im Frühjahr und Sommer 2014 gegeben. In Kapitel drei wird sodann eine Methodik zur Untersuchung der Ursachen von kritischen Wendepunkten in dieser Eskalationssequenz vorgestellt. Gleichzeitig werden grundlegende Fragen erörtert, wie Ursache und Wirkung im Kontext eines bewaffneten Konflikts bewertet werden können. Auf dieser Grundlage werden dann in den sechs empirischen Kapiteln die Ursachen des Krieges ermittelt.

2. Die Wendepunkte des Krieges

Dieses Kapitel gibt einen Überblick darüber, wie die Gewalt im Donbas im Frühjahr und Sommer 2014 eskaliert ist.[4] Gleichzeitig wird ein analytischer Rahmen für die weitere Untersuchung der Ursachen des Konflikts entwickelt. Es gliedert sich in zwei Teile. Im ersten Teil wird eine Eskalationsleiter für den Donbas-Konflikt entwickelt. Im zweiten Teil wird diese Eskalationsleiter in ein zweidimensionales Eskalationsmodell umgewandelt, das aus sechs kritischen Wendepunkten besteht. Ich werde argumentieren, dass diese Wendepunkte den Donbas von einem Zustand angespannter Ruhe im Februar 2014 in einen Zustand des offenen Krieges im August brachten. Aus diesem Grund setzt sich die Ursache des Krieges als Ganzes aus den Ursachen der einzelnen Wendepunkte zusammen.

2.1. Eine Eskalationsleiter des Donbas-Konflikts

Ein nützlicher Ausgangspunkt für einen analytischen Rahmen zur Untersuchung der Ursachen des Donbas-Konflikts sind die Arbeiten von Wissenschaftlern, die Krieg als einen Prozess der Gewalteskalation betrachten. Eskalation wurde während des Kalten Krieges zu einem wichtigen Thema der Strategischen Studien. Wissenschaftler untersuchten Eskalationsprozesse, um die Wahrscheinlichkeit eines Atomkriegs zwischen den beiden Supermächten einzuschätzen und Wege zu finden, diesen zu verhindern. Kahn (1965, 39-40) schlägt beispielsweise vor, dass mögliche Szenarien eines bewaffneten Konflikts zwischen den Vereinigten Staaten und der Sowjetunion anhand einer „Eskalationsleiter" mit 44 Stufen konzeptualisiert werden können. Die Leiter beginnt mit dem Austausch diplomatischer Noten und endet mit dem wahllosen Einsatz aller verfügbaren nuklearen Feuerkraft. Die Stufen sind in sieben Einheiten gruppiert, die durch Schwellen voneinander getrennt werden. Diese Schwellen sind „sehr scharfe Veränderungen im Charakter der Eskalation" (Kahn 1965, 40). Eine offensichtliche

4 Eine frühere Version dieses Kapitels wurde als Fachzeitschriftenartikel in *The Soviet and Post-Soviet Review* veröffentlicht (Hauter 2021b).

Schlüsselschwelle ist der Einsatz von Nuklearwaffen; Beispiele für andere Schwellen sind Angriffe auf das gegnerische Territorium oder die gezielte Tötung von Zivilisten. Während Kahn Eskalation nur anhand von Beispielen definiert, entwickelt Smoke (1977) eine präzise Definition. Diese Definition stützt sich auf Schellings (1966) Arbeit über den „begrenzten Krieg". Smoke (1977, 32) interpretiert Schellings Arbeit dahingehend, dass praktisch alle Kriege durch bestimmte Grenzen eingehegt werden, die die Konfliktparteien nicht überschreiten wollen. Er nennt diese kriegshemmenden Grenzen „Salienzen". Auf dieser Grundlage definiert Smoke (1977, 35) Eskalation als „eine Aktion, die eine Salienz überschreitet, welche die aktuellen Grenzen eines Krieges definiert".

Auf der Grundlage einer Kombination der Eskalationsdefinition von Smoke (1977) und der Leiteranalogie von Kahn (1965) habe ich eine Eskalationsleiter für den Donbas im Jahr 2014 erstellt (Tabelle 2). Der Einfachheit halber habe ich Kahns Unterteilung in Eskalationsstufen und -einheiten weggelassen. Stattdessen besteht meine Leiter nur aus Stufen. Jede dieser Stufen stellt eine Entwicklung dar, die eine Schwelle über diejenigen Grenzen hinaus überschreitet, die den Konflikt zuvor definiert haben. Da der von Smoke verwendete Begriff „Salienz" nicht sehr intuitiv ist, bin ich Kahns Terminologie gefolgt und habe den Begriff „Schwelle" verwendet, um die kriegshemmenden Grenzen zu beschreiben, die zwischen Eskalationsstufen überschritten werden. Gleichzeitig bin ich dem Vorschlag von Angstrom und Petersson (2019, 287) gefolgt, dass Smokes Definition von Eskalation so erweitert werden sollte, dass sie Handlungen „sowohl innerhalb als auch außerhalb des Krieges" umfasst. Dies ist sinnvoll, weil es die Einbeziehung von Eskalationsdynamiken ermöglicht, die den ersten bewaffneten Zusammenstößen vorausgehen.

Die Erstellung einer konfliktspezifischen Eskalationsleiter ist ein induktiver Prozess und erfordert eine kontextspezifische Begründung für jede Stufe. Für jede Stufe muss angegeben werden, welche Schwelle überschritten wurde und warum diese Schwelle eine Grenze war, die den Konflikt zuvor definiert hatte. Darin unterscheidet sich eine Eskalationsleiter von einer einfachen Zeitleiste. Die Eskalationsleiter enthält nur Ereignisse, die Grenzen überschritten haben, die zuvor den Konflikt definiert haben.

Ereignisse, die dieses Kriterium nicht erfüllen, werden ausgeschlossen, auch wenn sie auf den ersten Blick wichtig erscheinen und in der politischen Debatte und der wissenschaftlichen Literatur Beachtung fanden. Auf einige dieser ausgeschlossenen Scheinschwellen gehe ich im Folgenden näher ein.

Ich habe die Eskalationsleiter auf Grundlage eines Datensatzes von Online-Medienberichten erstellt, die zum Zeitpunkt der Ereignisse veröffentlicht wurden. Im Gegensatz zu sekundären Quellen handelt es sich bei diesen Medienberichten um Echtzeit-Informationen, die keiner Selektion und Interpretation im Lichte späterer Entwicklungen unterworfen waren. Ein Problem bleiben natürlich die mögliche politische Voreingenommenheit der Medien und etwaige Lücken in der Medienberichterstattung (Althaus et al. 2011; Gladun 2020). Die Auswirkungen dieses Problems können jedoch durch eine breit gefächerte Auswahl an regionsspezifischen Medienquellen, die die Ansichten aller wichtigen Konfliktakteure repräsentieren, abgeschwächt werden. Außerdem können die Ereignisse auf der Eskalationsleiter anschließend mit der wissenschaftlichen Literatur abgeglichen werden, um das Risiko von Lücken weiter zu minimieren.

Zunächst habe ich einen ersten Entwurf der Leiter erstellt, der auf der manuellen Durchsicht eines Datensatzes mit 6430 Medienberichten der ukrainischen Nachrichtenwebseite *Ukrainska Prawda* und der staatlichen russischen Nachrichtenagentur *TASS* basiert. Diese beiden Quellen repräsentieren sowohl die Sichtweise eines renommierten ukrainischen Nachrichtenorgans mit prowestlichen Ansichten als auch die des russischen Staates. Ich habe den Datensatz mithilfe eines Python-Programmiercodes zusammengestellt, der alle Artikel über den Donbas heruntergeladen hat, die zwischen dem 22. Februar und dem 5. September 2014 auf den beiden Webseiten veröffentlicht wurden. Das erste Datum markiert die Absetzung des prorussischen ukrainischen Präsidenten Viktor Janukowitsch durch die Maidan-Revolution. Das zweite Datum markiert das erste Minsker Abkommen, mit dem nach den heftigen Kämpfen des August 2014 ein wackeliger Waffenstillstand eingeführt wurde.

Um zu prüfen, ob die Stufen der ersten Entwurfsleiter tatsächlich Grenzen überschritten, die zuvor den Konflikt definiert hatten, habe ich eine Reihe von Suchbegriffen zu jedem Schritt erstellt. Anschließend suchte ich nach diesen Stichwörtern in einem erweiterten Datensatz mit 58.003 Medienberichten. Dies führte zur Zusammenlegung und Neuordnung einiger Teile des ersten Entwurfs der Eskalationsleiter und ergab die verfeinerte Eskalationsleiter für den Donbas, die in Tabelle 2 unten dargestellt ist.

Der erweiterte Datensatz enthält auf den Donbas fokussierte Berichte von acht Nachrichtenwebseiten, die ein breites Spektrum an Zugehörigkeiten und ideologischen Standpunkten repräsentieren. Zusätzlich zu dem ursprünglichen kleinen Datensatz enthält er alle Berichte, die zwischen dem 22. Februar und dem 5. September 2014 auf den lokalen Donbas-Nachrichtenwebseiten *Nowosti Donbasa, Ostrow, Novorosinform.org* und *Novorossia.su* sowie auf den Donbas-Seiten des Onlineauftritts der ukrainischen Zeitungen *Westi* und *Segodnja* veröffentlicht wurden. *Nowosti Donbasa* und *Ostrow* unterstützen eine geeinte, proeuropäische Ukraine. *Novorosinform.org* und *Novorossia.su* berichten über die Ereignisse aus der Perspektive des russischen Imperialismus, der den ideologischen Rahmen für den Separatismus im Donbas bildete.

Da diese beiden Nachrichtenwebseiten erst Ende Mai 2014 richtig funktionierten, habe ich auch *Westi* und *Segodnja* einbezogen, um die Berichterstattung über die frühesten Stadien der Unruhen in der Region aus Quellen darzustellen, die der neuen Kyjiwer Regierung kritisch gegenüberstanden. Sowohl *Westi* als auch *Segodnja* sind mit Oligarchen verbunden, die Verbündete des abgesetzten Präsidenten Viktor Janukowitsch waren.

2.1.1. Stufen und Schwellen

Tabelle 2 zeigt die verfeinerte Eskalationsleiter für den Donbas-Konflikt im Jahr 2014. Sie zitiert Berichte aus dem erweiterten Datensatz. In Fällen, in denen der Datensatz zahlreiche Berichte über ein Ereignis enthält, wird der Bericht mit den meisten Informationen zitiert. Mehrere Berichte werden zitiert, wenn es keinen einzelnen Bericht gibt, der alle wichtigen Aspekte eines Ereignisses abdeckt. Wenn ein Bericht ausschließlich aus Informationen besteht, die aus einer anderen Quelle außerhalb des Datensatzes kopiert wurden, und die Originalquelle leicht ausfindig gemacht werden kann, wird diese Originalquelle zitiert. Wenn in einem Bericht YouTube-Videos zitiert werden oder wenn eine einfache YouTube-Suche Videos hervorbringt, die einen besseren Überblick über ein Ereignis bieten als ein Bericht aus dem Datensatz, werden diese Videos anstelle des Berichts zitiert.

Die Eskalationsleiter und das darauf aufbauende Eskalationsfolgemodell sollen als Rahmen für eine vertiefte Untersuchung der Kriegsursachen dienen. Sie sollen das Ergebnis einer solchen Untersuchung jedoch nicht vorwegnehmen. Sie bleiben in strittigen Fragen so weit wie möglich neutral. Ereignisse, die von einer der Konfliktparteien geleugnet werden, sind als vermeintlich gekennzeichnet. Eine eingehende Untersuchung spezifischer Ereignisse und ihrer Ursachen, die später in diesem Buch folgen wird, erfordert eine aufwändigere Methodik. Für die Ermittlung allgemeiner Eskalationstendenzen und die Auswahl von Episoden, die eine genauere Untersuchung verdienen, ist der hier gewählte Ansatz jedoch ausreichend.

Tabelle 2: Eskalationsleiter des Donbas-Konflikts

Hintergrund und Ausgangssituation: Die Euromaidan-Proteste in Kyjiw begannen im November 2013, nachdem Präsident Janukowitsch beschlossen hatte, ein Assoziierungsabkommen mit der EU zugunsten engerer Beziehungen zu Russland auf Eis zu legen. Die Versuche der Janukowitsch-Regierung, die Proteste gewaltsam aufzulösen, schlugen fehl. Die Protestbewegung wuchs dramatisch und verlagerte ihren Schwerpunkt von der EU-Integration auf die allgemeine Unzufriedenheit mit der Korruption des Regimes und der Polizeibrutalität. Gleichzeitig griff der radikalere Flügel der Protestbewegung zu militanteren Mitteln wie dem Bau von Barrikaden, der Besetzung von Gebäuden und der Anwendung von Gewalt gegen die Polizei.

Die Pattsituation zwischen den Demonstranten und dem Regime hielt den ganzen Winter über an. Sie gipfelte Ende Februar in einer dramatischen Eskalation der Gewalt. Schusswaffen, darunter Scharfschützengewehre, wurden gegen die Protestbewegung eingesetzt. Zwischen dem 18. und dem 20. Februar wurden rund 100 Menschen, die meisten von ihnen Demonstranten, getötet (BBC News 2020; UINP 2022). Die Gewalt löste die Proteste jedoch nicht auf. Die Demonstranten waren auch nicht bereit, eine Vereinbarung zwischen dem Regime und der Opposition über eine Verfassungsreform und vorgezogene Präsidentschaftswahlen zu akzeptieren, die von den Außenministern Deutschlands, Frankreichs und Polens vermittelt und am 21. Februar unterzeichnet wurde. Noch am selben Abend verließ Präsident Janukowitsch Kyjiw in Richtung Charkiw und floh einige Tage später nach Russland. Viele von Janukowitschs Verbündeten im Parlament liefen über. Am 22. Februar stimmte eine klare Mehrheit dafür, ihn seines Amtes zu entheben, und setzte für den 25. Mai vorgezogene Präsidentschaftswahlen an. Eine von Oppositionspolitikern gebildete Übergangsregierung übernahm in den folgenden Tagen die Amtsgeschäfte.

Unmittelbar nach der Absetzung Janukowitschs war die Lage im Donbas durch Proteste sowohl von Anhängern als auch von Gegnern der neuen Kyjiwer Regierung gekennzeichnet. Dem erweiterten Datensatz zufolge fand der größte Protest in der letzten Februarwoche am 23. Februar in Donezk statt. Nach Angaben von Segodnja (2014a) versammelten sich etwa 3000 Gegner des Machtwechsels in Kyjiw. Die dem Bericht beigefügten Bilder sowie Videomaterial von YouTube (2014b) legen jedoch nahe, dass die Zahl der Teilnehmer geringer war. Das Filmmaterial zeigt verstreute Gruppen von Demonstranten ohne eine einheitliche Botschaft oder Agenda, die über Unzufriedenheit mit den Geschehnissen in Kyjiw hinausgeht. Die schwerste Auseinandersetzung in dieser Anfangszeit war eine Schlägerei in Luhansk am 22. Februar, bei der Berichten zufolge zwei bis vier Personen verletzt wurden (Ostrow 2014a; Ukrainska Prawda 2014a; 0642.ua 2014a). Darüber hinaus gab es einige Berichte über Aktivisten, die Menschen zu freiwilligen „Selbstverteidigungseinheiten" rekrutierten, um die öffentliche Ordnung zu gewährleisten und die Region gegen angebliche nationalistische Radikale aus Kyjiw und der Westukraine zu verteidigen (Nowosti Donbasa 2014a; Ostrow 2014b; Segodnja 2014b).

Stufe	Schwelle	Rechtfertigung
1. Große Protestveranstaltungen zur Unterstützung des Separatismus	Die ukrainische staatliche Souveränität über den Donbas wird nicht lautstark in Frage gestellt	Im Donbas gab es in der Vergangenheit keine nennenswerten separatistischen Bestrebungen. Selbst unmittelbar nach der Absetzung von Präsident Janukowitsch am 22. Februar konzentrierten sich die regionalen Unmutsbekundungen auf die Unterstützung des alten Regimes und die Angst vor einer Ausbreitung der Unruhen von Kyjiw aus. Separatistische Forderungen beschränkten sich nach wie vor auf Einzelpersonen oder kleine Gruppen. Eine große Protestveranstaltung in Donezk am 1. März war die erste größere Infragestellung des Status der Region. Die Demonstranten riefen prorussische Slogans und applaudierten der Ausrufung des „Volksgouverneurs" Pawlo Hubarjew und seiner Absicht, ein Referendum über die Unabhängigkeit oder den Anschluss an Russland abzuhalten (YouTube 2014g; 2014e). Eine ähnliche Kundgebung mit russischen Fahnen und „Referendum"-Parolen fand am selben Tag in Luhansk statt (YouTube 2014f; 2014d). Damit rückte der Separatismus von den Rändern in das Zentrum der lokalen Politik.
2. Besetzung staatlicher Gebäude	Keine Störung der Arbeit staatlicher Einrichtungen oder Vandalismus gegen sie	Die Gegner des Regimewechsels in Kyjiw riefen zunächst zur öffentlichen Ordnung auf und lehnten die Idee revolutionärer Unruhen im Donbas entschieden ab. Separatistische Aktivisten, die am 2. und 3. März Verwaltungsgebäude in Luhansk und Donezk stürmten und vorübergehend besetzten (Westi 2014a; YouTube 2014h; 2014j; 2014i), überschritten diese Schwelle. Sie zeigten, dass einige Menschen bereit waren, Gewalt anzuwenden und die Aktionen von Aktivisten während der Maidan-Proteste in Kyjiw zum Zwecke einer separatistischen Agenda nachzuahmen.
3. Behörden nehmen Separatistenanführer fest	Die Behörden tolerieren separatistische Aktivitäten und greifen nicht ein	Die Behörden mischten sich nicht in die Proteste und die ersten Gebäudebesetzungen ein. Mit der Verhaftung des „Volksgouverneurs" von Donezk, Pawlo Hubarjew, am 6. März (Nowosti Donbasa 2014c) überschritten die Sicherheitskräfte diese Grenze der Nichteinmischung und gingen gegen den separatistischen Aktivismus vor.

4. Schwere Gewalt unter den Demonstranten	Keine Todesopfer oder mehr als vier Verletzte bei einer Protestveranstaltung	Während der ersten Proteste und Gebäudebesetzungen beschränkte sich die Gewalt auf Vandalismus und gelegentliche kleinere Auseinandersetzungen zwischen Demonstranten. Die Gewalt ging nicht über das Ausgangsniveau von vier verletzten Aktivisten hinaus. Massenschlägereien zwischen prorussischen und Pro-Kyjiw-Demonstranten in Luhansk am 9. März und in Donezk am 13. März überschritten diese Schwelle und erhöhten das Gewaltniveau des Konflikts erheblich. Ein antiseparatistischer Aktivist starb und mehrere Dutzend Menschen wurden verletzt (Ostrow 2014g; Ukrainska Prawda 2014c).
5. Auftreten von bewaffneten Gruppen	Abwesenheit von militärischen Waffen	Mit dem Auftauchen bewaffneter Separatistengruppen Anfang bis Mitte April erreichten die Angriffe auf die staatliche Autorität ein neues Niveau. Die Gruppen bestanden aus bewaffneten Männern in Tarnkleidung, die mit militärischen Waffen ausgerüstet waren und staatliche Gebäude dauerhaft besetzten und befestigten (YouTube 2014ac; 2014ag). Selbst auf dem Höhepunkt der früheren Unruhen in Kyjiw im Februar hatten die Demonstranten nie Zugang zu militärischen Waffen.
6. Entsendung des ukrainischen Militärs	Keine Beteiligung der ukrainischen Streitkräfte	Die Mitte April getroffene Entscheidung, die ukrainischen Streitkräfte in den Donbas zu entsenden (Turtschynow 2014b), schuf die Möglichkeit bewaffneter Zusammenstöße zwischen dem Militär und den bewaffneten Gruppen. Damit wurde eine weitere Schwelle überschritten, die selbst auf dem Höhepunkt früherer Unruhen in Kyjiw, bei denen Präsident Janukowitsch von einer Beteiligung der Streitkräfte abgesehen hatte, fest verankert gewesen war.
7. Bewaffnete Zusammenstöße	Keine kampfbedingten Todesopfer	Die ersten kampfbedingten Todesopfer Mitte April (Turtschynow 2014b; Westi 2014c) markieren den Ausbruch des bewaffneten Konflikts nach der Methodik des Uppsala-Konfliktdatenprogramms. Dementsprechend stellen diese ersten bewaffneten Zusammenstöße eine wichtige Schwelle zwischen Krieg und Frieden im Donbas dar.
8. Einsatz von Luftwaffe, Panzern oder schwerer Artillerie	Keine der beiden Seiten setzt Luftstreitkräfte, Panzer oder schwere Artillerie ein.	Luftangriffe, Panzer und schwere Artillerie, die erstmals zwischen Ende Mai und Mitte Juni im Donbas beobachtet wurden (Segodnja 2014c; 2014d; 2014e), haben ein höheres Zerstörungspotenzial als leichte Waffen. Ihr Fehlen auf dem Schlachtfeld ist ein wichtiges Zeichen der Zurückhaltung, da ihr Einsatz die Zahl der potenziellen Opfer und die Wahrscheinlichkeit von Kollateralschäden drastisch erhöht.

9. Artilleriebeschuss von städtischen Zentren	Konfliktparteien vermeiden Kämpfe in dicht besiedelten Gebieten	Ein weiteres wichtiges Zeichen der Zurückhaltung ist es, Feindseligkeiten von urbanen Zentren fernzuhalten, da Kämpfe in dicht besiedelten Gebieten die Wahrscheinlichkeit von Opfern unter der Zivilbevölkerung und der Zerstörung ziviler Infrastruktur erhöhen. Artilleriebeschuss aus oder auf städtische Gebiete in Slowjansk wurde erstmals Ende Mai gemeldet (Westi 2014g). Regelmäßiger Artilleriebeschuss aus oder auf städtische Gebiete in Luhansk begann Anfang Juli (Ostrow 2014q) und in Donezk Mitte Juli (YouTube 2014bo).
10. Grenzüberschreitender Beschuss aus Russland (vermeintlich)	Kein Beschuss ukrainischer Stellungen von russischem Gebiet aus	Ein Beschuss von russischem Territorium aus, der von den ukrainischen Streitkräften erstmals Mitte Juli behauptet wurde (Ukrainska Prawda 2014o; Segodnja 2014f), würde den Kriegsschauplatz über internationale Grenzen hinweg erweitern. Er würde bedeuten, dass ukrainische Stellungen von Orten aus beschossen wurden, die für Vergeltungsschläge nicht in Frage kommen, weil die russische Führung, die jeglichen grenzüberschreitenden Beschuss bestreitet, einen solchen Angriff als Aggression darstellen würde.
11. Invasion durch reguläre russische Truppen (vermeintlich)	Keine direkte Beteiligung der regulären Streitkräfte Russlands	Ein Einmarsch regulärer russischer Truppen, der Ende August stattgefunden haben soll (Ostrow 2014r), hätte dem Konflikt die Feuerkraft und das Fachwissen der regulären russischen Streitkräfte hinzugefügt. Damit wären die Einschränkungen verdeckter Personal- und Ausrüstungslieferungen, die schon vorher stattgefunden haben könnten, beseitigt worden.

2.1.2. Scheinschwellen

In vielen Berichten über den Donbas-Konflikt werden auch andere Ereignisse hervorgehoben. Auf den ersten Blick könnten einige von ihnen als Überschreitung von Eskalationsschwellen interpretiert werden. Eine genauere Analyse legt jedoch nahe, dass sie nicht Teil der Eskalationssequenz waren.

2.1.2.1. Die Euromaidan-Proteste

Bei der Untersuchung der Ursachen des Donbas-Konflikts ist es sinnvoll, die Analyse zunächst auf die Zeit nach dem 22. Februar 2014 zu beschränken. Der plötzliche Regimewechsel in Kyjiw an diesem Tag hat den Konflikt im Donbas nicht direkt eskalieren lassen, sondern die Ausgangssituation geschaffen, von der aus er überhaupt erst eskalieren konnte. Das ist ein wichtiger Unterschied. Am 22. Februar 2014 gab es im Donbas keine Anzeichen für einen Krieg. Die Manifestationen öffentlicher Unzufriedenheit waren moderat, wenn man bedenkt, dass das Land gerade eine Revolution erlebt hatte. Die entscheidende Frage der Konflikteskalation im Donbas ist, wie die Region von diesem postrevolutionären Zustand der angespannten Ruhe in einen Kriegszustand überging. Eine Analyse der vorangegangenen Euromaidan-Protestwelle und ihrer gewaltsamen Eskalation in Kyjiw lenkt von dieser Frage ab und führt zu einer begrifflichen Überdehnung. Sie löst die spezifische Frage des Donbas-Konflikts in einer breiteren Analyse auf. Natürlich war der Euromaidan eine notwendige Bedingung für den Krieg - genauso wie beispielsweise die Wiederwahl von Wladimir Putin zum Präsidenten Russlands 2012 oder der Zusammenbruch der Sowjetunion. Das bedeutet jedoch nicht, dass es sinnvoll ist, all diese vorangegangenen Ereignisse als Teil des Donbas-Konflikts zu betrachten. Im Gegenteil, ihr Platz in einer übergreifenden Erklärung des Krieges kann erst nach einer Analyse des Übergangs vom Frieden zum Krieg in der Region identifiziert werden.

2.1.2.2. *Das Genfer Abkommen*

Am 17. April 2014 gaben Vertreter der Europäischen Union, der Vereinigten Staaten, der Ukraine und Russlands nach multilateralen Gesprächen in Genf eine Erklärung ab (Ukrainisches Außenministerium 2014). Die Erklärung forderte die Entwaffnung aller illegalen bewaffneten Gruppen, die Rückgabe aller illegal besetzten Gebäude und eine umfassende Verfassungsreform in der Ukraine. Auf den ersten Blick könnte die Erklärung als ein Zeichen der Deeskalation gewertet werden. Betrachtet man jedoch die damaligen Ereignisse in der Region, so wird deutlich, dass die Erklärung keine erkennbare deeskalierende Wirkung hatte. In den folgenden Wochen kam es in der Region zu einem nie dagewesenen Ausmaß an Gewalt.

2.1.2.3. *Die separatistischen „Referenden"*

Eine weitere hervorstechende Entwicklung waren die separatistischen „Unabhängigkeitsreferenden" vom 11. Mai in den selbsternannten Volksrepubliken Donezk und Luhansk. Obwohl diese

„Referenden" in den Medien große Beachtung fanden, war ihre Bedeutung für die Eskalation des Konflikts vernachlässigbar. Die beiden „Republiken" waren schon ausgerufen worden. Bewaffnete Männer hatten bereits Gebäude in den regionalen Zentren besetzt und lieferten sich bewaffnete Kämpfe mit ukrainischen Sicherheitskräften in Slowjansk und Mariupol. Vor diesem Hintergrund war eine symbolische Abstimmung kein Schritt, der das Ausmaß der Gewalt über die Grenzen hinaustrieb, die den Konflikt bisher eingehegt hatten.

2.1.2.4. *Ereignisse nach dem ersten Minsker Abkommen*

Der August 2014 war der tödlichste Monat des Krieges bis zum Februar 2022. Es folgte das Erste Minsker Waffenstillstandsabkommen vom 5. September 2014 (OSZE 2014). Dieses Abkommen markiert das Ende der ersten Eskalationsphase des Konflikts. Der Herbst 2014 war eine Zeit relativer Ruhe. Darauf folgte Anfang 2015 ein weiterer Eskalationsschub, der zum Zweiten Minsker Abkommen führte (OSZE 2015). Die Kämpfe erreichten jedoch nicht das im Juli und August 2014 beobachtete Ausmaß, und ab Februar 2015 deeskalierte der Krieg weiter.[5] Somit markiert das erste Minsker Abkommen vom September 2014 den höchsten Grad der Eskalation im Donbas vor Februar 2022. Es markiert auch das Auftreten der wichtigsten Merkmale, die den bewaffneten Konflikt in den folgenden acht Jahren kennzeichneten: Feindseligkeiten wechselnder, aber im Allgemeinen abnehmender Intensität, die entlang einer definierten Kontaktlinie stattfanden, die keinen größeren Veränderungen unterworfen war. Aus diesem Grund ist es sinnvoll, den 5. September 2014 als Enddatum für eine Analyse der Anfangsphase des Konflikts zu wählen. Eine Ausweitung der Analyse auf den anschließenden Deeskalationsprozess dürfte keinen nennenswerten Mehrwert für die Identifizierung der Konfliktursachen liefern.

5 Detaillierte ukrainische Opferstatistiken für den Zeitraum 2014-2021 sind über das Freiwilligenprojekt *Gedenkbuch für die Gefallenen der Ukraine* (Memorybook.org.ua n.d.a) verfügbar. Für eine Zusammenstellung der vom ukrainischen Militär erstellten Frontkarten siehe TSN (2019a).

2.2. Sechs kritische Wendepunkte

Die eindimensionale Eskalationsleiter in Tabelle 2 bietet einen grundlegenden Rahmen für die Analyse des Donbas-Konflikts. Allerdings ist dieser Rahmen noch zu vereinfacht, um ein angemessenes Modell der Gewalteskalation in der Region zu sein. Die Leiter muss erweitert werden, um der Tatsache Rechnung zu tragen, dass die Eskalation im Donbas räumlich und zeitlich ungleichmäßig verteilt war. Verschiedene Schwellen wurden an verschiedenen Orten und zu verschiedenen Zeitpunkten unter Beteiligung verschiedener Akteure überschritten. Einige Schwellen wurden kurz hintereinander überschritten, während andere weiter auseinanderlagen.

Außerdem impliziert die Eskalationsleiter keine Kausalität. Es kann nicht einfach davon ausgegangen werden, dass die Leiter eine kausale Abfolge darstellt, bei der eine Stufe die nächste bedingt. Die kausale Bedeutung jeder Stufe, sowohl für die nachfolgenden Stufen als auch für den Konflikt als Ganzes, bleibt eine offene Frage.

Das Konzept der kritischen Wendepunkte (critical junctures) ist hilfreich, um mein Modell zu verbessern und Eskalation im Hinblick auf Kausalität zu analysieren. Collier und Munck (2017, 2) definieren einen kritischen Wendepunkt als „eine wichtige Episode institutioneller Innovation", die ein „dauerhaftes Vermächtnis" hinterlässt. Capoccia und Kelemen (2007, 348) fügen hinzu, dass ein kritischer Wendepunkt im Vergleich zu seinem Vermächtnis kurz ist und dass Entscheidungen von Akteuren während des Wendepunkts einen größeren Einfluss haben als hinterher. Krieg wird normalerweise nicht als Institution analysiert. Institutionen werden jedoch oft als Grenzen für menschliche Interaktionen definiert, was der Definition des begrenzten Krieges von Schelling (1966) und Smoke (1977) ähnelt. North (1991, 1) beschreibt Institutionen als „von Menschen erdachte Grenzen, die politische, wirtschaftliche und soziale Interaktionen strukturieren". Laut Hodgson (2006, 18) sind sie „Systeme etablierter und eingebetteter sozialer Regeln".

Darüber hinaus gelten drei der vier Kriterien, die einen kritischen Wendepunkt definieren, automatisch für Eskalationsstufen nach der Definition von Kahn (1965) und Smoke (1977). Erstens ist jede Stufe eine wichtige Neuerung in einem bewaffneten Konflikt, da jede Neudefinition der Grenzen eines Krieges eine wesentliche

Änderung der impliziten Regeln darstellt, die die Gewalt einschränken. Zweitens sind Entscheidungen per Definition folgenreicher, wenn sie eine Schwelle überschreiten, die eine aktuelle Grenze des Krieges definiert, als wenn sie innerhalb der bisherigen Grenzen bleiben. Drittens kann eine kriegerische Eskalation nur dann ein dauerhaftes Vermächtnis hinterlassen, wenn dieses Vermächtnis im Vergleich zur eskalierenden Handlung selbst lang ist.

Das Hinterlassen eines dauerhaften Vermächtnisses ist jedoch das Kriterium aus der Definition der kritischen Wendepunkte, das nicht Teil der Definition von Eskalation ist. Auf Eskalation kann Deeskalation folgen - oder weitere Eskalation, ohne dass der erste Schritt ein dauerhaftes Vermächtnis hinterlässt. Manche Eskalationsschritte hinterlassen jedoch ein dauerhaftes Erbe. Diese Hinterlassenschaft kann aus Feindseligkeiten bestehen, die über einen langen Zeitraum andauern, oder aus Schäden, deren Behebung viel Zeit in Anspruch nimmt. Alternativ oder gleichzeitig kann die Hinterlassenschaft aus weiterer Eskalation bestehen - aus der Ermöglichung zusätzlicher kritischer Wendepunkte, die dann im weiteren Verlauf ein dauerhaftes Vermächtnis der Gewalt hinterlassen. Schritte, die auf eine dieser beiden Arten ein dauerhaftes Erbe hinterlassen, sind für die Analyse der Ursachen des Donbas-Krieges von besonderer Bedeutung. Ihre weitere Untersuchung kann Antworten auf die Frage liefern, welche Rolle in- und ausländische Faktoren in der Entstehungsphase des Krieges gespielt haben.

Der Gedanke, dass kritische Wendepunkte ein dauerhaftes Vermächtnis hinterlassen, ist eng mit Kausalität im Sinne von notwendigen Bedingungen verbunden. Die Entscheidungen von Akteuren können nur dann ein dauerhaftes Vermächtnis für den weiteren Verlauf der Ereignisse hinterlassen, wenn dieser Verlauf ohne ihren Einfluss nicht derselbe gewesen wäre. Sie müssen keine hinreichende Bedingung sein. Notwendigkeit ist jedoch unabdingbar.

In der Praxis bedeutet dies, dass die Ereignisse auf der Eskalationsleiter zu verschiedenen Zeitpunkten und an verschiedenen Orten auf ihre Auswirkungen und ihre kausalen Beziehungen untersucht werden müssen. Diese Analyse führt zu einem Eskalationsmodell, das die Anfangsphase des Donbas-Krieges in sechs Wendepunkte unterteilt. Das Modell ist in Abbildung 1 dargestellt und wird in den folgenden Abschnitten ausführlich erläutert.

Abbildung 1: Ablauf der Konflikteskalation im Donbas

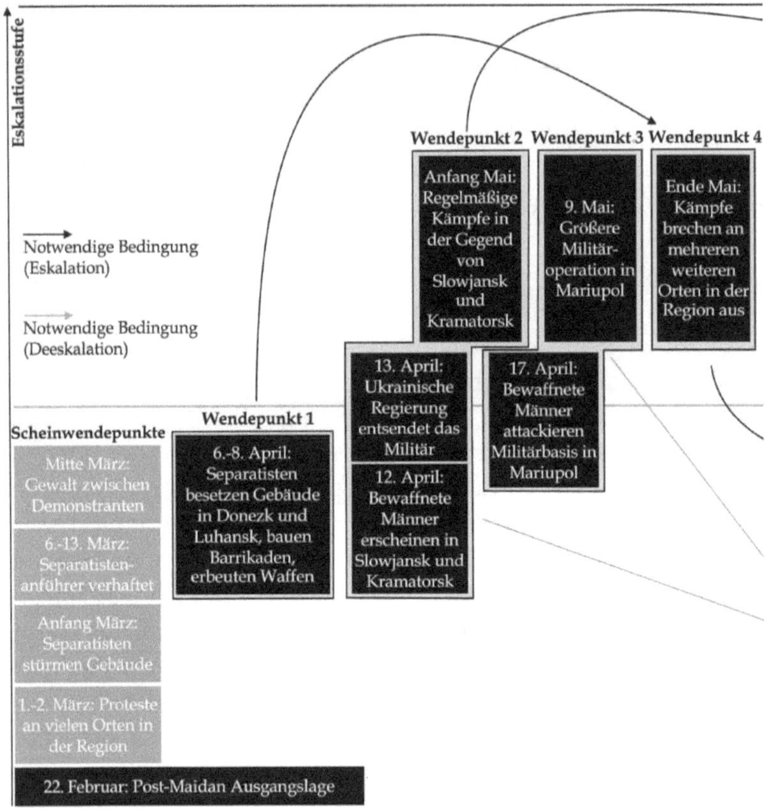

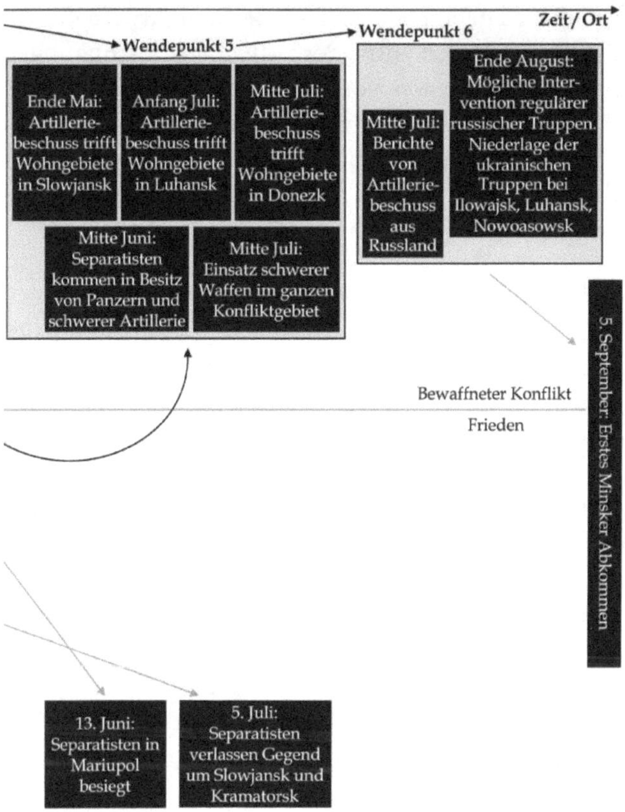
Zeit / Ort
Wendepunkt 5
Wendepunkt 6
Ende Mai: Artillerie-beschuss trifft Wohngebiete in Slowjansk
Anfang Juli: Artillerie-beschuss trifft Wohngebiete in Luhansk
Mitte Juli: Artillerie-beschuss trifft Wohngebiete in Donezk
Mitte Juni: Separatisten kommen in Besitz von Panzern und schwerer Artillerie
Mitte Juli: Einsatz schwerer Waffen im ganzen Konfliktgebiet
Mitte Juli: Berichte von Artillerie-beschuss aus Russland
Ende August: Mögliche Intervention regulärer russischer Truppen. Niederlage der ukrainischen Truppen bei Ilowajsk, Luhansk, Nowoasowsk
5. September: Erstes Minsker Abkommen
Bewaffneter Konflikt
Frieden
13. Juni: Separatisten in Mariupol besiegt
5. Juli: Separatisten verlassen Gegend um Slowjansk und Kramatorsk

2.2.1. Scheinwendepunkte: Die Proteste vom März 2014

Meine Eskalationsleiter für den Donbas umfasst Ereignisse, die dem Ausbruch der militarisierten Gewalt vorausgehen. Um als kritische Wendepunkte zu gelten, müssten solche konfliktvorbereitenden Eskalationsschritte jedoch entweder notwendige Bedingungen für den Beginn des bewaffneten Konflikts oder für seine anschließende weitere Eskalation sein. Ein genauerer Blick auf die relevanten Ereignisse legt nahe, dass bis zu den dauerhaften und bewaffneten Gebäudebesetzungen vom 6. April 2014 keine der Entwicklungen in der Region dieses Kriterium erfüllt.

2.2.1.1. Massenproteste gegen die Kyjiwer Regierung

Am Wochenende vom 1. und 2. März 2014 fanden an mehreren Orten im Donbas große Protestkundgebungen gegen die neue Kyjiwer Regierung statt. Die größten Kundgebungen wurden aus den Gebietshauptstädten Donezk und Luhansk gemeldet, wo jeweils 10.000 Menschen gezählt wurden (Ostrow 2014d; 2014e). Jedoch stieg der Zulauf nicht weiter an. Im Gegenteil: Anfang April hatte die prorussische Protestbewegung eher an Schwung verloren.

Dies wird besonders deutlich, wenn man Videos der Menschenmenge vergleicht, die sich am 1. März und am 6. April vor der staatlichen Verwaltung der Oblast Donezk versammelt hatte, als Aktivisten das Gebäude stürmten. Am ersten Tag füllten die Demonstranten den gesamten Platz (YouTube 2014c). Am zweiten Tag bildeten sie eine verstreute Gruppe von Menschen, die nur einen kleinen Teil des Platzes besetzten (YouTube 2014q; 2014r). Eine Berechnung der Fläche des Platzes auf Google Earth in Verbindung mit Modellen für die Größe der Menschenmenge, die der Experte für die Sicherheit von Menschenmengen Keith Still (2013) zur Verfügung gestellt hat, legt nahe, dass 2000 Personen eine großzügige Maximalschätzung für die Veranstaltung am 6. April sind.

Filmmaterial aus Luhansk vom 6. April zeigt ein ähnliches Bild. Die Menge der Demonstranten beschränkte sich auf ein relativ kleines Gebiet, das kaum mehr als 2000 Menschen fassen konnte (YouTube 2014p; 2014v). Versammlungen dieser Größe lagen nicht wesentlich über den ersten Protesten im Donbas unmittelbar nach der Absetzung von Präsident Janukowitsch Ende Februar. Die

Protestkundgebungen im März können daher nicht als notwendige Bedingung für die weitere Eskalation des Konflikts im April angesehen werden. Eine Kerngruppe radikalisierter Aktivisten hätte den Konflikt im April unabhängig vom Ausmaß der früheren Protestaktivitäten eskalieren können.

2.2.1.2. *Die Besetzung von staatlichen Gebäuden*

Die ersten Besetzungen staatlicher Gebäude durch Demonstranten in Donezk und Luhansk Anfang März waren vorübergehend. Die Aktivisten räumten die besetzten Gebäude nach ein paar Stunden oder Tagen wieder. Keiner dieser Versuche hatte eine dauerhafte Wirkung - abgesehen von Medienaufmerksamkeit, der Verhaftung einiger Separatistenführer und einigen Sachschäden. Außerdem gab es zwischen dem 16. März und dem 6. April keine Berichte über Gebäudebesetzungen in Donezk und Luhansk. Dies deutet darauf hin, dass die Ereignisse vom 6. April - als Aktivisten Gebäude stürmten, in diesen Gebäuden blieben, Barrikaden errichteten und sich Waffen beschafften - als separate Ereignisse und nicht als Folge früherer Gebäudebesetzungen analysiert werden sollten.

2.2.1.3. *Die Verhaftung von Separatistenführern*

Die Verhaftung von Anführern könnte zu weiterer Konflikteskalation führen, indem entweder eine zunächst gemäßigte Protestbewegung radikalisiert wird oder indem die Protestbewegung gestärkt wird, weil sich weitere Menschen anschließen und Freiheit für die Anführer fordern. Beides war im Donbas nicht der Fall. Die separatistische Bewegung in Donezk und Luhansk begann nicht mit einer gemäßigten Agenda, sondern mit vorübergehenden Gebäudebesetzungen und Forderungen nach einer vollständigen Machtübertragung auf die lokale Ebene sowie Referenden über die Unabhängigkeit oder den Anschluss an Russland. Diese Forderungen und Methoden, die für die Kyjiwer Regierung völlig inakzeptabel waren, blieben auch nach den Verhaftungen Anfang März unverändert. Es gibt keinen Grund zu der Annahme, dass die verhafteten Separatistenführer oder ihre Anhänger ihren Kurs geändert hätten und gemäßigter geworden wären, wenn die Verhaftungen nicht erfolgt wären. Die Verhaftungen von Anfang März haben auch nicht zu einer breiteren Unterstützung der Öffentlichkeit geführt. Wie oben dargelegt, hat die Protestbewegung im Laufe des Monats eher an Schwung verloren als gewonnen.

2.2.1.4. Gewalt unter Demonstranten

Es gibt keinen plausiblen kausalen Zusammenhang zwischen der Gewalt gegen proeuropäische Aktivisten bei den Protesten Mitte März und dem Auftreten bewaffneter Gruppen. Die Gewalt unter den Demonstranten hätte zu einer weiteren Eskalation führen können, wenn sich die Demonstranten bewaffnet hätten oder wenn sie dazu geführt hätte, dass die Sicherheitskräfte weitere Proteste mit Gewalt verhindert hätten. Beides war im Donbas nicht der Fall. Die ersten Waffen tauchten nicht bei Protestveranstaltungen, sondern in besetzten Gebäuden auf, und zu keinem Zeitpunkt gingen die Sicherheitskräfte mit Gewalt gegen die Demonstranten vor. Dies bedeutet, dass der erste Wendepunkt des Konflikts Anfang April stattfand, da keines der Ereignisse vom März die Kriterien für einen kritischen Wendepunkt erfüllt.

2.2.2. Wendepunkt 1: Donezk und Luhansk, Anfang April

Am 6. April 2014 stürmten separatistische Aktivisten das Gebäude der Staatsverwaltung in Donezk und das regionale Hauptquartier des Sicherheitsdienstes der Ukraine (SBU) in Luhansk. Im Gegensatz zu früheren Fällen von Gebäudebesetzungen im Donbas räumten die Aktivisten die beiden Gebäude nicht nach kurzer Zeit, sondern begannen, Barrikaden um sie herum zu errichten (Ostrow 2014i; YouTube 2014z). Vor allem aber bewaffneten sie sich mit vom SBU gestohlenen automatischen Gewehren (62.ua 2014; YouTube 2014ac). Dies war das erste Auftauchen von militärischer Ausrüstung in den Händen der Separatisten im Donbas. Die ukrainischen Behörden reagierten mit der Androhung „antiterroristischer Maßnahmen" (Turtschynow 2014a), setzten dies aber nicht in die Tat um. Stattdessen reisten Vertreter aus Kyjiw zu Verhandlungen mit den Separatisten nach Donezk und Luhansk (Ukrainska Prawda 2014e; 2014g; 2014i; 2014k).

Obwohl es noch fast zwei Monate dauerte, bis die bewaffneten Auseinandersetzungen Donezk und Luhansk erreichten, schuf die bewaffnete Besetzung staatlicher Gebäude Anfang April die ersten militarisierten Stützpunkte der Separatisten in den beiden Städten.

Ohne diese Stützpunkte hätten die ukrainischen Sicherheitskräfte die Kontrolle über die regionalen Zentren übernehmen können, ohne bewaffneten Widerstand und zivile Opfer zu riskieren. Daher war die anfängliche Militarisierung des Separatismus in Donezk und Luhansk eine notwendige Voraussetzung für die spätere Ausbreitung des bewaffneten Konflikts auf die beiden Städte, auch wenn die ersten Kämpfe anderswo stattfanden.

2.2.3. Wendepunkt 2: Slowjansk, Kramatorsk und Umgebung, Mitte April

Am 12. April überfielen bewaffnete Männer in Tarnkleidung Polizeistationen in den Städten Slowjansk und Kramatorsk im Nordwesten der Oblast Donezk (YouTube 2014ag; 2014ai). Am folgenden Morgen griff eine Gruppe dieser Männer SBU-Mitarbeiter in der Nähe von Slowjansk an. Dabei kam eine Person ums Leben und mehrere wurden verletzt. Am selben Tag kündigte der ukrainische Interimspräsident Turtschynow eine „Antiterroroperation" unter Beteiligung der ukrainischen Streitkräfte an (Hromadske TV 2014b; LifeNews 2014b; 2014a; Turtschynow 2014b). Ab Anfang Mai kam es regelmäßig zu bewaffneten Zusammenstößen zwischen ukrainischen Truppen und separatistischen Kräften (Memorybook.org.ua n.d.a), und das Gebiet um Slowjansk wurde zum zentralen Schauplatz des bewaffneten Konflikts im Donbas, bis sich die Separatisten am 5. Juli zurückzogen (Novorosinform.org 2014c).

Da bei dieser Episode der Konflikteskalation drei Eskalationsschwellen - das Auftreten bewaffneter Gruppen, der Einsatz des Militärs und bewaffnete Zusammenstöße - kurz hintereinander überschritten wurden, ist es sinnvoll, diese Ereignisse zu einem kritischen Wendepunkt zusammenzufassen. Es kann kein Zweifel daran bestehen, dass die Ereignisse rund um Slowjansk Mitte April ein dauerhaftes Erbe militarisierter Gewalt hinterlassen haben. In ihrem Zusammenhang wurde das ukrainische Militär zum ersten Mal mobilisiert, und über zwei Monate lang fanden die heftigsten Kämpfe rund um Slowjansk statt. In diesem Gebiet wurden Ende Mai und Anfang Juni auch erstmals schwere Artillerie und Panzer eingesetzt (Ostrow 2014o; Segodnja 2014d). Selbst wenn sich der gesamte bewaffnete Konflikt auf diese Episode beschränkt hätte,

hätte er ein Vermächtnis an Gewalt und Zerstörung hinterlassen, das in der Ukraine seit dem Zweiten Weltkrieg beispiellos war.

2.2.4. Wendepunkt 3: Mariupol – wo Separatismus scheiterte, Mitte April bis Mitte Juni

Nach Slowjansk war die südliche Hafenstadt Mariupol der erste Ort im Donbas, an dem die Spannungen die Schwelle zum bewaffneten Konflikt überschritten (Nowosti Donbasa 2014d; Westi 2014c; 2014f). Wie im Gebiet von Slowjansk erfolgten das Auftauchen bewaffneter Gruppen, der Einsatz der Sicherheitskräfte und die ersten bewaffneten Zusammenstöße kurz hintereinander. Das Ausmaß der Gewalt und die Kontrolle der Separatisten erreichten jedoch nie das in anderen Gebieten des Donbas beobachtete Niveau, und die Kyjiwer Regierung konsolidierte ihre Kontrolle über die Stadt bereits Mitte Juni (Novorosinform.org 2014b; Liga.Nowosti 2014a). Dennoch hinterließen die Kämpfe in dieser Stadt ein Vermächtnis militarisierter Gewalt, wie es seit dem Zweiten Weltkrieg nicht mehr vorgekommen war. Diese Hinterlassenschaft wurde erst im Frühjahr 2022 übertroffen, als die russischen Streitkräfte Mariupol in Trümmer legten. Die Eskalation der Gewalt in Mariupol im Jahr 2014 ist aus einer vergleichenden Perspektive auch deshalb interessant, weil sie nur relativ kurz andauerte. Ihre Analyse könnte Aufschluss darüber geben, warum der bewaffnete Separatismus in Mariupol weniger erfolgreich war als in anderen Teilen des Donbas.

2.2.5. Wendepunkt 4: Die Kämpfe weiten sich aus, Ende Mai

Im ersten Monat des bewaffneten Konflikts beschränkten sich die Kämpfe im Donbas auf das Gebiet um Slowjansk und Mariupol. Ab Ende Mai – etwa zur Zeit der ukrainischen Präsidentschaftswahlen – weiteten sich die Kämpfe jedoch rasch auf mehrere andere Orte im Donbas aus. Die wichtigsten neuen Schauplätze der Gewalt waren Wolnowacha (Ostrow 2014n), Karliwka (Nowosti Donbasa 2014f), der Flughafen Donezk (TASS 2014a), Teile der Stadt Luhansk (Nowosti Donbasa 2014h; TASS 2014b), Städte nordwestlich von Luhansk (Ukrainska Prawda 2014m) und ländliche Gebiete nahe der russisch-ukrainischen Grenze im Süden der Oblasten

Donezk und Luhansk (Nowosti Donbasa 2014e; Glavkom 2014). Diese plötzliche Ausweitung der Kriegsschauplätze führte nicht nur zu einer erheblichen Zahl von Opfern, sondern ebnete auch den Weg für weiter andauernde Feindseligkeiten in diesen neuen Krisenherden. Jeder Vorfall, bei dem sich die Kämpfe auf einen neuen Ort ausbreiteten, könnte als separater Wendepunkt definiert werden. Um jedoch eine Zersplitterung der Analyse zu vermeiden und zu betonen, dass all diese Vorfälle die Ausweitung des Kriegsschauplatzes als Hinterlassenschaft teilen, ist es sinnvoll, sie zu einem Punkt zusammenzufassen.

2.2.6. Wendepunkt 5: Panzer und schwere Artillerie, Juni-Juli

Die ukrainischen Streitkräfte führten bei bewaffneten Zusammenstößen am Flughafen Donezk am 26. Mai zum ersten Mal Luftangriffe durch (Segodnja 2014c). Der Einsatz schwerer Artillerie wurde erstmals am 29. Mai in der Nähe von Slowjansk gemeldet (Ostrow 2014o), und der Kampfeinsatz ukrainischer Panzer in diesem Gebiet wurde am 6. Juni bestätigt (Segodnja 2014d). Mitte Juni tauchten erste Berichte über Panzer und Artillerie unter separatistischer Kontrolle auf (YouTube 2014aw; Segodnja 2014e). Schon bald war der Einsatz von Panzern und schwerer Artillerie auf beiden Seiten auf dem gesamten Schlachtfeld an der Tagesordnung und betraf gleichzeitig auch dicht besiedelte Gebiete. Schwere Waffen hinterließen ein besonders verheerendes Vermächtnis, da sie für die meisten Schäden und Verluste an Menschenleben im Donbas im Verlauf des bewaffneten Konflikts im Jahr 2014 verantwortlich waren. Auch hier könnte jeder Einsatz schwerer Waffen an einem neuen Ort als neuer Wendepunkt definiert werden. Wie im vorangegangenen Fall ist es jedoch sinnvoll, alle Vorfälle des Einsatzes schwerer Waffen zunächst zu einem Wendepunkt zusammenzufassen.

2.2.7. Wendepunkt 6: Die ukrainische Niederlage, Ende August

Die ukrainischen Streitkräfte behaupteten erstmals Mitte Juli nach einem Angriff auf ukrainische Stellungen in der Nähe des Dorfes Selenopillja, dass sie von russischem Gebiet aus beschossen worden seien (Ukrainska Prawda 2014o). Dieser Angriff und weitere

Vorfälle angeblichen Beschusses aus Russland verlangsamten zwar den Vormarsch des ukrainischen Militärs, reichten aber nicht aus, um das Blatt zu wenden. Das Blatt wendete sich jedoch Ende August, als viele ukrainische Soldaten bei dem Versuch, aus einer Umzingelung in der Nähe von Ilowajsk auszubrechen, starben und die ukrainischen Streitkräfte die Kontrolle über Gebiete südlich von Luhansk und östlich von Mariupol verloren. Kyjiw behauptete, dass eine russische Invasionstruppe für diese plötzliche Niederlage verantwortlich sei (Ostrow 2014r; Segodnja 2014g).

Moskau bestreitet jeden grenzüberschreitenden Beschuss und jede Invasion. Die Frage nach einer russischen Beteiligung kann jedoch in diesem ersten Stadium umgangen werden. Unabhängig von der angeblichen russischen Beteiligung führten die Kämpfe entlang der Grenze im Juli und August zum Überschreiten von Eskalationsschwellen an mehreren weiteren Orten. Und unabhängig von der angeblichen russischen Beteiligung erreichte die Intensität der militärischen Gewalt im Donbas während der Kämpfe, die die plötzliche ukrainische Niederlage Ende August markierten, ihren Höhepunkt. Diese Kämpfe hinterließen in der Region und in der ukrainischen Gesellschaft insgesamt ein seit dem Zweiten Weltkrieg nicht dagewesenes Vermächtnis militärischer Gewalt. Gleichzeitig hinderte die Niederlage von Ende August die ukrainischen Streitkräfte daran, die Kontrolle über den gesamten Donbas wiederzuerlangen. Sie war somit eine notwendige Voraussetzung für die Fortsetzung des bewaffneten Konflikts auf niedrigerem Niveau in den darauffolgenden Jahren. Aus diesem Grund stellen die ukrainische Niederlage von Ende August 2014 und die Intensivierung der Feindseligkeiten in ihrem Vorfeld einen letzten Wendepunkt in der ersten, prägenden Phase des Krieges dar.

2.3. Zwischenfazit

Dieses Kapitel hat einen Überblick über die Eskalation des Donbas-Konflikts im Jahr 2014 gegeben. Es hat auch einen Rahmen für die weitere Untersuchung der Kriegsursachen entwickelt. Ich habe die Theorie der Konflikteskalation mit dem Konzept der kritischen Wendepunkte kombiniert, um ein Modell der Eskalationsabfolge in der Anfangsphase des Krieges zu erstellen. Ich habe argumentiert, dass dieses Modell den Zeitraum von Anfang April bis Ende August 2014 abdeckt und sechs kritische Wendepunkte umfasst.

Mein Eskalationsmodell ist eine Messlatte für Versuche, den Kriegsausbruch zu erklären. Jede überzeugende Erklärung muss in der Lage sein, die sechs in diesem Kapitel dargestellten Wendepunkte zu erklären. Aus diesem Grund wird sich meine weitere Untersuchung der Rolle interner Faktoren einerseits und russischer Einmischung andererseits auf diese Wendepunkte konzentrieren.

Keines der Ereignisse in meiner Eskalationsfolge ist in dem Sinne umstritten, dass eine Konfliktpartei, gewisse Medien oder ein Teil der wissenschaftlichen Literatur seine Existenz bestreiten. So sind sich beispielsweise in praktisch allen Fällen von gewaltsamen Zusammenstößen alle Seiten einig, dass es zu einer bewaffneten Auseinandersetzung gekommen ist. Was umstritten ist, sind die Details des Ereignisses - die beteiligten Akteure, ihre Motivation und die Art, Abfolge und Konsequenzen ihrer Handlungen. In den meisten Fällen steht die Frage der russischen Beteiligung im Mittelpunkt solcher Kontroversen, und genau davon hängt der Charakter des Krieges ab. Wenn die meisten Wendepunkte in der Eskalationsfolge des Krieges in erster Linie auf interne Faktoren zurückzuführen sind, sollte der Konflikt als Bürgerkrieg betrachtet werden. Wenn die Hauptursache für die meisten kritischen Wendepunkte die Aktionen des russischen Staates waren, sollte der Krieg als Invasion betrachtet werden. Mit anderen Worten: Eine Untersuchung des Charakters des Donbas-Krieges von 2014 muss jeden der sechs in diesem Kapitel beschriebenen Wendepunkte betrachten und die folgende Frage beantworten: Waren die separatistischen Gruppen, die gegen die ukrainischen Sicherheitskräfte kämpften, Agenten des russischen Staates in dem Sinne, dass die Handlungen des russischen Staates die Hauptursache für ihre Handlungen waren?

Diese Frage kann jedoch erst nach einer gründlicheren Erörterung der kausalen Zusammenhänge und der Möglichkeiten, sie zu ermitteln, beantwortet werden. Bevor ich mit der Untersuchung der Wendepunkte des Krieges fortfahren kann, muss ich erklären, wie ich entschieden habe, ob eine Ursache wichtiger ist als eine andere. Ich muss auch klären, welche Art von Beweisen ich für meine Schlussfolgerungen verwende. Dies werde ich im folgenden Kapitel tun.

3. Digitale forensische Prozessanalyse

In diesem Kapitel werden Fragen von Ursache und Wirkung sowie die Art und Weise, wie digitale Informationsquellen zur Ermittlung kausaler Zusammenhänge genutzt werden können, näher beleuchtet.[6] Das Ergebnis wird ein methodischer Rahmen für die Untersuchung der sechs Wendepunkte sein, die den Donbas-Krieg im Jahr 2014 prägten. Ich werde in vier Schritten vorgehen. Zunächst wird in diesem Kapitel die Prozessanalyse als Methode der Wahl für die eingehende Untersuchung von Einzelfällen vorgestellt. Ich werde argumentieren, dass die Prozessanalyse durch vier Eckpunkte definiert werden kann - die Trennung von Erklärungen und Beweisen, die Berücksichtigung alternativer Erklärungen, die Quellenkritik und die Anwendung probabilistischer Argumentation. Zweitens wird in diesem Kapitel argumentiert, dass bestehende Studien die letzten beiden dieser Maßstäbe vernachlässigen und Onlinequellen nicht ausreichend berücksichtigen. Drittens wird in diesem Kapitel die Analyse von digitalen Informationen aus öffentlichen Quellen (Digital Open Source Information, DOSI) vorgestellt - eine Art der Recherche, die in den letzten Jahren unter Journalisten und NGO-Aktivisten an Popularität gewonnen hat. Dabei werde ich die Synergieeffekte der Verschmelzung von DOSI-Analyse und Prozessanalyse zur digitalen forensischen Prozessanalyse herausarbeiten. Viertens werde ich einige Annahmen über die Natur von Ursache und Wirkung erörtern, die der Anwendung der digitalen forensischen Prozessanalyse auf den Donbas-Konflikt zugrunde liegen. In diesem letzten Abschnitt werde ich auch auf die Grenzen der Methodik und mögliche Abhilfemaßnahmen eingehen und erklären, wie ich die digitale forensische Prozessanalyse in der Praxis einsetze.

3.1. Vier Maßstäbe für eine gute Prozessanalyse

Die Prozessanalyse ist eine sozialwissenschaftliche Methode, die versucht, die Blackbox zwischen Ursache und Wirkung zu öffnen.

6 Teile dieses Kapitels wurden bereits in Hauter 2021c, 2-6 veröffentlicht.

Im Gegensatz zu quantitativen Kausalitätsansätzen, die aus der Korrelation von Variablen über mehrere Fälle hinweg auf Ursache und Wirkung schließen, wird bei der Prozessanalyse ein detaillierter Blick auf einzelne Fälle geworfen und versucht, Beweise dafür zu finden, wie eine Ursache ein Ergebnis herbeiführt. Die Prozessanalyse stützt sich stark auf das Konzept der Kausalmechanismen, um zu beschreiben, was sich in der Blackbox zwischen Ursache und Wirkung befindet. Trotz der zentralen Rolle dieses Konzepts gibt es jedoch keinen Konsens darüber, was ein kausaler Mechanismus eigentlich ist. Hedström und Ylikoski (2010, 51) führen nicht weniger als neun verschiedene Definitionen auf, von denen die meisten entweder sehr abstrakt oder sehr allgemein oder beides gleichzeitig sind. Beach und Pedersen (2013, 29) greifen auf einige dieser Definitionen zurück und konkretisieren das Konzept. Sie definieren einen kausalen Mechanismus als eine Reihe von Entitäten, die Aktivitäten durchführen und damit kausale Kraft von einer Ursache auf ein Ergebnis übertragen. Sie argumentieren, dass ein kausaler Mechanismus mit einer Maschine aus Zahnrädern (den Entitäten) verglichen werden kann, deren Bewegung (ihre Aktivitäten) eine kausale Kraft durch die Maschine überträgt. Um diese Analogie zu veranschaulichen, verwenden sie das Beispiel eines Automotors. Sie definieren den Motor als die Ursache und die Bewegung des Autos als das Ergebnis. Die kausalen Mechanismen sind die Räder und die Antriebswelle, die durch ihre Bewegung den Impuls des Motors in die Bewegung des Autos übertragen (Beach und Pedersen 2013, 30).

Im weitesten Sinne umfasst die Prozessanalyse jede wissenschaftliche Arbeit, die eine Behauptung über Ursache und Wirkung mit einer detaillierten fallbasierten Erzählung untermauert. Nach dieser Definition ist die akademische Literatur, die eine Prozessanalyse für die Untersuchung von bewaffneten Konflikten verwendet, sehr umfangreich. Gleichzeitig haben einige Wissenschaftler versucht, praxisorientierte Standards zu formulieren, die die Prozessanalyse in einem engeren Sinne definieren. Im Allgemeinen werden in dieser methodologischen Literatur vier Maßstäbe für eine methodisch rigorose Prozessanalyse entwickelt.

3.1.1. Erklärungen und Beweise trennen

Beach und Pedersen (2013, 33) betonen, dass die Prozessanalyse über eine bloße empirische Erzählung hinausgehen muss. Sie muss die empirische Evidenz eines bestimmten Falles mit der hypothetischen Evidenz vergleichen, die Forschende erwarten würden, wenn ein bestimmter Kausalmechanismus am Werk wäre. Dieser Mechanismus kann zu Beginn formuliert werden, um ihn anhand der empirischen Belege zu testen, oder er kann nach der Analyse der empirischen Belege deduktiv entwickelt werden (Beach und Pedersen 2013, 11-22). Entscheidend ist in jedem Fall, dass die Analyse die empirische Evidenz und den theoretischen Kausalmechanismus voneinander trennt und explizit aufzeigt, wie Erstere Letzteren unterstützt.

3.1.2. Alternative Erklärungen berücksichtigen

Bennet und Checkel (2015, 23-31) betonen in ihren Leitlinien für gute Prozessanalyse besonders die Bedeutung der Untersuchung alternativer Hypothesen. Sie argumentieren, dass „die Nichtberücksichtigung einer potenziell tragfähigen Erklärung, die den Lesern und Kritikern einer Fallstudie leicht in den Sinn kommt, dazu führen kann, dass die Prozessanalyse nicht überzeugt" (Bennett und Checkel 2015, 23). Ein wichtiges Instrument für die Bewertung von Beweisen im Hinblick auf konkurrierende Hypothesen ist eine von Stephen van Evera entwickelte Typologie von Tests. Bennet und Checkel (2015, 17) sowie Beach und Pedersen (2013, 100-105) und Mahoney (2015, 207-212) beschreiben diese Typologie als einen integralen Bestandteil der Prozessanalyse. Die Typologie gruppiert Beweise in vier Kategorien (van Evera 1997, 31-32):

- Beweise, die eine Hypothese widerlegen, aber nicht beweisen können. Das Vorhandensein eines solchen Beweises schließt Alternativen zu der betreffenden Hypothese nicht aus, aber das Fehlen dieses Beweises schließt die Hypothese aus. Van Evera argumentiert, dass diese Art von Beweisen einen „Reifentest" darstellt, weil die Beweise einen Reifen bilden, durch den die Hypothese „springen" muss.
- Beweise, die eine Hypothese beweisen, aber nicht durch ihr Fehlen widerlegen können. Van Evera nennt dies den

„Rauchenden-Colt-Test", denn „eine rauchende Waffe, die kurz nach einer Schießerei in der Hand eines Verdächtigen gesehen wird, ist ein ziemlich eindeutiger Beweis für die Schuld, aber ein Verdächtiger, der nicht mit einer rauchenden Waffe gesehen wird, ist nicht bewiesenermaßen unschuldig".
- Beweise, die eine Hypothese sowohl beweisen als auch widerlegen können. Van Evera nennt dies einen „doppelt entscheidenden Test". Diese Beweise stellen die Hypothese gleichzeitig vor einen Reifentest und einen Rauchenden-Colt-Test: „Ein Bestehen untermauert eine Erklärung solide, ein Durchfallen eliminiert sie."
- Beweise, die „in die Gesamtbilanz einfließen" können, aber nicht entscheidend sind. Van Evera nennt dies einen „Strohhalm-im-Wind-Test".

Die Anwendung dieser Typologie zwingt Forschende dazu, darzulegen, wie und inwieweit ihre empirischen Belege die von ihnen vorgeschlagene Erklärung gegenüber alternativen Hypothesen begünstigen.

3.1.3. Quellenkritik üben

Analysten, die sich mit Prozessanalyse beschäftigen, sollten ihre Quellen nicht für bare Münze nehmen. Bennet und Checkel (2015, 24-25) fordern in ihren Leitlinien Forschende auf, „die potenzielle Voreingenommenheit von Beweisquellen zu berücksichtigen". Beach und Pedersen (2013, 125-129) argumentieren, dass Forschende bei der Prozessanalyse „den Inhalt" und „die Genauigkeit" von Beobachtungen bewerten müssen, um sie in Beweise umzuwandeln. Sie argumentieren auch, dass die Verlässlichkeit verschiedener Arten von Quellen von einer Vielzahl von Umständen abhängen kann, die Forschenden bei der Prozessanalyse berücksichtigen müssen (Beach und Pedersen 2013, 132-143). Fairfield und Charman (2017, 370) gehen noch einen Schritt weiter und argumentieren, dass „Evidenz in der Prozessanalyse am besten analysiert wird, indem die Quelle in die Definition der Evidenz einbezogen wird". Sie schlagen vor, dass Beweise typischerweise in der Form „Quelle Q hat X gesagt" vorgebracht werden sollten. Das bedeutet, dass Analysten, die sich mit Prozessanalyse befassen, den Kontext und den Hintergrund sowohl der Quelle als auch der darin enthaltenen Beweise bewerten sollten, anstatt Beweise als Tatsachenbehauptungen zu postulieren, die sich auf eine Quelle beziehen. Mit anderen Worten, sie sollten dem Beispiel von Historikern folgen und eine strenge Quellenkritik üben. Dieser Maßstab ist von besonderer Bedeutung für die Erforschung bewaffneter Konflikte, insbesondere im Kontext der reichhaltigen, aber undurchsichtigen Informationslage, die den Donbas-Krieg kennzeichnet.

3.1.4. Wahrscheinlichkeiten benennen

Die Infragestellung der Genauigkeit von Quellenmaterial führt unweigerlich zu Unsicherheiten, die durch die Verwendung einer probabilistischen Terminologie angegangen werden können. Aus diesem Grund befürworten dieselben Theoretiker der Prozessanalyse, die Quellenkritik befürworten, auch die Verwendung der Bayes'schen Inferenz (Beach und Pedersen 2013, 83; Bennett und Checkel 2015, 16; Fairfield und Charman 2017). Das Bayes'sche Theorem besagt, dass die Wahrscheinlichkeit, dass eine Hypothese wahr ist, mit der Häufung von Beweisen für oder gegen die Hypothese steigt oder sinkt. In den Worten von Bennett (2009, 8): „Je unwahrscheinlicher ein Beweis [E] angesichts der Alternativen zur Erklärung H ist, desto mehr erhöht dieser Beweis [E] unsere Zuversicht, dass H wahr ist, wenn sich der Beweis als konsistent mit H erweist." Bennett (2009, 8) fasst das Bayes'sche Theorem mit einer Formel zusammen, die wie folgt ausbuchstabiert werden kann:

$$\text{Wahrscheinlichkeit von H in Anbetracht von E} = \text{Vorherige Wahrscheinlichkeit von H} \times \frac{\text{Wahrscheinlichkeit von E in Anbetracht von H}}{\text{Vorherige Wahrscheinlichkeit von E}}$$

Dieses Theorem bietet ein Instrument für eine formale probabilistische Argumentation in der qualitativen Fallstudienforschung. Theoretisch sollte die fortgesetzte Anwendung der obigen Formel, bis alle verfügbaren Beweise berücksichtigt wurden, Forschende mit unterschiedlichen Ausgangspositionen bezüglich der Wahrscheinlichkeit von H zur gleichen Endwahrscheinlichkeit führen (Bennett 2009, 9). Natürlich ist es unwahrscheinlich, dass dies in der Praxis funktioniert, da die Forschenden den verschiedenen Beweisen unterschiedliche Wahrscheinlichkeiten zuordnen können. Außerdem gibt es eine Kontroverse darüber, ob es von Vorteil ist, qualitativen Belegen bestimmte numerische Wahrscheinlichkeiten zuzuordnen (Barrenechea und Mahoney 2019, 453; Beach 2017, 15; Befani und Stedman-Bryce 2017, 52-53; Fairfield und Charman 2017).

Dennoch ist die Anwendung der allgemeinen Prinzipien der Bayes'schen Inferenz ein weiterer Maßstab für die Prozessanalyse. Die Anwendung dieser Prinzipien, sei es mathematisch oder verbal, zwingt Forschende dazu, die probabilistischen Überlegungen, die ihrer Bewertung der Beweislage zugrunde liegen, zu beschreiben. Dadurch wird deutlicher, wo genau diese Bewertungen konvergieren und wo sie voneinander abweichen. Darüber hinaus ermöglicht eine probabilistische Argumentation eine nuanciertere Bewertung als die bloße Verwendung von van Everas Test-Typologie (Befani und Stedman-Bryce 2017, 53). Dies macht den Bayes'schen Ansatz besonders nützlich in Fällen, in denen es große Lücken oder Widersprüche in der verfügbaren Evidenz gibt, was zu zahlreichen Strohhalm-Tests führt, die in unterschiedliche Richtungen weisen.

3.2. Die Vernachlässigung von Quellenkritik und probabilistischer Argumentation

Natürlich handelt es sich bei diesen vier Maßstäben um einen Idealtypus, den nur wenige empirische Studien erfüllen können. Die durch Zeit, Raum, Forschungsdesign und Datenverfügbarkeit auferlegten Grenzen zwingen Forschende dazu, bestimmten Maßstäben Priorität einzuräumen und andere zu vernachlässigen. Aus diesem Grund ist es angemessen, Forschungsarbeiten, die mindestens einem der vier Kriterien gerecht werden, als Prozessanalyse anzuerkennen.

Die meisten Studien über die Ursachen von Kriegen, die sich mit Prozessanalyse im Sinne dieser Definition befassen, erfüllen entweder nur das erste oder das zweite Kriterium. Es sind jedoch der dritte und der vierte Maßstab, die die Prozessanalyse zur Methode der Wahl machen, um den Donbas-Krieg von 2014 zu untersuchen. Die Menge der online verfügbaren Informationen und das Vorherrschen von Desinformation machen es unabdingbar, die Verlässlichkeit des Quellenmaterials explizit zu bewerten und die wahrscheinlichen Schlussfolgerungen darzulegen, die Forschende aus dieser Bewertung ziehen können. Das soll nicht heißen, dass die Autoren bestehender Forschung in ihrem Umgang mit Quellen nachlässig sind und Einschränkungen und mögliche Verzerrungen in ihren Daten nicht ausreichend berücksichtigt haben. Es bedeutet lediglich, dass Quellenkritik und der Bayes'sche Ansatz keine Schlüsselkomponenten ihrer empirischen Erzählungen sind. Dies mag im Rahmen der spezifischen Forschungsdesigns und Quellenumgebungen vieler bestehender Studien nicht notwendig sein. Quellenkritik und eine Bayes'sche Herangehensweise sind jedoch unerlässlich für eine Prozessanalyse, die darauf abzielt, sich in der reichhaltigen, aber undurchsichtigen Online-Informationsumgebung zurechtzufinden, die den Donbas-Konflikt und andere Kriege im Zeitalter der sozialen Medien kennzeichnet.

Kapitel zwei dieses Buches hat bereits Online-Informationen als empirische Grundlage für die Eskalationsfolge des Donbas-Krieges verwendet. Es umging jedoch die Notwendigkeit der Quellenkritik und der Bayes'schen Analyse, indem es alle kontroversen Fragen offenließ. Die in die Eskalationssequenz einbezogenen Ereignisse werden entweder von keiner Konfliktpartei bestritten oder sie wurden als umstritten gekennzeichnet und bedürfen einer weiteren Untersuchung. Das Modell gibt auch nicht an, welche Akteure für die einzelnen Wendepunkte verantwortlich sind. Während die Erstellung des Modells einige Aspekte der ersten beiden in diesem Kapitel formulierten Maßstäbe erfüllt, bleibt die Prozessanalyse unvollständig, da sie den wichtigsten Teil eines Kausalmechanismus - die Ursachen - auslässt. Aus diesem Grund kann das zweite Kapitel für sich genommen nicht als vollwertige Prozessanalyse betrachtet werden, die Online-Informationen zur Untersuchung von Kriegsursachen nutzt.

Derzeit gibt es praktisch keine Forschung, die darauf abzielt, Online-Informationen aus einem Konfliktgebiet als Hauptdatenquelle für die Untersuchung eines Krieges zu nutzen. Die Prozessanalyse von bewaffneten Konflikten stützt sich bisher in erster Linie auf Interviewdaten, die durch Feldforschung gesammelt wurden, sowie auf Archivmaterial und Sekundärliteratur. Zeitungsartikel oder Berichte von Nachrichtenagenturen werden von einigen Autoren verwendet, spielen aber eine untergeordnete, ergänzende

Rolle. Dies ist eine Lücke, die es zu schließen gilt. Es ist von entscheidender Bedeutung, dass sich die akademische Prozessanalyse von bewaffneten Konflikten an die moderne Informationstechnologie anpasst und Onlinemedien und damit verbundene qualitative Daten als wichtige Informationsquelle behandelt. Auf diese Weise könnte sie auf einen riesigen Bestand an Primärinformationen zurückgreifen, der derzeit nicht entsprechend seinem vollen Potenzial genutzt wird. Darüber hinaus würde eine Konzentration auf Onlinemedien auch eine zeitnahe Forschung in Fällen ermöglichen, in denen es zu gefährlich wäre, in das Konfliktgebiet zu reisen, oder in denen wichtige Teilnehmer nicht für Interviews zur Verfügung stehen.

3.3. Das Potenzial digitaler Informationen aus öffentlichen Quellen

Die akademische Prozessanalyse von bewaffneten Konflikten kann für das Internetzeitalter fit gemacht werden, indem sie die Analyse digitaler Informationen aus öffentlichen Quellen (DOSI) einbezieht. DOSI beschreibt die riesige Menge an Informationen, die das Internet der breiten Öffentlichkeit in Form von Text-, Bild- und Videomaterial zur Verfügung gestellt hat, das auf Nachrichtenwebseiten oder in sozialen Netzwerken wie Twitter, Facebook oder YouTube veröffentlicht wird. Dazu gehören auch Informationen, die in öffentlichen Onlinedatenbanken verfügbar sind, wie zum Beispiel der Flugatlas Flightradar24, das Projekt Internet Archive oder die annotierte Satellitenbild-Plattform Wikimapia. DOSI-Analyse ist die Analysetechnik, die zur Identifizierung, Strukturierung und Überprüfung dieser Art von Daten verwendet wird.

Auch wenn DOSI mit Open Source Intelligence (OSINT) verwandt ist und oft synonym verwendet wird, ist es sinnvoll, zwischen den beiden Begriffen zu unterscheiden. Die Ursprünge des Begriffs OSINT liegen in der Arbeit staatlicher Nachrichtendienste, wo er zur Beschreibung von Informationen aus öffentlich zugänglichen Quellen benutzt wird, im Gegensatz zu Informationen, die beispielsweise von Informanten stammen (Gibson 2013). In den letzten Jahren ist die OSINT-Analyse zu einem beliebten Begriff geworden, um nicht nur die Arbeit von Regierungsbehörden, sondern auch Untersuchungen von Aktivisten und Journalisten auf der Grundlage offen zugänglicher Informationen zu beschreiben. Einige Forschende sind jedoch unzufrieden mit der Verwendung von OSINT als Bezeichnung für Arbeit, die außerhalb staatlicher Nachrichtendienste geleistet wird. Clem (2017, 608) beispielsweise spricht von „Informationen aus öffentlichen Quellen" und beschränkt den Begriff OSINT „auf die Analyse von öffentlichen Informationen innerhalb von Nachrichtendiensten". Toler (2020b) nennt OSINT einen „albernen Begriff" und äußert den Verdacht, dass er „von Leuten verwendet wird, die Geheimdienstler spielen wollen". Er schlägt „digitale Forschung/Ermittlung" als Alternative vor.

Es ist verständlich, dass Forschende eine klare Grenze zwischen der Arbeit von staatlichen Nachrichtendienstlern einerseits und Journalisten und NGO-Aktivisten andererseits ziehen wollen. Außerdem ist es sinnvoll, zwischen den unterschiedlichen Zwecken zu unterscheiden, für die staatliche Nachrichtendienste einerseits und Journalisten und Aktivisten andererseits offen zugängliche Informationen nutzen. Besonders deutlich wird dies im Berkeley-Protokoll über digitale Recherchen in öffentlichen Quellen (Vereinte Nationen 2020). Bei diesem Protokoll handelt es sich um eine Reihe von Grundsätzen und bewährten Praktiken, die vom Menschenrechtszentrum der Juristischen Fakultät der Universität Berkeley und dem Büro des UN-Hochkommissars für Menschenrechte veröffentlicht wurden. Es unterscheidet zwischen DOSI und OSINT, indem es Letztere als eine Unterkategorie von Ersteren definiert. Bei OSINT handelt es sich um öffentlich zugängliche Informationen, die „für den spezifischen Zweck der Unterstützung der Politikgestaltung und Entscheidungsfindung, meist in einem militärischen oder politischen Kontext, gesammelt und verwendet werden" (Vereinte Nationen 2020, 7). Ich werde dieser Unterscheidung folgen und den Begriff DOSI anstelle von OSINT verwenden, um die riesige Menge an Informationen zu bezeichnen, die das Internet Forschenden zur Verfügung gestellt hat.

Die bekanntesten Beispiele für hochwertige DOSI-Analysen sind die Veröffentlichungen der investigativen Journalistengruppe Bellingcat. Lange bevor ein offizieller Bericht zu demselben Ergebnis kam, gelang es Bellingcat, die russische Herkunft des

Luftabwehrsystems zu bestätigen, das im Juli 2014 den Malaysia-Airlines-Flug MH17 über dem Donbas zum Absturz brachte. Die wichtigste Quelle für ihre Untersuchung war Foto- und Videomaterial des Raketenwerfers, das zum Zeitpunkt des Abschusses im Internet veröffentlicht wurde (Allen et al. 2014). Diese Erfolgsgeschichte der DOSI-Analyse blieb in der wissenschaftlichen Literatur nicht unbemerkt (Sienkiewicz 2015). Doch obwohl DOSI-Analysen Gegenstand wissenschaftlicher Arbeiten sind (siehe auch Dyer und Ivens 2020; Hayes und Cappa 2018; McDermott, Koenig und Murray 2021; Pastor-Galindo et al. 2020; Senekal und Kotzé 2019; Wheatley 2018), sind Synergien mit der Methodik der Prozessanalyse bisher unbemerkt geblieben. Die Nutzung der DOSI-Analyse durch Journalisten und NGOs konzentriert sich nicht auf akademische Debatten und Methoden. Gleichzeitig gibt es bisher keine wissenschaftliche Arbeit, die die DOSI-Analyse explizit in die Methodik der Prozessanalyse einbezieht, um Forschungsfragen zu beantworten.

Die Methodik der DOSI-Analyse entspricht den Anforderungen des dritten und vierten Maßstabs für eine gute Prozessanalyse, die in diesem Kapitel erläutert wurden. Quellenkritik und eine Bayes'sche Herangehensweise sind integrale Bestandteile jeder qualitativen Bewertung von DOSI. Das Berkeley-Protokoll veranschaulicht dies. Der „Open-Source-Untersuchungszyklus" des Protokolls (Vereinte Nationen 2020, 55-68) umfasst eine „vorläufige Bewertung", in der Ermittler prüfen sollten, ob die entdeckten Informationen „prima facie" relevant und zuverlässig zu sein scheinen. Daran schließt sich eine „Überprüfungsphase" an, in der eine eingehende Bewertung des Inhalts und des Kontexts einer Quelle vorgenommen wird. Darüber hinaus betont das Protokoll, dass analytische Berichte auf der Grundlage von DOSI auf Lücken und Unsicherheiten eingehen und entsprechende Vorbehalte enthalten müssen (Vereinte Nationen 2020, 72).

Der Mehrwert der DOSI-Analyse für die Prozessanalyse liegt in der Konzentration auf das Potenzial von Internetquellen. In vielen Fällen genügt der geschickte Einsatz der Algorithmen von Onlinesuchmaschinen, um primäre Beweisquellen zu finden, gefolgt von einer sorgfältigen kontextuellen Analyse und Gegenprüfung dieser Quellen (Myers 2020; Toler 2020a). In Fällen, in denen ein Thema bereits von Sekundärquellen in erheblichem Umfang behandelt wurde, kann überprüft werden, ob diese Sekundärquellen auf offen zugänglichem Onlinematerial beruhen. Ist dies der Fall, kann die DOSI-Analyse dieses Material erneut begutachten, um die Schlussfolgerungen der Sekundärquelle entweder zu bestätigen oder zu widerlegen. In einigen Fällen können DOSI-Forscher auch bestimmte Werkzeuge einsetzen, um die Quellenfindung und -überprüfung effektiver zu gestalten. Beispiele hierfür sind Bildersuchmaschinen wie TinEye, Satellitenbild-Datenbanken wie Google Earth oder SunCalc und das Foto- und Video-Verifizierungs-Instrument InVID. Einen umfassenderen Überblick über die verfügbaren DOSI-Analysetools bietet eine Datenbank von Bellingcat (n.d.a).

Die Einbeziehung der DOSI-Analyse verbessert die Erforschung von Kriegsursachen auf zwei wichtige Arten. Erstens verlagert sie den empirischen Schwerpunkt auf die Fülle an Primärinformationen aus Konfliktgebieten, die im Internet im Allgemeinen und in den sozialen Medien im Besonderen verfügbar sind. Zweitens verlagert sich der methodische Schwerpunkt auf Quellenkritik und Bayes'sche Wahrscheinlichkeiten.

Mit anderen Worten: Durch die Einbeziehung der DOSI-Analyse werden die forensischen Komponenten der Prozessanalyse in einer digitalen Quellenumgebung angewendet. Der Begriff „forensisch" bezieht sich im Allgemeinen auf die Untersuchung eines Verbrechens. Mehrere Theoretiker weisen darauf hin, dass dies eine gute Analogie für einige Aspekte der Prozessanalyse ist. Bennett (2009, 4) argumentiert, dass die Arbeit von Forschenden in der Prozessanalyse „mit einem Detektiv vergleichbar ist, der versucht, ein Verbrechen aufzuklären". In ähnlicher Weise schlagen Befani und Stedman-Bryce (2017, 46-47) vor, dass Forschende in der Prozessanalyse ihre Forschung so angehen sollten, als stünden sie vor einem Prozess, in dem sie Geschworenen Beweise vorlegen müssten. Diese Analogien sind überzeugend. Prozessanalyse kann auf forensische Art und Weise angegangen werden. Ein bestimmtes Ergebnis kann wie ein Verbrechen behandelt werden, das untersucht werden muss, und eine hypothetische Ursache kann wie ein Verdächtiger behandelt werden, dessen Schuld bewiesen werden muss. Dies funktioniert jedoch nur, wenn Forschende den dritten und vierten Maßstab meiner Definition beachten und sich mit Quellenkritik und Bayes'scher Wahrscheinlichkeit befassen. Es reicht nicht aus, dass ein Detektiv oder Staatsanwalt theoretisiert, wie sich ein Verbrechen entwickelt haben könnte, und verschiedene Hypothesen in allgemeiner Form diskutiert. Um einen Richter oder Geschworene zu überzeugen, müssen sie ihre Quellen einer kritischen Prüfung unterziehen und die wahrscheinlichkeitstheoretischen Überlegungen darlegen, die ihrer Bewertung der verfügbaren Beweise zugrunde liegen.

Auf der Grundlage dieser Überlegungen definiere ich die von mir vorgeschlagene Methodik als *digitale forensische Prozessanalyse.* Durch die Einbeziehung der DOSI-Analyse macht mein Ansatz die Prozessanalyse fit für das digitale Zeitalter. Gleichzeitig ermöglicht mein Ansatz der Prozessanalyse, ihren forensischen Ambitionen gerecht zu werden, indem sie sich auf Quellenkritik und Bayes'sche Wahrscheinlichkeit konzentriert.

3.4. Operationalisierung der digitalen forensischen Prozessanalyse

Der Rest dieses Kapitels wird einige weitere Annahmen und Spezifikationen erörtern, um die digitale forensische Prozessanalyse für ihre Anwendung auf die Wendepunkte des Donbas-Krieges 2014 vorzubereiten. Vor dem Versuch, die digitale forensische Prozessanalyse zur Untersuchung der Kriegsursachen einzusetzen, ist es wichtig, einige philosophische Grundlagen zu überdenken und mögliche Einwände zu diskutieren. Zu diesem Zweck ist es nützlich, auf die Analogie von Beach und Pedersen (2013, 30) zurückzukommen, die einen kausalen Mechanismus mit einem Automotor vergleichen. Diese Automotor-Analogie ist nicht nur ein klares, praxisorientiertes Beispiel dafür, wie kausale Mechanismen konzeptualisiert werden können; sie kann auch dazu verwendet werden, fünf zentrale Probleme zu veranschaulichen, die mit jeder Untersuchung von Kausalität verbunden sind.

3.4.1. Fünf philosophische Herausforderungen

Das erste klärungsbedürftige Problem ist die Beziehung zwischen einem Kausalmechanismus und einer Kausalsequenz. Beach und Pedersen (2013, 29) räumen ein, dass ihre Analogie zum Automotor ihre Grenzen hat. Kausale Mechanismen „sind nicht unbedingt neutrale Transmissionsriemen". Sie „können Wirkungen haben, die nicht einfach auf die Wirkung von X [der ursprünglichen Ursache] reduziert werden können". Dies wirft die Frage auf, ob es einen qualitativen Unterschied zwischen Ursache und Ergebnis einerseits und den Stufen des Kausalmechanismus, der sie verbindet, andererseits gibt. Mit anderen Worten: Gibt es einen Unterschied zwischen einem Kausalmechanismus und einer erweiterbaren Kausalsequenz? Könnte im Kontext unterschiedlicher Forschungsdesigns das, was in einem Kausalmechanismus ein Schritt ist, in einem anderen eine Ursache sein - und umgekehrt?

Das zweite Problem ist das, was King, Keohane und Verba (1994, 86) als „unendlichen Regress" bezeichnen - das Problem, dass „es in den Sozialwissenschaften immer eine Unendlichkeit von Kausalschritten zwischen zwei beliebigen Gliedern in der Kette der Kausalmechanismen gibt". Was dies bedeutet, wird auch in der Analogie des Automotors deutlich. Man könnte argumentieren, dass das Auto nicht direkt durch das Drehen der Räder bewegt wird, sondern durch die Kraft der Haftreibung zwischen Reifen und Asphalt. Diese Kraft wiederum ist das Ergebnis molekularer Adhäsion, was die Kausalkette bis hinunter auf die atomare Ebene führt. Die Zahl der Kausalschritte ist vielleicht nicht buchstäblich unendlich, aber King, Keohane und Verba haben insofern Recht, als es schwer möglich und kaum sinnvoll ist, komplexe sozialwissenschaftliche Probleme in Kausalschritte auf Ebene der Teilchenphysik aufzuschlüsseln.

Das dritte Problem besteht in einer etwas anderen Form des unendlichen Regresses. Anstatt immer kleinere Einheiten von kausalen Kraftübertragungen zu analysieren, ist es theoretisch möglich, Ursachen zu identifizieren, die immer weiter in der Zeit zurückliegen. Ein recht extremes Beispiel hierfür ist das Gedankenexperiment von Fearon (1991, 190), der die Frage stellt, ob „das Gen, das die Länge von Kleopatras Nase steuerte, eine Ursache für den

Ersten Weltkrieg war“. Nach dieser kausalen Logik führte die Form von Kleopatras Nase zu Antonius' Zuneigung zu ihr, was zur Schlacht von Actium führte, die dann den weiteren Verlauf der europäischen Geschichte beeinflusste. Auch wenn dieses konkrete Beispiel in mehrfacher Hinsicht fragwürdig ist, zeigt es doch deutlich ein Problem mit kausalen Mechanismen, das auch bei der Analogie zum Automotor auftritt. Die Ursache für die Bewegung des Autos könnte der Motor sein, das Drehen des Zündschlüssels, die Entscheidung des Fahrers, eine Fahrt zu unternehmen, oder sogar die Herstellung des Autos selbst.

Das vierte Problem ist das, was Roberts (1996, 89-90) „undifferenzierten Pluralismus“ nennt. Roberts argumentiert, dass „eine Reihe von Bedingungen“ und nicht ein Ereignis ein Ergebnis verursacht: „Nicht ein angezündetes Streichholz, sondern ein angezündetes Streichholz und ein Haufen Papier und die Anwesenheit von Sauerstoff verursachen ein Feuer“ (Roberts 1996, 89). Roberts (1996, 90) argumentiert weiter:

> Wenn man zulässt, dass das Fehlen bestimmter Bedingungen eine notwendige Bedingung ist, dann ist die Zahl der Bedingungen, die aufgezählt werden müssen, allein durch die menschliche Vorstellungskraft begrenzt. Man könnte sogar darauf bestehen, die Tatsache einzubeziehen, dass ein Komet die Erde nicht kurz vor dem Feuer zerstört hat.

Im Zusammenhang mit der Analogie des Automotors wird dies durch die Tatsache veranschaulicht, dass nicht nur der laufende Motor das Auto in Bewegung setzt, sondern auch das Lösen von Kupplung und Handbremse in Verbindung mit dem Fehlen einer Radklemme.

Das fünfte und letzte Problem betrifft die Auswirkungen der Äquifinalität auf die Definition von notwendigen Bedingungen. In ihrer Analogie zum Automotor beschreiben Beach und Pedersen (2013, 30) die Antriebswelle und die Räder als „unzureichende, aber notwendige Teile eines Gesamtmechanismus“. Jedes dieser Teile allein ist „unzureichend, um ein Ergebnis zu erzielen“, weil „es nur zusammen mit dem Rest der Maschine funktioniert“. Die vier oben erörterten Probleme beziehen sich hauptsächlich auf die

Definition der Suffizienz. Sie verdeutlichen, wie schwierig es ist, die Grenzen der Maschine und die Anzahl der in ihr enthaltenen Teile zu bestimmen. Auf den ersten Blick scheint die Notwendigkeit im Vergleich zu dieser Herausforderung ein relativ einfaches Konzept zu sein. Ohne ein notwendiges Teil wird der Motor nicht funktionieren. Aber was ist mit alternativen Teilen? Ist eine Antriebswelle unbedingt notwendig, wenn sie theoretisch durch eine Kette ersetzt werden könnte, um ein ähnliches Ergebnis zu erzielen? Noch komplizierter wird es, wenn Teile wiederum in mehrere Komponenten aufgeteilt sind. Mahoney (2008, 418) zufolge kann ein Haus „entweder wegen eines Kurzschlusses in Verbindung mit einem Holzgerüst oder wegen eines Benzinkanisters in Verbindung mit einem Ofen“ abbrennen. Dies ist keineswegs eine erschöpfende Liste von Szenarien, die einen Brand verursachen können. Folglich stellt sich die Frage, ob eine Bedingung jemals ein wirklich notwendiger Teil eines Kausalmechanismus sein kann, wenn diese Bedingung - oder eine ihrer Komponenten - theoretisch durch eine kontrafaktische Alternative ersetzt werden könnte, die zum gleichen Ergebnis führen würde.

3.4.2. Fünf pragmatische Lösungen

Alle fünf oben erörterten Probleme beziehen sich auf grundlegende Fragen der Wissenschaftstheorie. Sie auf einer allgemeinen theoretischen Ebene zu beantworten, würde den Rahmen dieses Buches bei weitem sprengen, sofern dies überhaupt möglich ist. Alle fünf Probleme müssen jedoch im Kontext des Donbas-Krieges betrachtet und behandelt werden, bevor ich die digitale forensische Prozessanalyse zur Untersuchung der kausalen Mechanismen, die zu seinem Ausbruch führten, einsetzen kann.

Was das erste Problem betrifft, so wird in meiner Studie kein inhärenter qualitativer Unterschied zwischen Ursache und Ergebnis einerseits und dem sie verbindenden Kausalmechanismus andererseits definiert. Der Krieg ist das Ergebnis und lokaler Separatismus bzw. russische Einmischung sind die beiden hypothetischen Ursachen, die im Rahmen dieses Buches untersucht werden. Zwischen dem Ergebnis und den beiden möglichen Ursachen liegt eine Reihe von Ereignissen, die aus Akteuren bestehen, die Aktivitäten ausüben und damit kausale Kraft übertragen. Die beiden möglichen Ursachen wie auch das Ergebnis könnten jedoch auch in Form von Akteuren beschrieben werden, die Tätigkeiten ausüben. Eine lokale separatistische Stimmung bestünde darin, dass die Bewohner des Donbas den Wunsch entwickeln, sich vom ukrainischen Staat zu lösen. Die russische Einmischung bestünde darin, dass russische staatliche Strukturen beschließen, dass die Situation in der Ukraine ein Eingreifen erfordert. Der Krieg besteht aus Zusammenstößen von Streitkräften im Donbas, die sich auf alle beteiligten Akteure in vielfältiger Weise auswirken. Es ist die Analyseebene meiner Studie, die bestimmt, was als Ursache und Wirkung und was als der Mechanismus dazwischen definiert wird. Der Umfang dieses Buches ist der einzige Grund, warum ich Krieg, lokalen Separatismus und russische Einmischung als generelle Konzepte und nicht als konkrete Akteure definiere, die an Aktivitäten beteiligt sind. In einem größeren Forschungsprojekt könnten diese Konzepte als Akteure auftreten, die innerhalb eines kausalen Mechanismus, der verschiedene Ursachen und Ergebnisse miteinander verbindet, aktiv sind. In einem Forschungsprojekt kleineren Umfangs könnten Ereignisse, die Bestandteile meines Kausalmechanismus sind, zu Ursache und Ergebnis werden. Aus diesem Grund werde ich dem Ansatz von Mahoney (2015, 205) folgen, der „Mechanismen auf die gleiche Weise wie Ursachen und Ergebnisse" behandelt und argumentiert, dass sich Erstere von Letzteren nur „durch ihre zeitliche Position" unterscheiden. Mit anderen Worten: Ein kausaler Mechanismus ist identisch mit einer kausalen Sequenz.

Das zweite Problem – die Interpretation des unendlichen Regresses von King, Keohane und Verba (1994, 86) – verliert im Kontext eines praxisorientierten Ansatzes zur Untersuchung bewaffneter Konflikte weitgehend an Bedeutung. Es stimmt, dass bestimmte Teile einer Kausalsequenz in kleinere Schritte unterteilt werden können. In der Tat mache ich mir dies in meiner Untersuchung zunutze, indem ich den Donbas-Krieg in eine Reihe von Wendepunkten unterteile und jeden von ihnen, in dem ihm gewidmeten empirischen Kapitel, weiter untergliedere. Allerdings stößt dieses Verfahren, eine Kausalsequenz innerhalb eines Schrittes einer anderen Kausalsequenz zu untersuchen, bald an Grenzen. Diese Grenzen werden durch Datenverfügbarkeit und disziplinäre

Grenzen sowie durch den gesunden Menschenverstand definiert. Die Feststellung, dass ein bestimmter Akteur eine Entscheidung getroffen hat, auf eine bestimmte Weise zu handeln, erfordert eine bestimmte Menge an Daten. Eine weitaus größere Menge an Daten ist erforderlich, um die genauen Umstände des Entscheidungsprozesses zu ermitteln. Noch mehr Daten sowie psychologisches Fachwissen sind erforderlich, um weiterzugehen und die kognitiven Prozesse im Kopf des Entscheidungsträgers zu untersuchen. Im Rahmen eines bewaffneten Konflikts stehen solche Daten möglicherweise nicht zur Verfügung, aber das ist kein Problem. Um zu entscheiden, ob der Donbas-Konflikt in erster Linie ein innerstaatliches oder ein internationales Phänomen war, muss man nicht jedes verfahrenstechnische Detail des Entscheidungsprozesses oder das Innenleben eines Entscheidungsträgers verstehen. So hängt beispielsweise die Verantwortung des russischen Staates nicht von den Einzelheiten der Entscheidungsprozesse im Kreml ab. Solange die Beteiligung des russischen Staatsapparats offenkundig ist, spielt es keine Rolle, ob Wladimir Putin persönlich bestimmte Aktionen initiiert hat, ob er die Initiative eines anderen gebilligt hat oder ob er aus dem Entscheidungsprozess ganz herausgehalten wurde. Im Gegenteil, eine solche Vertiefung würde ein völlig anderes Forschungsdesign erfordern, das sich nicht mehr auf die Ursachen des Donbas-Krieges als Ganzes konzentrieren könnte. Um ein anderes Beispiel zu nennen: Es mag relativ einfach sein, festzustellen, dass ein bestimmtes Gebäude zu einem bestimmten Zeitpunkt durch Artilleriebeschuss aus einer bestimmten Richtung zerstört wurde. Der genaue Ablauf, wie das Gebäude durch den Beschuss zum Einsturz gebracht wurde, erfordert jedoch möglicherweise Daten, die nicht verfügbar sind, sowie bautechnisches Fachwissen. Gleichzeitig wäre die Tatsache, dass das Gebäude durch Artilleriebeschuss aus einer bestimmten Richtung zu einem bestimmten Zeitpunkt zerstört wurde, im Rahmen einer Studie über die Ursachen des Krieges völlig ausreichend. Weitere Details über den Einsturzprozess wären überflüssig. Diese Beispiele zeigen, dass ein unendlicher Regress auf die Mikroebene kein Problem für eine prozessorientierte Analyse bewaffneter Konflikte darstellt. Denn jede Studie wird relativ schnell einen Punkt erreichen, an dem ein weiteres

Heranzoomen an eine Kausalsequenz entweder nicht mehr machbar oder nicht mehr sinnvoll ist, oder beides gleichzeitig.

Auch das dritte Problem - der unendliche temporale Regress - verliert im Zusammenhang mit einer spezifischen Forschungsfrage nach den Ursachen bewaffneter Konflikte an Bedeutung. Selbst wenn ein stichhaltiges Argument dafür vorgebracht werden könnte, dass die Form von Kleopatras Nase eine Ursache für den Ersten Weltkrieg war, wäre diese Erkenntnis genauso nützlich wie die Identifikation des Urknalls als Grund des Krieges. Die vermeintliche Ursache ist einfach zu weit vom Forschungsobjekt entfernt, um irgendwelche nützlichen Erkenntnisse zu liefern. Fearon selbst (1991, 191) relativiert aus diesem Grund die Gültigkeit seines Gedankenexperiments. Er räumt ein, dass die Zahl der Einflussfaktoren dramatisch zunimmt, wenn man eine Kausalkette in die Vergangenheit verfolgt. Das wiederum heißt, dass die determinierende Bedeutung jedes einzelnen Faktors abnimmt, was seine Erklärungskraft verringert. Roberts (1996, 111) geht noch einen Schritt weiter und behauptet, dass „analytische Philosophen sich das Problem des unendlichen Regresses ausgedacht haben". Ihm zufolge können Historiker dieses Problem leicht umgehen, indem sie „die rückwärts gerichtete Suche nach der letzten Ursache an dem Punkt beenden, an dem der Zustand, dessen Veränderung sie zu erklären suchen, seine Blütezeit hatte". In gewisser Weise ist diese Wortwahl eine zu starke Vereinfachung. Ein scheinbar blühender Frieden kann trügerisch sein, und es ist sehr gut möglich, dass wichtige Gründe für einen Krieg vor seinem Ausbruch liegen. Roberts weist jedoch auf einen wichtigen Punkt hin, nämlich darauf, dass es nur von begrenztem analytischem Wert ist, die Veränderung eines Sachverhalts Faktoren zuzuschreiben, die gleichzeitig Ursachen für denselben Sachverhalt sind. Stattdessen, so sagt er, sollten Historiker ihre Suche nach Ursachen auf Elemente des Wandels konzentrieren, die einen Zustand unterbrechen und einen anderen herbeiführen. Im Kontext dieses Buches bedeutet dies, dass es wenig analytischen Wert hat, den Krieg im Donbas beispielsweise auf den Zusammenbruch der Sowjetunion zurückzuführen. Es besteht zwar kaum ein Zweifel daran, dass dieser Zusammenbruch schließlich zu den Bedingungen im April 2014 führte, die einen Krieg möglich machten, aber er führte zum Beispiel auch zu den Bedingungen im

April 2013, als ein Krieg extrem unwahrscheinlich erschien. Darüber hinaus ist der Zusammenbruch der Sowjetunion eine Voraussetzung sowohl für die ukrainische Innenpolitik als auch für die russische Außenpolitik im Frühjahr 2014, so dass sich nicht feststellen lässt, welcher Faktor bei der Eskalation der Gewalt eine größere Rolle spielte. Wie in Kapitel zwei dargelegt, führt dieselbe Logik zum Ausschluss der Euromaidan-Proteste in Kyjiw aus meiner Untersuchung der Kriegsursachen. Es ist nicht das Ziel dieses Buches, alle historischen Ereignisse aufzulisten, die den Krieg ermöglichten. Vielmehr soll untersucht werden, wie der Donbas von einem Zustand gespannter Ruhe nach dem Regimewechsel in Kyjiw im Februar 2014 im Laufe von sechs Monaten in einen ausgewachsenen Krieg überging.

In Bezug auf das vierte Problem - undifferenzierten Pluralismus - argumentiert Roberts (1996, 96), dass die Konzentration auf „abnormale" Ereignisse die Strategie der Wahl ist. Er führt an, dass ein komplexes Geflecht von Kausalfaktoren auf eine einfache Kausalkette reduziert werden kann, indem diejenigen Faktoren herausgegriffen werden, die am abnormalsten waren und somit den Zustand, der sich verändert hat, am stärksten gestört haben - eine Technik, die er „lineare Verkettung" nennt (Roberts 1996, 109-110). Die sich daraus ergebende Kausalsequenz stellt natürlich eine Vereinfachung der Realität dar. Sie beinhaltet nicht alle Kausalfaktoren, die zu einem bestimmten Ergebnis beigetragen haben, sondern nur den Faktor, der in jeder Phase des Prozesses am störendsten war. Sie ist eher eine Illustration dessen, was entscheidend war, als eine umfassende Darstellung aller relevanten Facetten. Im Kontext der historischen Erklärung verhindert dieser Grad der Vereinfachung ein Verständnis der Komplexität des jeweiligen Falles. Aus diesem Grund schlägt Roberts (1996, 97) eine weniger radikale Anwendung des *Abnormalismus* vor, bei der eine Reihe von abnormalen Bedingungen für multikausale Erklärungen herangezogen wird, während diejenigen Bedingungen, die nicht wesentlich vom normalen Verlauf der Ereignisse abweichen, ignoriert werden. Zur Veranschaulichung dieses Punkts greift er auf das Beispiel eines Brandes zurück:

> Das Zurücklassen von Müll in einer Gasse ist gewöhnlicher als das Werfen von brennenden Streichhölzern in die Gasse, aber weniger gewöhnlich als das Vorhandensein von Sauerstoff. Der Historiker sollte den Müll wahrscheinlich in einer Erklärung des Brandes erwähnen, wenn auch nicht so deutlich wie das unachtsam geworfene Streichholz.

Daraus ergibt sich eine Konstruktion komplexerer Kausalsequenzen, die eine Auswahl von Störfaktoren beinhalten. Diese Sequenzen können konvergieren, divergieren oder parallel zueinander verlaufen (Roberts 1996, 112-133). Die Definition kausaler Suffizienz hängt in diesem Zusammenhang vom gewünschten Grad der Spezifität ab. Aus der Sicht eines Historikers sollte eine hinreichende Erklärung alle Faktoren in der Hierarchie der anormalen Bedingungen umfassen, die die Besonderheiten des jeweiligen historischen Falles veranschaulichen. Im Gegensatz dazu kann die Einfachheit der linearen Verkettung in der politikwissenschaftlichen Prozessanalyse von Vorteil sein. Gerade wegen ihrer Einfachheit ist die lineare Verkettung gut geeignet, konkurrierende Hypothesen über die relative Bedeutung verschiedener kausaler Faktoren zu testen und Phänomene in sich gegenseitig ausschließende Typologien zu kategorisieren. Genau diese Art der Reduktion auf die wichtigste Kausalsequenz ist erforderlich, um das Wesen bewaffneter Konflikte an der Grenze zwischen Bürgerkrieg und zwischenstaatlichem Krieg zu untersuchen. Kaum jemand bestreitet, dass bei der Eskalation des Donbas-Konflikts sowohl inländische als auch ausländische Faktoren am Werk waren. Die umstrittene Frage ist, welche Faktoren wichtiger waren. Eine Prozessanalyse, die den *Abnormalismus* und die lineare Verkettung nutzt, um Kausalsequenzen zu ermitteln, hat das Potenzial, diese Frage zu beantworten.

Was das fünfte und letzte Problem der Äquifinalität und der notwendigen Bedingungen angeht, so würde eine strenge Definition von Notwendigkeit bedeuten, dass es überhaupt keine notwendigen Bedingungen für den Krieg im Donbas gibt. Streng genommen könnte jede Komponente der Kausalsequenz, die zum Ausbruch der Gewalt führte, durch eine hypothetische Alternative ersetzt werden. Natürlich sind einige kontrafaktische Szenarien dieser Art plausibler als andere. Theoretisch könnte man argumentieren, dass der Einsatz des ukrainischen Militärs im Donbas keine notwendige Bedingung für den Krieg war, weil eine Intervention von US-Truppen zum gleichen Ergebnis hätte führen können. Natürlich ist dies ein extrem unwahrscheinliches Szenario, aber die zugrunde liegende Logik hat konkrete Auswirkungen auf dieses Buch. Insbesondere könnte man argumentieren, dass ein bestimmtes Maß an russischer Beteiligung keine notwendige Bedingung für den Krieg war, da ohne sie der lokale Separatismus stärker gewesen wäre und an seine Stelle getreten wäre. Dieses Argument gilt auch andersherum. Russland hätte sein Engagement verstärken können, wenn die separatistischen Aktivitäten schwächer gewesen wären. Diese Beispiele zeigen, dass eine Diskussion über die notwendige Kausalität zwangsläufig eine Diskussion über die kontrafaktische Situation erfordert. Dies steht im Einklang mit Fearon (1991, 171-175), der argumentiert, dass die Verwendung von kontrafaktischen Szenarien sowohl in der Geschichts- als auch in der Politikwissenschaft unvermeidlich und alltäglich ist, auch wenn eine ausdrückliche Diskussion darüber weithin abgelehnt wird. Die Verwendung kontrafaktischer Szenarien bringt unweigerlich ein gewisses Maß an Spekulation in die Analyse ein, aber wie sowohl Fearon (1991) als auch Levy (2015) überzeugend darlegen, gibt es keine Alternative. Dies legt nahe, dass Transparenz in Bezug auf die Verwendung von kontrafaktischen Szenarien und die Annahmen und Beweise, auf denen sie beruhen, die beste verfügbare Option ist. Aus diesem Grund wird meine Definition der kausalen Notwendigkeit im Zusammenhang mit dem Donbas-Krieg auf der Analyse kontrafaktischer Szenarien beruhen, die dem tatsächlichen Verlauf der Ereignisse so nahe wie möglich kommen, wobei der betreffende kausale Faktor herausgenommen wird. Wenn es keine konkreten Hinweise auf einen Ersatzfaktor gibt, der in einem solchen kontrafaktischen Szenario wahrscheinlich zu demselben Ergebnis geführt hätte, werde ich den fraglichen Kausalfaktor als notwendig betrachten.

3.4.3. Weitere Probleme und Lösungsansätze

Zusätzlich zu den oben beschriebenen konzeptionellen Herausforderungen stößt die digitale forensische Prozessanalyse auch auf zwei eher praktische Einschränkungen. Erstens gibt es das Problem der Lücken, wenn keine Daten offen verfügbar sind. Zweitens gibt es das Problem der unbewussten Voreingenommenheit, wenn verschiedene Analytiker dieselben Daten betrachten und zu unterschiedlichen Schlussfolgerungen kommen. Keines dieser beiden Probleme lässt sich vollständig lösen. Die Tatsache, dass die Anwendung Bayes'scher Wahrscheinlichkeit die Forschenden dazu zwingt, Unsicherheiten zu benennen, kann sie jedoch bis zu einem gewissen Grad abschwächen. Diese abschwächende Wirkung kann durch zwei zusätzliche Komponenten noch verstärkt werden. Die erste Komponente ist die Kontextualisierung fehlender Daten (Gonzalez-Ocantos und LaPorte 2021, 1417-1421), die sich auf die philosophischen Grundsätze von Ockhams Rasiermesser und den Sagan-Standard stützen kann. Die zweite Komponente ist eine klare Terminologie, die die Verbalisierung von Wahrscheinlichkeiten erleichtert.

3.4.3.1. Ockhams Rasiermesser und der Sagan-Standard

Das Problem der fehlenden Daten ist eine wichtige Herausforderung für Theoretiker der Prozessanalyse. Einerseits benötigt die Prozessanalyse Beweise, um Hypothesen über Ursache und Wirkung zu bewerten. Andererseits ist bekannt, dass das Fehlen von Beweisen eine Erklärung nicht automatisch widerlegt. Ockhams Rasiermesser und der Sagan-Standard sind zwei philosophische Grundsätze, die Forschenden in der Prozessanalyse helfen können, dieses Dilemma zu überwinden. In den Worten von Pigliucci und Boudry (2014, 493): „Ockhams Rasiermesser drängt uns dazu, theoretische Konstrukte abzulehnen, die ‚überflüssig' sind, in dem Sinne, dass sie von den Beweisen nicht unbedingt gefordert werden." Der Sagan-Standard ist mit Ockhams Rasiermesser verwandt und postuliert, dass „außergewöhnliche Behauptungen außergewöhnliche Beweise erfordern". Obwohl er weithin als Sagan-Standard bekannt ist, argumentieren Pigliucci und Boudry (2014, 500), dass er eigentlich auf der Philosophie von David Hume basiert.

In Ermangelung von Beweisen verlangen Ockhams Rasiermesser und der Sagan-Standard von Forschenden in der Prozessanalyse, die einfachste und am wenigsten außergewöhnliche Erklärung zu wählen. Wenn sie die Existenz eines kausalen Mechanismus oder eines Schrittes innerhalb eines kausalen Mechanismus annehmen, obwohl es dafür keine Beweise gibt, müssen sie begründen, warum die Existenz einfacher und weniger außergewöhnlich ist als das Fehlen. Die Behauptung, dass jemand etwas getan hat, ohne Spuren zu hinterlassen, erfordert Indizien, die die Annahme, dass überhaupt keine Handlung vorgenommen wurde, außergewöhnlich und kompliziert zu begründen machen.

Die Anwendung von Ockhams Rasiermesser und des Sagan-Standards bedeutet, dass komplexe und außergewöhnliche Erklärungen ohne eindeutige Beweise zu ihren Gunsten verworfen werden. Folglich würde eine hypothetische streng geheime russische Operation im Donbas, die durch verdeckte Agenten einen Krieg auslöste, ohne irgendwelche Spuren zu hinterlassen, unentdeckt bleiben. Dieses Manko ist jedoch unvermeidlich, denn die einzige Alternative wäre ein Abgleiten in konspiratives Denken. Die Vorteile, weit hergeholte Erklärungen in Ermangelung von Beweisen zu verwerfen, überwiegen eindeutig das Risiko, eine ausgeklügelte, gut durchgeführte Verschwörung zu übersehen.

3.4.3.2. Die PHIA-Wahrscheinlichkeitsskala und informelle Bayes'sche Analyse

Die Anforderung, zu bewerten, inwieweit eine vorgeschlagene Erklärung einfach und nicht außergewöhnlich ist, verdeutlicht erneut das Problem der unbewussten Voreingenommenheit. Verschiedene Forschende können unterschiedliche Vorstellungen davon haben, was eine außergewöhnliche Behauptung oder eine schlüssige Erklärung ist. Die Strukturierung der Bayes'schen Analyse auf eine prägnante und zugängliche Weise kann dieses Problem bis zu einem gewissen Grad abmildern. Dies kann jedoch nicht verhindern, dass es unter den Wissenschaftlern zu Meinungsverschiedenheiten darüber kommt, inwieweit ein bestimmtes Beweisstück die Wahrscheinlichkeit einer Hypothese verändert. Es zwingt die Forschenden dazu, das probabilistische Gewicht, das sie bestimmten Beweisen oder dem Fehlen von Beweisen beimessen, deutlich zu machen. Dies wiederum erhöht die Transparenz und verdeutlicht, wo genau Einschätzungen konvergieren und wo sie voneinander abweichen. Es ermutigt die Forschenden auch, über ihre eigenen Vorurteile nachzudenken.

Versuche, exakte numerische Wahrscheinlichkeiten zu berechnen, würden die Klarheit und Zugänglichkeit der Bayes'schen Analyse im Kontext der digitalen forensischen Prozessanalyse eher verringern als erhöhen. Es würde den Schwerpunkt der Analyse weg von der Diskussion von Quellen hin zu Berechnungen und der Diskussion von Zahlen verlagern. Als Alternative schlage ich vor, dem Vorschlag von Barrenechea und Mahoney (2019, 453) zu folgen und „verbale Verständnisse von Wahrscheinlichkeit" zu verwenden, um die probabilistischen Auswirkungen verschiedener Beweisstücke auszudrücken. Als System solcher verbalen Kategorien schlage ich die Terminologie der *PHIA-Wahrscheinlichkeitsskala* (Professional Head of Intelligence Assessment Probability Yardstick) vor.[7] Dabei handelt es sich um eine Skala probabilistischer Begriffe, die von britischen Nachrichtendiensten und Strafverfolgungsbehörden häufig verwendet wird (UK Government 2019). Sie definiert spezifische Begriffe zur Beschreibung bestimmter Wahrscheinlichkeitsmargen. Diese Begriffe sind: *geringe Chance* (≈ 5 %), *höchst unwahrscheinlich* (≈ 10-20 %), *unwahrscheinlich* (≈ 25-35 %), *realistische Möglichkeit* (≈ 40-50 %), *wahrscheinlich* (≈ 55-75 %), *höchst wahrscheinlich* (≈ 80-90 %) und *fast sicher* (≈ 95 %). Die Verwendung dieser Terminologie ermöglicht eine explizit probabilistische Analyse und folgt den allgemeinen Grundsätzen der Bayes'schen Wahrscheinlichkeit, ohne einen falschen Eindruck von mathematischer Genauigkeit zu erwecken. Ich bezeichne diesen Ansatz als informelle Bayes'sche Analyse, im Gegensatz zur formalen Bayes'schen Analyse, die von Fairfield und Charman (2017) sowie Zaks (2021) diskutiert wird.

3.4.4. Digitale forensische Prozessanalyse in der Praxis

Im weiteren Verlauf dieses Buches wird die in diesem Kapitel entwickelte Methodik auf den Donbas-Konflikt 2014 angewendet. In

7 Ich möchte Rupert Barrett-Taylor dafür danken, dass er mich auf dieses System aufmerksam gemacht hat.

den sechs verbleibenden empirischen Kapiteln wird die digitale forensische Prozessanalyse eingesetzt, um die kausalen Mechanismen hinter den sechs Wendepunkten der Eskalationsfolge des Krieges zu untersuchen. Um zu den Ergebnissen zu gelangen, über die in den folgenden empirischen Kapiteln berichtet wird, habe ich die im vorliegenden Kapitel entwickelten Grundsätze wie folgt operationalisiert:

Ausgangspunkt meiner Recherchen zu den einzelnen empirischen Kapiteln waren die Medienberichte über die jeweiligen Wendepunkte, die ich aus meinem erweiterten Mediendatensatz gewonnen und in Kapitel zwei zitiert habe. Diese Berichte lieferten eine Vielzahl von Suchbegriffen und Suchbegriffskombinationen für die Internetsuche nach weiteren Informationen über die betreffenden Ereignisse. Diese Suche nach weiteren Informationen lieferte wiederum noch mehr Suchbegriffe. Meine wichtigsten Werkzeuge bei der Suche nach Quellen waren die Suchmaschinen von Google, Yandex und YouTube sowie die verschiedenen Suchoperatoren, die sie anbieten, wie zum Beispiel die datumsbezogene Suche, die domänenspezifische Suche, die Bildersuche oder die umgekehrte Bildersuche. In den meisten Fällen war es möglich, die anfängliche Vielzahl von Suchergebnissen auf eine relativ kleine Gruppe von Primärquellen zu reduzieren, die die ursprünglichen Informationen über das Ereignis enthielten. Die meisten anderen Quellen konnten aussortiert werden, da sie diese Primärquellen lediglich zitierten oder interpretierten. Anschließend bewertete ich die Glaubwürdigkeit der einzelnen Quellen und der darin enthaltenen Informationen. Bei schriftlichen Quellen überprüfte ich, ob klar ist, wer der Autor war und wie der Autor die Informationen erhalten hat. Außerdem überprüfte ich Autoren und Publikationen auf mögliche Voreingenommenheit und eine mögliche Tendenz zur Veröffentlichung von Desinformationen. So ist beispielsweise ein Bericht eines Korrespondenten einer lokalen Nachrichtenagentur, der deutlich macht, was der Korrespondent gesehen hat und welche zusätzlichen Informationen er von anderen lokalen Quellen erhalten hat, vertrauenswürdiger als eine Erklärung eines Militärsprechers. Schließlich habe ich geprüft, ob andere Quellen die Informationen bestätigen oder bestreiten. Bei audiovisuellen Quellen habe ich Google Earth Pro ausgiebig genutzt, um den Standort von

Fotos und Videos zu überprüfen. Außerdem überprüfte ich, ob das Material Anzeichen einer Bearbeitung aufwies und ob der Zeitpunkt und der Kontext der Veröffentlichung eine Manipulation mehr oder weniger wahrscheinlich machen. Wenn zum Beispiel ein Video unmittelbar nach einem Ereignis veröffentlicht wurde, ist es weniger wahrscheinlich, dass es bearbeitet wurde, als wenn es Wochen später erschien. Ebenso ist es weniger wahrscheinlich, dass ein von einer proseparatistischen Quelle veröffentlichtes Video gefälschte Beweise für eine russische Beteiligung enthält als ein vom ukrainischen Militär veröffentlichtes Video.

Ich beendete meine Suche nach Quellen, wenn mehrere Runden zusätzlicher Stichwortsuchen keine neuen Ereignisse, neuen Aspekte von Ereignissen oder neuen Belege ergaben. Dieser Ansatz steht im Einklang mit dem Konzept der Datensättigung, das in der qualitativen Forschung häufig verwendet wird, um die Anzahl der Interviews oder Fokusgruppen zu rechtfertigen (Braun und Clarke 2021, 202-206). Um die Rückverfolgbarkeit zu maximieren und das Risiko eines Datenverlusts in Bezug auf die ausgewählten Primärquellen zu minimieren, habe ich, wann immer dies möglich war, die archivierten Versionen von Webseiten in den Datenbanken *Internet Archive* und *archive.today* zitiert.

Für jedes Kapitel habe ich den Prozess der Datenerfassung und -analyse in zwei Teile unterteilt. In der ersten Runde ging es um die Hypothesenbildung. Ich konzentrierte mich darauf, diejenigen Aspekte des Wendepunkts herauszuarbeiten, die für die relative Bedeutung interner und externer Ursachen entscheidend sind. Während es zum Beispiel in den Quellen kaum Unstimmigkeiten darüber gab, dass ein bestimmter bewaffneter Zusammenstoß stattgefunden hatte, war es oft umstritten, wer den ersten Schuss abgegeben hatte und wie viele Menschen gestorben waren. Diese Kontroversen sind zwar wichtig, aber im Zusammenhang mit meiner Untersuchung zweitrangig. Im Kontext dieses Buches war es sinnvoll, sich bei der weiteren Quellenrecherche und -analyse auf die relative Bedeutung von internen und externen Ursachen zu konzentrieren. Daher habe ich konkurrierende Hypothesen und Kausalmechanismen entwickelt, die den fraglichen Wendepunkt erklären, wobei ich mich auf diese Aspekte konzentrierte. Anschließend habe ich mit Hilfe von Ockhams Rasiermesser und dem Sagan-

Standard festgelegt, welche Hypothese die Grundannahme sein sollte. Auf dieser Grundlage führte ich eine zweite Runde der Datenerfassung und -analyse durch. Ich suchte nach Beweisen, die die Standardhypothese entweder weiter stärken oder schwächen könnten, bewertete die Glaubwürdigkeit dieser Beweise und aktualisierte die Wahrscheinlichkeiten entsprechend dem Ergebnis dieser Bewertung und den Prinzipien der informellen Bayes'schen Analyse.

3.5. Zwischenfazit

In diesem Kapitel wurde die digitale forensische Prozessanalyse als Methode der Wahl für die weitere Untersuchung von Kausalität im Zusammenhang mit den sechs Wendepunkten entwickelt, die die prägende Eskalationssequenz des Donbas-Krieges charakterisieren. Die wichtigsten Merkmale dieser Methodik sind:

- Der Schwerpunkt liegt auf Primärinformationen aus dem Konfliktgebiet, die von frei zugänglichen Onlinequellen veröffentlicht werden.
- Eine explizite Erörterung der Zuverlässigkeit von Beweismaterial, welche die Quellen dieses Beweismaterials und den Kontext, in dem es veröffentlicht wurde, berücksichtigt.
- Eine Priorisierung kausaler Faktoren nach dem Prinzip des *Abnormalismus*.
- Eine probabilistische Bewertung der verfügbaren Beweise unter Verwendung der Grundsätze von Ockhams Rasiermesser und des Sagan-Standards sowie der Terminologie der *PHIA-Wahrscheinlichkeitsskala* für eine informelle Bayes'sche Analyse.

Die digitale forensische Prozessanalyse ermöglicht eine transparentere Bewertung der Rolle innenpolitischer Faktoren einerseits und der russischen Beteiligung andererseits bei der Eskalation des Donbas-Krieges. Ich werde dies in den folgenden sechs Kapiteln aufzeigen. In diesen Kapiteln werden die sechs Wendepunkte des Krieges mithilfe der digitalen forensischen Prozessanalyse untersucht. Die Anwendung der im vorliegenden Kapitel entwickelten Methodik auf die Ereignisse der Eskalationssequenz des zweiten Kapitels wird wichtige Einblicke in die internen und externen kausalen Dynamiken innerhalb jedes Wendepunkts liefern. Die Summe dieser kausalen Dynamiken ergibt wiederum eine überzeugende Erklärung für den Krieg als Ganzes.

4. Von Waffen und Barrikaden
Donezk und Luhansk Anfang April

In diesem Kapitel werden die Ursachen für den ersten Wendepunkt des Donbas-Konflikts untersucht - die Gebäudebesetzungen in Donezk und Luhansk Anfang April 2014. Ich werde zunächst einen Überblick über die Ereignisse geben und drei Hypothesen zu ihren Ursachen entwickeln. Die erste Hypothese definiert die Ereignisse als Ergebnis einer lokalen Graswurzelbewegung. Nach der zweiten Hypothese handelt es sich um einen von lokalen Eliten gesteuerten Aufstand. Die dritte Hypothese definiert sie als das Ergebnis russischer Einmischung. Anschließend werde ich die Beweislage in Bezug auf die einzelnen Hypothesen erörtern. Ich werde zu dem Schluss kommen, dass es überzeugende Belege dafür gibt, dass die Aktionen sowohl lokaler Eliten als auch Russlands wichtige Hilfsfaktoren waren. Diese Beweise reichen jedoch nicht aus, um die Grundannahme zu widerlegen, dass es sich bei den fraglichen Ereignissen in erster Linie um den Aufstand einer kleinen Gruppe extremer lokaler prorussischer Aktivisten handelte.

Die Ereignisse entwickelten sich wie folgt: Am 6. April 2014 versammelte sich eine Menge prorussischer Demonstranten auf dem Leninplatz im Zentrum von Donezk. Ähnliche Kundgebungen hatten seit dem 1. März an jedem Wochenende am selben Ort stattgefunden. Wie bei früheren Gelegenheiten folgte auf diese Kundgebung ein Marsch entlang der Artemstraße und des Schewtschenkoboulevards zum Gebäude der Staatsverwaltung der Oblast Donezk - der lokalen Vertretung der Kyjiwer Regierung. Wie bei früheren Gelegenheiten betraten einige Aktivisten das Gebäude, nachdem die örtliche Bereitschaftspolizei auf Gewaltanwendung zum Schutz des Gebäudes verzichtet hatte. Anders als bei früheren Gelegenheiten verließen sie es jedoch nicht wieder. In der Nacht vom 6. auf den 7. April stürmte eine Gruppe von mehreren Dutzend Männern auch die Donezker Niederlassung des Sicherheitsdienstes der Ukraine (SBU) und begann, nach Waffen zu suchen (YouTube 2016a; 2014aa). Am 7. April meldete eine Nachrichtenwebseite erste Gerüchte, dass Kisten mit Schusswaffen in die

Staatsverwaltung gebracht worden seien (Ostrow 2014h; Westi 2014b). Am selben Tag wurde auf einer Versammlung in der Staatsverwaltung die Unabhängigkeit der Donezker Volksrepublik (DNR) proklamiert (YouTube 2014x). Am 8. April hatten die Separatisten das SBU-Gebäude wieder geräumt (Ukrainska Prawda 2014h), aber die Staatsverwaltung blieb unter ihrer Kontrolle und sie hatten Barrikaden um den Eingang errichtet (YouTube 2014z). Im Inneren hielten die Separatistenführer eine Sitzung ab und ernannten eine „Provisorische Regierung“ (YouTube 2014y). Darüber hinaus bestätigte eine Quelle im SBU, dass während der kurzen Besetzung des SBU-Gebäudes Schusswaffen aus dem Gebäude entfernt und in die Staatsverwaltung gebracht worden waren (62.ua 2014). Da die Kyjiwer Behörden von jedem Versuch Abstand nahmen, die Staatsverwaltung gewaltsam zu befreien, wurden diese Schusswaffen vorerst nicht eingesetzt. Dennoch verwandelten sie das Gebäude der Staatsverwaltung von Donezk in den ersten bewaffneten und verbarrikadierten Stützpunkt der separatistischen Bewegung in der Oblast Donezk.

Zur gleichen Zeit fand in Luhansk eine zweite dauerhafte und bewaffnete Gebäudebesetzung statt. Am 6. April stürmte eine Gruppe von Personen das örtliche SBU-Hauptquartier, öffnete die Waffenkammer und begann, Barrikaden um das Gebäude zu errichten (YouTube 2014p; 2014v; 2014ac; Ostrow 2014i). Die Besetzer des Gebäudes nannten sich selbst die „Armee des Südostens“. Sie forderten eine Amnestie für alle Sicherheitskräfte, die der Gewalt gegen Maidan-Demonstranten in Kyjiw beschuldigt wurden, die Absage der ukrainischen Präsidentschaftswahlen und eine Art Referendum für den Südosten der Ukraine (Relke und Bolotow 2014). Wie in Donezk errichteten sie einen ersten bewaffneten Stützpunkt, den die ukrainischen Zentralbehörden nie wieder unter Kontrolle bekamen.

Niemand bestreitet, dass diese Ereignisse stattgefunden haben. Strittig ist jedoch, ob ein einteiliger Kausalmechanismus ausreicht, um sie zu erklären. Die Behauptung von Matveeva (2016, 35), dass die separatistische Bewegung im Donbas „führerlos war und nicht von einer Elite angeführt wurde“, legt nahe, dass die betreffenden Aktivisten in erster Linie aus eigenem Antrieb handelten. Sie legt nahe, dass der Kausalmechanismus nur aus einer einzigen Komponente bestand, die lokale Faktoren in Form individueller Motive von Graswurzelaktivisten als Ursache mit der Eskalation des Konflikts als Folge verbindet. Wilsons (2016, 649) Behauptung, dass der Donbas-Konflikt „ein Prozess war, der von lokalen Eliten und von Russland mit lokalen Fußsoldaten katalysiert und eskaliert wurde", impliziert hingegen, dass der Kausalmechanismus, der zur Konflikteskalation führt, einen zusätzlichen Schritt beinhalten muss. Dieser Schritt bestünde darin, dass entweder Russland oder lokale Eliten die Akteure, die die Gebäude besetzen, organisieren und instruieren. In diesem Szenario sind die Hauptursache für die Eskalation nicht die individuellen Motive der Gebäudebesetzer, sondern der Wunsch Russlands oder der lokalen Eliten, die Situation zu destabilisieren und Druck auf die Kyjiwer Regierung auszuüben.

Aus diesen Argumenten lassen sich drei Hypothesen zur Erklärung der Eskalation des Konflikts Anfang April 2014 ableiten. Jede Hypothese entspricht einem spezifischen Kausalmechanismus. Die erste Hypothese ist mit dem einfachen einteiligen Mechanismus verbunden, der Graswurzelaktivismus als Hauptursache für die Konflikteskalation definiert. Der zweite und dritte Mechanismus besteht aus zwei Teilen und legt den Schwerpunkt auf die Handlungen der lokalen Eliten und Russlands. Zusammengenommen spiegeln diese drei Kausalmechanismen und die mit ihnen verbundenen Hypothesen die Kluft in der wissenschaftlichen Debatte über die Ursachen des Donbas-Konflikts 2014 wider. Die erste und die zweite Hypothese sind mit dem Argument vereinbar, dass die Eskalation der Gewalt in erster Linie ein einheimisches Phänomen war, während die dritte Hypothese mit der Idee einer verdeckten russischen Aggression übereinstimmt.

H1: Die Gebäudebesetzungen von Anfang April 2014 wurden von einer führerlosen Graswurzelbewegung durchgeführt.

Abbildung 2: Kausaler Mechanismus eines Graswurzelaufstands

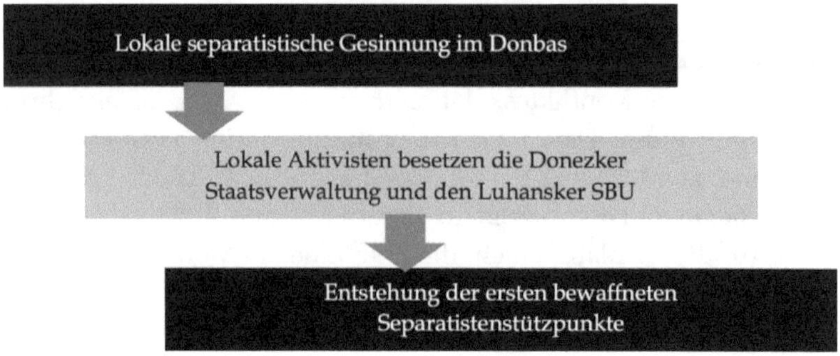

H2: Die Gebäudebesetzungen von Anfang April 2014 wurden von Agenten lokaler Eliten durchgeführt.

Abbildung 3: Kausaler Mechanismus eines von lokalen Eliten gesteuerten Aufstands

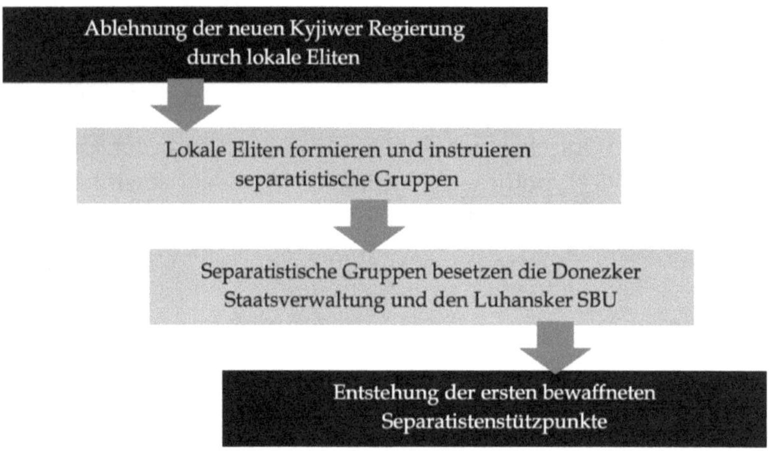

H3: Die Gebäudebesetzungen von Anfang April 2014 wurden von Agenten des russischen Staates durchgeführt.

Abbildung 4: Kausaler Mechanismus einer verdeckten russischen Invasion

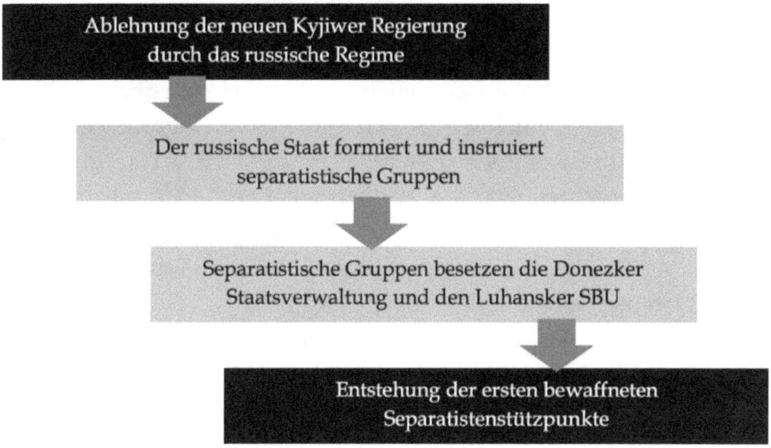

Natürlich handelt es sich bei allen drei Mechanismen um vereinfachte Idealtypen. In Wirklichkeit schließen sie sich nicht gegenseitig aus. Eine hypothetische Graswurzelbewegung könnte eine gewisse Unterstützung von lokalen Eliten oder Russland erhalten. Die Agenten lokaler Eliten oder Russlands könnten bis zu einem gewissen Grad eine eigene Agenda verfolgen. Lokale Eliten könnten sich mit Russland verschwören oder eine parallele Agenda verfolgen. Obwohl diese Nuancen berücksichtigt werden müssen, ist es sinnvoll, die drei Mechanismen getrennt zu analysieren, bevor man versucht, sie zu kombinieren. Auf diese Weise lässt sich ihr relatives Gewicht transparenter bewerten. Eine Diskussion der Vorbehalte und Kombinationen sollte folgen, nachdem jede Hypothese anhand der verfügbaren Beweise aus öffentlichen Quellen getestet wurde.

4.1. Enthusiasten oder Agenten? Die Rolle des Graswurzelaktivismus

Ein offensichtlicher *rauchender Colt* (siehe Abschnitt 3.1.2.) für H1 wäre der Nachweis, dass die Gebäudebesetzungen von einer Massenbewegung ausgingen, die zu groß, zu komplex und zu dynamisch war, um von oben gesteuert werden zu können. Ein solcher Beweis würde die Wahrscheinlichkeit von H1 erheblich erhöhen und die Wahrscheinlichkeit von H2 und H3 verringern. Im vorliegenden Fall gibt es jedoch keine Beweise dieser Art. Wie ich in Kapitel zwei dargelegt habe, waren die fraglichen Ereignisse nicht das Ergebnis eines Anstiegs allgemeiner Proteststimmung. Darüber hinaus deuten die Aufnahmen der Aktivisten, die durch die Polizeikette in das Gebäude der Staatsverwaltung von Donezk eindringen, darauf hin, dass die meisten Menschen passive Zuschauer waren. Nur eine Gruppe von mehreren Dutzend Männern greift tatsächlich die Polizei an und dringt in das Gebäude ein (YouTube 2014w). Ein anderes Video zeigt außerdem, dass sich die meisten Menschen bei Einbruch der Dunkelheit zerstreut hatten (YouTube 2014u). Das Gleiche war in Luhansk der Fall. Die meisten Menschen waren passive Zuschauer, während eine relativ kleine Anzahl von Aktivisten das Gebäude stürmte (YouTube 2014p; 2014v). Die Menge löste sich am nächsten Morgen vollständig auf, als das Gebäude mit nur ein paar Dutzend Menschen davor fotografiert wurde (Ostrow 2014i). Die Gebäudebesetzungen wurden nicht von einer Massenprotestbewegung getragen, sondern waren das Ergebnis der Aktionen von zwei relativ kleinen Gruppen zu einem Zeitpunkt, als die allgemeine Protestbeteiligung abnahm.

4.1.1. Die Beweislast

Diese Feststellung bedeutet nicht automatisch, dass die fraglichen Gruppen im Auftrag handelten. Es bleibt durchaus plausibel, dass sich ein kleiner Kern separatistischer Aktivisten radikalisierte und beschloss, auf extremere Maßnahmen zurückzugreifen, während die allgemeine Proteststimmung nachließ. Die Überlegungen von Pigliucci und Boudry (2014) zur Beweislast legen sogar nahe, dass dieser Erklärung gegenüber den beiden anderen Hypothesen ein

Vorsprung an Anfangswahrscheinlichkeit eingeräumt werden sollte. Ockhams Rasiermesser und der Sagan-Standard legen nahe, dass H1 in Ermangelung überzeugender Gegenbeweise als Grundhypothese betrachtet werden sollte. Wie in Kapitel drei erörtert, begünstigt Ockhams Rasiermesser einfache Erklärungen. Im vorliegenden Fall fügt eine Prinzipal-Agenten-Beziehung zwischen den Menschen, die die Gebäude besetzen, und einer Führung, die sie von anderswo aus lenkt, eindeutig eine zusätzliche Ebene an Komplexität hinzu. Nach Ockhams Rasiermesser sollte diese zusätzliche Komplexität verworfen werden, es sei denn, die einfachere Erklärung, dass die Menschen, die das Gebäude besetzten, aus eigenem Antrieb handelten, ist mit den verfügbaren Beweisen unvereinbar. Gleichzeitig legt der Sagan-Standard ebenfalls ein Ungleichgewicht der Ausgangswahrscheinlichkeiten zugunsten von H1 nahe. Eine verdeckte Operation, die von lokalen Eliten oder Russland orchestriert wird, ist ein außergewöhnlicheres Ereignis als zwei kleine Gruppen radikaler Demonstranten, die Gebäude besetzen. Folglich sollte der Ausgangspunkt für die informelle Bayes'sche Analyse (siehe Abschnitte 3.1.4. und 3.4.3.2.) sein, dass H1 eine *wahrscheinliche* Erklärung ist, während H2 und H3 *höchst unwahrscheinliche* Erklärungen sind.

4.1.2. Die chaotische Geburt der Donezker Volksrepublik

Im Fall von Donezk muss sich H1 nicht allein auf Ockhams Rasiermesser und den Sagan-Standard verlassen. Zwei Beobachtungen liefern zusätzliche Belege zu ihren Gunsten und erhöhen ihre Wahrscheinlichkeit. Erstens war der Grad der Organisation und Koordination unter den Besetzern der Staatsverwaltung nicht höher, als es bei einer selbstorganisierten Gruppe von Aktivisten zu erwarten wäre. Die Situation innerhalb des besetzten Gebäudes war von Chaos und Verwirrung geprägt. Videoaufnahmen, die am 6. April, kurz nach der Besetzung des Gebäudes, gemacht wurden, zeigen eine Vielzahl von Menschen, die kommen und gehen, herumlaufen, filmen, Parolen rufen oder streiten. Disziplin und Führung sind schwach ausgeprägt. Ein Polizeibeamter entgegnet der Aufforderung eines Separatistenführers, das Gebäude zu verlassen, mit dem Vorschlag, „auf den Typen zu warten, der vorhin hier war und sagte, er sei ein anderer Organisator" (YouTube 2014o bei 2:23:00). Drei weitere Polizisten fragen eine Gruppe von Separatisten nach einem Ansprechpartner und ob jemand für die Aktivisten um sie herum verantwortlich sei (YouTube 2014o bei 2:33:00). Eine Person, die behauptet, das Sagen zu haben, muss durch ein Megafon schreien, um eine Gruppe von Männern zu warnen, keine Gewalt gegen die Polizei anzuwenden (YouTube 2014r). Ein anderer Mann dringt plötzlich in eine improvisierte Pressekonferenz ein, um einen Appell an „Mutter Russland" zu richten (YouTube 2014o bei 2:43:50). Ein hohes Maß an Improvisation ist auch bei der ersten Sitzung der „Provisorischen Regierung" der DNR am 8. April zu beobachten. Einige der Anführer der neuen „Republik" scheinen sich nicht einmal beim Namen zu kennen (YouTube 2014y).

Zweitens deuten die verfügbaren Informationen aus öffentlichen Quellen über die Personen, die versuchen, die Situation in die Hand zu nehmen, auf eine zufällige Ansammlung von Männern mit unterschiedlichem Hintergrund hin. Einige haben eine Vorgeschichte als prorussische Aktivisten, allerdings als Mitglieder verschiedener marginaler Organisationen. Andere scheinen neu in der Politik zu sein. In diesem frühen Stadium des Konflikts gibt es keine offensichtlichen Verbindungen zwischen den Separatistenführern von Donezk, abgesehen von der Tatsache, dass sie in der Oblast Donezk wohnen oder dort geboren sind und prorussische, antiwestliche Ansichten teilen. Ihre Profile entsprechen voll und ganz der Art von Führungsgruppe, die man bei einer Koalition marginaler radikaler Aktivistengruppen erwarten würde.

- *Wolodymyr Makowytsch* wurde dabei gefilmt, wie er am 6. April im Gebäude der Staatsverwaltung die Bildung eines „Koordinationsrates" (YouTube 2014t) ankündigte und mit der Polizei verhandelte (YouTube 2014s). Außerdem verlas er am 7. April die Proklamation der DNR (YouTube 2014x) und nahm an der Sitzung zur Ernennung der „Provisorischen Regierung" am folgenden Tag teil (YouTube 2014y). Laut dem ukrainischen NGO-Register gründete er nach der Orangenen Revolution im Jahr 2005 in Donezk eine Organisation namens „Bewegung der jungen Patrioten" (Bessonowa 2015; Holownow 2014).

- *Wadym Tschernjakow* wurde zusammen mit Makowytsch gefilmt, als er mit der Polizei verhandelte. Er ist auch die Person, die die Aktivisten über ein Megafon auffordert, keine Gewalt gegen die Polizei anzuwenden (YouTube 2014r). Anschließend leitete er die Proklamationssitzung und die Bildung der „Provisorischen Regierung". Im November 2012 erschien er in einem lokalen Nachrichtenbericht über den Abriss eines Hüttenwerks in Horliwka. Er wurde als „technischer Direktor" von AWAKO interviewt, dem mit dem Abriss beauftragten Bauunternehmen (06242.ua 2012). Einem Lebenslauf zufolge, den Tschernjakow im Februar 2012 auf eine ukrainische Jobwebseite hochgeladen hatte, war er seit 2009 für AWAKO tätig und hatte seinen Wohnsitz in Donezk (Tschernjakow 2012).
- *Denys Puschylin*, der 2018 zum Anführer der DNR wurde, war am 6. April 2014 ebenfalls anwesend und versuchte, die Ereignisse im besetzten Gebäude der Staatsverwaltung zu koordinieren. Anschließend leitete er gemeinsam mit Tschernjakow die Proklamationssitzung und die Bildung der „Provisorischen Regierung". Zuvor koordinierte er die jüngste ukrainische Version des berüchtigten russischen MMM-Ponzi-Systems (OTB TV 2013). Auf Webseiten, die mit dem System in Verbindung stehen, bezeichnete sich Puschylin (2013a; 2013b) als MMM-„Berater" aus Makijiwka. Bei den Nachwahlen zum Parlament in einem Wahlkreis der Oblast Kyjiw im Dezember 2013 war er der Kandidat einer von MMM gegründeten politischen Partei und erhielt 72 Stimmen (Puschylin 2014; Zentrale Wahlkommission der Ukraine 2014).
- *Mykola Solntsew* unterbrach die Pressekonferenz von Makowytsch, Tschernjakow und Puschylin nach der Besetzung des Gebäudes (YouTube 2014o bei 2:13:50). Auch während der Sitzung der „Provisorischen Regierung" war er bestrebt, die Aufmerksamkeit auf sich zu lenken. Solntsew war einer der Anführer einer prorussischen Organisation namens Ostfront und hatte bereits am 23. Februar mit Journalisten gesprochen. Er sagte, er arbeite als Wirtschaftsprüfer in einem Donezker Unternehmen (Smyrnowa 2014). In einem weiteren Interview von Anfang März sagte

Solntsew, dass seine Organisation gegen den Donezker „Volksgouverneur“ Pawlo Hubarjew[8] sei (Solntsew und Okopow 2014).

- *Myroslaw Rudenko* hingegen, der bei der Proklamation der DNR neben Solntsew steht und in die „Provisorische Regierung“ berufen wurde, war ein früher Anhänger Hubarjews. Am 2. März wurde er dabei gefilmt, wie er vor Hubarjews Wohnung gegen die Kyjiwer Regierung hetzte (Matsuka 2014). In seinen Memoiren beschreibt Hubarjew (2016, 45) Rudenko als einen alten Freund aus Universitätszeiten. Rudenko bezeichnet sich selbst als „Historiker und Schriftsteller“, der in der Stadt Debalzewe geboren wurde und seit dem Jahr 2000 in Donezk lebt (Alternatio.org n.d.; Rudenko 2010). Im Jahr 2010 war er Kandidat der Partei der Regionen für den Donezker Stadtrat (Nowosti Donbasa 2010).
- *Wjatscheslaw Ponomarjow,* der gegenüber einer russischen Nachrichtenagentur angab, er sei einer der Hauptorganisatoren der Einnahme des SBU-Gebäudes in Donezk in der Nacht vom 6. auf den 7. April gewesen (Ponomarjow 2014), wurde später im April als „Volksbürgermeister“ von Slowjansk bekannt. Anwohner erzählten dem *Wall Street Journal*-Korrespondenten Philip Shishkin (2014), der Slowjansk Ende April besuchte, dass Ponomarjow der Besitzer einer örtlichen Seifenfabrik sei. Ponomarjow zeigte seine Seifenfabrik auch dem britischen prorussischen Aktivisten Graham Phillips (2014). Den Quellen von Schischkin zufolge hatte Ponomarjow zuvor eine Näherei betrieben, die Versorgung eines Militärkrankenhauses verwaltet und mit Autos gehandelt. Nach Angaben von Ponomarjow (2014) beschloss seine Gruppe, nicht im SBU-Gebäude zu bleiben, und ging mit den erbeuteten Waffen zur Staatsverwaltung. Er sagte jedoch, dass seine Gruppe über das Chaos und die mangelnde Führung im Gebäude der Staatsverwaltung so

8 Da Hubarjew zur Zeit der Ereignisse ukrainischer Staatsbürger war, verwende ich die ukrainische Transliteration seines Namens und nicht die russische Transliteration Pawel Gubarjew.

entsetzt war, dass sie nach kurzer Zeit beschloss, nach Hause zu gehen.

Natürlich sind diese Belege nur lückenhaft. Nur bestimmte Momente der relevanten Ereignisse wurden mit der Kamera festgehalten, es gibt keine Garantie, dass alle relevanten Akteure aufgezeichnet wurden, und die Biografien der identifizierten Personen können Aspekte enthalten, die in öffentlich zugänglichen Quellen nicht dokumentiert sind. Auch ist es nicht möglich, alle Behauptungen Ponomarjows zu verifizieren. Nichtsdestotrotz sind die Anzeichen von Chaos und Verwirrung in der besetzten Staatsverwaltung und die Heterogenität der Profile der Separatistenführer ein *Strohhalm im Wind* (siehe Abschnitt 3.1.2.) für eine Graswurzelbewegung. Da diese Indizien relativ schwach sind, ändern sie die Wahrscheinlichkeitsbilanz nicht grundlegend und H1 sollte weiterhin als *wahrscheinliche* Erklärung für die Ereignisse in Donezk gelten. Um jedoch das Gleichgewicht der Wahrscheinlichkeiten gegen H1 zu kippen, müssten die Beweise für H2 und H3 sowohl die Strohhalm-Beweise zugunsten von H1 als auch die höhere Anfangswahrscheinlichkeit von H1 aufgrund von Ockhams Rasiermesser und dem Sagan-Standard überwiegen.

4.1.3. Partisanen aus Stachanow? Die „Armee des Südostens" in Luhansk

Die in Donezk beobachteten Anzeichen für Graswurzelaktivismus gibt es in Luhansk nicht. Die „Armee des Südostens", die das SBU-Gebäude in Luhansk besetzte, unterschied sich in vier wichtigen Aspekten von der im Entstehen begriffenen DNR. Erstens gibt es Hinweise darauf, dass die Gruppe vor der Erstürmung des Gebäudes Zugang zu Waffen hatte und sich mindestens seit Mitte März auf eine Militarisierung der Situation vorbereitet hatte. Am 7. April sprachen zwei ihrer Anführer, Alexej Relke und Walerij Bolotow (2014), mit einem Journalisten in dem besetzten Gebäude. Während dieses Gesprächs bestätigte Relke, dass ihre Gruppe hinter einer Reihe von YouTube-Videobotschaften steckte, die im vorhergehenden Monat die Aufmerksamkeit der Medien auf sich gezogen hatten. Die erste dieser Botschaften wurde am 16. März veröffentlicht und zeigt drei maskierte Männer (YouTube 2014l). Die Augen und die Stimme der sprechenden Person passen zu Bolotow. Die Augen und die Körperform des Mannes zu seiner Rechten passen zu Relke. Die Männer posieren mit fünf automatischen Gewehren und einem Granatwerfer. Sie drohen der Kyjiwer Regierung, dass jedes Vorgehen gegen separatistische Demonstrationen als „Kriegserklärung" gewertet würde. Der Begleittext des Videos enthält einen Spendenaufruf mit einem Link zum Profil von Ida Relke in einem sozialen Netzwerk. Ida Relke bestätigte später gegenüber einem Journalisten, dass sie die Mutter von Alexej Relke ist (Ostermann und Relke 2014). Am 22. März veröffentlichten der staatlich kontrollierte russische Fernsehsender *Rossija 24* und die kremlnahe russische Boulevardzeitung *Komsomolskaja Prawda* Berichte über das Video. Beide Berichte enthalten ein Interview mit einem der maskierten Männer, dessen Augen und Körpergröße zu Relke passen (Poddubny 2014; Koz und Steschin 2014a; 2014b). Am 1. April veröffentlichten dieselben drei Männer ein weiteres Video, in dem sie sich als „Vereintes Kommando des Südostens" bezeichnen (YouTube 2014n). Sie fordern die „Absage der Präsidentschaftswahlen und einen konkreten Termin für ein Referendum über den Südosten". Andernfalls werde „die Volksarmee des Südostens am 6. April mobilisiert". Sie fordern alle Bewohner des Südostens, „die bereit sind, für ihr Recht auf Leben und Freiheit einzutreten", auf, „am 6. April zwischen 10 und 12 Uhr" auf den zentralen Platz ihrer Stadt zu kommen und „ein Ausweisdokument, Wasser für einen Tag und alle verfügbaren Waffen oder Schutzausrüstung" mitzubringen.

Zweitens deuten die verfügbaren offenen Quellen darauf hin, dass die „Armee des Südostens" eine hierarchische paramilitärische Struktur war, die besser organisiert war als die Aktivisten, die Gebäude in Donezk stürmten. Der Luhansker investigative Journalist Andrij Dichtjarenko durfte am 11. April das besetzte SBU-Gebäude besuchen. Er stellte eine „strenge Hierarchie" fest, nicht nur zwischen dem Protestcamp vor dem Gebäude und dem Inneren, sondern sogar innerhalb des Gebäudes selbst. „Nicht nur, dass nur wenige Menschen das Recht haben, das Gebäude zu betreten, in das Allerheiligste der Kommandoeinheit wird nur eine sehr kleine Anzahl von Personen eingelassen" (Dichtjarenko 2014). Diese Beobachtung deckt sich mit der Behauptung von Walerij

Bolotow auf einer Pressekonferenz am 9. April, dass seiner Gruppe viele Personen mit militärischem Hintergrund angehörten - ehemalige Mitglieder der ukrainischen Sicherheitskräfte, Reserveoffiziere, Veteranen des Afghanistankriegs und Kosaken (YouTube 2014ad, bei 2:55).

Drittens gibt es Hinweise darauf, dass die „Armee des Südostens" ihren Ursprung in der Stadt Stachanow hatte,[9] 50 km westlich von Luhansk. Relkes Mutter erzählte einem Journalisten, ihr Sohn sei 1990 mit ihr nach Deutschland ausgewandert, habe aber Schwierigkeiten gehabt, sich anzupassen, und sei 2006 in die Heimatstadt der Familie, nach Stachanow, zurückgekehrt (Ostermann und Relke 2014). Gleichzeitig gehört es zu den wenigen unbestrittenen Fakten über Bolotows Hintergrund, dass er in Stachanow zur Schule ging (Novorosinform.org 2020). Außerdem schreibt Dichtjarenko (2014), dass ein dritter Separatistenführer, mit dem er im besetzten SBU-Gebäude sprach, Oleksij Kariakin, ebenfalls aus Stachanow stammte. Schließlich ist Stachanow auch die Heimatstadt von Pawlo Dromow, der später ein prominenter separatistischer Befehlshaber wurde (Chrypun 2015; Kasanskyj 2015b; Dromow und Achmedova 2014; siehe auch Kapitel sieben dieses Buches). In einem Interview im Juni 2014 bestätigte Dromow, dass er aus Stachanow stamme und an der Einnahme des SBU-Gebäudes beteiligt gewesen sei (Dromow, Lawin und Weselowski 2014, 13:45). Alexej Relke zufolge gehörte Dromow zu einer Gruppe von Personen, die später das besetzte Gebäude in Luhansk verließen und nach Meinungsverschiedenheiten mit Bolotow nach Stachanow zurückkehrten (Lugansk 1 TV 2017).

Viertens: Keine der Personen, die die Besetzung des SBU-Gebäudes anführten, hatte vor den Ereignissen im April ein öffentliches Profil. Die Informationen über ihr Leben vor der „Armee des Südostens" sind begrenzt und beruhen größtenteils auf ihren

---

9 Bis 1937 war die Stadt unter dem Namen Kadijiwka bekannt. Die ukrainischen Behörden haben diesen Namen im Rahmen der Reform gegen die Vermächtnisse des Kommunismus im Jahr 2016 wieder eingeführt. Die selbsternannte Luhansker Volksrepublik (LNR), die die Stadt weiterhin kontrolliert, nennt sie jedoch weiterhin Stachanow. In diesem Buch wird der Name Stachanow verwendet, da dies im Jahr 2014 der offizielle Name der Stadt war und damals von allen Konfliktparteien verwendet wurde.

eigenen Angaben. Nach Äußerungen seiner Mutter plante Relke, einen Wellness-Salon zu eröffnen (Ostermann und Relke 2014). Bolotow (2014) gibt an, dass er Vorsitzender der Vereinigung der Veteranen der Luftlandetruppen des Gebiets Luhansk war, aber es gibt keine weiteren Belege für seine Tätigkeit in dieser Funktion. Als eine investigative Journalistin Kariakins Profil in einem sozialen Netzwerk analysierte, fand sie lediglich heraus, dass er „ein aktives Interesse an den Luftlandetruppen hat und regelmäßig an historischen Nachstellungen teilnimmt" (Krykun 2014). Dromow sagte, er sei Maurer, Fabrikarbeiter, Landarbeiter, „Bandit" und Wanderarbeiter in Russland gewesen (Dromow und Achmedova 2014). Zwei weitere Separatistenvertreter, die am 9. April eine Pressekonferenz mit Bolotow abhielten (YouTube 2014ad), waren ebenfalls nicht in öffentlich zugänglichen Quellen zu finden und beschrieben sich selbst als unauffällige Geschäftsleute. Serhij Korsunskyj äußerte in einem Interview mit einer ukrainischen Webseite, dass er früher Bergwerke in der Oblast Luhansk besessen habe (Korsunskyj und Stanko 2016). Pawlo Strubtschewski sagte einer russischen Webseite, er sei ein Unternehmer aus der Stadt Sjewjerodonezk in der Oblast Luhansk und identifiziere sich als Donkosake (Strubtschewski und Kotkalo 2015; Kusmina 2019).

Die bewaffneten Untergrundaktivitäten der „Armee des Südostens", ihre militärische Hierarchie, ihr Epizentrum in Stachanow und die fehlenden Informationen über die Hintergründe ihrer Führung könnten als Indizien dafür angesehen werden, dass die Gruppe im Auftrag einer anderen Person handelte. Diese Indizien sind jedoch relativ schwach und können das Gleichgewicht der Wahrscheinlichkeiten nicht weit genug verschieben, um die anfängliche Beweislast zu überwinden. Es bleibt plausibel, dass eine kleine Gruppe bisher unbekannter Personen in Stachanow eine gut organisierte Untergrundorganisation bildete, eine geringe Anzahl von Waffen auf dem Schwarzmarkt beschaffte und die Besetzung des SBU-Gebäudes auf eigene Initiative durchführte. Unter Berücksichtigung von Ockhams Rasiermesser und dem Sagan-Standard muss diese Erklärung in Ermangelung zwingender gegenteiliger Beweise immer noch als *wahrscheinlich* angesehen werden. Zugleich ist die Beweislast für H2 und H3 etwas geringer als im Fall von Donezk.

4.2. Apathische Oligarchen: Die Rolle lokaler Eliten

Die vorangegangenen Abschnitte dieses Kapitels haben gezeigt, dass H1 die wahrscheinlichste Erklärung für die Besetzung von Regierungsgebäuden sowohl in Donezk als auch in Luhansk ist, wenn keine zwingenden Beweise für H2 oder H3 vorliegen. Diese Beweise müssten im Fall von Donezk stärker sein als im Fall von Luhansk, da es im ersteren Fall stärkere Beweise für H1 gibt. Auf dieser Grundlage wird in diesem Abschnitt nun H2 untersucht.

4.2.1. Die Janukowitsch-„Familie"

Einer der Hauptverdächtigen bei einer möglichen Steuerung der Separatistenbewegung im Donbas ist der ehemalige ukrainische Präsident Viktor Janukowitsch. Einige Vertreter der ukrainischen Regierung und einige ukrainische Journalisten haben behauptet, dass die sogenannte „Familie" – das Geschäftsnetzwerk um Viktor Janukowitsch, seinen Sohn Oleksandr und ihre engsten Geschäftspartner – hinter den Ereignissen von Anfang April 2014 steckte. Allerdings gibt es keine eindeutigen Beweise für eine Kontrolle der separatistischen Gruppen durch die „Familie", auch wenn es plausibel ist, dass Janukowitsch und seine Geschäftspartner in gewissem Maße separatistische Aktivitäten unterstützten.

Quellen, die der Kyjiwer Regierung nahestanden, beschuldigten die Janukowitsch-„Familie", separatistische Aktivitäten im Donbas direkt aus ihrem russischen Exil finanziert zu haben. Im Juni 2014 veröffentlichte der Journalist Oleksandr Paskhover einen Artikel, der diese Behauptungen zusammenfasste. Andrij Parubij, der damalige Leiter des Nationalen Sicherheitsrats der Ukraine, behauptete, Janukowitsch und seine Verbündeten hätten ein Hauptquartier im russischen Rostow am Don eingerichtet, von wo aus sie die Separatistenbewegung finanzierten. Der ukrainische Konfliktforscher und Aktivist Dmytro Tymtschuk erklärte, der SBU habe mehrere entsprechende Geldüberweisungen aus Russland nach Donezk abgefangen. Viktor Tschumak, der damalige Leiter des Ausschusses des ukrainischen Parlaments für die Bekämpfung von Korruption und organisierter Kriminalität, fügte hinzu, dass Janukowitsch erhebliche Bargeldreserven angehäuft habe, die er nun für den Separatismus im Donbas ausgebe (Paskhover 2014). Auch

Jehor Firsow, ein prominenter proeuropäischer Aktivist aus Donezk, sagte in einem Interview im Mai 2014, Janukowitsch gehöre zu denjenigen, die den Separatismus im Donbas finanzierten (Firsow und Iwanow 2014). Mitte April 2014 äußerte der damalige Gouverneur der Oblast Donezk, Serhij Taruta, in einem Interview, dass die Separatisten „die Anwesenheit von angeheuerten Leuten rund um das Gebäude der Staatsverwaltung nicht einmal verbergen". Der Journalist, der Taruta interviewte, antwortete, er habe Informationen, dass diese Leute von der Janukowitsch-„Familie" bezahlt würden. Daraufhin bestätigte Taruta, er habe dieselbe Behauptung gehört, aber er habe dafür keine Beweise. Er behauptete auch, dass nicht alle separatistischen Aktivisten bezahlt wurden (Taruta und Schlintschak 2014).

Obwohl keiner der zitierten Beamten und Journalisten Beweise für seine Behauptungen vorlegt, verleihen ihnen drei Indizien einen gewissen Grad an Glaubwürdigkeit. Erstens hatte Janukowitsch ein klares Motiv, den Separatismus zu finanzieren, nämlich Rache an denjenigen, die ihn abgesetzt hatten. Zweitens war Janukowitsch in der Lage, den Separatismus durch das Labyrinth seines Geschäftsnetzwerks im Donbas verdeckt finanziell zu unterstützen. Recherchen des investigativen Journalisten Serhij Schtscherbyna (2014a; 2014c) in ukrainischen Unternehmensregistern veranschaulichen die Komplexität und Reichweite dieses Netzwerks und enthüllen sogar Verbindungen zu den früheren geschäftlichen Aktivitäten des „Volksgouverneurs" von Donezk Pawlo Hubarjew. Drittens kann der Einsatz von Mittelsmännern und Briefkastenfirmen den Nachweis finanzieller Unterstützung erschweren, was das Fehlen konkreter Beweise für die oben genannten Behauptungen weniger überraschend macht. Diese Überlegungen deuten darauf hin, dass es selbst in Ermangelung direkterer Beweise wahrscheinlich ist, dass die Janukowitsch-„Familie" den Separatismus im Donbas zur Zeit der Gebäudebesetzungen im April 2014 in gewissem Umfang finanziell unterstützt hat. Es ist auch wahrscheinlich, dass ein Teil dieses Geldes zur Unterstützung von Aktivisten im besetzten Gebäude der Staatsverwaltung von Donezk verwendet wurde. In Luhansk, wo der SBU von einer weniger heterogenen Gruppe besetzt wurde und das Geschäftsnetzwerk der „Familie" weniger entwickelt war, ist dies lediglich eine realistische Möglichkeit.

Das wahrscheinliche Vorhandensein finanzieller Unterstützung deutet jedoch nicht darauf hin, dass die Aktivitäten der Janukowitsch-„Familie" der entscheidende Faktor für die separatistischen Aktivitäten im Donbas zum fraglichen Zeitpunkt waren. Es gibt keine Anhaltspunkte dafür, dass die separatistischen Aktivisten von Janukowitschs Geld abhängig waren. Im Gegenteil, die folgenden Abschnitte werden zeigen, dass die „Familie" bei weitem nicht die einzige potenzielle Quelle für finanzielle Unterstützung war. Allerdings könnte selbst eine hypothetische finanzielle Abhängigkeit von Janukowitsch kaum als dominante Ursache für separatistische Aktionen im Sinne des *Abnormalismusprinzips* (siehe Abschnitt 3.4.2.) angesehen werden. Die Tatsache, dass eine Gruppe von Einheimischen bereit war, sich selbst zu organisieren, Waffen zu beschaffen und Gebäude zu verbarrikadieren, wäre der Faktor, der den normalen Ablauf der Ereignisse am meisten stört, selbst wenn diese Gruppe von Janukowitschs Geld abhängig wäre. Unabhängig vom Grad der Abhängigkeit sollte Janukowitschs mögliche Verwendung eines Teils seines immensen Reichtums zur Unterstützung separatistischer Aktivitäten aus der Sicherheit seines Exils heraus als weniger abnormal angesehen werden als die Aktivitäten der Separatisten selbst.

Um zu dem Faktor zu werden, der den normalen Ablauf der Ereignisse am stärksten stört, müsste die „Familie" direkter in die Organisation der separatistischen Aktivitäten eingebunden gewesen sein. Ihre Verbindungen zur Separatistenführung müssten so eng sein, dass die Separatistenführer als Agenten im Namen der „Familie" handelten. Der einzige konkrete Beweis in diese Richtung – Schtscherbynas (2014a; 2014c) Untersuchung der Geschäftsbeziehungen zwischen Janukowitsch-Geschäftspartnern und Pawlo Hubarjew – ist jedoch sehr schwach. Hubarjew war nicht direkt an den Ereignissen im April 2014 beteiligt, da er zu dieser Zeit in Kyjiw inhaftiert war. Angesichts der Größe des Geschäftsnetzwerks von Janukowitsch ist es zudem nicht überraschend, dass Hubarjew oder andere Separatistenführer für mit ihm in Verbindung stehende Unternehmen arbeiteten oder gearbeitet hatten. Frühere Geschäftsbeziehungen dieser Art sind kein Beweis für eine

Auftraggeber-Agenten-Beziehung. Nur Beweise für eine direkte Beschäftigung oder eine enge Geschäftsbeziehung mit der „Familie" in der Zeit vor den Ereignissen im April 2014 könnten in dieser Hinsicht als *rauchender Colt* gelten. Solche Beweise gibt es derzeit für keinen der Separatistenführer, die an den Gebäudebesetzungen Anfang April beteiligt waren. Das wahrscheinliche Vorhandensein einer gewissen finanziellen Unterstützung reicht nicht aus, um anzunehmen, dass die Aktionen der Janukowitsch-„Familie" die Hauptursache für die Gebäudebesetzungen in Donezk oder Luhansk waren. Folglich bleibt das Gleichgewicht der Wahrscheinlichkeiten zwischen H1 und H2 unverändert.

4.2.2. Rinat Achmetow

Ein weiterer Hauptverdächtiger, der die Gebäudebesetzungen in Donezk orchestriert haben könnte, ist Rinat Achmetow - damals der reichste Mann der Ukraine, Eigentümer eines großen Unternehmensnetzwerks im Gebiet Donezk und ehemaliger Verbündeter von Viktor Janukowitsch. Mehrere Journalisten haben behauptet, dass Achmetow die Schlüsselperson hinter den Ereignissen von Anfang April 2014 war. Doch auch diese Behauptungen beruhen auf schwachen Beweisen. Darüber hinaus deutet eine Tonaufnahme von Achmetows Versuchen, mit den Separatisten zu verhandeln, und sein anschließendes Versagen als Vermittler darauf hin, dass es noch unwahrscheinlicher ist, dass er die Separatistenbewegung unter Kontrolle hatte, als es bei Janukowitsch ist.

Die russische Journalistin Julia Latynina (2014) kam nach einem Besuch in Donezk Ende April zu dem Schluss, dass Separatistenführer Denys Puschylin den Anweisungen von Rinat Achmetow folgt. Latynina stützte diese Schlussfolgerung auf ihre Beobachtung, dass Puschylin seine Meinung über ein Treffen mit dem ehemaligen russischen Oligarchen Michail Chodorkowski änderte – angeblich nachdem Achmetow interveniert hatte. Doch selbst wenn Latynina Recht hat und Achmetow es geschafft hat, Puschylin zu einem Treffen mit Chodorkowski zu überreden, ist dies nur ein schwacher Beweis dafür, dass Achmetow Puschylin oder andere Separatistenfiguren unter seiner Kontrolle hatte. Der ukrainische Journalist und Antikorruptionsaktivist Serhij Leschtschenko

(2014) schrieb am 7. April auf seiner Facebook-Seite, eine „vertrauenswürdige Quelle“ habe ihm mitgeteilt, dass Achmetow im März oder April 2014 Wladimir Putin in Moskau getroffen habe. „Soweit ich weiß, ist das Ergebnis das, was wir heute auf den Straßen von Donezk sehen“, so Leschtschenko. Doch selbst wenn Leschtschenkos Quelle tatsächlich vertrauenswürdig ist, wäre die Tatsache, dass Achmetow sich mit Putin getroffen hat, kein Beweis dafür, dass Achmetow die Ereignisse steuerte. Ein solches Treffen hätte viele verschiedene Zwecke und Ergebnisse haben können. Andere Journalisten bringen Achmetow mit Oleksandr Sachartschenko in Verbindung, der am 8. August 2014 Anführer der DNR wurde. Anfang April war Sachartschenko der Anführer von Oplot, einer Gruppe von Aktivisten, die im besetzten Gebäude der Staatsverwaltung von Donezk kurz nach dessen Einnahme anwesend war (Grove und Baczynska 2014; Ostrow 2014p). Nach den Recherchen von Serhij Schtscherbyna (2014b) war Sachartschenko früher Direktor eines Unternehmens, das über zwei andere Zwischenunternehmen mit dem Geschäftsimperium von Rinat Achmetow verbunden war. Darüber hinaus zitiert die Journalistin Kateryna Serhazkowa (2015) eine anonyme Quelle im ukrainischen Geheimdienstapparat, die behauptete, dass Sachartschenko früher in Schmuggel von Waren über die russische Grenze verwickelt war und „seine Karriere in einer Gruppe von Banditen begann, die mit Rinat Achmetow in Verbindung stand“. Die Implikationen dieser angeblichen Verbindungen sind jedoch die gleichen wie die Implikationen der angeblichen Verbindungen von Pawlo Hubarjew zur Janukowitsch-„Familie“. In Anbetracht der Größe von Achmetows Geschäftsnetzwerk sind frühere Geschäftsverbindungen dieser Art kein Beweis für eine Auftraggeber-Agenten-Beziehung.

Trotz ihrer Schwäche erhöht die Summe der oben genannten Behauptungen immer noch leicht die Wahrscheinlichkeit von I2 in Bezug auf Achmetow. Ein weiteres Beweisstück kehrt diesen Effekt jedoch um. Dieses Beweisstück ist ein Treffen in der Nacht vom 7. auf den 8. April zwischen Achmetow und Vertretern der Aktivisten, die das Gebäude der Staatsverwaltung von Donezk besetzen. Der erste Teil des Treffens fand auf einer Straße im Zentrum von Donezk statt und wurde von einem der Aktivisten aufgezeichnet (YouTube 2014ab). Die Aktivisten schildern Achmetow, dass sie

„einen Anführer brauchen", und fragen ihn, ob er bereit wäre, ein „Komitee des Donbas" zu leiten. In seiner Antwort versichert Achmetow den Aktivisten, dass er ihr Ziel, die Interessen des Donbas zu schützen, teilt und dass er alles in seiner Macht Stehende tun wird, um die Kyjiwer Regierung daran zu hindern, das besetzte Gebäude mit Gewalt zu stürmen. Er sagt jedoch auch, dass eine Sezession nicht der richtige Weg ist. Stattdessen fordert er die Separatisten auf, konkrete politische Forderungen zu formulieren und in einen Dialog mit der neuen Kyjiwer Regierung einzutreten. „Wenn wir sagen ‚Donezk, Donbas, Ukraine!' werde ich auf eurer Seite sein", versichert Achmetow. Die Aktivisten lehnen diese Idee ab und äußern, es sei zu spät, das Ziel der Abspaltung von der Ukraine und des Anschlusses an Russland aufzugeben. Sie bezweifeln auch, dass es sinnvoll ist, mit der Kyjiwer Regierung zu verhandeln. Schließlich schlägt Achmetow vor, dass die Separatisten eine kleinere Gruppe von Vertretern auswählen, die mit ihm kommen und sich mit dem stellvertretenden ukrainischen Ministerpräsidenten Witalij Jarema treffen, um die Verhandlungen fortzusetzen. Achmetow geht mit den Vertretern weg. Der Mann, der die Aufnahme gemacht hat, geht zurück zum besetzten Gebäude der Staatsverwaltung. Bevor er die Aufnahme beendet, sagt er voraus, dass „die Anführer der Bewegung […] nun alles an Rinat verraten werden".

Die Aufnahme ist fast sicher authentisch, da das Filmmaterial geografisch genau am Theaterboulevard im Zentrum von Donezk verortet werden kann und sowohl Achmetow als auch Jarema bestätigten, dass in dieser Nacht Verhandlungen stattfanden (Ukrainska Prawda 2014j; 2014f). Die Aufnahme ist ein *rauchender Colt*, der die Wahrscheinlichkeit von H2 erheblich verringert, da die Diskussion zwischen Achmetow und den Aktivisten in keiner Weise darauf schließen lässt, dass Achmetow die Situation unter Kontrolle hatte. Er spricht nicht aus einer Position der Autorität heraus, sondern appelliert an die Aktivisten, die auf seine Argumente mit Skepsis reagieren. Außerdem ist die Tatsache, dass weitere Verhandlungen zu keinem Ergebnis führten, ein fehlgeschlagener *Reifentest* (siehe Abschnitt 3.1.2.), der die Gegenhypothese ausschließt, dass Achmetow das nächtliche Treffen inszeniert haben könnte. Entgegen der Vorhersage der filmenden Person änderten die Aktivisten ihre Absichten nicht entsprechend den Vorstellungen

Achmetows. Seine Vermittlungsbemühungen, sowohl unmittelbar nach der Gebäudebesetzung als auch in den darauffolgenden Wochen, konnten die weitere Eskalation des Konflikts in und um Donezk nicht verhindern.[10] Dies wiederum hatte schwerwiegende negative Auswirkungen auf Achmetows Einfluss und seine Geschäfte im Donbas (Prelowskaja 2014).

Achmetows gescheiterte Vermittlungsbemühungen verringern die Wahrscheinlichkeit drastisch, dass er die Separatistengruppe kontrollierte, die am 6. April das Gebäude der Staatsverwaltung in Donezk besetzte. Dies bedeutet jedoch nicht, dass Achmetow ein entschiedener Gegner der Separatistenbewegung war, der alles in seiner Macht Stehende tat, um eine Eskalation des Konflikts zu verhindern. Im Gegenteil: Laut dem ukrainischen Journalisten Denys Kasanskyj (2015a) ist allein die Tatsache, dass die Gebäudebesetzungen in Donezk stattfanden, ein Beweis dafür, dass ihre Organisatoren zumindest die stillschweigende Unterstützung von Achmetow hatten. Denn „Achmetow hat die Lage im Gebiet Donezk stets vollständig unter Kontrolle gehabt, und es ist ein offenes Geheimnis, dass alle wirklich wichtigen Beamten im Gebiet in der Regel mit seiner Zustimmung ernannt wurden". Kasanskyj begann seine Karriere als Antikorruptionsblogger in der Oblast Donezk und war schon lange vor Ausbruch des Krieges ein bekannter Experte für die lokale Politik. Aus diesem Grund hat seine Einschätzung erhebliches Gewicht. Auch Jehor Firsow, ein weiterer prominenter proeuropäischer Aktivist aus Donezk, argumentiert ähnlich. Er sagte:

> Ich habe die ganzen 25 Jahre meines Lebens in Donezk gelebt. In den letzten sieben Jahren war ich in die Politik involviert, und ich bin mir zu 100 Prozent sicher, dass kein einziger mehr oder weniger bedeutender Prozess ohne Achmetows Erlaubnis stattfindet (Firsow und Iwanow 2014).

Kasanskyjs Nachrichtenwebseite Tschetwertaja Wlast (2015) veröffentlichte auch eine detaillierte Chronologie von Achmetows Reaktionen auf separatistische Aktivitäten im Vorfeld des Aprils, die

10 Wie ich in Kapitel sechs darlegen werde, waren Achmetows Bemühungen, eine weitere Eskalation des Konflikts zu verhindern, in Mariupol erfolgreicher.

darauf schließen lässt, dass er kaum mehr als vage Erklärungen abgab. Darüber hinaus argumentiert Kasanskyj (2015a), dass Achmetow die Polizei des Gebiets Donezk kontrollierte, die es versäumte, die Gebäudebesetzungen zu verhindern oder Widerstand zu leisten. Der Journalist und Antikorruptionsaktivist Artem Furmanjuk (2014) führt ein ähnliches Argument an, indem er drei hochrangige Polizeibeamte in Donezk nennt, die seinen Quellen zufolge für Unternehmen im Besitz von Achmetow arbeiteten.

In Anbetracht dieser Einschätzungen sowie der halbherzigen Äußerungen Achmetows gegen den Separatismus und seines offenen Versuchs, die Separatisten für seine eigenen Ziele zu nutzen, ist klar, dass er nicht alles in seiner Macht Stehende getan hat, um die Ereignisse von Anfang April zu verhindern. Dieses Versagen seinerseits ändert nichts an der Schlussfolgerung, dass er die Situation nicht unter Kontrolle hatte. Es deutet jedoch darauf hin, dass er seine Fähigkeit, die Kontrolle über die Ereignisse wiederzuerlangen, überschätzte und zuversichtlich blieb, dass er eingreifen und die Bedrohung durch den Separatismus zu seinem Vorteil nutzen könnte, bis es zu spät war.

4.2.3. Oleksandr Jefremow

In Luhansk konzentrierten sich die Vorwürfe der Orchestrierung des Separatismus auf Oleksandr Jefremow, einen lokalen Oligarchen und ehemaligen Fraktionsvorsitzenden der Partei der Regionen im ukrainischen Parlament. Jefremow hat öffentlich seine Solidarität mit der Separatistenbewegung bekundet. Er ist auch der einzige hochrangige ukrainische Politiker, der wegen Unterstützung des Separatismus verhaftet und vor Gericht gestellt wurde. Dennoch haben weder das Gerichtsverfahren gegen Jefremow noch diejenigen, die ihn in den Medien beschuldigten, überzeugende Beweise vorgelegt, die ihn direkt mit der Gruppe in Verbindung bringen, die am 6. April das SBU-Gebäude in Luhansk besetzte.

Bis zu einem gewissen Grad hat sich Jefremow in der Öffentlichkeit auf die Seite der Separatisten gestellt. Am 2. März sagte er auf einer separatistischen Kundgebung in Luhansk, dass der Regierungswechsel in Kyjiw verfassungswidrig sei (Jefremow 2014a). Anschließend betrat er das Gebäude der Gebietsversammlung, wo die Abgeordneten für eine Resolution stimmten, in der sie die Kyjiwer Regierung für „illegitim" erklärten und sich „das Recht vorbehielten", die „brüderliche Nation" Russland um Hilfe zu bitten, falls sich die Lage nicht verbessern sollte (Holenko 2014). Kurz nach der Besetzung des SBU in Luhansk am 6. April erklärte Jefremow (2014b) gegenüber Journalisten, dass die Leute, die das Gebäude besetzt haben, „die Meinung vieler Menschen vertreten und für diese Meinung eintreten wollen". Noch Mitte Mai nutzte er eine parlamentarische Anhörung in Kyjiw, um die Zentralregierung für die Eskalation der Situation verantwortlich zu machen. Er forderte Interimspräsident Turtschynow auf, alle Militäroperationen im Donbas zu beenden, das Ergebnis der separatistischen „Referenda" vom 11. Mai ernst zu nehmen und Verhandlungen aufzunehmen (Jefremow 2014c).

Die ersten Anschuldigungen, dass Jefremows Unterstützung für den Separatismus mehr als nur Rhetorik war, wurden von dem Luhansker investigativen Blogger Serhij Iwanow und dem ehemaligen Parlamentsabgeordneten der Partei der Regionen Wolodymyr Landik geäußert. Sie erklärten, Jefremow habe separatistische Aktivitäten finanziert und mit dem russischen Geheimdienst zusammengearbeitet, um Aktivisten aus Russland nach Luhansk zu bringen. Sie behaupteten auch, dass Walerij Bolotow, ein Anführer der „Armee des Südostens", im Auftrag Jefremows illegale Kohleminen in der Oblast Luhansk beaufsichtigt habe (Iwanow und Zarovna 2014; Landik 2014; 2016). Darüber hinaus kamen sowohl der ukrainische Journalist Stanislaw Kmet (2014) als auch die russische Journalistin Julia Poluchina (2015) in ihren journalistischen Untersuchungen zu dem Schluss, dass der Krieg von 2014 die wirtschaftlichen Machtstrukturen in der Oblast Luhansk nicht verändert hat. Sie argumentieren, dass Jefremows lokale Geschäftsnetzwerke weitgehend intakt blieben und viele seiner engen Mitarbeiter in leitende Positionen in der selbsternannten Luhansker Volksrepublik (LNR) berufen wurden.

Es gibt jedoch keine konkreten Beweise dafür, dass Jefremow die separatistische Bewegung in Luhansk kontrollierte oder dass mögliche finanzielle Unterstützung seinerseits die „Armee des Südostens" bis April 2014 erreicht hatte. Der Prozess gegen Jefremow begann im Januar 2017 (RBK-Ukraina 2017) und dauerte fünf

Jahre später immer noch an, ohne dass überzeugende Beweise vorgelegt wurden. Im Gegenteil, die ehemalige Führung des SBU in Luhansk sagte zugunsten von Jefremow aus. Der ehemalige Leiter des SBU in Luhansk, Oleksandr Petrulewytsch (2017), erklärte, dass ihm keine Beweise bekannt seien, die Jefremow mit der Gründung der „Armee des Südostens" in Verbindung bringen. Petrulewytschs Stellvertreter Oleh Schywotow (2018) sagte, er habe auch keine Informationen über eine Verbindung zwischen Jefremow und Bolotow.

Das bedeutet nicht, dass Jefremow nicht zur Eskalation der Situation beigetragen hat. Wie Achmetow in Donezk hat er es versäumt, seinen Einfluss in der Region zu nutzen, um separatistische Aktivitäten zu verhindern. Mehr noch, er hat nicht einmal verheimlicht, dass er versuchte, den Separatismus zu nutzen, um Druck auf die Kyjiwer Regierung auszuüben. Diese Tatsache und die engen Verbindungen seines Geschäftsnetzwerks zu den separatistischen Behörden, die später in Luhansk auftauchten, machen es wahrscheinlich, dass Jefremow zu einem gewissen Zeitpunkt separatistische Aktivitäten in Luhansk finanziell unterstützte. Es besteht die realistische Möglichkeit, dass ein Teil dieser Gelder die „Armee des Südostens" erreicht hat. Gleichzeitig gibt es keine überzeugenden Beweise dafür, dass die Männer, die im April das SBU-Gebäude in Luhansk besetzten, unter seiner Kontrolle standen.

Die Schlussfolgerungen in Bezug auf Achmetows und Jefremows Rolle werfen die Frage auf, ob der Kausalmechanismus, der H2 begleitet, dahingehend modifiziert werden muss, dass die Untätigkeit und nicht das Handeln der lokalen Eliten als Hauptursache für den fraglichen Wendepunkt definiert wird. Es gibt jedoch zwei Gründe, die gegen eine solche Änderung sprechen. Erstens, selbst wenn man davon ausgeht, dass Achmetow und Jefremow vor April 2014 eine nahezu vollständige Kontrolle über die Polizei in Donezk und Luhansk hatten, bleibt ungewiss, ob dies ausgereicht hätte, um die Besetzung von Gebäuden zu verhindern. Hätten Achmetow und Jefremow sich gegen den Separatismus ausgesprochen und den Einsatz von Gewalt gegen separatistische Proteste gefordert, hätten sich die Sicherheitskräfte möglicherweise gegen sie gewandt. Zweitens, und das ist noch wichtiger, würde die Fokussierung des Kausalmechanismus auf die Untätigkeit der

Eliten dem Prinzip des *Abnormalismus* widersprechen. Die Argumentation ist hier analog zur möglichen Finanzierung separatistischer Aktivitäten durch Janukowitsch. Die Tatsache, dass eine Gruppe von Einheimischen bereit war, sich selbst zu organisieren, Waffen zu beschaffen und Gebäude zu verbarrikadieren, störte den normalen Ablauf der Ereignisse stärker als die Tatsache, dass die lokalen Eliten zunächst abwartend reagierten. Angesichts der Tatsache, dass sowohl Achmetow als auch Jefremow früher Verbündete von Janukowitsch waren, ist es keineswegs außergewöhnlich, dass sie der neuen Kyjiwer Regierung nicht zu Hilfe eilten, sondern versuchten, die Situation auszunutzen. Aus diesem Grund sollte ihre Passivität als ein unterstützender Faktor innerhalb des Kausalmechanismus erwähnt werden, nicht aber als dessen entscheidende Determinante.

4.2.4. Oleksandr Bobkow

Ein weiterer ehemaliger Abgeordneter der Partei der Regionen aus dem Donbas, der beschuldigt wird, den Separatismus zu unterstützen, ist Oleksandr Bobkow. Die ukrainischen Journalisten Denys Kasanskyj und Maryna Worotyntsewa (2020, 245-254) bezeichnen Bobkow als „den Paten des Donezker Separatismus". Sie argumentieren, Bobkow habe eine separatistische Gruppe namens Oplot gegründet und finanziert. Der ukrainische Journalist Artem Furmanjuk (2016), der ukrainische Aktivist Jehor Firsow (Ostrow 2014p) sowie ungenannte Insiderquellen der russischen Zeitung *Nowaja Gaseta* (Kanygin 2014) haben ähnliche Behauptungen aufgestellt.

Im Fall von Bobkow gibt es zusätzliche Beweise, die auf eine direkte Zusammenarbeit mit Oplot hindeuten. In einem Interview mit einer separatistischen Nachrichtenwebseite aus dem Jahr 2016 gab Bobkow zu, dass er den Oplot-Anführer Oleksandr Sachartschenko bei Protesten gegen die neue Kyjiwer Regierung in Donezk im Frühjahr 2014 getroffen hatte. Er gab auch zu, dass er mit Sachartschenko über Pläne gesprochen hatte, den Donezker Stadtrat zu veranlassen, bestimmte Forderungen an die Kyjiwer Regierung zu stellen (Komitet 2016). Am 16. April 2014 drangen bewaffnete Oplot-Mitglieder in das Gebäude des Stadtrats von Donezk ein. Einem Korrespondenten der lokalen Nachrichtenwebseite *62.ua* zufolge erklärte Oleksandr Sachartschenko gegenüber Reportern vor Ort, dass Oplot die Kyjiwer Regierung auffordere, „Oleksandr Bobkows Gesetzentwurf über lokale Referenden zu verabschieden" (Lasorenko 2014).

Diese Episode stärkt die Glaubwürdigkeit der Quellen, die behaupten, dass Bobkow eine Schlüsselrolle bei der Gründung und den Aktionen von Oplot spielte. Sie deutet darauf hin, dass Bobkow und Sachartschenko ihre Handlungen zur Zeit der Besetzung der Donezker Staatsverwaltung eng koordiniert haben dürften. Dies würde bedeuten, dass Bobkows Beteiligung an den Ereignissen über eine passive Rolle hinausging. Dies heißt jedoch nicht, dass diese Beteiligung eine notwendige Voraussetzung für die Ereignisse Anfang April in Donezk war. Obwohl Sachartschenko und Oplot kurz nach der Besetzung des Gebäudes in der Staatsverwaltung von Donezk anwesend waren (Grove und Baczynska 2014; Ostrow 2014p), gibt es keine Hinweise darauf, dass sie eine führende Rolle bei den Ereignissen des 6. April spielten. Tatsächlich schreibt der proseparatistische Journalist Aleksandr Barkow (2018), der damals Donbas-Korrespondent der russischen rechtsextremen Zeitung *Sawtra* war, in seinen Memoiren, dass Oplot seine Basis in dem besetzten Gebäude erst am 11. April einrichtete. Und selbst wenn Sachartschenko oder andere Oplot-Mitglieder an der Besetzung des Gebäudes beteiligt waren, so waren sie nur ein Teil einer heterogenen Gruppe von Akteuren. Nichts deutet darauf hin, dass die Besetzung des Gebäudes nicht auch ohne sie hätte stattfinden können. Da Bobkow zudem kein bedeutender Oligarch war und nicht über dieselben Ressourcen verfügte wie die Janukowitsch-„Familie", ist es wahrscheinlich, dass sich Sachartschenko und seine Männer einfach einen anderen Sponsor gesucht hätten, wenn Bobkow seine Unterstützung zurückgezogen hätte.

4.2.5. Andere potenzielle Förderer

Obwohl sich die Vorwürfe, den Separatismus im Donbas orchestriert zu haben, hauptsächlich auf Janukowitsch, Achmetow, Jefremow und Bobkow konzentrieren, werden auch mehrere andere Politiker damit in Verbindung gebracht. Die Rolle von drei dieser Akteure verdient eine kurze Erörterung. Allerdings ist die

Wahrscheinlichkeit, dass einer von ihnen die Gebäudebesetzungen in Donezk oder Luhansk kontrollierte, noch geringer als bei den vier oben genannten Akteuren.

Von allen Abgeordneten von Janukowitschs Partei der Regionen war *Oleh Zarjow* derjenige, der die Separatistenbewegung öffentlich am stärksten unterstützte. Er reiste am 11. April nach Donezk, hielt sowohl innerhalb als auch außerhalb des besetzten Gebäudes der Staatsverwaltung Reden zur Unterstützung der Separatisten und veröffentlichte Videos dieser Reden auf seinem eigenen YouTube-Kanal (Zarjow 2014a; 2014b). Am folgenden Tag sprach er vor dem besetzten SBU-Gebäude in Luhansk (Zarjow 2014c; 2014d). Allerdings stammte Zarjow aus der Oblast Dnipropetrowsk und verfügte nicht über ein Geschäftsnetzwerk im Donbas. Auch sonst gibt es keine Anhaltspunkte dafür, dass er die Separatistenbewegung maßgeblich kontrollierte. Seine Besuche in den besetzten Gebäuden deuten eher darauf hin, dass er versuchte, auf den separatistischen Zug aufzuspringen.

Die Verbindungen des Abgeordneten der Partei der Regionen *Mykola Lewtschenko* zu den Separatisten sind ebenfalls gut dokumentiert. Nach Angaben von Rinat Achmetow war Lewtschenko die Person, die ihn darüber informierte, dass Aktivisten aus dem Gebäude der Staatsverwaltung ihn in der Nacht vom 7. auf den 8. April treffen wollten (Ukrainska Prawda 2014j). Lewtschenko war bei diesem Treffen anwesend. Als Achmetow mit einigen separatistischen Vertretern wegfuhr, um die Verhandlungen fortzusetzen, ging Lewtschenko mit einer Gruppe von Aktivisten - darunter auch die Person, die heimlich Aufnahmen machte - zurück zum Platz vor der Staatsverwaltung. Während des Gesprächs sprach sich Lewtschenko für eine geeinte Ukraine aus, sagte aber auch, dass die Ukraine, Russland und Belarus idealerweise zu einem Staat verschmelzen sollten (YouTube 2014ab bei 36:30). Darüber hinaus war Lewtschenko die Person, die den ersten öffentlichen Auftritt des Donezker „Volksgouverneurs" Pawlo Hubarjew im Donezker Stadtrat am 28. Februar ermöglichte. Laut der örtlichen Nachrichtenwebseite Ostrow (2014c) drängte Lewtschenko die Abgeordneten, Hubarjew sprechen zu lassen, indem er sagte: „Ich kenne ihn seit langem. Er hat uns im Wahlkampf geholfen." Auch wenn diese Episode und die Aufzeichnung vom 7. und 8. April darauf hindeuten, dass Lewtschenko mit einigen Mitgliedern der Separatistenbewegung in gutem Einvernehmen stand, deuten sie nicht darauf hin, dass er sich in einer Position der Autorität oder Kontrolle befand. Er war auch kein bedeutender Oligarch mit Zugang zu finanziellen Mitteln, die mit dem Reichtum von Achmetow, Jefremow oder der Janukowitsch-„Familie" vergleichbar wären.

Schließlich beschuldigte der Luhansker Antikorruptionsaktivist Maksym Mychalkow (2014) die Luhansker Sektion der Kommunistischen Partei der Ukraine und ihren Sektionsleiter *Spiridon Kilinkarow*, die separatistische Bewegung zu finanzieren. Angesichts der Tatsache, dass die Zusammenarbeit zwischen der Kommunistischen Partei der Ukraine und einer separatistischen Randgruppe im Donbas bereits 2006 dokumentiert wurde (Nowosti Donbasa 2006), ist es wahrscheinlich, dass diese Behauptungen zutreffend sind. Wie in den Fällen Janukowitsch und Jefremow gibt es jedoch keine Beweise, die Kilinkarow oder die Kommunistische Partei der Ukraine direkt mit der Besetzung von Regierungsgebäuden im April 2014 in Verbindung bringen oder ein gewisses Maß an Kontrolle über die daran beteiligten Personen nahelegen.

4.3. Kosaken, Eurasianer und Kreml-Berater: Die Rolle Russlands

Die Ergebnisse des vorangegangenen Abschnitts lassen das ursprüngliche Gleichgewicht der Wahrscheinlichkeiten unverändert, was bedeutet, dass H2 als *höchst unwahrscheinliche* Erklärung für die Eskalation der Lage in Donezk und Luhansk Anfang April verworfen werden sollte. Die lokalen Eliten haben zwar zu den Ereignissen beigetragen, aber die Beweise für ihre Beteiligung sind nicht stark genug, um die Behauptung zu stützen, dass sie die Hauptursache waren. Im folgenden Abschnitt wird untersucht, ob dies auch für H3 gilt.

4.3.1. Die Glasjew-Bänder

Die wichtigsten Beweise für die direkte Unterstützung des Separatismus in der Südostukraine durch den russischen Staat stammen aus abgehörten Telefongesprächen zwischen separatistischen Aktivisten und dem russischen Präsidentenberater Sergej Glasjew. Die ukrainische Generalstaatsanwaltschaft (2016) veröffentlichte erstmals im August 2016 eine kleine Sammlung von abgehörten Gesprächen. Das Büro des ukrainischen Militärstaatsanwalts legte dann Ende 2017 und Anfang 2018 eine größere Sammlung von 35 abgehörten Gesprächen vor. Audiodateien und kommentierte Transkripte wurden anschließend von der ukrainischen Nachrichtenwebseite *Censor.net* veröffentlicht (Romalijska 2017a; 2017b; 2018a; 2018b; 2018c). Nach Angaben der ukrainischen Staatsanwaltschaft fanden die abgefangenen Gespräche zwischen dem 27. Februar und dem 6. März 2014 statt. Die meisten Anrufe führte Glasjew mit Konstantin Satulin, dem Leiter einer kremlfreundlichen russischen Denkfabrik. Inhaltlich geht es vor allem um die politische Lage auf der Krim. In einigen Gesprächen geht es jedoch auch um die Lage in anderen Regionen. Glasjew und Satulin diskutieren über die Finanzierung der separatistischen Proteste in Charkiw und Odesa. Ein Aktivist aus Charkiw ruft Glasjew an und bittet um Geld. Glasjew fordert prorussische Aktivisten aus Odesa, Saporischschja und Luhansk auf, die örtlichen Gebietsversammlungen zu besetzen und sie zu zwingen, Resolutionen zu verabschieden, in denen die Kyjiwer Regierung für illegitim erklärt wird.

Glasjew bezeichnete die Aufnahmen als „von Neonazi-Kriminellen geschaffenen Unsinn" und lehnte eine weitere Stellungnahme ab (RBK 2016). Satulin hingegen behauptete, die Aufnahmen seien eine „manipulierte Zusammenstellung", räumte aber ein, dass sie auf abgefangenen Gesprächen zwischen ihm und Glasjew beruhen (Business FM 2016; RBK 2016). Die Tatsache, dass die ukrainischen Behörden diese Aufnahmen erst mehrere Jahre nach den betreffenden Ereignissen veröffentlichten, lässt in der Tat Zweifel an ihrer Echtheit aufkommen. Es ist jedoch höchst unwahrscheinlich, dass die ukrainischen Behörden sich die Mühe gemacht haben, mehr als zwei Stunden detaillierter und plausibler Gespräche zu fabrizieren, ohne sie belastender zu machen. Die Aufnahmen sind kein Beweis für eine gezielte und ausgeklügelte russische Verschwörung, die schließlich zur Eskalation der Gewalt führte. Sie beweisen lediglich, dass ein Kreml-Berater unmittelbar nach dem Regierungswechsel in Kyjiw versuchte, verschiedene prorussische separatistische Kräfte im Südosten der Ukraine zu koordinieren und zu finanzieren. Keiner der Hauptakteure, die an der späteren Eskalation der Gewalt beteiligt waren, kommt in den Glasjew-Bändern vor. Im Gegenteil, die Bemühungen der Akteure, mit denen Glasjew sprach, scheiterten in Odesa, Charkiw, Dnipro und Saporischschja. Darüber hinaus stimmt der Inhalt der abgehörten Gespräche völlig mit einem Artikel überein, den Glasjew im Mai 2019 für die russische rechtsextreme Zeitung *Sawtra* schrieb. In diesem Artikel beklagte er, dass Russland Anfang 2014 nicht entschiedener gehandelt hat, um zu verhindern, dass die Ukraine „von proamerikanischen Neofaschisten besetzt wird“ (Glasjew 2019). Schließlich deckt sich der Inhalt der Glasjew-Bänder auch mit den Memoiren des Donezker „Volksgouverneurs“ Pawlo Hubarjew. Hubarjew schreibt, dass Glasjew ihn am Abend des 5. März 2014 anrief, um seine Zustimmung und moralische Unterstützung auszudrücken. Zudem berichtet Hubarjew, dass er und seine Mitarbeiter am selben Abend versuchten, ein Skype-Gespräch mit Konstantin Satulin zu führen, was jedoch aufgrund eines Internetausfalls scheiterte (Hubarjew 2016, 113).

Es ist nicht auszuschließen, dass bestimmte Details der Glasjew-Bänder manipuliert wurden. Es ist jedoch höchst wahrscheinlich, dass ihr Inhalt insgesamt korrekt ist, was bedeutet, dass ein Kreml-Berater Anfang März 2014 mit separatistischen Aktivisten in der Ostukraine kommuniziert hat. Gleichzeitig bedeutet dies nicht unbedingt, dass Glasjew einen sorgfältig ausgearbeiteten Plan umsetzte, der von der gesamten politischen Elite Russlands unterstützt wurde. Obwohl Glasjew in einem der Gespräche erklärt, er habe „direkte Anweisungen von der Führung“ (Generalstaatsanwaltschaft der Ukraine 2016, 5:17), könnte dies eine Übertreibung sein. In der Tat ist Glasjew für seine extremen Ansichten bekannt. Der russische Präsidentensprecher Dmitri Peskow (2015; 2016; 2017; 2019) erklärte mehrfach, dass diese Ansichten nicht unbedingt mit denen des Kremls übereinstimmen. Darüber hinaus deuten Glasjews Gespräche mit Satulin darauf hin, dass ihre finanziellen Mittel begrenzt waren und dass Satulin einige separatistische Aktivitäten aus eigener Tasche finanzierte (Generalstaatsanwaltschaft der Ukraine 2016, ab 3:28). Daher ist es durchaus plausibel, dass Glasjews Kontakte zu separatistischen Aktivisten seine eigene Initiative waren und nicht Teil eines Plans, der ihm von weiter oben in der Befehlskette übermittelt wurde. Dies ändert jedoch nichts an der Tatsache, dass Glasjew ein russischer Präsidentenberater war und diese Position auch nach den fraglichen Ereignissen noch mehrere Jahre innehatte. Er hat nicht aufgehört, den Staat zu repräsentieren, nur weil er vielleicht eine gewisse Autonomie genossen hat, um seine eigenen Initiativen zu verfolgen. Kein Staatsapparat ist völlig homogen. Im Gegenteil, ein gewisses Maß an Autonomie ist integraler Bestandteil vieler Regierungssysteme, Putins Russland eingeschlossen.[11] Es kommt häufig vor, dass die Handlungen einiger Akteure extremer sind als die Handlungen anderer, obwohl sie alle denselben Staat repräsentieren. Wenn ein Staat keine nennenswerten Anstrengungen unternimmt, um sich von den Handlungen seiner Beschäftigten zu distanzieren, sollten diese Handlungen dem Staat zugeschrieben werden - vor allem wenn sie sich auf Kernkompetenzen des Staates wie Außenpolitik und Sicherheit beziehen. Da es keine stichhaltigen Beweise dafür gibt, dass seine Vorgesetzten versucht haben, Glasjews Aktivitäten zu verhindern oder rückgängig zu machen, ist es sinnvoll, seine Handlungen dem russischen Staat als einer fragmentierten, aber kollektiven Einheit zuzurechnen.

Die Verbindung zwischen den Glasjew-Bändern und den Ereignissen im April bleibt jedoch indirekt und ungewiss. Die letzte Aufnahme stammt vom 6. März und Donezk und Luhansk werden nicht ausführlich behandelt. Dennoch ist es unwahrscheinlich, dass die Verbindungen von Glasjew oder anderen russischen staatlichen Akteuren mit einer ähnlichen Agenda zu den beiden Oblasten mit der stärksten separatistischen Stimmung schwächer waren als zum Rest des Südostens der Ukraine. Es ist auch unwahrscheinlich, dass russische staatliche Akteure solche Verbindungen abbrachen, als sich die Aufmerksamkeit Mitte März von der erfolgreich annektierten Krim auf das ukrainische Festland verlagerte. Dies beweist nicht, dass der Kreml die Kontrolle über die Akteure hatte, die die Gebäude in Donezk und Luhansk besetzten. Es deutet jedoch darauf hin, dass Vertreter des russischen Staates wahrscheinlich in

11 Siehe meine Erörterung der informellen Praktiken und des Prinzips der *Otmaschka* in Kapitel fünf.

Kontakt mit diesen Akteuren standen und strategische und finanzielle Unterstützung anboten.

4.3.2. Der Eurasianismus und seine Freunde in Donezk

Neben der wahrscheinlichen Unterstützung durch den Kreml selbst erhielten die Besetzer der Donezker Staatsverwaltung auch Unterstützung von russischen neoimperialen und neosowjetischen Organisationen. Ihre direkte Beteiligung an den Ereignissen ist gut dokumentiert. Am 29. März 2014 veröffentlichte Kateryna Hubarjewa, die Ehefrau des Donezker „Volksgouverneurs" Pawlo Hubarjew, ein aufgezeichnetes Skype-Gespräch zwischen ihr und dem russischen rechtsextremen Philosophen und Aktivisten Aleksandr Dugin (Dugin und Hubarjewa 2014). In dem Gespräch erklärt Dugin, dass seine Eurasische Bewegung „in ständigem Kontakt mit der Führung unseres Landes" stehe und dass „der russische Staat und die russische Gesellschaft absolut entschlossen sind, für den Südosten der Ukraine zu kämpfen". Dugin kritisiert, dass die Separatisten besetzte Gebäude wieder verlassen haben. Er sagt, sie müssten in den Gebäuden bleiben, ihre Autorität behaupten und Vertreter ernennen. Schließlich behauptet Dugin, dass mehrere Dutzend seiner Aktivisten kürzlich in die Ukraine gereist seien. Viele weitere hätten es versucht, seien aber von ukrainischen Grenzsoldaten aufgehalten worden.

Dugins Gespräch mit Hubarjewa erhält zusätzliche Bedeutung durch die Tatsache, dass die „Provisorische Regierung" der DNR Hubarjewa am 10. April zur Vorsitzenden des „Komitees für außenpolitische Beziehungen" ernannte. Diese Ernennung wurde in einer Erklärung bekannt gegeben, in der auch darauf hingewiesen wurde, dass Hubarjewa sich derzeit zu einem „offiziellen Besuch" in Russland aufhält (YouTube 2014ae). Laut Hubarjews (2016, 102, 124) Memoiren hatten seine Frau und seine Kinder Donezk am 2. März verlassen, um bei einem Unterstützer von Dugins Bewegung in Rostow am Don zu wohnen.[12]

---

12 Hubarjewa hielt sich im weiteren Verlauf des Konflikts relativ bedeckt, trat aber nach der Invasion 2022 als von Russland ernannte Beamtin im besetzten Gebiet Cherson wieder in Erscheinung.

Dugins Interesse am Donbas war nicht neu. Er hatte bereits nach der Orangenen Revolution im Jahr 2004 begonnen, die Idee der Sezession zu unterstützen. Anton Shekhovtsov (2016), ein führender Experte für russische rechtsextreme Ideologie, und die ukrainische Journalistin Inna Bessonowa (2015) haben Beweise für Dugins Verbindungen zu Donbas-Aktivisten gesammelt. Ihren Untersuchungen zufolge war ein wichtiger Partner von Dugins Eurasischer Jugendbewegung (ESM) in der Ukraine die Donezker Republik (DR), eine 2005 gegründete separatistische Randorganisation. Es war das Emblem dieser Organisation, das die DNR als ihre „offizielle" Flagge übernahm. Shekhovtsov und Bessonowa haben Fotos von DR-Aktivisten gefunden, die 2005 an einem ESM-Trainingslager in Russland teilnahmen, 2006 mit DR- und ESM-Flaggen in Donezk Unterschriften für ein Unabhängigkeitsreferendum sammelten und 2012 zusammen mit führenden ESM-Vertretern an einer Konferenz mit dem Titel „Der Donbas im eurasischen Projekt" teilnahmen. Auf den Bildern von allen drei Veranstaltungen ist der DR-Mitbegründer Andrij Purhin zu sehen. Auf dem Podium der Konferenz im Jahr 2012 saß neben Purhin und anderen auch Oleksandr Chrjakow, ein weiterer prorussischer Aktivist aus Donezk, der seit der Orangenen Revolution ein lautstarker Gegner der Westintegration der Ukraine war (Ostrow 2014p). Purhin und Chrjakow waren beide bei der ersten Sitzung der „Provisorischen Regierung" der DNR im besetzten Gebäude der Staatsverwaltung am 8. April anwesend. Sie sind zu sehen, wie sie miteinander sprechen und den Raum während der Sitzung gemeinsam verlassen, kurz bevor Purhin zu einem der ersten sechs Mitglieder der „Provisorischen Regierung" „gewählt" wird (YouTube 2014y).

Dugins Netzwerk war nicht die einzige russische Organisation, die direkt an den Ereignissen beteiligt war. Am 2. April schrieb Eduard Limonow, Anführer der nationalistischen, antiwestlichen Bewegung Anderes Russland, auf Facebook, dass zwei Aktivisten seiner Bewegung in Donezk verhaftet worden seien. Der SBU bestätigte eine Verhaftung (Holos Ukrainy 2014). Ein weiterer Aktivist der Limonow-Bewegung postete Anfang März Bilder von sich bei separatistischen Kundgebungen in Donezk (Ostrow 2014f; pauluskp 2014). Darüber hinaus verkündete einer der Redner, Artem Olchin (2014), während der Kundgebung am 6. April auf dem

Leninplatz in Donezk, dass „Vertreter der Nationalen Befreiungsbewegung von Jewgeni Federow" mit ihm auf der Bühne stünden. Er sagte auch, dass die separatistische Bewegung in Donezk mit „Kurginjans Sut Wremeni" zusammenarbeite. Die Nationale Befreiungsbewegung ist eine Organisation antiwestlicher Aktivisten, die von Jewgeni Federow, einem russischen Duma-Abgeordneten von Wladimir Putins Partei Einiges Russland, gegründet und geleitet wurde. Sut Wremeni (Essenz der Zeit) ist eine neosowjetische Bewegung, die vom russischen Theaterproduzenten Sergej Kurginjan gegründet und geleitet wurde. Angesichts der bestätigten Anwesenheit von Dugins und Limonows Anhängern in Donezk ist es höchst wahrscheinlich, dass die Behauptung der Separatisten, die Anhänger von Federow und Kurginjan würden mit ihnen zusammenarbeiten, ebenfalls zutrifft.

Außerdem gab es bereits Anfang März mindestens eine Seite in sozialen Netzwerken, die russische Freiwillige für die Teilnahme an den Protesten in Donezk rekrutierte. Potenzielle Freiwillige wurden aufgefordert, eine Person namens Wladimir unter einer russischen Handynummer anzurufen (Ukrainska Prawda 2014b). Diese Art der Anwerbung wurde fortgesetzt. Am 11. April interviewte ein russischer Radiokorrespondent einen Freiwilligen aus Russland im besetzten Gebäude der Staatsverwaltung. Der Mann stellte sich als Pawel Paramonow aus der Stadt Jefremow in der Oblast Tula vor (Russkaja Sluschba Novostej 2014). Im Mai gab Paramonow (2014) einer lokalen Nachrichtenagentur in Tula ein weiteres Interview und äußerte, er sei über soziale Medien von einer Person mit dem Decknamen „Russischer Patriot" rekrutiert worden.

Die oben genannten Beweise deuten darauf hin, dass russische Organisationen direkt an der Besetzung der Donezker Staatsverwaltung beteiligt waren, wobei Dugins eurasisches Netzwerk eine besonders wichtige Rolle spielte. Indem sie in dem besetzten Gebäude blieben und eine institutionelle Struktur aufbauten, folgten die Separatisten de facto Dugins Ratschlag von einer Woche zuvor. Sie nahmen die Flagge einer lokalen Partnerorganisation von Dugins Bewegung an und ernannten einen lokalen Unterstützer Dugins zum Mitglied der „Provisorischen Regierung".

Die verfügbaren Beweise bringen jedoch nur zwei der im besetzten Gebäude anwesenden Personen mit Dugin in Verbindung und identifizieren nur einen russischen Staatsbürger, der direkt an den Ereignissen beteiligt war. Dies reicht nicht aus, um das kombinierte Gewicht der Beweise für H1 und den anfänglichen Vorsprung von H1 aufgrund von Ockhams Rasiermesser und dem Sagan-Standard aufzuwiegen. Zusammen mit den Glasjew-Bändern deuten die in diesem Abschnitt erörterten Beweise eher auf russische Unterstützung als auf russische Kontrolle hin. Sie beweisen nicht, dass die Donezker Separatisten Agenten der genannten russischen Akteure waren. Gleichzeitig kann das beobachtete Ausmaß der Zusammenarbeit für lokale radikale Separatistengruppen mit dem Ziel, sich Russland anzuschließen, nicht als ungewöhnlich angesehen werden. Daher bleibt es höchst unwahrscheinlich, dass die genannten russischen Akteure und Organisationen die Hauptursache für die Ereignisse in Donezk waren.

4.3.3. Die Verbindung zur Krim

Ein letzter Beweis für die Beteiligung des russischen Staates an den Ereignissen in Donezk ist der Bericht von Wjatscheslaw Ponomarjow (2014) über die vorübergehende Besetzung des SBU-Gebäudes in Donezk am 6. und 7. April. Ponomarjow, der behauptet, einer der Hauptorganisatoren dieser Besetzung gewesen zu sein, gibt offen zu, dass er die annektierte Krim zu einem nicht näher bezeichneten Zeitpunkt zwischen Mitte März und dem 6. April zu Konsultationen besucht hatte. Dies deckt sich mit dem Bericht eines Mitglieds einer an der Annexion beteiligten Miliz mit dem Decknamen „Trifon", das ebenfalls angibt, dass Ponomarjow in der zweiten Märzhälfte auf die Krim kam und um Unterstützung bat (Trifon und Bessonow 2020a). Trifon gehörte einer bewaffneten Gruppe an, die am 12. und 14. April in den Donbas kam und Städte nördlich von Donezk unter ihre Kontrolle brachte. In Kapitel fünf, in dem diese Ereignisse erörtert werden, wird dargelegt, dass diese bewaffnete Gruppe fast sicher als Organ des russischen Staates handelte und vom russischen Sicherheitsapparat unterstützt wurde. Andere Mitglieder dieser Gruppe (Chochlow 2019a, 0:21; Anosow 2019, 5:19) berichteten, dass zwei ihrer Milizkameraden, Igor Besler (Deckname: „Bes") und Aleksandr Parchomenko (Deckname: „Wolk"), von der Krim zu Aufklärungszwecken in den

Donbas geschickt wurden. Ponomarjow (2014) zufolge besuchten diese beiden Männer das SBU-Gebäude in Donezk am Morgen des 7. April, als es noch besetzt war. Die Anwesenheit von Besler und Parchomenko im besetzten SBU-Gebäude wird auch von dem Donezker Separatisten Serhij Zypkalow und einem weiteren Aktivisten mit dem Decknamen „Buyny" bestätigt. Beide Männer waren Mitstreiter des „Volksgouverneurs" von Donezk, Pawlo Hubarjew, und ihre Aussagen sind in Hubarjews Memoiren enthalten (Hubarjew 2016, 162-67). Keiner der zitierten Berichte deutet jedoch darauf hin, dass Besler und Parchomenko eine führende Rolle bei der Operation spielten. In Ermangelung weiterer gegenteiliger Beweise – und im Lichte von Ockhams Rasiermesser und dem Sagan-Standard – bleibt es wahrscheinlich, dass Ponomarjows Behauptung, ein lokales Aktivistennetzwerk sei für die SBU-Operation in Donezk verantwortlich, zutreffend ist. Es ist jedoch fast sicher, dass Ponomarjow diese Aktionen mit den paramilitärischen Kräften koordinierte, die an der russischen Annexion der Krim beteiligt waren, und von ihnen Ratschläge erhielt.

4.3.4. Das Donkosaken-Netzwerk

Im Luhansk spielten Donkosaken aus den benachbarten russischen Regionen die Rolle, die Dugin und andere russische Extremisten in Donezk innehatten. Am 29. März hielt Anastasia Pjaterykowa, eine führende Persönlichkeit der Luhansker Garde, einer der separatistischen Organisationen, die den März über in Luhansk aktiv waren, eine Rede auf einer Donkosaken-Kundgebung in der russischen Stadt Woronesch und bat um Hilfe. Aleksandr Agulow, ein lokaler Anführer der Donkosaken, sagte daraufhin, dass die Donkosaken ihrem „engsten Nachbarn Luhansk" zu Hilfe kommen würden, und verwies darauf, dass sie auch auf die Krim gegangen seien, „als die Krimbewohner sie um Hilfe baten" (Wotinowa 2014).

Es gibt keine Hinweise darauf, dass Donkosaken aus Russland bereits Anfang April nach Luhansk kamen. Es ist jedoch höchst wahrscheinlich, dass sie Kosaken aus der Gegend, die das SBU-Gebäude zusammen mit der „Armee des Südostens" stürmten, materielle und organisatorische Unterstützung leisteten.[13] Ein aussagekräftigerer Beweis dafür als Agulows Versprechen ist die Tatsache, dass Mykola Tarasenko am 9. April im besetzten SBU-Gebäude gefilmt wurde (YouTube 2014ac). Tarasenko ist ein ehemaliger Archäologe, der zu einer lokalen Attraktion in der Oblast Luhansk wurde, nachdem er sich auf einem Hügel in der Nähe des Dorfes Kamjanka niedergelassen und begonnen hatte, eine Kirche zu bauen (Krykun 2014; YouTube 2014am). Tarasenko bezeichnete sich als Donkosake und war ein enger Verbündeter von Nikolaj Kosizyn, einem Donkosakenführer aus der russischen Oblast Rostow, der eine wichtige Rolle bei der weiteren Eskalation des Konflikts spielen sollte. Am 9. April kündigte Kosizyn (2014a; 2014b) die Schaffung einer „Kosaken-Nationalgarde" in der Ukraine an und ernannte den „Kosakenältesten" Mykola Tarasenko zum Leiter des „Sicherheitsdienstes" dieser Organisation. Es gibt jedoch keine Beweise für die Anwesenheit anderer Donkosaken mit Verbindungen zu Russland im besetzten SBU-Gebäude oder dafür, dass Tarasenko eine Führungsrolle innerhalb der „Armee des Südostens" innehatte. Das bedeutet, dass die Anwesenheit von Tarasenko im SBU-Gebäude in Luhansk in Verbindung mit den Glasjew-Bändern, wie im Fall von Dugin in Donezk, ein Beweis für russische Unterstützung ist, aber nicht für die primäre Rolle des russischen Staates.

4.3.5. FSB und GRU in Luhansk

Ein möglicher Beweis für direkte russische Kontrolle in Luhansk sind die Berichte der ehemaligen SBU-Führung der Stadt. Oleksandr Petrulewytsch, der den SBU in Luhansk leitete und zum Zeitpunkt der Besetzung im Gebäude anwesend war, behauptet, dass die Besetzung eine Operation des russischen Inlandsgeheimdienstes FSB war. Er erklärt, der FSB habe die „Armee des Südostens" gegründet und kontrolliert. Außerdem sei er von FSB-Beamten

13 Es ist wichtig, darauf hinzuweisen, dass die Aktionen der Kosakenaktivisten, die 2014 den Separatismus unterstützten, nicht repräsentativ für die Menschen sind, die sich im Donbas, oder gar in der Ukraine als Ganzes, als Kosaken identifizieren. Die prorussische Donkosakenbewegung ist nur eine Facette der Kosakenidentität in der Ostukraine. Viele andere Menschen identifizieren sich als Saporischschja-Kosaken und sind für die ukrainische Unabhängigkeit.

befragt worden, während er in dem Gebäude gefangen gehalten worden sei. Diese Offiziere „stellten sich vor und zeigten sogar ihren Ausweis, wobei sie ihren Nachnamen und ihren Rang mit dem Finger verdeckten" (Dwali und Petrulewytsch 2014). Petrulewytsch gibt an, er sei von Mykola Zukur, einem separatistischen Aktivisten, der die Seiten gewechselt hatte und zur Zeit der Besetzung verdeckt für den SBU arbeitete, aus der Gefangenschaft herausgeschmuggelt worden. Zukur bestätigte dies später und behauptete, er habe gesehen, wie Personen das besetzte Gebäude betraten, die sich den Separatistenführern als FSB-Agenten vorstellten und ihre Ausweise zeigten (Zukur und Dwali 2015). Oleh Schywotow, der damals Petrulewytschs Stellvertreter war, unterstützt ebenfalls die Behauptungen von Petrulewytsch und Zukur und argumentiert, dass die Gruppe, die das SBU-Gebäude besetzte, „es nicht wert ist, als Separatisten bezeichnet zu werden - sie sind direkte Agenten des FSB und des GRU [russischer Militärgeheimdienst]". Schywotow erklärt des Weiteren, dass der SBU bei der Verhaftung einiger Mitglieder der „Armee des Südostens" am 5. April, einen Tag bevor die anderen das Gebäude stürmten, einen Computer beschlagnahmte und „alle Beweise für ihre Zusammenarbeit mit den russischen Geheimdiensten fand und dokumentierte" (Schywotow und Butkewytsch 2016).

Die Aussagen aller drei Personen lassen jedoch Zweifel aufkommen. Schywotow äußert, Alexej Relke sei der „Hauptkoordinator der separatistischen Bewegung in allen südöstlichen Regionen der Ukraine" gewesen und stellt weitreichende Behauptungen über Relkes Vergangenheit auf:

> Er ist ein regulärer Mitarbeiter des russischen Geheimdienstes, der für die deutsche Polizei in einer Einheit arbeitete, die sich mit Russen beschäftigte. Im Alter von 35 Jahren ging er in den Ruhestand, zog 2007 plötzlich in die Ukraine und erhielt eine neue Aufgabe an einer neuen Front. Gleichzeitig bezog er weiterhin eine Rente über die russische Sberbank (Schywotow und Butkewytsch 2016).

Die Darstellung von Schywotow ist nicht mit der Darstellung von Relkes Mutter vereinbar. Im Sommer 2014, nachdem Relke vom

SBU verhaftet und nach Kyjiw gebracht worden war, sprach ein Journalist mit Ida Relke in Koblenz. Nach Angaben seiner Mutter arbeitete Alexej auf dem Bau und hatte regelmäßig Ärger mit der Polizei, weil er „schnell mit den Fäusten" war. Nachdem er seinen Job in Deutschland verloren hatte, kehrte er 2006 nach Stachanow zurück, war aber weiterhin auf häufige Geldüberweisungen seiner Mutter angewiesen (Ostermann und Relke 2014). Drei Überlegungen legen nahe, dass Ida Relkes Darstellung höchst wahrscheinlich näher an der Wahrheit liegt als die von Schywotow. Erstens ist es unwahrscheinlich, dass Alexej Relkes Deutschkenntnisse, die er während eines Interviews mit deutschen Journalisten im besetzten SBU-Gebäude im April 2014 zur Schau stellte (Gathmann 2015), für eine Tätigkeit bei der deutschen Polizei ausreichend waren. Zweitens ist es unwahrscheinlich, dass Relke im Alter von 35 Jahren eine Rente beziehen konnte. Drittens ist es unwahrscheinlich, dass Relke eine erfolgreiche Karriere bei der deutschen Polizei aufgab, um sieben Jahre lang als Schläferagent in Stachanow zu leben, oder dass der russische Geheimdienst zu diesem Zweck einen Agenten aus der deutschen Polizei abzog.

Petrulewytsch hebt ebenfalls die Rolle von Relke hervor und bezeichnet ihn als „Karriereagenten des russischen Geheimdienstes" (Petrulewytsch und Hordon 2017). Darüber hinaus lassen Petrulewytschs häufige Interviews, in denen er sich als einer der wenigen ukrainischen Staatsbeamten präsentiert, die die Integrität besaßen, sich 2014 gegen die russische Aggression zu stellen, die Möglichkeit zu, dass seine Darstellung Übertreibungen enthält. Schließlich ist es für seinen Ruf vorteilhafter, sein Hauptquartier in Luhansk an eine gut ausgerüstete und organisierte russische Geheimdienstoperation verloren zu haben als an eine Gruppe lokaler Separatisten.

Die Glaubwürdigkeit von Mykola Zukur wird durch seine turbulente Karriere in Frage gestellt: Zuerst war er ein Separatist. Dann wurde er ein SBU-Maulwurf. Danach wurde er stellvertretender Kommandeur eines proukrainischen Freiwilligenbataillons (Zukur und Dwali 2015). Schließlich wurde dieses Bataillon aufgelöst, und seine Führung wurde wegen Entführung und Folter verurteilt. Zukur bekam neun Jahre Gefängnis (Gordon 2017).

Der problematischste Aspekt der Aussagen von Schywotow, Petrulewytsch und Zukur ist jedoch das Fehlen weiterer Beweise. Zukur und Petrulewytsch bestehen darauf, dass die russischen Geheimdienstmitarbeiter ihre Zugehörigkeit nicht verheimlichten und sogar Ausweise mit sich führten. Gleichzeitig berichten Schywotow und Petrulewytsch über die Razzia vom 5. April und behaupten, der SBU habe nicht nur einen Computer mit wertvollen Informationen beschlagnahmt, sondern auch einen der mutmaßlichen Drahtzieher der „Armee des Südostens", den „GRU-Offizier" Sergej Bannych, verhaftet (Petrulewytsch und Hordon 2017; Schywotow und Butkewytsch 2016). Trotz dieser Verhaftung und der angeblichen Offenheit der russischen Geheimdienstoffiziere hat der SBU nur sehr wenige Beweise zur Untermauerung der Behauptungen von Schywotow, Petrulewytsch und Zukur veröffentlicht. Alles, was es gibt, ist eine Erklärung auf der offiziellen Webseite des SBU vom 7. April 2014, auf der ein Bild zu sehen ist, das angeblich Bannych zeigt, und in der behauptet wird, dass er „in der Militärbasis 13204 registriert war, die Teil des GRU ist" (SBU 2014b).

Der SBU veröffentlichte keine Dokumente, die Bannychs Position oder seine Beziehung zur „Armee des Südostens" bestätigen, bis auf einem Link zu zwei abgehörten Telefongesprächen - angeblich zwischen Bannych und einem anderen Geheimdienstmitarbeiter in Russland. Auf der Aufnahme sind zwei Männer zu hören, die über „zwei Gruppen in Luhansk" sprechen, die „ausgerüstet" und „einsatzbereit" sind. Einer der Männer fragt, ob „die Jungs aus Belgorod" sich anschließen werden. Sie erwähnen auch eine Person namens „Wowa", die sich derzeit in Moskau aufhält. Dann sprechen sie über die Organisation von Kundgebungen in Donezk und Luhansk und darüber, auf die Krim zu fliegen, um von dort Unterstützung zu erhalten. Schließlich sagt der Mann, der angeblich Bannych ist, dass „wenn alle kleinen Gruppen aus Donezk und Luhansk auf irgendeine Weise zusammengebracht werden können, es möglich sein wird, eine Gruppe zu bilden, die mehr oder weniger kampfbereit ist" (SBU 2014a). Obwohl diese Aufnahmen kürzer sind als die Glasjew-Bänder, dürften sie aus demselben Grund authentisch sein - sie enthalten keinen *rauchenden Colt*. Alles, was aus ihnen abgeleitet werden kann, ist, dass zwei nicht identifizierte

Männer versuchten, materielle und organisatorische Unterstützung für separatistische Gruppen in Donezk und Luhansk aus Russland und der Krim zu organisieren. Dies steht im Einklang mit den bisher diskutierten Beweisen für russische Unterstützung, beweist aber nicht, dass die Aktivitäten des russischen Geheimdienstes der Hauptgrund für die Aktionen der Separatistenbewegung waren.

Die vorliegenden Beweise, die gegen die Behauptungen von Schywotow, Petrulewytsch und Zukur sprechen, lassen es wahrscheinlich erscheinen, dass ihre Berichte Übertreibungen enthalten. Es besteht jedoch die realistische Möglichkeit, dass ihre Gesamteinschätzung der Rolle des russischen Geheimdienstes in Luhansk trotz allem richtig ist. In Luhansk gibt es abgesehen von Ockhams Rasiermesser und dem Sagan-Standard kaum Beweise für H1. Das kombinierte Gewicht der Glasjew-Bänder, der Beteiligung der Donkosaken, der Aussagen der SBU-Offiziere und der abgehörten Telefongespräche des SBU lassen die Wahrscheinlichkeit eher zugunsten von H3 kippen als in Donezk. Sie reichen jedoch noch nicht ganz aus. Es besteht die realistische Möglichkeit, dass die „Armee des Südostens" als ein Organ des russischen Staates gehandelt hat. Es bleibt indes die andere, etwas wahrscheinlichere realistische Möglichkeit, dass die „Armee des Südostens" aus einem Netzwerk lokaler Kriegsveteranen, Donkosaken und Sowjetnostalgikern bestand, die in erster Linie aus eigenem Antrieb handelten, wenn auch mit russischer Unterstützung.

4.4. Zwischenfazit

Die Analyse der verfügbaren Informationen aus öffentlichen Quellen hat keine ausreichenden Beweise ergeben, um die Wahrscheinlichkeit zugunsten von H2 oder H3 zu verändern. Unter Berücksichtigung von Ockhams Rasiermesser und dem Sagan-Standard bleibt es *höchst unwahrscheinlich*, dass die Gebäudebesetzungen in Donezk und Luhansk in erster Linie von lokalen Eliten gesteuert wurden. Eine russische Beteiligung als Hauptursache ist im Fall von Donezk *höchst unwahrscheinlich*. Im Falle von Luhansk ist H3 eine *realistische Möglichkeit*. H1 ist im Fall von Luhansk ebenfalls eine *realistische Möglichkeit*, bleibt aber die etwas wahrscheinlichere

Erklärung. Im Falle von Donezk bleibt H1 *wahrscheinlich.* Gleichzeitig hat die Analyse in diesem Kapitel deutlich gemacht, dass H1 nur die derzeit verfügbaren Beweise aus öffentlichen Quellen widerspiegelt, und auf eine Reihe von Vorbehalten hingewiesen:

- Die Gebäudebesetzungen vom April 2014 waren eher das Ergebnis einer Rand- als einer Massenbewegung. Die Protestbeteiligung war Anfang April deutlich geringer als Anfang März. Was zunahm, war nicht die allgemeine separatistische Proteststimmung, sondern der Organisationsgrad und die Entschlossenheit eines kleinen radikalen Kerns von Aktivisten.
- Es ist wahrscheinlich, dass einige der Gründer der DNR in Donezk finanzielle Unterstützung aus dem Geschäftsnetzwerk um den ehemaligen ukrainischen Präsidenten Viktor Janukowitsch erhielten. In Luhansk ist die finanzielle Unterstützung der „Armee des Südostens" durch Janukowitsch und den örtlichen Oligarchen Oleksandr Jefremow eine realistische Möglichkeit.
- Es ist fast sicher, dass sowohl Jefremow als auch der Donezker Oligarch Rinat Achmetow nicht alle ihnen zur Verfügung stehenden Mittel eingesetzt haben, um die Gebäudebesetzungen zu verhindern oder zu beenden, in der Hoffnung, den Separatismus für ihre eigene politische Agenda zu nutzen.
- Es ist wahrscheinlich, dass der Abgeordnete der Partei der Regionen Oleksandr Bobkow die Aktionen einer der separatistischen Gruppen, die an der Besetzung des Gebäudes der Donezker Staatsverwaltung beteiligt waren, unterstützt und koordiniert hat.
- Es ist fast sicher, dass die im Entstehen begriffene DNR direkte finanzielle und organisatorische Unterstützung von russischen Organisationen erhielt. Diese Unterstützung kam von verschiedenen neoimperialen und neosowjetischen Netzwerken, wobei die Eurasische Bewegung von Aleksandr Dugin eine besonders wichtige Rolle spielte. In Luhansk ist es höchst wahrscheinlich, dass die Donkosaken eine ähnliche Quelle der Unterstützung für die „Armee des Südostens" waren. Auch wenn einige der fraglichen

Organisationen ein zweideutiges Verhältnis zu den russischen Behörden hatten, gab der Kreml ihnen Raum, ihre Aktivitäten innerhalb des streng kontrollierten russischen NGO-Sektors zu verfolgen (Arnold und Umland 2018; Baranec 2014; Kolsto 2016; Laruelle 2014). Auch hat der Kreml keine Versuche unternommen, sie an der Unterstützung des Separatismus in der Ukraine zu hindern. Aus diesen Gründen ist es angemessen, sie als informelle Organe des russischen Staates und ihre Aktivitäten im Donbas als Instrument der russischen Außenpolitik zu betrachten.[14]
- Es ist wahrscheinlich, dass sich die finanzielle und organisatorische Unterstützung Russlands nicht auf die oben genannten Organisationen beschränkte, sondern auch der Kreml-Berater Sergej Glasjew beteiligt war. Im Fall von Donezk war fast sicher ebenfalls eine paramilitärische Gruppe beteiligt, die an der Annexion der Krim durch Russland mitgewirkt hatte.

Diese Vorbehalte tragen der Tatsache Rechnung, dass alle ursprünglichen Hypothesen Idealtypen waren. Es ist daher nicht überraschend, dass die kausale Erklärung, die am ehesten mit den verfügbaren Beweisen übereinstimmt, Elemente aller drei Hypothesen enthält. Sie ist in folgender Abbildung dargestellt.

---

14 Auf die Idee der informellen Staatsorgane und ihre Beziehung zum Kreml werde ich in Abschnitt 5.4. dieses Buches näher eingehen.

Abbildung 5: Kausaler Mechanismus für Wendepunkt 1

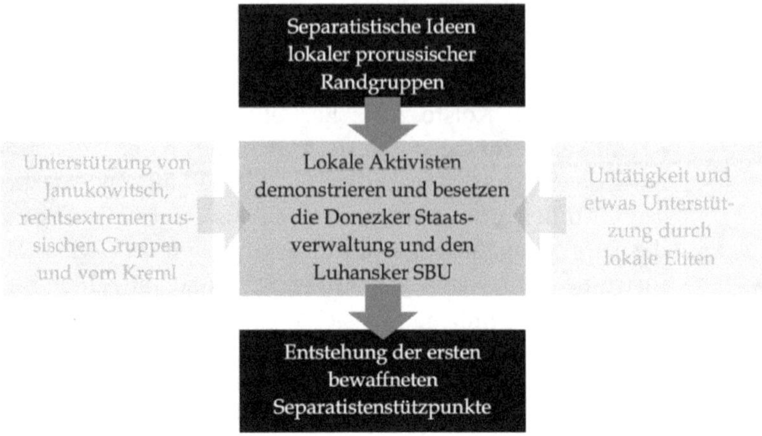

Eine umfassende Erklärung des in diesem Kapitel untersuchten Wendepunkts sollte alle oben aufgeführten Faktoren erwähnen. Ein reduktionistischer Ansatz, der sich auf das Element konzentriert, das den normalen Ablauf der Ereignisse am stärksten gestört hat, sollte die Aktivitäten kleiner radikalisierter prorussischer Randgruppen als Hauptursache der Eskalation herausstellen. Doch selbst bei einem solchen reduktionistischen Ansatz wäre ein weiterer Vorbehalt anzubringen: Auch wenn die Ereignisse vom 6. April die Entstehung der ersten bewaffneten separatistischen Stützpunkte im Donbas markierten, waren sie nicht der Beginn des bewaffneten Konflikts. Die Kyjiwer Regierung reagierte auf die Entwicklungen mit Verhandlungen und nicht mit Gewalt. Als eine Woche später der erste Mensch in einem bewaffneten Kampf ums Leben kam, geschah dies weit entfernt von den beiden besetzten Gebäuden und unter völlig anderen Umständen, die im folgenden Kapitel näher untersucht werden. Die Kämpfe erreichten Donezk und Luhansk erst nach mehr als eineinhalb Monaten, und bis dahin hatte sich die Lage im gesamten Donbas grundlegend geändert.

5. Auftritt Igor Girkin

Die Besetzung von Slowjansk und Kramatorsk

In diesem Kapitel wird der zweite Wendepunkt in der Eskalationssequenz des Donbas-Krieges analysiert – die Besetzung der Gegend um Slowjansk und Kramatorsk durch eine Gruppe bewaffneter Männer.[15] Dabei werden zwei Hypothesen untersucht. Die erste Hypothese besagt, dass die bewaffneten Männer in erster Linie Teil einer einheimischen separatistischen Bewegung im Donbas waren. Nach der zweiten Hypothese waren die Aktionen des russischen Staates die Hauptursache ihres Handelns. Ich werde argumentieren, dass drei Gruppen von Beweisen drei Stufen informeller Bayes'scher Analyse ermöglichen (siehe Abschnitte 3.1.4. und 3.4.3.2.). Diese Beweise beziehen sich auf die Beteiligung der bewaffneten Männer an der russischen Annexion der Krim, auf dokumentierte Verbindungen zwischen dem Anführer der Gruppe und Akteuren in Russland sowie auf die mangelnde Bereitschaft des russischen Staates, die beteiligten Akteure für ihre Handlungen zu bestrafen. Wenn man diese drei Stufen der Analyse zusammenzählt, erhöht sich die Wahrscheinlichkeit der zweiten Hypothese auf *fast sicher*, während sich die Wahrscheinlichkeit der ersten Hypothese auf eine *geringe Chance* reduziert.

Die fraglichen Ereignisse haben sich wie folgt abgespielt: Am Morgen des 12. April 2014 besetzte eine Gruppe maskierter und mit automatischen Gewehren bewaffneter Männer in Tarnkleidung die Polizeistation in der Stadt Slowjansk, 90 km nördlich von Donezk, nahe der Grenze zwischen der Oblast Donezk und der Oblast Charkiw (YouTube 2014ah). Die bewaffneten Männer und örtliche Helfer errichteten Barrikaden vor dem Gebäude, während eine Menge von Anwohnern danebenstand und jubelte (YouTube 2014ag). Am Abend desselben Tages stürmten bewaffnete Männer, die ähnlich aussahen wie die in Slowjansk, die Polizeistation in der Nachbarstadt Kramatorsk. Sie schossen in die Luft und stießen eine Gruppe von Männern beiseite, die ihnen zu erklären versuchten,

15 Dieses Kapitel ist eine erweiterte Fassung einer Untersuchung, die zuvor in Hauter 2021c, 6-14 veröffentlicht wurde.

dass die Polizeistation bereits „von Veteranen des Afghanistankriegs aus Kramatorsk“ eingenommen worden sei, die „für die Donezker Volksrepublik“ und „für Russland“ seien (YouTube 2014ai).

Am Morgen des 13. April 2014 gerieten ukrainische Spezialeinheiten, die nach Slowjansk geschickt worden waren, auf einer der Straßen, die auf die Stadt zuführen, in einen Hinterhalt. Auf den von einem russischen Fernsehsender ausgestrahlten Aufnahmen, die einem Waldgebiet nahe der südöstlichen Stadtgrenze zugeordnet werden können, sind ein Toter und ein Verletzter zu sehen (LifeNews 2014b). Später am selben Tag teilte der amtierende ukrainische Präsident Oleksandr Turtschynow mit, dass es sich bei dem Toten um einen Offizier des ukrainischen Sicherheitsdienstes (SBU) handelte und dass drei weitere Mitglieder der Sicherheitskräfte bei dem Angriff verletzt wurden. Anschließend kündigte er offiziell den Beginn einer „Antiterroroperation“ unter Beteiligung der ukrainischen Streitkräfte an (Turtschynow 2014b).

Die Ereignisse vom 12. und 13. April sind der Schlüssel zum zweiten Wendepunkt des Konflikts. Dieser Wendepunkt ist von besonderer Bedeutung, weil er das Überschreiten von drei Eskalationsschwellen - das Auftauchen bewaffneter Gruppen, den Einsatz des Militärs und bewaffnete Zusammenstöße - innerhalb eines kurzen Zeitraums umfasst. Nur die erste dieser Schwellen, das Auftauchen bewaffneter Gruppen, war zuvor an anderer Stelle im Donbas überschritten worden, nämlich eine Woche zuvor, als separatistische Aktivisten in Donezk und Luhansk Waffen aus von ihnen besetzten Gebäuden erbeuteten. Außerhalb der beiden regionalen Zentren waren jedoch bisher keine bewaffneten Männer gesichtet worden. Noch wichtiger ist, dass die Kyjiwer Regierung bisher nicht mit Gewalt geantwortet hatte. Diesmal jedoch wurden bewaffnete Einheiten nach Slowjansk entsandt und stießen auf bewaffneten Widerstand, der zum ersten kampfbedingten Todesopfer im Donbas führte. Nach der Methodik des Uppsala-Konfliktdatenprogramms markiert das erste kampfbedingte Opfer die Trennlinie zwischen Frieden und bewaffnetem Konflikt (Pettersson 2020, 6). Darüber hinaus blieb das Gebiet Slowjansk-Kramatorsk der zentrale Schauplatz bewaffneter Kämpfe im Donbas, bis sich die separatistischen Kräfte Anfang Juli nach Donezk zurückzogen.

Der Anführer der bewaffneten Gruppe, die die Gebäude besetzte, war Igor Girkin (auch bekannt unter den Decknamen „Igor Strelkow" und „Strelok"), ein russischer Staatsbürger mit Wohnsitz in Moskau. Girkin ist kurz in den ersten Sekunden eines der ersten Videos zu sehen, die die Besetzung von Slowjansk am 12. April zeigen (YouTube 2014ag). Sein erster größerer Medienauftritt fand am 26. April in einem Videointerview mit der russischen Boulevardzeitung *Komsomolskaja Prawda statt* (Girkin, Koz und Steschin 2014). In diesem Interview erklärte Girkin, seine Gruppe habe sich auf der Krim versammelt und bestehe zu zwei Dritteln aus ukrainischen Staatsbürgern - Bewohnern der Krim und „Flüchtlingen" aus anderen Regionen. In der Folgezeit trat Girkin sowohl während als auch nach seiner Zeit im Donbas häufig in den Medien auf. Einen besonders ausführlichen Bericht über seine Aktivitäten gab er in einem Interview mit dem ukrainischen Journalisten Dmytro Hordon, das im Mai 2020 veröffentlicht wurde. Wie bei früheren Gelegenheiten bestätigte Girkin auch in diesem Interview, dass er russischer Staatsbürger sei und bis 2013 für den russischen Inlandsgeheimdienst FSB gearbeitet habe (Girkin und Hordon 2020 ab 13:05). Er bestritt jedoch Hordons Behauptung, dass er und seine Männer russische Agenten seien. Girkin behauptete, dass seine Gruppe hauptsächlich aus ukrainischen Freiwilligen bestand und dass weder er noch andere Gruppenmitglieder für den russischen Staat arbeiteten (Girkin und Hordon 2020 ab 58:14).

Diese Meinungsverschiedenheit zwischen Girkin und seinem Gesprächspartner hat wichtige Auswirkungen auf den Kausalmechanismus an diesem besonders wichtigen Wendepunkt des Konflikts, der die Trennlinie zwischen Krieg und Frieden in der Region überschritt. Es ist daher nicht überraschend, dass die Kluft zwischen denjenigen, die inländische und ausländische Ursachen für den Donbas-Krieg des Jahres 2014 in der akademischen Literatur hervorheben, auch in ihren unterschiedlichen Charakterisierungen von Igor Girkin sichtbar wird. Einige stellen Girkin und seine Männer als Außenseiter dar, die nicht im Auftrag der russischen Behörden handelten (Katchanovski 2016, 479-80; Kudelia 2016, 14-17; Robinson 2016, 511). Andere stellen Girkin als einen Agenten des russischen Staates dar (Kuromiya 2019, 257-258; Mitrokhin 2014, 167-170; Wilson 2016, 648).

Diese Kluft in der Charakterisierung der Hauptakteure führt zu zwei widersprüchlichen Hypothesen über die Ursachen der Besetzung von Slowjansk und Kramatorsk. Jede der beiden Hypothesen ist mit einem bestimmten Kausalmechanismus verbunden (Abbildungen 6 und 7). Natürlich handelt es sich bei beiden Kausalmechanismen um Vereinfachungen. Sie sind Beispiele für „lineare Verkettungen", bei denen die „störendsten oder abnormalsten" Bedingungen aus einem großen Netz von Faktoren ausgewählt wurden (Roberts 1996, 109-10). Keiner der beiden Mechanismen liefert eine erschöpfende Erklärung. Die beiden Mechanismen stellen jedoch die beiden primären kausalen Dynamiken dar, die die politische und wissenschaftliche Debatte über die fraglichen Ereignisse beherrschen.

H1: Igor Girkin und seine Männer waren nichtstaatliche Akteure, die als Teil einer inländischen separatistischen Bewegung an dem Konflikt beteiligt waren.

Abbildung 6: Mechanismus eines internen Konflikts in Slowjansk und Kramatorsk

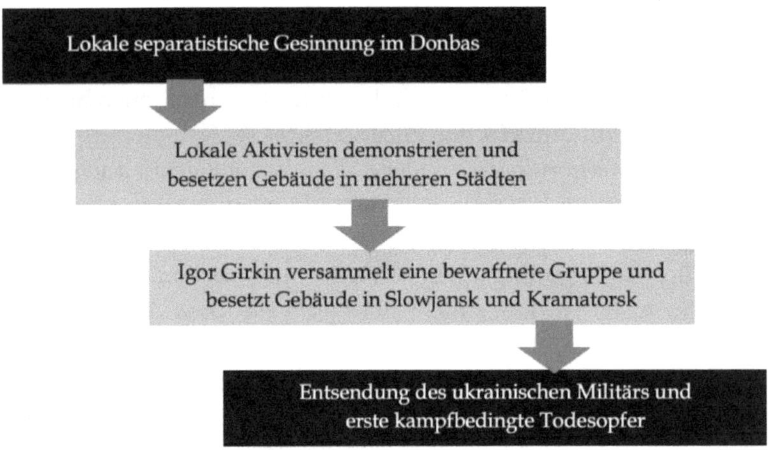

H2: Igor Girkin und seine Männer waren ein Organ des russischen Staates und ihre Teilnahme am Konflikt war de facto eine russische Invasion.

Abbildung 7: Mechanismus einer russischen Invasion in Slowjansk und Kramatorsk

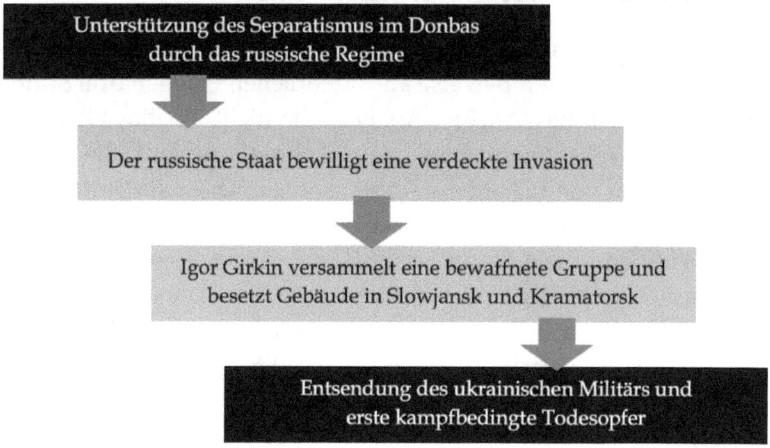

Diese beiden sich widersprechenden Hypothesen und die beiden damit verbundenen Kausalmechanismen müssen anhand der verfügbaren Beweise aus öffentlichen Quellen geprüft werden. Als Ausgangspunkt für eine informelle Bayes'sche Analyse ist es angemessen, mit der Annahme zu beginnen, dass H1 *wahrscheinlich* und H2 *unwahrscheinlich ist.* Wie im vorangegangenen Kapitel basiert diese Annahme auf Ockhams Rasiermesser und dem Sagan-Standard. Die Hypothese, dass eine Gruppe von Freiwilligen beschloss, Slowjansk und Kramatorsk zu besetzen, erfordert nicht das zusätzliche Erklärungskonstrukt einer staatlichen Anweisung oder Genehmigung, es sei denn es gibt Beweise, die diesen Zusatz erfordern. Gleichzeitig ist ein Akt der russischen Aggression gegen ein Nachbarland eine außergewöhnlichere Handlung als die Eskalation eines Konflikts durch eine Gruppe eigenwilliger Freiwilliger. Das bedeutet, dass H2, um die anfängliche Beweislast zu überwinden, stichhaltige Beweise benötigt. Solche Beweise könnten aus Augenzeugenberichten, abgefangenen Nachrichten oder Indizienbeobachtungen stammen, die auf eine Auftraggeber-Agenten-Beziehung zwischen Girkins Gruppe und dem russischen Staat hinweisen.

5.1. Von der Krim in den Donbas: Die Entstehung von Girkins Miliz

Auch wenn H2 zu Beginn die schwächere Hypothese ist, ermöglichen die verfügbaren Beweise aus öffentlichen Quellen drei Stufen der informellen Bayes'schen Analyse, die nicht nur das Gleichgewicht der Wahrscheinlichkeiten umkehren, sondern die Wahrscheinlichkeit von H2 auf *fast sicher* erhöhen. Die erste Stufe stützt sich auf Beweise dafür, dass Girkins Gruppe auf der Krim gegründet wurde und viele Personen umfasste, die an der Annexion der Halbinsel durch Russland beteiligt waren.[16] Girkin selbst hat daraus nie ein Geheimnis gemacht, und mindestens zwei Journalisten, die für nationalistische russische Webseiten arbeiten, bestätigten seine führende Rolle bei den Ereignissen auf der Krim. Sergej Schargunow sagte, er habe Girkin Ende Februar 2014 auf der Krim als Autoritätsperson unter den paramilitärischen Gruppen getroffen, die die russische Übernahme unterstützten (Girkin und Schargunow 2014). Auch Oleg Kaschin (2014a; 2014b; 2014c) schrieb, er habe Girkin im März auf der Krim als einflussreiche Persönlichkeit getroffen. Außerdem ist Girkin in einem Video zu sehen, das die Verhaftung des ukrainischen Geschäftsmanns Hennadij Balaschow in Simferopol auf der Krim am 4. März 2014 zeigt (Hromadske TV 2014a, 3:25). In dem Video ist Girkin im Gespräch mit Samwel Mardojan zu sehen, einem damals prominenten paramilitärischen Vertreter. In seinem Gespräch mit Hordon bestätigte Girkin erneut seine Beteiligung an der Übernahme der Krim (Girkin und Hordon 2020 ab 30:00).

Zahlreiche andere Mitglieder von Girkins Gruppe haben entweder über ihre Erfahrungen gesprochen, tauchen in den Berichten

16 Die illegale militärische Übernahme der Krim durch Russland begann am 27. Februar 2014, als bewaffnete Männer in Tarnkleidung das Parlamentsgebäude der Krim stürmten und Sergej Aksjonow als neuen Ministerpräsidenten der Region, die eine autonome Republik innerhalb der Ukraine ist, einsetzten. In den folgenden Tagen übernahmen nicht gekennzeichnete russische Truppen, unterstützt von paramilitärischen Kräften, die Kontrolle über alle wichtigen Regierungs- und Infrastruktureinrichtungen auf der Halbinsel. Am 16. März veranstalteten die Besatzungsbehörden ein „Referendum" über den Anschluss an Russland. Zwei Tage später unterzeichneten Wladimir Putin und die von Russland ernannten Anführer der Krim einen Beitrittsvertrag, der am 21. März vom russischen Föderationsrat ratifiziert wurde.

ihrer Mitstreiter auf oder wurden von Journalisten über ihre Profile in den sozialen Medien identifiziert. Nach Angaben von Girkin bestand die Gruppe, die sich auf der Krim versammelte und nach Slowjansk ging, aus insgesamt 54 Männern (Girkin und Hordon 2020, 57:42).[17] Auf der Grundlage der verfügbaren Beweise aus öffentlichen Quellen konnte ich Informationen über 27 Männer sammeln, die höchst wahrscheinlich Mitglieder dieser Gruppe waren. Mindestens neun von ihnen sind russische Staatsbürger. Noch wichtiger ist, dass viele von ihnen auch an der russischen Annexion der Krim beteiligt waren, bevor sie Girkin nach Slowjansk folgten.

- *Igor Girkin* (auch bekannt unter den Decknamen „Igor Strelkow“ und „Strelok“) war der Anführer und das wichtigste öffentliche Gesicht der Gruppe während ihrer Präsenz in Slowjansk und Kramatorsk. Zuvor hatte er eine wichtige Rolle bei der Annexion der Krim durch Russland gespielt.
- *Jewgeni Skripnik* (Deckname: „Prapor“) erscheint zusammen mit Girkin in den ersten Sekunden eines Videos, das am 12. April in Slowjansk aufgenommen wurde (YouTube 2014ag). Im Herbst 2014 bestätigte Skripnik in einem Interview, dass er aus Russland in die Ukraine gekommen war und dass er an der Übernahme der Krim teilgenommen hatte, bevor er nach Slowjansk weiterzog (YouTube 2014bt, ab 06:48 und um 15:55). Er bestätigte auch, dass er Girkin seit ihrer gemeinsamen Beteiligung am Transnistrien-Konflikt im Jahr 1992 kannte (YouTube 2014bt, ab 09:35). Im Herbst 2020 betrieb er ein Profil in einem sozialen Netzwerk unter seinem richtigen Namen (Skripnik n.d.).
- *Wladimir Kollontaj* (Deckname: „Djed“) wird seit Juni 2014 in der Nähe von Slowjansk vermisst und gilt als tot. In einem Nachruf im russischen sozialen Netzwerk VK schrieb Andrej Afanasjew (2016), ein gut vernetzter Unterstützer des Donbas-Separatismus aus dem russischen Novosibirsk, dass Kollontaj an der Übernahme der Krim teilgenommen habe, bevor er zusammen mit Girkin nach Slowjansk

17 In vielen anderen Berichten über die Ereignisse ist von 52 Männern die Rede. In dem Interview mit Hordon gibt Girkin zunächst zu, dass er sich nicht mehr ganz sicher ist, ob die Gruppe 52 oder 54 Mann stark war, entscheidet sich aber schließlich für die letztere Zahl.

weiterzog. Kollontaj wird auch im Bericht eines anderen Gruppenmitglieds über die Reise von der Krim nach Slowjansk erwähnt (Trifon und Bessonow 2020c). In einem Beitrag im Forum der Noworossija-Bewegung, die er nach seiner Rückkehr aus der Ukraine nach Russland gründete, schrieb Girkin (2016c), dass Kollontaj in Transnistrien und in beiden Tschetschenienkriegen gedient habe. In einem anderen Beitrag in sozialen Medien gab Girkin (2016b) an, Kollontaj sei ein ehemaliger Offizier des Militärgeheimdienstes GRU, und postete ein Bild, das ihn im Jahr 2000 neben Kollontaj in Tschetschenien zeigt.

- *„Tichi"* ist der Deckname eines Mitglieds von Girkins Gruppe, der im April 2020 einem proseparatistischen YouTube-Kanal ein längeres Interview gab (YouTube 2020a). Er trug eine Sturmhaube und nannte seinen echten Namen nicht. Kurze Zeit später gab Girkin demselben YouTube-Kanal ein Interview. Er bestätigte, dass Tichi während der Übernahme der Krim zu seiner Gruppe gehörte und mit ihm nach Slowjansk ging. Er identifizierte Tichi nicht, sagte aber, dass sie sich im Jahr 2000 in Tschetschenien kennengelernt hätten und dass Tichi ein ehemaliger Offizier des russischen Militärgeheimdienstes GRU sei (YouTube 2020b, bei 1:30 und 27:57).
- *Igor Besler* (Deckname: „Bes") war ein Mitglied von Girkins Gruppe, das nach den übereinstimmenden Berichten zweier anderer Gruppenmitglieder (Chochlow 2019a, bei 0:21; Anosow 2019, bei 4:37) schon früh von der Krim aus auf eine Aufklärungsmission in den Donbas geschickt wurde. Nachdem der Rest der Gruppe angekommen war, blieb Besler nicht in Slowjansk, sondern gründete eine separatistische Einheit in der Stadt Horliwka. In einem Interview mit der staatlichen russischen Nachrichtenagentur RIA Nowosti bestätigte er, dass er ein russischer Staatsbürger und Armeeveteran sei, der an der Übernahme der Krim teilgenommen hatte (Besler 2014).[18]

18 In Kapitel sieben erfolgt eine gründlichere Analyse von Beslers Hintergrund, seinen Verbindungen zu Russland und seiner Beziehung zu Girkin während ihrer Zeit im Donbas.

- *Arsen Pawlow* (Deckname: „Motorola“) war ein russischer Staatsbürger, der später ein prominenter separatistischer Kommandeur in Donezk wurde. In Gesprächen mit russischen Journalisten behauptete Pawlow, er habe im russischen Militär gedient und in Tschetschenien gekämpft (Olewski und Romenski 2014; Pawlow und Gorbatschowa 2015). Girkin erwähnte Pawlow in einem Interview 2014 als eines der Mitglieder seiner Gruppe (Girkin und Schargunow 2014). Dem Bericht eines anderen Gruppenmitglieds zufolge kam Pawlow Anfang April mit einer Gruppe von Männern auf der Krim an, die zuvor an separatistischen Protesten in Charkiw teilgenommen hatten (Tschalenko und Saweljew 2019).
- *Aleksandr Moschajew* (Deckname: „Babaj“), ein russischer Staatsbürger aus der Stadt Beloretschensk in der russischen Region Krasnodar, wies sich am 21. April in Kramatorsk gegenüber dem Journalisten Simon Ostrovsky (2014) durch Vorzeigen seines Passes aus. In einem späteren Interview mit einem anderen Journalisten gab Moschajew auch zu, dass er an der Besetzung der Krim teilgenommen hatte (Moschajew und Shuster 2014).
- *Jewgeni Ponomarjow* (Deckname: „Dingo“), ebenfalls ein russischer Staatsbürger aus Beloretschensk, erklärte gegenüber Ostrovsky (2014), er und Moschajew seien „Terek-Kosaken“. Er gab damals seinen Namen nicht an, wurde aber später von ukrainischen Aktivisten über sein Profil in einem sozialen Netzwerk identifiziert (Babiak 2014; Garmata.org 2014c).
- *Anton Morosow* ist ein weiterer russischer Staatsbürger, der in den ersten Tagen der Besetzung zusammen mit anderen Mitgliedern von Girkins Gruppe vor dem Gebäude der Stadtverwaltung von Slowjansk fotografiert wurde (Babiak 2014; Garmata.org 2014a). Seinem Profil in einem sozialen Netzwerk zufolge stammt er aus Irkutsk und ist ein Anhänger der Eurasischen Bewegung von Aleksandr Dugin (Morosow 2014). Morosow tauchte auch in einem späteren Bericht eines lokalen Irkutsker Fernsehsenders über die Ereignisse in Slowjansk auf (Malyschkina 2014).

- *Ihor Heorhijewskyj*,[19] , ein Einwohner von Simferopol, ist im Hintergrund des Videos von Simon Ostrovsky (2014) zu sehen. Der Fotojournalist Maksym Dondjuk (2014) fotografierte ihn zusammen mit Aleksandr Moschajew in Slowjansk. Später wurde er von ukrainischen Aktivisten über sein Profil in einem sozialen Netzwerk identifiziert, auf dem er persönliche Informationen und Bilder von sich inmitten paramilitärischer Kräfte auf der Krim postete (Babiak 2014; Garmata.org 2014b). Außerdem postete er das Video von Ostrovsky (2014) auf seinem Profil, und dieser Beitrag wurde anschließend von Anton Morosow (2014) geteilt.
- *Evgen Zloy* ist der Deckname eines anderen Mannes, der in den ersten Tagen der Besetzung zusammen mit anderen Mitgliedern von Girkins Gruppe vor dem Gebäude des Stadtrats von Slowjansk fotografiert wurde (Babiak 2014; Garmata.org 2014a). In seinem Profil in einem sozialen Netzwerk schrieb er, dass er in Simferopol wohne und die Schule Nr. 3 der Stadt besucht habe (VK 2014). Sein Profil zeigt auch, dass er mit Anton Morosow befreundet ist.
- *Tichon Karetnyj* ist der Deckname eines anderen Mannes, der in den ersten Tagen der Besetzung mit anderen Mitgliedern von Girkins Gruppe vor dem Gebäude des Stadtrats von Slowjansk fotografiert wurde (Babiak 2014; Garmata.org 2014d). Es gibt kaum weitere zuverlässige Informationen über seinen Hintergrund. Laut Babiak (2014) gehörte sein Profil in einem sozialen Netzwerk zur Terek-Kosaken-Gemeinschaft in der russischen Stadt Beloretschensk, aber diese Information ist in der archivierten Version von Karetnyjs Seite nicht sichtbar.
- *Serhij Sdryljuk* (Deckname: „Abwer") sprach Anfang Mai mit einem Journalisten und sagte, er sei Girkins Stellvertreter (Inter TV 2014). Einige Tage später befragte eine ukrainische Zeitung seine Mutter und ehemalige Nachbarn. Sie

19 Ich verwende ukrainische Transliterationen für die Namen aller Gruppenmitglieder, die vor der russischen Annexion der Krim möglicherweise die ukrainische Staatsbürgerschaft besaßen. Es ist möglich, dass einige von ihnen die russische Staatsbürgerschaft angenommen hatten, bevor sie von der Krim nach Slowjansk reisten, aber das ist schwer zu überprüfen.

gaben an, Sdryljuk stamme aus der ukrainischen Oblast Winnyzja, habe aber viele Jahre auf der Krim gelebt (Sdryljuk und Murachowska 2014). Sdryljuk wird auch im Bericht eines anderen Gruppenmitglieds als einer von Girkins Stellvertretern auf dem Weg von der Krim nach Slowjansk erwähnt (Trifon und Bessonow 2020c).

- *Andrij Saweljew* (Deckname: „Wandal“) war ein sechzehnjähriger Junge aus Kyjiw, der an der russischen Übernahme der Krim teilnahm und mit Girkins Gruppe nach Slowjansk reiste. Anschließend schrieb er ein Buch über seine Erlebnisse als Kindersoldat und präsentierte es bei öffentlichen Buchvorstellungen in Russland und auf der Krim (Saweljew 2019a; 2019b; 2019c).
- *„Krot“* ist der Deckname eines engen Freundes von Saweljew. Er kommt in Saweljews Memoiren ausführlich vor (Tschalenko und Saweljew 2019; Saweljew 2019a). Laut Saweljew heißt Krot mit Vornamen Sergej, und beide waren Mitglieder einer prorussischen Kosaken-Jugendgruppe in Kyjiw, bevor sie auf die Krim reisten, an der russischen Übernahme teilnahmen und als Teil von Girkins Gruppe nach Slowjansk weiterzogen.
- *Dmytro Schukow* (Deckname: „Kedr“) nahm an der Buchvorstellung von Saweljew in Sewastopol teil (Saweljew 2019b ab 49:25). Er beschrieb sich selbst als prorussischen Einwohner von Kyjiw, der nach der Euromaidan-Revolution auf die Krim ging und an der russischen Übernahme unter Girkins Kommando teilnahm, bevor er Girkin nach Slowjansk folgte. Diese grundlegenden Fakten seiner persönlichen Geschichte stimmen mit einem investigativen Artikel über seine Identität und seinen Hintergrund überein, der von einem ukrainischen Journalisten veröffentlicht wurde (Dobryj 2018).
- *Artem Rasuwajew* (Deckname: „Friz“) nahm an der Buchvorstellung von Saweljew in Moskau teil. Während der Veranstaltung erzählte Saweljew, dass er Rasuwajew aus Kyjiw kannte und ihn zufällig auf der Fähre von der Krim nach Russland wiedertraf, als Saweljew als Teil von Girkins Gruppe nach Slowjansk reiste (Saweljew 2019c ab 26:45). Nach dem Treffen auf der Fähre beschloss Rasuwajew

spontan, sich Girkins Gruppe anzuschließen. In einem früheren Interview mit einer russischen Nachrichtenwebseite erzählte Rasuwajew dieselbe Geschichte. Er sagte, er sei ein ukrainischer Staatsbürger, der als Mitglied einer prorussischen Kosakengruppe an der Annexion der Krim teilgenommen habe. Als er auf dem Weg nach Rostow am Don war, um in Russland einen Job zu suchen, traf er auf der Fähre alte Freunde aus Kyjiw. Diese Freunde gehörten zu Girkins Gruppe, und Rasuwajew beschloss, sich ihnen anzuschließen (Pegow 2016).

- *Wadym Ilowtschenko* (Deckname: „Terez") nahm ebenfalls an Saweljews Buchvorstellung in Sewastopol teil und bezeichnete sich als prorussischen Kosakenführer von der Krim. Er sagte, er habe Igor Girkin Anfang März kennengelernt, habe mit ihm auf der Krim gedient und sei ihm nach Slowjansk gefolgt (Saweljew 2019b ab 22:50). In ukrainischen Medien veröffentlichte Informationen des SBU bestätigen Ilowtschenkos eigene Behauptung, er habe sowohl bei der Annexion der Krim als auch bei der Besetzung von Slowjansk und Kramatorsk eine wichtige Rolle gespielt (TSN 2019b).
- *Serhij Schurikow* (Deckname: „Romaschka") war ein prorussischer Einwohner von Kyjiw. In seinem Interview mit Dmytro Hordon erwähnte Igor Girkin, dass er Schurikow während einer Reise nach Kyjiw im Januar 2014 getroffen hatte (Girkin und Hordon 2020 bei 21:40). Veröffentlichungen ukrainischer Journalisten sowie die Memoiren von Andrij Saweljew bestätigen, dass sich Schurikow während der russischen Übernahme der Krim Girkins Gruppe anschloss und dann nach Slowjansk weiterreiste, wo er bei einem bewaffneten Zusammenstoß ums Leben kam (Butusow 2016; Dobryj 2018; Saweljew 2019d; 2019a, 89).
- *Illja Chochlow* (Deckname: „Machno") gab im Frühjahr 2019 einem russischen nationalistischen YouTube-Kanal ein Interview. Er sagte, er sei mit Girkins Gruppe nach Slowjansk gekommen und habe eine Gruppe von Kämpfern bei einem der ersten größeren Zusammenstöße mit den ukrainischen Streitkräften am 5. Mai befehligt (Chochlow 2019a).

- *Viktor Anosow* (Deckname: „Nos“) gab ein Interview als Antwort auf Chochlow. Er kritisierte verschiedene Details von Chochlows Darstellung, bestätigte aber, dass beide aus Simferopol stammten, an der Übernahme der Krim beteiligt waren und als Teil von Girkins Gruppe nach Slowjansk gingen (Anosow 2019).
- *Denys Kowal* identifizierte sich während eines heftigen Streits mit Viktor Anosow im Kommentarbereich von Chochlows (2019a) YouTube-Bericht. Anosow beschuldigte Kowal, Girkin verraten zu haben, indem er Slowjansk verließ und sich Igor Besler in Horliwka anschloss. Kowal entgegnete, dass er nach Horliwka gegangen sei, nachdem er einen Befehl von Besler erhalten habe, der „von Anfang an - seit der Krim - sein Befehlshaber“ gewesen sei. Im Bericht eines anderen Gruppenmitglieds über die Reise von der Krim in den Donbas wird ebenfalls ein Mann namens „Kowal“ erwähnt und als Bewohner der Krim beschrieben (Trifon und Bessonow 2020c).
- *Oleksandr Parchomenko* (Deckname: „Wolk“) starb am 5. Mai im Kampf und wurde zwei Tage später in Slowjansk begraben (Slowjansk Delowoj 2014). In ihren Schilderungen der Ereignisse bestätigen sowohl Illja Chochlow (2019a, bei 0:21) als auch Viktor Anosow (2019, bei 4:37), dass Parchomenko zu ihrer Gruppe gehörte. Sie berichten auch, dass er zusammen mit Igor Besler schon früh auf einer Aufklärungsmission von der Krim in den Donbas geschickt wurde.[20] Es ist möglich, dass es sich bei seinem Namen um ein Pseudonym handelt, da Aleksandr Parchomenko auch eine historische Figur aus dem russischen Bürgerkrieg und Gegenstand eines sowjetischen Abenteuerfilms ist.
- *Wjatscheslaw Rudakow* (Deckname: „Medwed“) starb am selben Tag wie Parchomenko und wurde am selben Tag wie dieser begraben (Slowjansk Delowoj 2014). Seinem Mitstreiter Tichi zufolge war Rudakow ein ehemaliger Fallschirmjäger, hatte aber keine Kampferfahrung (YouTube 2020a, bei 29:55). Rudakows Deckname taucht auch im

20 Wie in Kapitel vier erwähnt, besuchten Besler und Parchomenko während ihrer Aufklärungsmission Anfang April das vorübergehend besetzte SBU-Gebäude in Donezk.

Bericht eines anderen Gruppenmitglieds über die Reise von der Krim in den Donbas auf (Trifon und Bessonow 2020c). Später entdeckte eine Journalistin Rudakows Namen auf einem Foto, das Mitglieder der „Krim-Selbstverteidigungskräfte" bei einer Gedenkveranstaltung für die im Donbas gefallenen Krimbewohner vor sich hertrugen (Weselowa 2017).

- *Serhij Trifonow* (Deckname: „Trifon") hat für eine russische Nachrichtenwebseite einen detaillierten Bericht über die Bildung von Girkins Gruppe und ihre Reise von der Krim nach Slowjansk verfasst (Trifon und Bessonow 2020a; 2020b; 2020c). Trifon schreibt unter seinem Decknamen und beschreibt sich selbst als ehemaliges Mitglied der ukrainischen Sicherheitskräfte, das an der russischen Annexion der Krim beteiligt war. Der Deckname Trifon taucht auch in Dokumenten von „Militärgerichten" auf, die während der Besetzung von Slowjansk Todesurteile verhängten. Journalisten von Radio Free Europe / Radio Liberty haben diese Dokumente analysiert und versucht, die Identität der Verantwortlichen zu ermitteln (Miller, Dobrynin und Krutov 2020). Sie identifizierten Trifon als Serhij Trifonow, geben aber nicht an, wie sie zu diesem Schluss gekommen sind. Unabhängig davon, ob Serhij Trifonow sein richtiger Name ist, stimmt Trifons Darstellung der Ereignisse mit den Erzählungen anderer Gruppenmitglieder überein und identifiziert mehrere von ihnen.
- *Wjatscheslaw Apraksimow* (Deckname: „Balu") ist ein weiteres Mitglied der „Militärtribunale", die von Radio Free Europe / Radio Liberty untersucht wurden (Miller, Dobrynin und Krutov 2020). Ein weiterer Beweis für die Verbindung von Name und Pseudonym ist ein YouTube-Video, in dem zu Spenden für die separatistische Sache im Donbas aufgerufen wird. Das Video wurde Ende 2014 von einem Account mit dem Namen Wjatscheslaw Apraksimow veröffentlicht und trägt die Überschrift „Team ‚Balu'" (Apraksimow 2014). Andrij Saweljew erwähnt ebenfalls einen Mann mit dem Decknamen Balu, der Anfang April aus Charkiw auf der Krim eintraf (Tschalenko und Saweljew 2019). Außerdem erhielt ein Mann namens Wjatscheslaw

Apraksimow im Oktober 2015 von den Besatzungsbehörden auf der Krim die Medaille „Für die Verteidigung der Republik Krim" (Aksjonow 2015). Saweljew (2019a, 120) schreibt jedoch auch, dass Balu von der Krim über das ukrainische Festland und nicht wie der Rest der Gruppe über Russland nach Slowjansk gereist ist.

- *Edward Piterski* ist der Deckname eines anderen Mannes, der laut einem Porträt, das von einem proseparatistischen YouTube-Kanal veröffentlicht wurde, von Charkiw auf die Krim reiste und sich dort Girkins Gruppe anschloss (YouTube 2014au). Dem Video zufolge wurde Piterski in Winnyzja geboren und lebte sowohl in der Ukraine als auch in Russland, bevor er Mitglied der separatistischen Bewegung wurde. Aleksandr Barkow (2018), der damals Korrespondent der russischen rechtsextremen Zeitung *Sawtra* war, erinnert sich ebenfalls an ein Treffen mit Piterski in Slowjansk im Mai 2014. Er schreibt, Piterski habe sich Girkin auf der Krim angeschlossen, als er zusammen mit Arsen Pawlow aus Charkiw kam.

In den Berichten von Trifon, Saweljew und dem russischen proseparatistischen Aktivisten Aleksandr Schutschkowski - der im Mai in Slowjansk eintraf und später ein Buch über die Ereignisse schrieb - werden 15 weitere Namen von angeblichen Mitgliedern der Gruppe genannt, die mit Girkin von der Krim nach Slowjansk reiste. Diese Namen sind „Bolik", „Gus", „Ljolik", „Ramses", „Wasilitsch" und „Wetjer" (Trifon und Bessonow 2020c); „Argun", „Glas", „Nemoj", „Odesa" und „Tjen" (Schutschkowski 2018, 20-21); und „Boroda", „Moskal" und „Piter" (Saweljew 2019a, 146, 170). Die jeweiligen Autoren geben jedoch wenig oder gar keine Informationen über die Hintergründe oder Identitäten dieser Männer. Wetjer stammt angeblich von der Krim; Bolik, Ljolik und Wasilitsch sollen aus Schytomyr stammen; und Odesa kommt angeblich aus Odesa. Auch eine Onlinesuche nach diesen Namen brachte keine brauchbaren Ergebnisse.

Auch wenn die Hintergrundinformationen zu vielen Gruppenmitgliedern nur lückenhaft oder gar nicht vorhanden sind, bieten die beschriebenen Beweise aus öffentlichen Quellen zu 27 von ihnen beträchtliche Einblicke in die Zusammensetzung der

Gruppe. Sie deuten darauf hin, dass sich Girkins Männer vor allem aus den paramilitärischen Kräften rekrutierten, die die russische Annexion der Krim unterstützten. Zu diesen Kräften gehörten russische Militär- und Geheimdienstveteranen sowie Bewohner der Krim und einige prorussische Aktivisten aus Kyjiw. Wie das Gruppenmitglied Wadym Ilowtschenko jedoch offen zugab, stimmten die paramilitärischen Gruppen auf der Krim ihre Aktionen während der russischen Übernahme von Beginn an mit den russischen Geheimdiensten ab (Saweljew 2019b, 33:15). Es gibt keinen Grund, an seinen Worten zu zweifeln. In einer russischen Fernsehdokumentation vom März 2015 gab Wladimir Putin selbst zu, dass die Übernahme der Krim im Kreml geplant wurde und dass der russische Militär- und Sicherheitsapparat für ihre Durchführung verantwortlich war (Rossija 24 2015, bei 1:47 und ab 1:06:44). Das bedeutet, dass es fast sicher ist, dass jede paramilitärische Gruppe, die die russische Annexion unterstützte, unter enger Aufsicht russischer staatlicher Strukturen stand.

Die Aussagen von Girkin und anderen Gruppenmitgliedern deuten auch darauf hin, dass Girkin und seine Männer über Russland nach Slowjansk gereist sind. Laut Girkin überquerte seine Gruppe die Grenze zu Fuß und wurde auf ukrainischem Gebiet von Fahrzeugen getroffen, die von ukrainischen Separatisten organisiert worden waren (Girkin und Schargunow 2014). Girkin gab außerdem an, dass seine Gruppe einen Tag lang in Russland Vorbereitungen traf und sich mit Ausrüstung eindeckte, bevor sie die Grenze zur Ukraine überquerte. An diesem Tag erhielt seine Gruppe „die Uniformen, die wir bereits auf der Krim hätten erhalten sollen“ (Girkin und Urschumow 2016). Girkins Bericht stimmt mit dem Bericht seines Untergebenen Trifon überein, der schrieb, dass die Gruppe die Krim in der Nacht vom 8. auf den 9. April verließ und einen Tag in Rostow am Don verbrachte. In der Nacht vom 10. auf den 11. April verließen sie Rostow. Sie überquerten die Grenze zu Fuß an einem ländlichen Ort,[21] wurden von einem Auto

21 Keines der Gruppenmitglieder hat den genauen Ort bekannt gegeben. Girkin erklärte jedoch in seinem Interview mit Hordon, dass er zunächst daran dachte, Schachtarsk oder Snischne, die östlich von Donezk liegen, zu besetzen. Er sagte, er habe sich erst nach der Einreise in die Ukraine und nach einem Gespräch mit den örtlichen Separatisten, die sich mit seiner Gruppe trafen, entschlossen, nach

und einem Kleinbus auf einer Straße abgeholt und kamen am Morgen des 12. April in Slowjansk an (Trifon und Bessonow 2020c). Die Gruppenmitglieder Andrij Saweljew und Artem Rasuwajew bestätigten ebenfalls, dass die Gruppe die Fähre von der Krim nach Russland nahm, bevor sie in den Donbas weiterzog (Saweljew 2019c ab 26:45). Dabei führte die Gruppe Waffen über Russland in die Ukraine ein. In einer Debatte mit dem russischen Oppositionsführer Aleksej Nawalny im Jahr 2017 gab Girkin zu, dass er Waffen für die Operation in Slowjansk und Kramatorsk auf der Krim beschafft hatte (Girkin, Nawalny und Sygar 2017). Girkins Partner und Gruppenmitglied Tichi bestätigte ebenfalls, dass die Gruppe automatische Gewehre über die Grenze brachte (YouTube 2020a, bei 5:30).

Diese Belege dafür, dass die Männer, die Slowjansk und Kramatorsk besetzt haben, dieselben waren, die dem russischen Staat bei der Annexion der Krim halfen, und dass sie Waffen von der Krim über Russland auf das ukrainische Festland brachten, verschiebt die Beweislast. H1 wird zur *wahrscheinlichen* Grundannahme. Die Hypothese, dass Girkins Gruppe auch nach der Krim weiterhin im Auftrag des russischen Staates handelte, ist sowohl einfacher als auch weniger ungewöhnlich als die Hypothese, dass sie abtrünnig wurde und auf eigene Faust zu handeln begann. Mangels gegenteiliger Beweise ist es unwahrscheinlich, dass eine paramilitärische Gruppe, die mit den russischen Sicherheitsdiensten zusammenarbeitete, ohne deren Wissen und Zustimmung von der Krim in den Donbas reisen konnte. Dies bedeutet nicht unbedingt, dass Girkin und seine Gruppe einen ausdrücklichen Befehl befolgten, als sie in den Donbas zogen. Dies ist jedoch von untergeordneter Bedeutung, wie ich weiter unten erläutern werde.

Slowjansk zu fahren (Girkin und Hordon 2020 ab 1:00:45). Dies deutet darauf hin, dass Girkins Gruppe die Grenze in der Nähe von Wyselky oder Maryniwka, südöstlich von Donezk, überquert haben könnte, da diese Grenzabschnitte auf der direktesten Route zwischen Rostow am Don und Schachtarsk oder Snischne liegen.

5.2. Girkins Verbindungen zum Kreml: Der Oligarch und der „Premierminister"

Die zweite Stufe der informellen Bayes'schen Analyse stützt sich auf eine Reihe von Aufnahmen, die der SBU am 14. April 2014, zwei Tage nach dem ersten Auftreten der bewaffneten Gruppe in Slowjansk, veröffentlichte (SBU 2014c). Nach Angaben des SBU handelt es sich bei den Aufnahmen um Telefongespräche von Gruppenmitgliedern, die am Vortag abgehört wurden. In einer der Aufnahmen wird einer Person, die als „Strelok" angesprochen wird, mitgeteilt, dass „Aleksandr aus Russland" anruft. Strelok nimmt den Anruf entgegen und erklärt Aleksandr, dass seine Gruppe „den ersten Angriff abgewehrt hat". In einer späteren Aufnahme berichtet Strelok einer Person, die er als „Konstantin Walerijewitsch" anspricht, über denselben Angriff. Er sagt, seine Gruppe habe auf drei Autos mit ukrainischen Sicherheitskräften geschossen und die Personen darin „eliminiert". Daraufhin fragt Konstantin Walerijewitsch, ob Strelok „Aksjonow informiert" habe. Nachdem Strelok sagt, dass er Aksjonow nicht erreichen konnte, fordert Konstantin Walerijewitsch ihn auf, es weiter zu versuchen, erwähnt aber auch, dass Aksjonow „heute Abend hier landen wird" und dass er sich morgen mit ihm treffen wird.

Die Stimmen in der Aufnahme gehören fast sicher zu Igor Girkin (Deckname: „Strelok"), Aleksandr Borodaj und Konstantin Walerijewitsch Malofejew. Borodaj ist ein russischer politischer PR-Berater, der später Anführer der selbsternannten Donezker Volksrepublik werden sollte. Malofejew ist ein russischer Oligarch und ein starker Verfechter konservativer russisch-orthodoxer Werte. Aksjonow ist der Nachname des „Premierministers" der Krim, Sergej Aksjonow[22], der während der russischen Übernahme der Halbinsel eingesetzt wurde. Bei der Aufnahme handelt es sich fast sicher um ein authentisches Gespräch zwischen diesen drei Personen, und zwar aus den folgenden Gründen:

22 Aksjonow war vor der Annexion der Krim ukrainischer Staatsbürger. Mit der Annexion wurde er jedoch nach russischem Recht ein russischer Staatsbeamter, weshalb ich die russische Version seines Namens transliteriere.

- Obwohl Borodaj und Malofejew bestritten, mit Girkin im Zusammenhang mit der Besetzung von Slowjansk und Kramatorsk zusammengearbeitet zu haben, gaben sie zu, dass sie ihn gut kannten. Borodaj sagte in einem Interview im russischen Staatsfernsehen, er sei mit Girkin befreundet und kenne ihn seit den 1990er Jahren. Er bestätigte auch, dass Girkin mit ihm von Slowjansk aus telefoniert hatte, behauptete aber, der SBU habe den Inhalt der Aufnahme auf nicht näher bezeichnete Weise manipuliert (Borodaj und Maksimowskaja 2014 ab 4:41). In einem russischen Zeitungsinterview gab Malofejew zu, dass Girkin erst im Januar 2014 mit ihm als Teil seines Sicherheitspersonals nach Kyjiw gereist war (Malofejew, Sergina und Koslow 2014). Girkin bestätigte dies und gab sogar zu, dass Malofejew ihn während der Krim-Operation finanziert hatte und dass er Ausrüstung für die Slowjansk-Operation mit Malofejews Geld gekauft hatte (Girkin und Hordon 2020 ab 28:15 und ab 1:20:40).
- Der russische Journalist Oleg Kaschin (2014a; 2014b; 2014c) schrieb, er habe Girkin Anfang März auf der Krim als hochrangiges Mitglied des Stabs von Krim-„Premierminister" Sergej Aksjonow getroffen. Girkin selbst bestätigte, dass er auf der Krim eng mit Aksjonow zusammenarbeitete (Girkin und Hordon 2020, ab 28:45), und gab sogar zu, dass er „mit direkter Unterstützung von Aksjonow" nach Slowjansk gefahren war (Girkin und Hordon 2020, ab 52:50). Darüber hinaus sagte Aleksandr Borodaj, dass er ebenfalls als „inoffizieller Berater" für Aksjonow tätig war (Borodaj und Maksimowskaja 2014, ab 3:37).
- Sergej Aksjonow nahm am Morgen des 13. April an einer Veranstaltung auf der Krim teil (KrymInform 2014). Am 14. April traf er Wladimir Putin in Moskau (Putin und Aksjonow 2014). Dies stimmt mit Malofejews Beschreibung von Aksjonows Reiseplänen überein, wenn man davon ausgeht, dass Malofejew zum Zeitpunkt des Gesprächs in Moskau war.
- Girkins Beschreibung des bewaffneten Zusammenstoßes in der Nähe von Slowjansk deckt sich mit Aufnahmen vom Tatort, die der russische Fernsehsender LifeNews

ausgestrahlt und am 13. April auf YouTube veröffentlicht hat und die drei beschädigte Autos zeigen (LifeNews 2014b).

- Der SBU veröffentlichte seine Aufnahmen der Telefongespräche am 14. April. Die Fabrikation einer Aufnahme mit plausiblen Stimmimitationen und dem beobachteten Detailgrad innerhalb eines Tages erscheint nicht realistisch, zumal sich der SBU zu diesem Zeitpunkt in einer Krisensituation befand.

Die Tatsache, dass Girkin nach der Besetzung von Slowjansk Malofejew und Aksjonow Bericht erstattete, verringert die Wahrscheinlichkeit weiter, dass Girkins Gruppe nach der Verlegung von der Krim in den Donbas nicht mehr im Auftrag des russischen Staates handelte. Der freundschaftliche, respektvolle Ton des Gesprächs zwischen Girkin und Malofejew in Verbindung mit Girkins Behauptung, dass Aksjonow seine Aktionen unterstützte (Girkin und Hordon 2020, 52:50), macht es höchst unwahrscheinlich, dass Girkin nicht mehr im Auftrag der beiden Männer handelte.

Die Wahrscheinlichkeit, dass Malofejew und Aksjonow nicht auf die Zustimmung zumindest einiger Entscheidungsträger im Kreml zählen konnten, ist wiederum sehr gering. Malofejews Verbindungen zum Kreml werden durch eine Reihe durchgesickerter E-Mails bestätigt, die von ukrainischen Aktivisten veröffentlicht und Kreml-Beamten zugeschrieben wurden. Diesen E-Mails zufolge hatte sich Malofejew Ende 2013 mit den Kreml-Beratern Sergej Glasjew und Wladislaw Surkow getroffen, um Möglichkeiten zu erörtern, die Integration der Ukraine in den Westen zu verhindern (Hosaka 2018, 361; 2019, 753-55). Hosaka (2018, 322-23) berichtet, dass er den Kontext, den Inhalt und die Metadaten einiger ausgewählter E-Mails untersucht hat und zuversichtlich ist, dass sie authentisch sind. Natürlich besteht immer noch die Möglichkeit, dass er sich irrt und die E-Mails gefälscht sind, aber das kann als unwahrscheinlich angesehen werden. In Verbindung mit der allgemeinen Nähe zwischen Oligarchen und dem Staat im modernen Russland sind die E-Mails ein Beweis dafür, dass Malofejew zumindest mit der stillschweigenden Zustimmung von Teilen des Kremls gehandelt hat.

Die Verbindungen des „Ministerpräsidenten" der Krim, Sergej Aksjonow, zum Kreml sind noch deutlicher. Nach russischem Recht stand Aksjonow an der Spitze eines neu gegründeten Subjekts der Russischen Föderation. Das bedeutet, dass ein neu ernannter russischer Staatsbeamter direkt an der Operation in Slowjansk beteiligt war und einen Tag nach dem ersten bewaffneten Zusammenstoß mit Wladimir Putin zusammentraf. Angesichts der Abhängigkeit Aksjonows vom Kreml ist es schwer vorstellbar, dass er es riskierte, ohne das Wissen oder gegen den Willen seiner neuen Vorgesetzten zu handeln. Aus diesen Gründen erhöht die fortgesetzte Kommunikation Girkins mit Malofejew und Aksjonow nach Beginn der Operation in Slowjansk die Wahrscheinlichkeit von H2 auf *höchst wahrscheinlich* und macht es *höchst unwahrscheinlich*, dass H1 richtig ist.

5.3. Handlungen ohne Konsequenzen: Girkins Rückkehr nach Russland

Die dritte und letzte Stufe der informellen Bayes'schen Analyse stützt sich auf das Fehlen jeglicher Maßnahmen der russischen Behörden zur Einschränkung oder Bestrafung der Aktivitäten von Girkin, Borodaj, Malofejew oder Aksjonow. Wenn Girkins bewaffnete Gruppe und ihre Unterstützer ohne das Wissen und die Zustimmung der russischen Behörden handelten, könnte man erwarten, dass der russische Staat Maßnahmen ergreift, um ihre Aktivitäten zu unterbinden oder sie zu bestrafen. Beides war nicht der Fall. Girkin kehrte im August 2014 nach Russland zurück, und viele Mitglieder seiner Gruppe folgten seinem Beispiel. In seinem Interview mit Hordon gab Girkin zu, dass er den Donbas auf Druck Moskaus verlassen hat. Ihm sei gesagt worden, dass die Separatisten nicht die nötige Unterstützung erhalten würden, wenn er nicht gehe (Girkin und Hordon 2020 ab 1:52:15). Obwohl die russische Führung beschloss, Girkin aus dem Konfliktgebiet zu entfernen, ergriff sie keine weiteren Maßnahmen gegen Girkin oder andere wichtige Akteure, die mit seiner Gruppe in Verbindung standen. In den folgenden Jahren lebten Girkin und Malofejew in Moskau, ohne jemals mit Ermittlungen konfrontiert zu werden. Im Gegenteil, Girkin konnte seine Noworossija-Bewegung innerhalb des streng regulierten russischen NGO-Umfelds aufbauen. Andrij Saweljew konnte ein Buch darüber veröffentlichen, wie er im Alter von 16 Jahren für Girkins Gruppe kämpfte, und es zusammen mit seinen ehemaligen Mitstreitern in Russland und auf der Krim bekannt machen. Sergej Aksjonow blieb Chef der Krim. Und Aleksandr Borodaj wurde bei den Wahlen zur Staatsduma im September 2021 Abgeordneter der Regierungspartei Einiges Russland (Staatsduma n.d.).

Eine aktuelle Untersuchung des Recherchekollektivs Bellingcat legt zudem nahe, dass Girkin nach seiner Rückkehr als Sergej Runow durch Russland reiste und unter diesem Namen einen russischen Pass besaß (Bellingcat 2022). Bellingcat zufolge ähnelt die Seriennummer dieses Passes den Seriennummern von mindestens zwei weiteren Pässen, die von FSB-Agenten benutzt wurden, die in anderen Bellingcat-Untersuchungen identifiziert worden waren. Die von Bellingcat vorgelegten Beweise sind überzeugend, und die Untersuchung stützt sich auf dieselbe Methodik, mit der bereits mehrere andere Tarnidentitäten russischer Geheimdienstler identifiziert wurden.[23] Daraus lässt sich schließen, dass Girkin nach seiner Rückkehr aus dem Donbas eine vom russischen Staat ausgestellte Tarnidentität erhalten oder behalten hat.

Die Tatsache, dass die russischen Behörden keine Maßnahmen gegen Girkin oder seine Verbündeten ergriffen und gleichzeitig bereit waren, Girkin eine zweite Identität zu verschaffen, erhöht die Wahrscheinlichkeit von H2 noch zusätzlich zu den beiden vorangegangenen Schritten. Es ist nun *fast sicher*, dass Girkin und seine Gruppe als informelle Organe des russischen Staates fungierten. Im Gegenzug bleibt nur eine *geringe Chance*, dass sie als nichtstaatliche Akteure, die Teil einer inländischen separatistischen Bewegung waren, am Konflikt teilnahmen.

---

23 Siehe auch die Erörterung der Tarnidentitäten des Separatistenkommandeurs Igor Besler und des GRU-Militärgeheimdienstlers Oleg Iwannikow in Kapitel sieben dieses Buches.

5.4. Befehl oder stillschweigende Billigung? Zu Putins Rolle

Obwohl die verfügbaren Beweise aus öffentlichen Quellen H2 deutlich unterstützen, ist die Erklärungskraft des mit dieser Hypothese verbundenen Kausalmechanismus mit einem wichtigen Vorbehalt verbunden. Der Kausalmechanismus sagt nichts darüber aus, ob der Kreml Girkins Donbas-Operation angeordnet oder lediglich gebilligt hat. Sie lässt sogar die Möglichkeit offen, dass die Operation auf Girkins persönliche Initiative zurückgeht und die Zustimmung des russischen Staates stillschweigend und implizit war. Diese Frage wird absichtlich offengelassen, weil es praktisch unmöglich ist, schlüssige Beweise für eine Antwort zu finden. Ein offizieller Befehl zur Intervention im Donbas wäre eine streng geheime Angelegenheit, die keiner der Beteiligten preisgeben würde. Wenn es überhaupt schriftliche Unterlagen über einen solchen Befehl gibt, werden sie in den Archiven des russischen Geheimdienstes aufbewahrt und bleiben auf absehbare Zeit unzugänglich.

Gleichzeitig argumentieren mehrere Fachleute, dass die informellen Praktiken des russischen Sicherheitsapparats häufig ausdrückliche Befehle vermeiden und es schwierig machen, eine Trennlinie zwischen Befehl und Billigung zu ziehen. Dem russischen Journalisten Oleg Kaschin zufolge könnte Wladimir Putin, anstatt Konstantin Malofejew genaue Anweisungen zu geben, einfach gesagt haben: „Mach' was Du willst!" (Kaschin, Merkulowa und Solomin 2014). Dies deckt sich mit der Einschätzung des ehemaligen Kreml-Beraters Gleb Pawlowski (2016), der argumentiert, dass der „Regierungsstil des Putin-Regimes eher auf Unklarheit und Interpretation als auf Befehl und Kontrolle beruht". Pawlowski unterstreicht die Bedeutung von *„Otmaschka"*, was mit „grünes Licht" übersetzt werden kann und weniger einen Befehl als vielmehr eine Erlaubnis zum Handeln in eine gewünschte Richtung meint. Christo Grozev (2020), Russlandexperte des Bellingcat-Recherchekollektivs, argumentiert ähnlich und äußert, dass der russische Staat die Einmischung im Ausland an private Akteure auslagert, die „dem Kreml untereinander konkurrierende, aber stets abstreitbare Lösungen anbieten und erhebliche Freiheiten genießen". In ähnlicher Weise bezeichnet Galeotti (2020) Putins Russland als

„Adhocratie" - ein „entinstitutionalisiertes" System, „in dem die Gunst des Präsidenten das wichtigste Gut ist, das sich jeder verdienen will, und formale Rollen und Verantwortlichkeiten weniger wichtig sind als die Art und Weise, wie man heute von Nutzen sein kann".

Diese Interpretationen erscheinen ebenso plausibel - wenn nicht sogar noch plausibler - als die Existenz eines ausdrücklichen Befehls. Außerdem lassen sie die Möglichkeit zu, dass Girkins Slowjansk-Operation Gegenstand von Meinungsverschiedenheiten und Meinungsänderungen innerhalb der russischen Elite war. Sie lassen sich sogar mit der Behauptung von Aleksandr Borodaj vereinbaren, dass er, nachdem er Girkin in Rostow am Don getroffen und ihm die letzte Tranche des Geldes von Malofejew übergeben hatte, die Operation mit fünf ungenannten Personen in Moskau besprach. Borodaj zufolge riet er zur Vorsicht, und die Gruppe vereinbarte, die Operation zu unterbrechen und Girkin nach Moskau zu holen. Girkin hatte diese Entwicklung jedoch vorausgesehen, sein Telefon ausgeschaltet und seinen Plan weiterverfolgt (Schutschkowski 2018, 44-45). Doch selbst wenn diese Darstellung wahr ist, akzeptierten Borodaj, Aksjonow, Malofejew und ihre Kontakte innerhalb der russischen Führung die Tatsache, dass Girkin weitermachte. Girkin blieb in Kontakt, wurde erst im August nach Russland zurückgerufen und für sein Handeln nicht bestraft.

H2 lässt ein Spektrum der Beteiligung des Kremls zu. Am einen Ende dieses Spektrums gab jemand in einer Machtposition in Moskau einen ausdrücklichen Befehl zur Vorbereitung einer verdeckten Operation im Donbas. Am anderen Ende hat der Kreml Girkin und seinen Mitarbeitern lediglich die Autonomie eingeräumt, ihre eigenen Pläne zu schmieden, und die Operation stillschweigend gebilligt, indem er sie duldete. Die genaue Verortung des Entscheidungsprozesses auf diesem Spektrum ist jedoch von untergeordneter Bedeutung. Folgt man dem historischen Erklärungsparadigma des *Abnormalismus* (siehe Abschnitt 3.4.2.), so reichen das Wissen des Kremls und die stillschweigende Billigung der Operation aus, um die Verantwortung des russischen Staates als deren Hauptursache festzustellen. Es ist nicht überraschend, dass es in Russland einige Akteure gab, die aus ideologischen Gründen bereit waren, in der Ukraine zu intervenieren. Weitaus abnormaler und daher als Ursache wichtiger sind die engen Kontakte zwischen diesen Akteuren und dem russischen Staat in Verbindung mit der Tatsache, dass der Kreml bereit war, sie ihre Aktionen durchführen zu lassen.

Ungeachtet der Existenz eines ausdrücklichen Befehls war der Kreml mehr als nur ein passiver Zuschauer, der nicht eingriff. Die drei Stufen der oben durchgeführten informellen Bayes'schen Analyse zeigen, dass sich die Rolle des russischen Staates in Slowjansk und Kramatorsk von der Rolle des ukrainischen Staates und der lokalen Eliten während des vorangegangenen Wendepunkts unterschied. In Donezk und Luhansk war der ukrainische Staat zu schwach, um die Besetzung von Gebäuden durch seine Strafverfolgungsorgane zu verhindern. Die lokalen Eliten hatten ein zwiespältiges Verhältnis zum Staat und verhielten sich weitgehend passiv und abwartend. Es gab keine eindeutigen Hinweise auf eine systematische und aktive Zusammenarbeit zwischen staatlichen Organen oder lokalen Eliten auf der einen und den separatistischen Akteuren auf der anderen Seite. Dies ist beim aktuellen Wendepunkt anders. Girkins Gruppe hatte unmittelbar vor ihrer Übersiedlung nach Slowjansk mit dem russischen Staat auf der Krim zusammengearbeitet. Nach ihrer Ankunft erstatteten sie einem russischen Staatsbeamten und einem russischen Oligarchen Bericht und kehrten nach dem Ende ihrer Operation nach Russland zurück. Gleichzeitig war der russische Staat nicht in einer Weise geschwächt, die darauf schließen ließe, dass er nicht in der Lage war, die Aktivitäten paramilitärischer Gruppen auf seinem Hoheitsgebiet zu kontrollieren oder die Oligarchen, die diese Gruppen beaufsichtigen, zu zügeln.

Die Koordinierung zwischen dem russischen Staat und Girkins Gruppe sowie die offensichtliche Macht des Kremls, sie zu stoppen, bedeuten, dass die Aktionen des russischen Staates den normalen Ablauf der Ereignisse stärker gestört haben als die persönlichen Motive der Gruppenmitglieder. Diese Argumentation lässt sich mit dem Gleichnis eines Raubüberfalls veranschaulichen. Wenn eine Person mit vorgehaltener Waffe ausgeraubt wird und ein Passant nicht eingreift – entweder weil der Passant körperlich nicht dazu in der Lage ist oder aus anderen Gründen nicht will –, sollten die Handlungen des Räubers als Hauptursache für den

Raub angesehen werden. Sie stören den normalen Ablauf der Ereignisse stärker als die Passivität des Passanten. Diese Einschätzung ändert sich jedoch, wenn der Passant und der Räuber am Vortag gemeinsam in ein Haus eingebrochen sind, woraufhin der Passant dem Räuber eine Waffe gegeben hat, während er über einen persönlichen Groll gegen das potenzielle Raubopfer sprach. Die Beurteilung ändert sich sogar noch weiter, wenn der Räuber den Passanten hinterher anruft, um über den Fortgang des Raubes zu berichten, und zum Haus des Passanten zurückkehrt, nachdem dieser ihn gedrängt hat, den Tatort zu verlassen. In einem solchen Szenario besteht kein Zweifel daran, dass die Handlungen des Passanten die Handlungen des Räubers als Hauptursache für die Störung des normalen Ablaufs der Ereignisse verdrängen.

Wie in Kapitel vier gezeigt wurde, spielten russische imperialistische Organisationen auch bei den Gebäudebesetzungen in Donezk und Luhansk eine Rolle, und es ist anzunehmen, dass auch diese Organisationen mit Wissen und Billigung des Kremls handelten. Allerdings war die Rolle dieser Organisationen im vorangegangenen Wendepunkt weniger ausgeprägt und ihre Aktionen waren weniger gewalttätig als die Aktionen von Girkins Gruppe in Slowjansk und Kramatorsk. Wie ich in Kapitel vier dargelegt habe, deuten die verfügbaren Beweise darauf hin, dass die Aktivitäten russischer Akteure den normalen Ablauf der Ereignisse weniger störten als die Aktionen der lokalen Separatisten. Was lokale Akteure taten, war ungewöhnlicher als die Tatsache, dass der Kreml es russischen imperialistischen Organisationen erlaubte, die Flammen des Separatismus zu schüren und lokale prorussische Aktivitäten bis zu einem gewissen Grad zu unterstützen. Dies ist im gegenwärtigen Wendepunkt nicht mehr der Fall, da die russischen Akteure die Führung übernahmen.

5.5. Aufspringen auf den separatistischen Zug: Die Rolle der Einheimischen

Diese Überlegungen führen zu einem weiteren wichtigen Vorbehalt, der angesprochen werden muss, nämlich die Rolle der lokalen Anwohner, die Girkins Besetzung unterstützten. Girkin behauptet, dass „etwa 300 Aktivisten bereit waren und warteten, als wir ankamen" (Girkin und Schargunow 2014). Diese Zahl mag übertrieben sein, aber die Behauptung, dass eine Gruppe lokaler Separatisten bereit war, Girkin aktiv zu unterstützen, steht im Einklang mit den verfügbaren Beweisen. Bereits am 23. Februar hatte es in Slowjansk Proteste gegen die neue Kyjiwer Regierung gegeben (YouTube 2014a). Wjatscheslaw Ponomarjow, der während der Besetzung von Girkin zum „Volksbürgermeister" von Slowjansk ernannt wurde, gab am 30. März ein Interview als Anführer einer lokalen „Selbstverteidigungsgruppe", die nach seinen Angaben die Polizei beim Schutz der Stadt vor Maidan-Aktivisten unterstützte (YouTube 2014ba). Auf Videoaufnahmen vom 12. April sind nicht nur jubelnde Schaulustige zu sehen, sondern auch eine Gruppe von Personen in Zivil, die Girkins bewaffneten Männern bei der Bewachung der besetzten Polizeistation helfen (YouTube 2014ag). Darüber hinaus gab Girkin an, dass er sich mit ukrainischen Separatistenaktivisten in Russland getroffen hatte, um die Operation vorzubereiten, und dass diese Leute vor der Ankunft seiner Gruppe lokale Unterstützung und den Transport von der Grenze organisierten (Girkin und Hordon 2020 ab 59:49). Insbesondere sagte er, dass er mit Kateryna Hubarjewa, der Ehefrau des „Volksgouverneurs" von Donezk, Pawlo Hubarjew, der zu dieser Zeit in Kyjiw inhaftiert war, in Kontakt stand (Girkin und Hordon 2020 ab 1:08:08; siehe auch Hubarjew 2016, 158).[24]

Es ist jedoch unbestritten, dass Girkins Männer nicht nur die Operation in Slowjansk initiierten, sondern auch bis zu ihrem erzwungenen Rückzug Anfang Juli das Kommando über die separatistischen Kräfte in diesem Gebiet hatten. Die lokalen Aktivisten waren Girkin und seinen Männern unterstellt. Die Einnahme der Polizeistation von Kramatorsk, bei der Girkins Männer örtliche Aktivisten beiseiteschoben, während sie in die Luft schossen, veranschaulicht dies deutlich (YouTube 2014ai). Die vom ukrainischen Sicherheitsdienst abgefangenen Aufnahmen zeigen auch, dass Girkin die Operation leitete und die örtlichen Aktivisten unter dem Kommando von Mitgliedern seiner Gruppe standen (SBU 2014c).

---

24 Wie in Kapitel vier beschrieben, wurde Hubarjewa am 10. April zur Vorsitzenden des „Komitees für außenpolitische Beziehungen" der Donezker Volksrepublik ernannt. Sie hielt sich zu dieser Zeit in Russland auf und stand in Kontakt mit Aleksandr Dugins Eurasischer Bewegung.

Darüber hinaus wurde der örtliche „Volksbürgermeister" Wjatscheslaw Ponomarjow nach einer anfänglichen Phase der Zusammenarbeit am 10. Juni auf Befehl von Girkin verhaftet (TASS 2014c). Schließlich gibt es auch keine Beweise dafür, dass lokale separatistische Aktivisten in Slowjansk in der Lage und bereit gewesen wären, eine bewaffnete Besetzung auf eigene Faust zu organisieren, wenn Girkins Gruppe nicht gekommen wäre. Gleichzeitig ist es zweifelhaft, dass die ukrainischen Behörden auf eine Besetzung durch Einheimische in gleicher Weise reagiert hätten wie auf Girkins Gruppe.

Auch wenn Girkins Gruppe von lokaler Unterstützung abhängig war, weist das Paradigma des *Abnormalismus* darauf hin, dass Girkins Handlungen die wichtigste Voraussetzung für die Besetzung und die anschließende Eskalation des Konflikts waren. Vor dem Hintergrund der politischen Lage in der Ostukraine im April 2014 ist es nicht überraschend, dass einige Aktivisten in Slowjansk und Kramatorsk bereit waren, eine russische Invasion zu unterstützen. Die Ankunft schwer bewaffneter Männer aus Russland, die entschlossen und in der Lage waren, einen Aufstand anzuführen, stört den normalen Ablauf der Ereignisse weit mehr als die Tatsache, dass einige Einheimische bereit waren, auf den Zug dieser Männer aufzuspringen.

5.6. Zwischenfazit

In diesem Kapitel wurde dargelegt, dass der zweite Wendepunkt in der Eskalation des Donbas-Konflikts von einer bewaffneten Gruppe initiiert und angeführt wurde, die zuvor an der Übernahme der Krim durch Russland beteiligt war. Der Anführer dieser Gruppe hatte enge und gut dokumentierte Beziehungen zu dem vom Kreml ernannten „Premierminister" der Krim und zu einem russischen Oligarchen mit engen Verbindungen zum Kreml. Weder der Anführer der Gruppe noch seine russischen Vorgesetzten, noch Mitglieder seiner Gruppe wurden vom russischen Staat wegen ihrer Aktionen im Donbas sanktioniert. Auf dieser Grundlage habe ich argumentiert, dass die Besetzung von Slowjansk und Kramatorsk in erster Linie das Ergebnis der Handlungen des russischen Staates war. Eine detailliertere Darstellung der kausalen Dynamik, die bei diesem Wendepunkt im Spiel war, sollte auf die Schwierigkeit hinweisen, Entscheidungsprozesse innerhalb der russischen Elite nachzuvollziehen und zwischen Anweisung und stillschweigender Zustimmung zu unterscheiden. Sie sollte auch die Tatsache erwähnen, dass Girkin und seine Gruppe auf lokaler Ebene unterstützt wurden. Gleichzeitig sollte sie betonen, dass diese beiden Faktoren zweitrangig sind. Eine reduktionistische Darstellung, die darauf abzielt, den wichtigsten Faktor herauszufiltern, sollte sich jedoch auf H2 konzentrieren. Der angepasste Kausalmechanismus ist in Abbildung 8 dargestellt.

Abbildung 8: Konsolidierter Kausalmechanismus für die Besetzung von Slowjansk und Kramatorsk

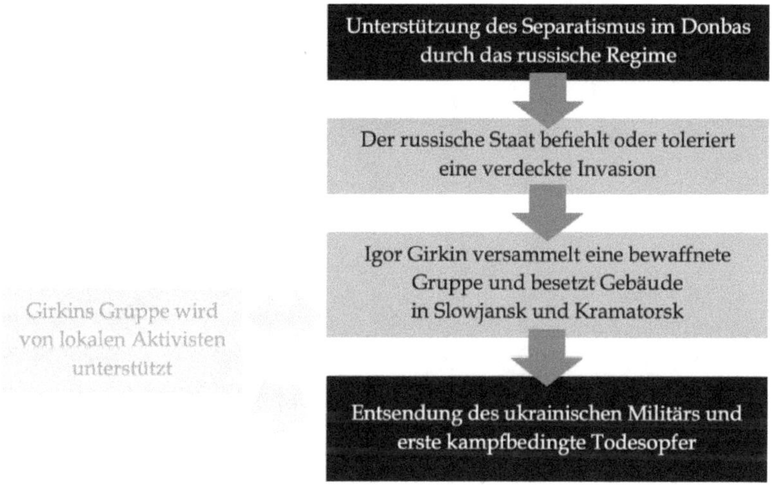

6. Mariupol

Wo Separatismus scheiterte

In diesem Kapitel wird der dritte Wendepunkt der Eskalationssequenz des Donbas-Krieges untersucht, nämlich die bewaffneten Zusammenstöße in der Hafenstadt Mariupol im Süden der Oblast Donezk. Mariupol wird im Zusammenhang mit den Ereignissen von 2014 vergleichsweise wenig Aufmerksamkeit geschenkt. Dies ist nicht überraschend, wenn man bedenkt, dass die Gewalt in Mariupol damals weniger intensiv und kurzlebiger war als in anderen Teilen der Region. Dadurch wird jedoch leicht übersehen, dass die Stadt der zweite Ort im Donbas war, an dem es zu bewaffneten Zusammenstößen zwischen Separatisten und ukrainischen Sicherheitskräften kam. Diese Zusammenstöße führten zu einem Vermächtnis militärischer Gewalt, die erst durch die russische Offensive von 2022 überlagert wurde, die große Teile von Mariupol in Trümmer legte.

Darüber hinaus bietet die Tatsache, dass der Gewaltausbruch von 2014 in Mariupol relativ kurzlebig war, während die Gewalt an anderen Orten im Donbas weiter eskalierte, zusätzliche Einblicke in die relative Bedeutung verschiedener kausaler Faktoren im Vergleich. Daher lohnt es sich, den Kausalmechanismus hinter dem kurzen Ausbruch von Gewalt in Mariupol zu untersuchen, auch wenn der Separatismus in der Stadt damals scheiterte. Wie in Kapitel vier untersuche ich drei Hypothesen, die jeweils die Rolle von Graswurzelaktivisten, lokalen Eliten und Russland hervorheben. Wie im Fall von Donezk und Luhansk komme ich zu dem Schluss, dass es keine ausreichenden Beweise für eine führende Rolle lokaler Eliten oder Russlands gibt. Dies bedeutet, dass die Ereignisse in Mariupol im Jahr 2014 in erster Linie als ein Fall von Separatismus als Graswurzelbewegung betrachtet werden sollten. Ich komme jedoch auch zu dem Schluss, dass der Kontrast zwischen dem Scheitern des Separatismus in Mariupol und der weiteren Eskalation in anderen Teilen des Donbas darauf hinweist, dass das innerstaatliche Konfliktpotenzial im Donbas begrenzt war.

Bis Mitte April ähnelte der Verlauf der Konflikteskalation in Mariupol dem Ablauf der Ereignisse in Donezk und Luhansk mit einer zeitlichen Verzögerung. Den ganzen März über gab es in Mariupol sowohl separatistische als auch Pro-Einheits-Demonstrationen, die weitgehend friedlich blieben (Prazkowa 2014a; Sokolowa 2014a; Prazkowa 2014b). Versuche, Mitte März und Anfang April Verwaltungsgebäude zu stürmen, blieben kurzlebig und folgenlos (Nowosti Donbasa 2014b; Prazkowa 2014c; Sokolowa 2014b). Ende März rief sich der Separatistenführer Dmytro Kusmenko zum „Volksbürgermeister" aus und wurde Anfang April auf Anweisung der Kyjiwer Behörden verhaftet (TSN 2014a; Sokolowa 2014b).[25] Am 13. April - eine Woche nach den bewaffneten Gebäudebesetzungen in Donezk und Luhansk und einen Tag nach dem Auftauchen der bewaffneten Gruppe von Igor Girkin in Slowjansk und Kramatorsk - besetzten Separatisten erfolgreich das Gebäude des Stadtrats von Mariupol und errichteten Barrikaden um das Gebäude (Prazkowa 2014d). An diesem Tag, sowie bei einer kleineren Demonstration am 11. April, kam es ebenfalls zu gewaltsamen Auseinandersetzungen zwischen den Demonstranten, allerdings in geringerem Ausmaß als bei den Zusammenstößen in Donezk einen Monat zuvor (Prazkowa 2014e; Swjaschtschenko 2014a).

In der Nacht vom 16. auf den 17. April überholte die Eskalation des Konflikts in Mariupol jedoch die Ereignisse in Donezk und Luhansk. Zu diesem Zeitpunkt kam es in Mariupol zu den ersten bewaffneten Zusammenstößen zwischen separatistischen Kämpfern und ukrainischen Sicherheitskräften. Damit wurde Mariupol

---

25 Dieses Kapitel stützt sich in hohem Maße auf die Berichterstattung der lokalen Nachrichtenwebseite *0629.com.ua*, einem Franchise des beliebten Netzwerks City Sites, das sich speziell auf die Entwicklungen in Mariupol konzentriert. Die Korrespondenten der Webseite lieferten eine umfassende Berichterstattung aus erster Hand und in Echtzeit über viele wichtige Ereignisse, die in Mariupol im fraglichen Zeitraum stattfanden. Sie illustrierten ihre Berichte häufig mit Fotos von den jeweiligen Schauplätzen und wurden in anderen ukrainischen Medien oft zitiert. In den meisten Fällen enthielt die Berichterstattung auf der Webseite keine Analysen oder Kommentare, sondern handelte von beobachteten Ereignissen, die von anderen Quellen nicht bestritten wurden und nicht im Widerspruch zur Darstellung der Konfliktparteien standen. Im Einklang mit der allgemeinen Behandlung von Nachrichtenquellen in diesem Buch werden solche Ereignisse in diesem Kapitel als Fakten beschrieben. Informationen, die möglicherweise umstritten sind und nicht als Tatsache, sondern als Behauptung der Webseite betrachtet werden sollten, werden als solche hervorgehoben.

zum zweiten Schauplatz eines bewaffneten Konflikts im Donbas – kurz nach den ersten bewaffneten Zusammenstößen bei Slowjansk und lange bevor die Kämpfe die beiden regionalen Hauptstädte erreichten.

Am Abend des 16. April versammelte sich eine Gruppe von Menschen am Eingang des Militärstützpunkts Nr. 3057, der sich nicht weit vom Stadtzentrum entfernt befindet und in dem zu diesem Zeitpunkt eine Einheit der ukrainischen Nationalgarde untergebracht war. Ein vor den Toren gefilmtes Video zeigt maskierte Männer, die die Soldaten über ein Megafon auffordern, sich gegen ihre Führung aufzulehnen und sich den Demonstranten anzuschließen (Hromadske TV 2014c). Ein von der ukrainischen Nachrichtenwebseite *Fakty* veröffentlichtes Bild vom selben Ort zeigt, dass einige der Männer mit Knüppeln bewaffnet waren (Schytschko 2014). Außerdem zeigt ein lokaler Fernsehbericht, der am folgenden Tag ausgestrahlt wurde, wie maskierte Männer am selben Ort Molotowcocktails in Richtung des Stützpunkts werfen, woraufhin Schüsse zu hören sind (Telekanal Donbas 2014). Der Korrespondent einer anderen lokalen Nachrichtenwebseite, der vor Ort war, berichtete ebenfalls von längeren Schusswechseln (mnews 2014a). Ein weiterer lokaler Fernsehbericht eines anderen Senders, der am folgenden Tag gedreht wurde, zeigt Brandspuren und Geschosshülsen rund um den Eingang des Stützpunkts (TRK Sigma 2014).

Der ukrainische Innenminister Arsen Awakow berichtete am Morgen des 17. April, dass drei Personen, die den Stützpunkt angegriffen hatten, getötet und 13 verletzt worden seien (Ostrow 2014j). Eine proseparatistische Gruppe behauptete in einem sozialen Netzwerk, es seien sogar 19 Menschen gestorben (Prazkowa 2014g). In der folgenden Woche wurden jedoch nur zwei Opfer, Oleksandr Awerbach und Andrij Guschwa, identifiziert (mnews 2014b).

Auch die Schuldzuweisungen für die tödlichen Schüsse sind widersprüchlich. Laut dem mnews-Korrespondenten vor Ort eskalierte die Situation, als die Demonstranten begannen, Molotowcocktails auf den Stützpunkt zu werfen, woraufhin die Soldaten das Feuer auf sie eröffneten (mnews 2014a). Der stellvertretende Kommandant des Stützpunkts erklärte jedoch gegenüber dem

Lokalfernsehen, einige der Demonstranten seien bewaffnet gewesen und hätten selbst das Feuer eröffnet, woraufhin seine Soldaten nur Warnschüsse in die Luft abgegeben hätten. Er behauptete, alle Opfer unter den Demonstranten seien auf Beschuss durch andere Demonstranten zurückzuführen (TRK Sigma 2014). Der *Fakty*-Bericht zitiert ungenannte Augenzeugen, die bestätigen, dass einige der Angreifer bewaffnet waren. Er zitiert auch eine Anwohnerin, die behauptet, ein auf dem Stützpunkt stationierter Verwandter habe ihr am Telefon gesagt, seine Einheit werde „bis zur letzten Kugel zurückschießen" (Schytschko 2014).

Anhand dieser widersprüchlichen Beweise lässt sich nicht mit Sicherheit feststellen, welche Seite das Feuer eröffnet hat und wer für die tödlichen Schüsse verantwortlich war. Da jedoch die einzigen bestätigten Todesfälle auf Seiten der Demonstranten zu beklagen waren, erscheint die Erklärung, dass sie von Soldaten getötet wurden, die versuchten, Angreifer abzuwehren, etwas plausibler als die Hypothese, dass andere Demonstranten die Schüsse abgaben. Was die Zahl der Todesopfer anbelangt, so ist es unwahrscheinlich, dass sie viel höher war als die beiden bestätigten Fälle. Angesichts des großen Medieninteresses, das die Ereignisse von allen Seiten erfahren haben, wäre es schwierig gewesen, eine große Zahl weiterer Todesopfer zu verheimlichen.

Nach über zwei Wochen relativer Ruhe kam es Anfang Mai zu neuen Zusammenstößen zwischen Separatisten und ukrainischen Sicherheitskräften (Prazkowa 2014h; Westi 2014d; Swjaschtschenko 2014b; Prazkowa 2014i). Zunächst blieb die Gewalt unter dem Ausmaß der Ereignisse vom 16. und 17. April. Am 9. Mai verschärften sich die Kämpfe jedoch plötzlich und erreichten das höchste Niveau, das in Mariupol während der Entstehungsphase des Donbas-Konflikts zu beobachten war. An diesem Tag versuchten bewaffnete separatistische Aktivisten, das Polizeipräsidium der Stadt in ihre Gewalt zu bringen. Soldaten der ukrainischen Nationalgarde, der ukrainischen Streitkräfte sowie Kämpfer eines Freiwilligenbataillons kamen der Polizei zu Hilfe. In der Folge kam es zu heftigen Kämpfen im Stadtzentrum.

Innenminister Awakow erklärte am selben Tag, dass bei den Kämpfen etwa 20 „Terroristen" und ein Mitglied der Sicherheitskräfte getötet worden seien (Westi 2014e). Am folgenden Abend meldete der örtliche Gesundheitsdienst, dass am 9. Mai insgesamt neun Menschen getötet und 42 verwundet worden seien (Ostrow 2014k). Bis zum 15. Mai hatte die lokale Nachrichtenwebseite *0629.com.ua* aus offiziellen Quellen sowie aus sozialen Medien die Namen von 13 Toten zusammengetragen. Sechs von ihnen waren Angehörige der Sicherheitskräfte (Swjaschtschenko 2014c). Dies ist die umfassendste und detaillierteste Liste von Opfern, die verfügbar ist.

Es wird von keiner der Konfliktparteien bestritten, dass um das Polizeipräsidium Kämpfe ausbrachen, nach denen das Militär eingriff und Menschen auf beiden Seiten starben. Nach Angaben der ukrainischen Sicherheitskräfte griff eine Gruppe von Separatisten das Polizeipräsidium an, um an die im Gebäude gelagerten Waffen zu kommen, woraufhin der örtliche Polizeikommandant Verstärkung anforderte (Romanenko und Abroskin 2016; Schyrochow 2020). Der separatistischen Darstellung zufolge rebellierten die örtlichen Polizeibeamten gegen ihren Kommandeur, der ihnen den Befehl gegeben hatte, die prorussischen Proteste in der Stadt gewaltsam aufzulösen, woraufhin der belagerte Kommandeur das Militär zu Hilfe rief (Novorossia.su 2014; Sibirzew 2014).

Wie bei den Ereignissen vom 16. und 17. April ist es nicht möglich, eine der beiden Versionen mit einem hohen Grad an Sicherheit zu bestätigen. Darüber hinaus ist es auch möglich, dass der örtliche Polizeikommandant gleichzeitig mit einem separatistischen Angriff und einem Aufstand einiger Beamter konfrontiert war. In Anbetracht des hohen Maßes an Zurückhaltung, das die Strafverfolgungsbehörden sowohl vor als auch nach dem 9. Mai gegenüber prorussischen Demonstranten an den Tag legten, erscheint es jedoch unwahrscheinlich, dass der örtliche Polizeikommandant einen Befehl zur gewaltsamen Auflösung von Protesten gab.

Die Frage, welche Seite zuerst schoss und wer genau für die Opfer verantwortlich war, ist wichtig und sollte weiter untersucht werden. Für die Bewertung der Ereignisse in Mariupol im Hinblick auf die Ursachen des gesamten Donbas-Konflikts ist sie jedoch von untergeordneter Bedeutung. Das wichtigste Rätsel, das es zu lösen gilt, ist die Frage, wer die beiden Konfliktparteien waren. In Bezug auf diese Frage sind die möglichen Hypothesen, die die Ereignisse in Mariupol erklären könnten, analog zu den drei Hypothesen, die in Kapitel vier im Zusammenhang mit den Gebäudebesetzungen in Donezk und Luhansk untersucht wurden.

H1: In Mariupol kam es zu Kämpfen zwischen ukrainischen Sicherheitskräften und prorussischen Graswurzelaktivisten.

Abbildung 9: Interne von der Basis ausgehende Kausalsequenz

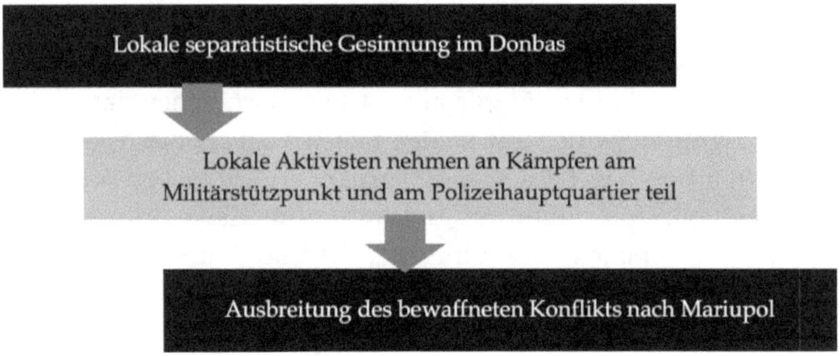

H2: Die Kämpfe in Mariupol fanden zwischen ukrainischen Sicherheitskräften und Agenten lokaler Eliten statt.

Abbildung 10: Interne elitengesteuerte Kausalsequenz

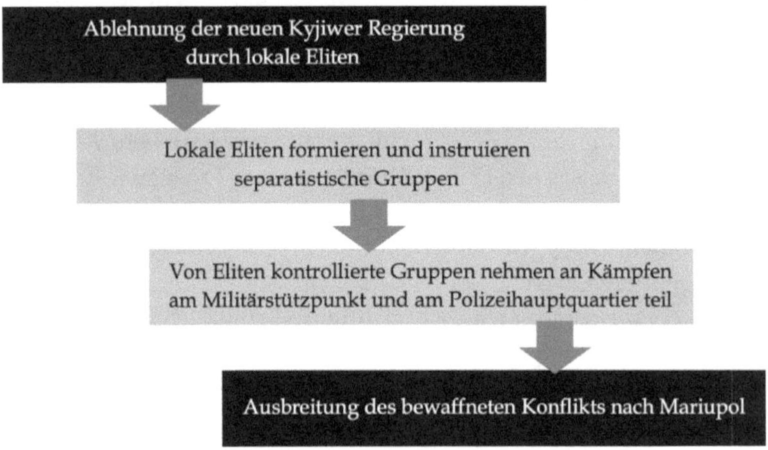

H3: Die Kämpfe in Mariupol fanden zwischen ukrainischen Sicherheitskräften und Organen des russischen Staates statt.

Abbildung 11: Externe Kausalsequenz

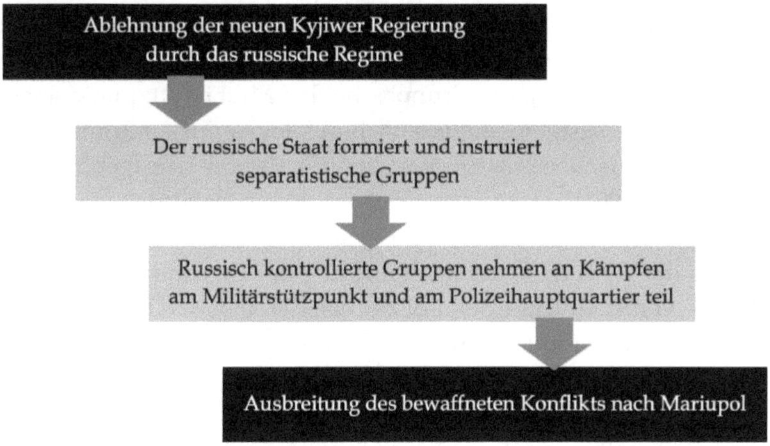

Wie im Fall von Donezk und Luhansk legen Ockhams Rasiermesser und der Sagan-Standard einen Vorsprung von H1 gegenüber den beiden anderen Hypothesen nahe. Obwohl der Präzedenzfall der Ankunft von Igor Girkin in Slowjansk und Kramatorsk diesen Vorsprung gegenüber H3 etwas schmälert, bleiben die Graswurzelproteste eine einfachere und weniger außergewöhnliche Erklärung der Ereignisse als ein Komplott Russlands oder lokaler Eliten. Das bedeutet, dass als Ausgangspunkt H1 als *realistische Möglichkeit,* H2 als *höchst unwahrscheinlich* und H3 als *unwahrscheinlich* angesehen werden sollte. Die Beweislast liegt bei den Befürwortern von H2 oder H3.

6.1. Die Separatistenbewegung in Mariupol

Ähnlich wie im Fall von Donezk in Kapitel vier erhöht sich diese Beweislast etwas nach einer ersten Runde informeller Bayes'scher Analyse (siehe Abschnitte 3.1.4. und 3.4.3.2.), die Beweise zugunsten von H1 berücksichtigt. Der wichtigste Beweis in dieser Hinsicht kommt von den ukrainischen Strafverfolgungsbehörden, die keinen einzigen russischen Staatsbürger unter denjenigen identifiziert haben, die nach der Eskalation der Gewalt in der Stadt verhaftet oder auf Fahndungslisten gesetzt wurden. Sie haben auch keine Beweise für Verbindungen zwischen inhaftierten oder gesuchten separatistischen Aktivisten in Mariupol und lokalen Oligarchen oder dem russischen Staat vorgelegt. Kurz nach dem Vorfall vom 16. und 17. April behauptete der stellvertretende ukrainische Innenminister Serhij Jarowyj, die Gruppe, die den Militärstützpunkt angegriffen habe, bestehe hauptsächlich aus lokalen Kleinkriminellen. Er erklärte, die Sicherheitskräfte hätten 77 Personen festgenommen, von denen 90 Prozent den Strafverfolgungsbehörden aufgrund früherer Straftaten oder Ordnungswidrigkeiten bekannt waren (Espreso TV 2014). Am ersten Jahrestag der Zusammenstöße vom 9. Mai veröffentlichte der Polizeichef der Oblast Donezk, Wjatscheslaw Abroskin (2015a), eine Erklärung, in der er angab, dass die Kerngruppe der separatistischen Aktivisten in Mariupol im Mai 2014 aus 80 Personen bestand. Er behauptete, die Strafverfolgungsbehörden hätten die Identität der meisten von ihnen festgestellt und einige von ihnen verhaftet. In demselben Posting veröffentlichte Abroskin die Namen und Bilder von zehn Männern, die angeblich direkt an der Gewalt beteiligt waren. Alle Männer wurden als Einwohner von Mariupol bezeichnet. Zwei Wochen später veröffentlichte Abroskin (2015b) Namen und Fotos von weiteren 15 separatistischen Aktivisten, die im Zusammenhang mit den Ereignissen in Mariupol festgenommen oder gesucht wurden. Laut Abroskin waren elf von ihnen Einwohner von Mariupol und Umgebung, drei lebten in Donezk und einer in Makijiwka. Im selben Beitrag schrieb Abroskin über Andrij Borysow (Deckname: „Tschetschen"), den „Kommandeur der Sicherheitskräfte" der Donezker Volksrepublik (DNR) in Mariupol zwischen Mitte Mai und Mitte Juni (YouTube 2014ap). Abroskin (2015b) bezeichnete Borysow als einen „typischen Sozialschmarotzer". Er behauptete, Borysow habe mit finanzieller Unterstützung seiner Eltern in der Nähe von Mariupol gelebt, bevor er begann, an prorussischen Kundgebungen in Donezk teilzunehmen, und eine Geschichte erfand, wonach er in Tschetschenien gekämpft habe. Abroskin erwähnte in seiner Beschreibung von Borysow und anderen Verdächtigen keine Verbindungen zu Russland oder lokalen Oligarchen. Das Fehlen von diesbezüglichen Behauptungen oder Beweisen in den Aussagen von

Abroskin oder anderen Strafverfolgungsbeamten erhöht die Wahrscheinlichkeit von H1. Gleichzeitig sinkt die Wahrscheinlichkeit von H3, da die ukrainischen Strafverfolgungsbehörden keinerlei Anreiz haben, Beweise für eine russische Beteiligung an den Ereignissen in Mariupol zu verbergen. Im Gegenteil, die Abwehr einer verdeckten Invasion wäre für sie prestigeträchtiger als der Kampf gegen eine zusammengewürfelte Gruppe von Einheimischen.

Wie im Fall von Donezk entspricht außerdem auch in Mariupol der Hintergrund der verschiedenen separatistischen Führungsfiguren dem, was man von einer heterogenen Graswurzelbewegung erwarten würde, die aus lokalen prorussischen Randaktivisten besteht.

- Laut *0629.com.ua* hatten der erste „Volksbürgermeister" von Mariupol *Dmytro Kusmenko* und sein Bruder und Nachfolger *Denys Kusmenko* einen lokalen Boxclub in Mariupol (Hudilin 2020) betrieben. Die Webseite veröffentlichte Bilder der Kusmenko-Brüder bei der Eröffnung des Clubs im Jahr 2013. Außerdem wurde geschildert, dass sie in organisierte Kriminalität verwickelt seien, jedoch wurden keine Beweise für diese Behauptung vorgelegt.
- *Wjatscheslaw Kuklin*, der am 14. April von einer Gruppe von Demonstranten zum temporären „Volksbürgermeister" gewählt wurde (Prazkowa 2014f), dann aber sofort wieder aus dem Rampenlicht verschwand, war ein älterer Aktivist in einem lokalen Einwohnerverein. Zu seinen früheren Onlineauftritten gehören eine Rede bei einer Anhörung des Stadtrats von Mariupol am 18. März (YouTube 2014m) und eine Rede bei einer Feier zum Tag des Sieges im Jahr 2012 (GO Sowjest 2012).
- *Ihor Chakimsjanow*, der „erste Verteidigungsminister der DNR", der am 6. Mai von ukrainischen Sicherheitskräften in Mariupol verhaftet und von dem umstrittenen ukrainischen populistischen Politiker Oleh Ljaschko öffentlich verhört wurde (TSN 2014b), war ein separatistischer Aktivist aus Donezk. Chakimsjanow trat erstmals am 10. April öffentlich auf, als er auf einer Sitzung der ersten DNR-„Regierung" zum „Kommandeur der Volksarmee" ernannt wurde (YouTube 2014af). In einem Interview aus dem Jahr

2018 sagte Chakimsjanow, er sei am 16. April 2014 mit einer Gruppe von „40-50 Männern nach Mariupol gekommen, um bei der Einnahme und Entwaffnung der Militärbasis zu helfen" (YouTube 2017a).

- *Oleksandr Fomenko,* der am 1. Juni bekannt gab, dass er als Nachfolger des inhaftierten Denys Kusmenko als „Volksbürgermeister" ausgewählt worden war (Fomenko 2014), war ein lokaler Unternehmer und Aktivist der Kommunistischen Partei der Ukraine. Die ukrainische Journalistin Julia Dydenko befragte den inhaftierten Fomenko zu seinem Hintergrund und seiner Version der Ereignisse im Jahr 2018 (Fomenko und Dydenko 2018).

Natürlich sind die öffentlich zugänglichen Informationen über diese Männer nur lückenhaft. In Ermangelung zusätzlicher gegenteiliger Beweise ist die scheinbar zufällige Anordnung der Personen, die die Separatistenbewegung in Mariupol zu verschiedenen Zeitpunkten anzuführen schienen, jedoch eher mit H1 als mit den beiden anderen Hypothesen vereinbar. In Verbindung mit den Aussagen der ukrainischen Strafverfolgungsbehörden deutet dies darauf hin, dass H1 *wahrscheinlich* wird, während sowohl H2 als auch H3 an Wahrscheinlichkeit verlieren und zusätzliche Beweise erforderlich wären, um das Gleichgewicht zu verändern. Solche Beweise müssten sowohl den anfänglichen Vorsprung von H1 als auch die zusätzlichen Beweise zu ihren Gunsten aufwiegen.

6.2. Oligarchischer Widerstand? Rinat Achmetows Rolle

Der einzige plausible Kandidat für einen von lokalen Eliten kontrollierten Aufstand in Mariupol wäre der Oligarch Rinat Achmetow, dessen Metinvest-Gruppe ein wichtiger lokaler Arbeitgeber und Motor der lokalen Wirtschaft war. Die verfügbaren Beweise aus öffentlichen Quellen verringern jedoch eher die Wahrscheinlichkeit, dass Achmetow die separatistischen Aktivisten in Mariupol kontrollierte, als dass sie sie erhöhen. Das Verhalten von Metinvest nach den Ereignissen vom 9. Mai ist ein fehlgeschlagener *Reifentest* (siehe Abschnitt 3.1.2.) für die Hypothese, dass die Unterstützer der DNR in Mariupol im Auftrag Achmetows handelten.

Als sich das ukrainische Militär nach den Ausschreitungen vom 9. Mai aus der Stadt zurückzog, gab Metinvest eine Erklärung ab, in der die Kyjiwer Regierung aufgefordert wurde, von weiteren Versuchen der Gewaltanwendung in städtischen Gebieten abzusehen. Um den Frieden und die öffentliche Ordnung in Mariupol aufrechtzuerhalten, versprach das Unternehmen, Freiwilligentrupps (*Narodnyje Druschyny*) aus Stahlarbeitern aufzustellen, die zur Unterstützung der örtlichen Polizei in der Stadt patrouillieren würden (Metinvest 2014). Einem lokalen Korrespondenten des ukrainischen Radiosenders *Hromadske Radio* zufolge begannen diese Freiwilligentrupps in den folgenden Tagen mit ihren Patrouillen (Burlakow 2014). Die Patrouillen begaben sich nicht in direkte Konfrontation mit separatistischen Aktivisten. DNR-Anhänger konnten bei dem „Referendum über die Selbstverwaltung“ am 11. Mai ungestört ihre Stimme abgeben. Aber die Freiwilligentrupps und die örtliche Polizei wurden auch nicht von der separatistischen Bewegung vereinnahmt. Weder Metinvest noch die örtliche Polizei ordneten sich der DNR unter. Im Gegenteil: Rinat Achmetow (2014) veröffentlichte am 19. Mai eine scharf formulierte Videoerklärung, in der er die DNR verurteilte. Er bezeichnete die Aktivitäten der DNR als „Kampf gegen die Menschen in unserer Region“ und als „Völkermord am Donbas“. Er rief zu einem „Donbas ohne Waffen“ und zu täglichen Warnstreiks während der Mittagszeit in allen Unternehmen im Donbas auf, um für den Frieden zu protestieren. In Mariupol folgten die örtlichen Stahlwerke diesem Aufruf zumindest an den folgenden zwei Tagen. Als Reaktion darauf organisierte eine kleine Gruppe von DNR-Anhängern einen Protest, bei dem die „Verstaatlichung“ von Achmetows Unternehmen gefordert wurde. Es gab jedoch keine Versuche, in diesem Sinne tätig zu werden (Ostrow 2014m). Stattdessen konnten die ukrainischen Präsidentschaftswahlen vom 25. Mai, die die DNR für unrechtmäßig hielt, in Mariupol stattfinden, wobei die örtliche Polizei und Freiwillige von Metinvest Wahllokale bewachten (Sokolowa 2014d; Prazkowa 2014j). Am Tag der Wahl wurde der lokale DNR-Chef Denys Kusmenko von einer Spezialeinheit der Polizei verhaftet (LB.ua 2014a; Nowosti Donbasa 2014g). Am 28. Mai veröffentlichte der DNR-Kommandeur Andrij Borysow einen Appell an den Bürgermeister von Mariupol, die Einwohner der Stadt und Rinat Achmetow.

Borysow forderte sie zur Zusammenarbeit mit der DNR auf, beklagte sich über mangelnde Unterstützung und warnte vor einer drohenden ukrainischen Gegenoffensive (YouTube 2014as). Diese Ereignisse zeigen deutlich, dass es der DNR trotz des Abzugs des ukrainischen Militärs aus Mariupol nicht gelungen war, ein Gewaltmonopol in der Stadt zu etablieren. Die DNR-Aktivisten mussten sich die faktische Kontrolle mit den lokalen Behörden und Metinvest teilen. Diese angespannte, aber weitgehend friedliche Koexistenz dauerte bis zum 13. Juni, als das ukrainische Militär zurückkehrte und die DNR aus Mariupol vertrieb (Novorosinform.org 2014a; Nowosti Donbasa 2014i).

Dies lässt nicht unbedingt den Schluss zu, dass die Maßnahmen von Metinvest der einzige Faktor waren, der die DNR daran hinderte, ein Gewaltmonopol aufzubauen. Es liegt jedoch nahe, dass sie zumindest dazu beigetragen haben. Nach den Zusammenstößen vom 9. Mai existierten Rinat Achmetow und die DNR nebeneinander, arbeiteten aber nicht zusammen. Wären die DNR-Aktivisten Achmetows Agenten, wäre die erwartete Beobachtung das Gegenteil, nämlich Kooperation oder Austausch. Dieser fehlgeschlagene *Reifentest* verringert die Wahrscheinlichkeit von H2 und lässt nur eine *geringe Chance*, dass die separatistischen Aktivisten in Mariupol Agenten der lokalen Eliten waren.

Wie im Fall von Donezk bedeutet diese Schlussfolgerung nicht, dass Rinat Achmetow völlig unschuldig ist. Im Gegenteil, der Zeitpunkt des Handelns von Metinvest und Achmetows Anti-DNR-Erklärung weisen darauf hin, dass Achmetow nichts unternommen hat, um die ersten Manifestationen des Separatismus zu verhindern, obwohl er dazu vielleicht in der Lage gewesen wäre. Vor dem 10. Mai gibt es keine Hinweise darauf, dass Achmetow irgendwie versuchte, separatistische Aktivitäten in Mariupol einzudämmen. Diese Beobachtung bekräftigt die Schlussfolgerung aus Kapitel vier über Achmetows Verhalten in Donezk. Er hat nicht alles getan, was er konnte, um separatistische Gewalt von vornherein zu verhindern. Stattdessen überschätzte Achmetow seine eigene Kontrolle über die Situation und verhielt sich gegenüber den ersten Manifestationen des Separatismus gleichgültig, wenn nicht gar unterstützend, vielleicht weil er hoffte, dass dies seine Position gegenüber der neuen Kyjiwer Regierung stärken würde.

Gleichzeitig untermauert Achmetows Reaktion auf die Ereignisse vom 9. Mai in Mariupol aber auch eine andere Schlussfolgerung aus Kapitel vier, nämlich dass ein Krieg im Donbas oder die Abspaltung der Region von der Ukraine nicht in Achmetows Interesse lag. Es ist fast sicher, dass Achmetow Mitte Mai versuchte, eine weitere Eskalation der Gewalt zu verhindern. In Mariupol war dieser Versuch erfolgreich, auch wenn es einer weiteren Operation des ukrainischen Militärs am 13. Juni bedurfte, um die separatistischen Aktivitäten zu beenden und eine russische Besetzung von Mariupol für weitere acht Jahre zu verhindern.

6.3. Ein Händedruck und ein paar Waffen: Die Rolle Russlands

Die Beweise dafür, dass die separatistischen Aktivitäten in Mariupol von Agenten des russischen Staates gesteuert wurden, sind relativ spärlich und schwach. Der stärkste Beweis für russischen Einfluss ist ein Besuch des künftigen „Volksbürgermeisters" Dmytro Kusmenko auf der Krim Anfang März. Am 4. März veröffentlichte die lokale Nachrichtenwebseite *0629.com.ua* einen Scan eines Briefes, der vom neuen „Premierminister" der Krim, Sergej Aksjonow, unterzeichnet wurde. In diesem Schreiben brachte Aksjonow seine Unterstützung für die separatistischen Aktivisten in Mariupol zum Ausdruck und versprach „maximale Anstrengungen", um die Aktionen seiner Kräfte auf der Krim mit denen von Kusmenkos Kräften in Mariupol zu koordinieren. Zusammen mit dem Brief veröffentlichte die Webseite auch ein Bild von Aksjonow und Kusmenko beim Händeschütteln (Scheschera 2014). Am 8. März sprach Kusmenko auf einer separatistischen Kundgebung in Mariupol. Er wurde als „ein Mann, der von der Krim gekommen ist" vorgestellt und verlas den ersten Teil von Aksjonows Brief (YouTube 2014k, ab 21:00). Da in Kapitel fünf gezeigt wurde, dass Aksjonow generell bereit war, Separatismus im Donbas zu unterstützen, erscheint es plausibel, dass er auch bereit war, Kusmenko zu treffen, und unwahrscheinlich, dass Kusmenko den Brief und das Foto von der Krim gefälscht hat. Allerdings war Kusmenko bereits am 8. März nach Mariupol zurückgekehrt. Es gibt keine Beweise dafür, dass er für mehr als einen kurzen Besuch auf der Krim war oder dass er materielle Unterstützung erhalten hat. Es gibt auch keine direkten Beweise dafür, dass die versprochene Koordination zwischen den Separatisten in Mariupol und den an der Annexion der Krim beteiligten Kräften tatsächlich stattgefunden hat. Betrachtet man jedoch Kusmenkos Reise Anfang März auf die Krim im Zusammenhang mit den Erkenntnissen aus Kapitel fünf, kann ein gewisses Maß an russischer staatlicher Unterstützung für die Separatisten in Mariupol nicht ausgeschlossen werden. In Kapitel fünf wurde gezeigt, dass Aksjonow die Besetzung von Slowjansk und Kramatorsk durch Igor Girkin am 12. April mitorganisiert hat. In diesem Zusammenhang legt Kusmenkos Krim-Reise zumindest die realistische Möglichkeit nahe, dass auch die Separatisten in Mariupol von Aksjonow weitere Ratschläge und materielle Unterstützung erhielten.

Weitere Beweise für eine mögliche materielle Unterstützung des Separatismus in Mariupol von der Krim stammen aus einem ukrainischen Gerichtsurteil, das Kudelia (2019, 291) entdeckt hat. Darin verurteilte ein Gericht in der Stadt Berdjansk, 70 km südwestlich von Mariupol in der ukrainischen Oblast Saporischschja, einen Einwohner von Mariupol wegen Hochverrats, Gründung einer terroristischen Vereinigung und illegalen Umgangs mit Waffen zu dreizehn Jahren Gefängnis (Bezirksgericht Berdjansk 2015). Dem Urteil zufolge war der Angeklagte ein enger Mitarbeiter von Denys Kusmenko und reiste am 25. Mai 2014 zusammen mit anderen örtlichen Separatisten nach Berdjansk, um eine Waffenlieferung von der Krim entgegenzunehmen. Sowohl die Waffen als auch die Männer wurden von Agenten des Sicherheitsdienstes der Ukraine (SBU) abgefangen. Der Angeklagte bestritt die Vorwürfe, räumte aber ein, dass ein anderer Separatistenaktivist in Mariupol ihm im April gesagt habe, dass sie über Waffenlieferungen aus Russland verhandelten. Er gab auch zu, dass er sich am 25. Mai mit Denys Kusmenko traf, um die Waffen in Empfang zu nehmen, und zusammen mit ihm verhaftet wurde. Aus dem Urteil geht nicht hervor, ob vor dem gescheiterten Versuch vom 25. Mai Waffenlieferungen aus von Russland kontrolliertem Gebiet nach Mariupol stattgefunden hatten. Das Urteil deutet jedoch darauf hin, dass die separatistischen Kräfte in Mariupol auch nach Dmytro Kusmenkos erstem Besuch auf der Krim weiterhin mit dem russischen Staat in

Kontakt standen. Dies erhöht die Wahrscheinlichkeit, dass die separatistischen Aktivisten in Mariupol zumindest in gewissem Umfang Ratschläge und materielle Unterstützung aus Russland erhielten.

Andere Beweise für eine russische Beteiligung an den Ereignissen in Mariupol sind schwächer als Kusmenkos Reise auf die Krim und das Gerichtsurteil. In seinen Äußerungen nach den Ereignissen vom 16. und 17. April behauptete der stellvertretende ukrainische Innenminister Jarowyj, dass einer der getöteten Angreifer der Militärbasis in der Vergangenheit eine Haftstrafe in Russland verbüßt habe (Espreso TV 2014). Er ging jedoch nicht weiter ins Detail und machte keine Angaben zu Verbindungen zwischen dem russischen Staat und den Separatisten. Der ukrainische Politiker Oleh Ljaschko behauptete nach seinem Verhör des DNR-„Verteidigungsministers" Ihor Chakimsjanow, dieser habe zugegeben, Geld vom russischen Inlandsgeheimdienst FSB und Befehle von Igor Girkin erhalten zu haben (TSN 2014b). Ljaschko ist jedoch für kontroverse PR-Aktionen und Aussagen von zweifelhaftem Wahrheitsgehalt bekannt. Außerdem wäre ein Geständnis von Chakimsjanow angesichts der Umstände des Verhörs unter Zwang zustande gekommen. Eine weitere mögliche Verbindung zwischen Chakimsjanow und dem russischen Staat lässt sich aus Chakimsjanows eigener Darstellung seiner Biografie in einem Interview mit einem separatistischen YouTube-Kanal aus dem Jahr 2015 ableiten. Zu Beginn des Interviews sagt Chakimsjanow, er sei in Makijiwka geboren, aber in der russischen Region Krasnodar zur Schule gegangen und habe dort einige Jahre an einer militärischen Hochschuleinrichtung verbracht, bevor er im Jahr 2001 in den Donbas zurückkehrte (YouTube 2015b, bei 1:27). Diese Verbindung bleibt jedoch aufgrund der beträchtlichen Zeit, die seit Chakimsjanows Rückkehr in den Donbas vergangen war, eher schwach. Eine weitere unbestätigte Behauptung über die Beteiligung des russischen Geheimdienstes wurde vom ukrainischen Militärhistoriker Mychailo Schyrochow (2020) in seiner Analyse der Ereignisse vom 9. Mai 2014 aufgestellt, die sich auf Quellen in den ukrainischen Strafverfolgungsbehörden stützt. In seinem Artikel schreibt Schyrochow, dass die Gruppe, die das Polizeipräsidium von Mariupol angriff, aus lokalen Separatisten bestand, die vor dem Angriff nach

Donezk gereist waren, wo sie Waffen und Befehle von ungenannten „russischen Führungsoffizieren (*Kuratory*)" erhalten hatten. Schyrochow liefert jedoch keine weiteren Beweise für diese angebliche Reise nach Donezk oder die Identität der angeblichen Kontaktpersonen. Ähnliche Behauptungen über Kontakte zwischen separatistischen Aktivisten in Mariupol und dem russischen Militärgeheimdienst GRU werden von einem Mann mit dem Pseudonym „Iwan Bohdan" in einem Buch über den Aufstieg und Fall des Separatismus in Mariupol aufgestellt (Bohdan 2016; Pyschowa 2016). In seinem Buch schildert Bohdan, er sei zum Zeitpunkt der Ereignisse in Mariupol gewesen und verfüge über SBU-Insiderwissen. Er macht jedoch keine Quellenangaben und erklärt nicht ausreichend, woher er oder seine Kontakte von der angeblichen Zusammenarbeit zwischen Separatisten in Mariupol und dem GRU wissen und warum sie davon überzeugt sind, dass diese Informationen richtig sind. Ein direkteres Indiz für die russische Präsenz in Mariupol sind Fotos einer „Ausstellung" über den ukrainischen „Faschismus" vor dem besetzten Gebäude des Stadtrats am 26. April 2014 (Sokolowa 2014c). Die Bilder zeigen, dass die Ausstellung von Anhängern von Sut Wremeni organisiert wurde - einer neosowjetischen Bewegung, die vom russischen Theaterproduzenten Sergej Kurginjan geleitet wurde. Es bleibt jedoch unklar, ob Anhänger der Bewegung aus Russland nach Mariupol gereist waren, und es ist möglich, dass es sich bei den Organisatoren um lokale Anhänger von Kurginjan handelte.

Zusammenfassend lässt sich sagen, dass es einige *Strohhalm-Indizien* (siehe Abschnitt 3.1.2.) für Verbindungen zwischen den Separatisten in Mariupol und dem russischen Staat gibt, aber keinen *rauchenden Colt*, der darauf hindeutet, dass sie mehr als ein Unterstützungsschreiben und einen Händedruck erhalten haben. Die einzige dokumentierte Waffenlieferung aus Russland fand erst am 25. Mai statt und wurde vom SBU abgefangen. Die in diesem Abschnitt erörterten Beweise für H3 reichen nicht aus, um das Gleichgewicht der Wahrscheinlichkeiten zwischen den verschiedenen Hypothesen wesentlich zu verändern. Dazu wären stichhaltigere Beweise erforderlich, zum Beispiel Fotos oder Videos von russischen Akteuren in Mariupol, abgehörte Telefongespräche oder detaillierte und glaubwürdige Augenzeugenberichte von

Teilnehmern, die auf Anweisungen und Koordinierung aus Russland hindeuten. In Ermangelung solcher Beweise bleibt die Wahrscheinlichkeit gegen H3 geneigt. Obwohl ein gewisses Maß an russischer Unterstützung in Form von Geld, Waffen oder Beratung wahrscheinlich ist, bleibt es *unwahrscheinlich*, dass diese Unterstützung ein Ausmaß erreichte, das es rechtfertigt, die Separatisten von Mariupol als Organe des russischen Staates zu bezeichnen. H1 bleibt die beste Erklärung für die Ereignisse in Mariupol, mit der Einschränkung, dass ein gewisses Maß an russischer Unterstützung wahrscheinlich ist und dass die separatistischen Aktivitäten von der anfänglichen Untätigkeit Rinat Achmetows profitierten.

6.4. Mariupol anderswo: Ein kontrafaktisches Gedankenexperiment

Der Fall Mariupol zeigt, dass es im Frühjahr 2014 im Donbas ein Potenzial zur Gewalt zwischen den ukrainischen Sicherheitskräften und prorussischen Graswurzelaktivisten gab. In Mariupol führte diese Gewalt zu bewaffneten Zusammenstößen und mehr als einem Dutzend bestätigter Todesopfer. Gleichzeitig zeigt der Fall Mariupol aber auch, dass sich die innenpolitische Eskalationsdynamik im Donbas nicht zwangsläufig fortsetzen musste. Er deutet darauf hin, dass separatistische Aktivitäten auch nach dem Einsatz des Militärs und bewaffneten Zusammenstößen wieder verpuffen konnten. Die Gewalt in Mariupol im Jahr 2014 war relativ kurzlebig, und die Situation eskalierte nach den Kämpfen vom 9. Mai nicht weiter. Trotz des vorübergehenden Rückzugs des ukrainischen Militärs gelang es den separatistischen Aktivisten nicht, ein Gewaltmonopol in Mariupol zu errichten und die Stadt in eine militarisierte Hochburg der DNR zu verwandeln. Infolgedessen wurden sie einen Monat später von den zurückkehrenden ukrainischen Streitkräften in einer Operation besiegt, die mit weniger Gewalt verbunden war als die früheren Zusammenstöße.

Es ist relativ einfach, die Geschehnisse von Mariupol in einem kontrafaktischen Gedankenexperiment auf andere Orte zu übertragen: Versuche von separatistischen Aktivisten, Gebäude zu besetzen und Waffen zu beschaffen, führen zu Zusammenstößen mit dem Militär. Das Militär zieht sich zurück. Die lokalen Eliten geben ihre stillschweigende Unterstützung für den Separatismus auf und verstärken ihr Engagement für öffentliche Ordnung. Die Separatisten verschwinden nicht, aber ihre Aktivität stagniert. Lokale Behörden und separatistische Einrichtungen koexistieren, bis sich die Sicherheitskräfte neu formieren und die Separatisten schließlich beseitigen. Würde dieses Szenario im gesamten Donbas durchgespielt, ginge es mit einem gewissen Maß an militarisierter Gewalt an verschiedenen Orten einher. Diese Gewalt könnte durchaus die Schwelle von 25 Todesopfern überschreiten, die das Uppsala-Konfliktdatenprogramm für bewaffnete Konflikte definiert. Es ist jedoch fast sicher, dass ein solches kontrafaktisches Szenario nur einen winzigen Bruchteil der Gewalt und Zerstörung beinhalten würde, die der Donbas im Sommer 2014 und in den darauffolgenden Jahren erlebt hat.

Auch wenn die Ereignisse des Frühjahrs 2014 in Mariupol ein Vermächtnis der Gewalt hinterlassen haben, war dieses Vermächtnis im Vergleich zu dem, was andere Teile der Region damals ertragen mussten, verschwindend klein. Erst im Jahr 2022 erreichte der Krieg Mariupol mit voller Wucht und verheerenden Folgen. Die Beobachtung, dass die militarisierte Gewalt in Mariupol 2014 auf einem vergleichsweise niedrigen Niveau blieb, wirft die Frage auf, warum die Eskalationsfolge des Konflikts in anderen Teilen des Donbas einen anderen Verlauf nahm. Besonders auffällig ist in diesem Zusammenhang der Fall von Slowjansk und Kramatorsk, wo die ersten bewaffneten Zusammenstöße etwa zur gleichen Zeit wie in Mariupol stattfanden. Warum konnten die separatistischen Kräfte nach den ersten bewaffneten Auseinandersetzungen ein Gewaltmonopol erlangen und Slowjansk und Kramatorsk weiter militarisieren, während dies in Mariupol nicht gelang? Ein Vergleich zwischen dem in Kapitel fünf ermittelten Kausalmechanismus und dem in diesem Kapitel ermittelten Kausalmechanismus liefert eine überzeugende Erklärung. Während die lokalen Separatisten in Mariupol weitgehend sich selbst überlassen waren, wurde die separatistische Übernahme von Slowjansk und Kramatorsk von Igor Girkins Gruppe mit ihrer Erfahrung, Entschlossenheit und Ausrüstung angeführt. Ein Vergleich der beiden Fälle untermauert daher die Ergebnisse der Analyse des vorangegangenen Kapitels, in dem die russische Einmischung als Hauptursache für die

Konflikteskalation in Slowjansk und Kramatorsk ermittelt wurde. Im folgenden Kapitel wird untersucht, ob die russische Einmischung auch eine angemessene Erklärung dafür ist, warum es in Donezk, Luhansk und anderen Orten im Donbas im Jahr 2014 zu einer weiteren Eskalation der Gewalt kam und nicht zu einem Abflauen der separatistischen Aktivitäten wie in Mariupol.

7. Die Kämpfe weiten sich aus

In diesem Kapitel wird der vierte Wendepunkt in der Eskalationsfolge des Donbas-Krieges analysiert - der Ausbruch bewaffneter Kämpfe an mehreren neuen Orten im Donbas und die daraus resultierende Entstehung von Frontlinien Ende Mai bis Mitte Juni 2014. Bis zur zweiten Maihälfte 2014 beschränkten sich die bewaffneten Zusammenstöße zwischen separatistischen Kämpfern und ukrainischen Streitkräften weitgehend auf zwei Brennpunkte - das Gebiet um Slowjansk und Kramatorsk und die Stadt Mariupol. In anderen Teilen des Donbas blieben die Aktivitäten der Separatisten weit unter dieser Eskalationsstufe und führten mit Ausnahme eines einzelnen Vorfalls in Luhansk nicht zu bewaffneten Kämpfen.[26] Zwischen Ende Mai und Mitte Juni weitete sich der Kriegsschauplatz jedoch rasch aus. In diesem Zeitraum kam es zu bewaffneten Zusammenstößen auf halbem Weg zwischen Donezk und Mariupol, in der unmittelbaren Umgebung von Donezk und Luhansk, in der Nähe der russisch-ukrainischen Grenze im Süden der Oblasten Donezk und Luhansk sowie in der Nähe von drei Städten nordwestlich von Luhansk. Diese Ausbrüche von Kämpfen an verschiedenen Orten innerhalb einer relativ kurzen Zeitspanne waren ein weiterer Wendepunkt in der Eskalation des Konflikts. Einerseits hinterließen sie in einigen der betroffenen Gebiete ein langfristiges Vermächtnis von Gewalt. Andererseits waren sie eine notwendige Bedingung für die weitere Eskalation des Konflikts, da sie die geografischen Grenzen der Gewalt vergrößerten. Sie stellen keine vertikale Aufwärtsbewegung auf der Eskalationsleiter des Konflikts dar, sondern eine horizontale Bewegung, die die höchste Eskalationsstufe, die der Konflikt bis dahin erreicht hatte, auf ein größeres Gebiet ausweitete. Infolgedessen veränderte der Konflikt seine Form. Beide Seiten konsolidierten ihre Kontrolle über Teile des Donbas. Größere Frontlinien traten an die Stelle insularer Brennpunkte. Ohne diese Entwicklung hätte der Krieg in den folgenden Monaten nicht weiter eskalieren können.

26 Am 3. Mai kam es bei der Erstürmung eines Rekrutierungsbüros in Luhansk zu einer Schießerei. Die Separatisten berichteten von einem Toten (0642.ua 2014b).

Ich werde jeden größeren Ausbruch von Kämpfen an einem neuen Ort separat untersuchen. Daher werde ich den Wendepunkt dieses Kapitels in vier Teile untergliedern. Zuerst werde ich einen Angriff auf ukrainische Truppen in der Nähe von Wolnowacha untersuchen, der einer Gruppe separatistischer Kämpfer aus Horliwka unter der Führung von Igor Besler zugeschrieben wird. Als Zweites werde ich mich mit den Kämpfen in der Umgebung von Donezk befassen, insbesondere mit dem gescheiterten Versuch, den Flughafen von Donezk einzunehmen, bei dem es zahlreiche Opfer unter den Separatisten gab. Im dritten Teil werde ich mich mit der Konsolidierung der separatistischen Kontrolle über Luhansk und die unmittelbare Umgebung der Stadt befassen. Als Viertes werde ich mich mit den Kämpfen im Westen und Süden der Oblast Luhansk befassen. Zu jeder dieser vier Episoden werde ich die verfügbaren Informationen aus öffentlichen Quellen im Hinblick auf zwei Hypothesen prüfen, die interne bzw. externe Ursachen als Hauptgrund identifizieren. Ich werde argumentieren, dass es im Fall aller vier Episoden überzeugende Beweise dafür gibt, dass die Aktionen des russischen Staates die Hauptursache für den Ausbruch der Kämpfe waren.

Weder die Separatisten noch die ukrainische Seite bestreiten, dass die fraglichen Zusammenstöße stattgefunden haben. Mehr noch, sie sind sich nicht einmal über den grundsätzlichen Ablauf der jeweiligen Ereignisse uneins. Der Hauptunterschied zwischen ihren Darstellungen betrifft nicht die Ereignisse als solche, sondern ihre normative Rechtfertigung. Die ukrainische Seite argumentiert, sie habe das Recht gehabt, auf die Stellungen der Separatisten vorzurücken und ihre Einrichtungen gegen separatistische Übernahmeversuche zu verteidigen, weil die neue Kyjiwer Regierung ihr Gewaltmonopol über ukrainisches Gebiet aufrechterhalten musste. Die Separatisten hingegen argumentieren, dass sie das Recht hatten, vorrückende ukrainische Truppen anzugreifen und ukrainische Militäreinrichtungen zu stürmen, weil die neue Kyjiwer Regierung keinen legitimen Anspruch auf den Donbas hatte. Ich würde zwar behaupten, dass das ukrainische Rechtfertigungsargument weitaus überzeugender ist als das der Separatisten, doch ist dieser Streit im Rahmen dieses Buches nicht von zentraler Bedeutung. Ich untersuche, ob die Gewaltanwendung gegen Organe der

Kyjiwer Regierung während der fraglichen Vorfälle in erster Linie lokalen oder russischen Akteuren zugeschrieben werden sollte. Ob diese Akteure das moralische oder juristische Recht zur Gewaltanwendung hatten oder nicht, ist eine wichtige Frage, hat aber keinen Einfluss auf den kausalen Ablauf selbst. Was den grundsätzlichen Ablauf der Ereignisse betrifft, müssen nur zwei Hypothesen geprüft werden. Jede von ihnen kann als einfacher Kausalmechanismus mit nur einer Komponente dargestellt werden.

H1: Die Einheiten, die die ukrainischen Streitkräfte zwischen Ende Mai und Mitte Juni in verschiedenen Teilen der Oblasten Donezk und Luhansk in Gefechte verwickelten, waren hauptsächlich lokale Akteure.

Abbildung 12: Interner Konfliktmechanismus

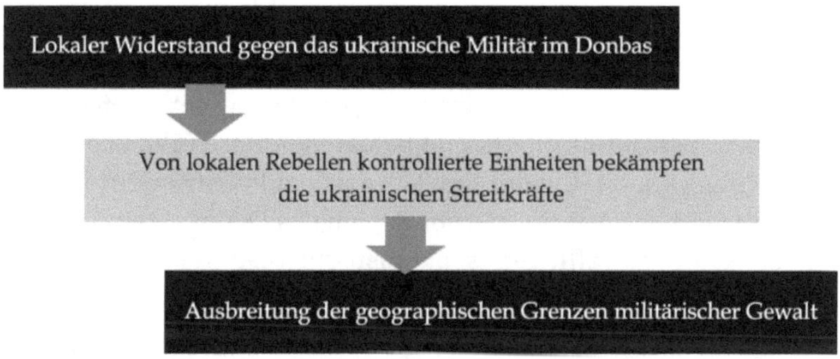

H2: Die Einheiten, die die ukrainischen Streitkräfte zwischen Ende Mai und Mitte Juni in verschiedenen Teilen der Oblasten Donezk und Luhansk in Gefechte verwickelten, waren Organe des russischen Staates.

Abbildung 13: Mechanismus einer russischen Invasion

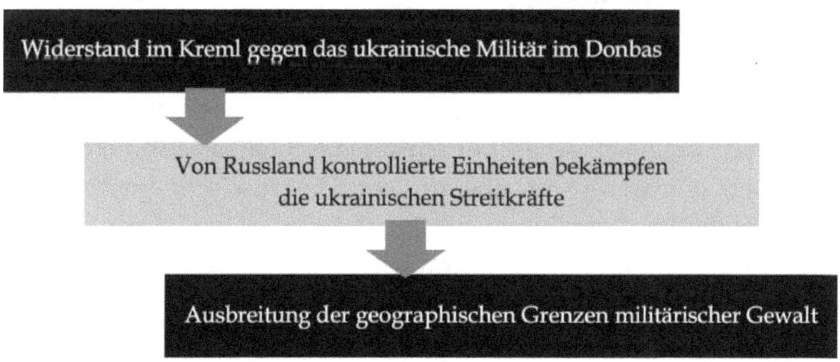

Im weiteren Verlauf dieses Kapitels werden diese beiden Hypothesen nun im Hinblick auf die vier Episoden getestet, die zu dem in diesem Kapitel untersuchten Wendepunkt gehören. Wie in den vorangegangenen Kapiteln wird einer Erklärung, die sich auf lokale Faktoren konzentriert, in Übereinstimmung mit Ockhams Rasiermesser und dem Sagan-Standard, ein probabilistischer Vorsprung eingeräumt. Das bedeutet, dass ich als Ausgangspunkt für die Bewertung der Beweise H1 für *wahrscheinlich* und H2 für eine *realistische Möglichkeit* halte.

7.1. Die Attacke von Wolnowacha: Ein „Dämon" aus Russland

Am Morgen des 22. Mai 2014 griff eine Gruppe bewaffneter Männer einen Kontrollpunkt der ukrainischen Streitkräfte in der Nähe der Stadt Wolnowacha, etwa 45 km südwestlich von Donezk, an. Dieser Angriff war das bisher tödlichste bewaffnete Gefecht des Konflikts. Sechzehn ukrainische Soldaten verloren ihr Leben und 32 wurden verletzt (Memorybook.org.ua n.d.b; Ostrow 2014n). Außerdem fand der Angriff in einer Region des Donbas statt, in der es zuvor keine bewaffneten separatistischen Aktivitäten gegeben hatte. Es gibt kein Filmmaterial von dem Angriff selbst. Ein Video, das Berichten zufolge am 21. Mai aufgenommen wurde, zeigt den Kontrollpunkt jedoch unversehrt. Es zeigt auch Männer in Zivilkleidung, die den Soldaten sagen, sie seien „Besatzer", die von den ukrainischen Behörden „zombifiziert" worden seien. Die Gespräche in dem Video deuten darauf hin, dass die Soldaten nicht vorankommen können, weil die Straße vor ihnen von Anwohnern blockiert wird (YouTube 2019a).

Videos vom 22. Mai zeigen die durch den Angriff der Separatisten verursachte Zerstörung (YouTube 2019b; ICTV 2014). Sie zeigen auch, wie ukrainische Hubschrauber, die nach dem Rückzug der ursprünglichen Angreifer eintrafen, scheinbar auf die eigenen Truppen schossen (YouTube 2014aq). Das russische Staatsfernsehen nutzte die Aufnahmen der Hubschrauber, um den gesamten Vorfall als Strafaktion der ukrainischen Regierung gegen ihre eigene Einheit darzustellen – angeblich weil sich diese Einheit geweigert hatte, auf Zivilisten zu schießen, und darum gebeten hatte, zu ihrem Stützpunkt zurückzukehren (Kanal 1 2014; NTV 2014). Diese Darstellung steht im Widerspruch zu den späteren Augenzeugenberichten überlebender ukrainischer Soldaten, die der Militärhistoriker Mychailo Schyrochow (2016b) gesammelt hat. Diesen Berichten zufolge wurde der erste Angriff von separatistischen Kämpfern verübt. Der anschließende Beschuss, bei dem nur ein Soldat verletzt wurde, erfolgte, weil die Hubschrauberpiloten brennende Fahrzeuge mit separatistischen Stellungen verwechselten.

Darüber hinaus widerspricht die russische Propagandaversion auch der Darstellung der Separatistengruppe, die den Anschlag verübt hat. Am 23. Mai veröffentlichte die russischsprachige Abteilung der BBC ein Interview mit einem maskierten Mann, der sich als „Anführer der Rebellen in Horliwka" bezeichnete, die Verantwortung für den Angriff übernahm und seinen Gesprächspartnern eine große Menge an erbeuteten Waffen zeigte (BBC News 2014b). Stimme und Augen dieses Mannes entsprechen dem Anführer der Separatisten in Horliwka, Igor Besler (Deckname: „Bes" - was übersetzt „Dämon" bedeutet). Diese Beobachtung deckt sich mit einer Erklärung, in der Besler (2017) am dritten Jahrestag des Angriffs auf seinem Profil in einem sozialen Netzwerk die Verantwortung seiner Gruppe bekräftigte. In Anbetracht dieser Beweise kann es als Tatsache angesehen werden, dass eine separatistische Einheit aus Horliwka unter dem Kommando von Igor Besler für den Überfall auf den ukrainischen Kontrollpunkt bei Wolnowacha am 22. Mai verantwortlich war. Der Hintergrund und die Zugehörigkeit Beslers sind wiederum der Schlüssel zur Beantwortung der Frage, ob dieser Angriff in erster Linie dem lokalen Separatismus oder dem russischen Staat zuzuschreiben ist.

Besler erregte erstmals die Aufmerksamkeit eines größeren Medienpublikums, als er am 14. April die Eroberung des Polizeipräsidiums in Horliwka anführte. In einem an diesem Tag veröffentlichten Video sprach er zu einer Gruppe örtlicher Polizeibeamter und stellte sich als „Oberstleutnant der russischen Armee" vor (YouTube 2014aj). Kurz darauf behauptete der Sicherheitsdienst der Ukraine (SBU), Besler sei ein Agent des russischen Militärgeheimdienstes GRU (Ukrainska Prawda 2014l). Der SBU veröffentlichte den Scan eines russischen Reisepasses, der Besler 2002 in der Stadt Mirny in der russischen Oblast Archangelsk ausgestellt worden war, wo sich zu der Zeit ein Stützpunkt der russischen strategischen Raketentruppen befand (serg_slavorum 2015). Der SBU behauptete, Besler habe seinen aktiven Militärdienst 2002 beendet und sei „in die Ukraine geschickt“ worden, wo der GRU im Februar 2014 erneut Kontakt zu ihm aufnahm und ihn anwies, an der Besetzung der Krim teilzunehmen (Ukrainska Prawda 2014l). In einem Interview mit der staatlichen russischen Nachrichtenagentur RIA Nowosti stritt Besler (2014) Verbindungen zu russischen Geheimdiensten ab, bestätigte aber die übrigen Behauptungen des SBU. Er sagte, er sei russischer Staatsbürger mit ukrainischer Aufenthaltsgenehmigung, habe bis Anfang der 2000er Jahre in den russischen Streitkräften gedient und eine aktive Rolle bei der Übernahme der Krim durch Russland gespielt. Ähnlich wie im Fall von Igor Girkin ist der zentrale Streitpunkt also nicht Beslers Identität oder Biografie, sondern die Frage, ob er im Frühjahr 2014 im Auftrag des russischen Staates gehandelt hat oder nicht.

7.1.1. Die Ursprünge von Igor Besler und seiner Gruppe

Wie im Fall von Igor Girkin (siehe Kapitel fünf) gibt es überzeugende Beweise, die Igor Besler mit dem russischen Sicherheitsapparat in Verbindung bringen. Diese Beweise bestehen aus drei Teilen, von denen jeder die Wahrscheinlichkeit von H2 in Bezug auf Beslers Gruppe erhöht. Der erste Teil bezieht sich auf die Tatsache, dass der Kern von Beslers Gruppe aus Männern bestand, die mit Igor Girkin von der Krim in den Donbas gekommen waren. Aus den Berichten von Beslers Mitstreitern geht hervor, dass er an der Übernahme der Krim teilgenommen und seine Tätigkeit im Donbas als Teil derselben paramilitärischen Gruppe wie Girkin vorbereitet hatte. Dies wurde von Girkin (2016a) und zwei anderen Gruppenmitgliedern - Illja Chochlow (2019a, bei 0:21) und Viktor Anosow (2019, bei 4:37) - bestätigt. Alle drei berichten, dass Besler von der Krim aus auf eine Aufklärungsmission in den Donbas geschickt wurde, bevor der Rest der Gruppe das ukrainische Festland betrat. Eine weitere Bestätigung ihrer Berichte kommt vom „Volksbürgermeister“ von Slowjansk, Wjatscheslaw Ponomarjow (2014), der sagte, dass Besler das vorübergehend besetzte SBU-Gebäude in Donezk am 7. April besuchte.

Nach der Ankunft von Girkin in Slowjansk bildete Besler einen separaten Stützpunkt in Horliwka, wo sich ihm einige von Girkins Männern anschlossen. Girkin (2016a) und Chochlow (2019b, ab 1:43) berichten, dass Besler nach der Ankunft in Slowjansk am 12. April wieder zu ihrer Gruppe stieß, aber fast sofort wieder abreiste und allein nach Horliwka ging. Dies deckt sich mit dem Bericht eines anderen Mitglieds von Girkins Gruppe mit dem Decknamen „Trifon". Ihm zufolge kam Besler am 13. April nach Slowjansk, geriet aber in einen Streit mit Girkin und verließ die Stadt wieder (Trifon und Bessonow 2020c). Besler brach jedoch nicht alle Verbindungen zu seinen Kameraden in Slowjansk ab. Im Gegenteil, Girkin (2016a) äußert, dass er im Mai „eine Abteilung von 40 bewaffneten Kämpfern" nach Horliwka schickte, was Besler half, die „vollständige Kontrolle" über die Stadt zu erlangen. Chochlow (2019b, ab 4:05) und Anosow (2019, bei 34:38) bestätigen beide, dass sich Mitglieder von Girkins Gruppe Ende Mai Besler in Horliwka anschlossen, deuten aber an, dass diese Kämpfer Slowjansk nicht in freundschaftlichem Einvernehmen verließen. In den Kommentarbereichen ihrer YouTube-Beiträge (Chochlow 2019a; Anosow 2019) finden sich auch Kommentare von anderen Gruppenmitgliedern, die sich heftig darüber streiten, ob diejenigen, die sich Besler in Horliwka anschlossen, Girkin verraten haben.

Diese Zeugenaussagen deuten darauf hin, dass mehrere Kämpfer, die an der Besetzung von Slowjansk und Kramatorsk beteiligt waren, sich Besler in Horliwka kurz vor dem Angriff auf Wolnowacha anschlossen. Sie beweisen auch, dass sowohl Besler als auch Girkin trotz ihrer Meinungsverschiedenheiten an der russischen Übernahme der Krim beteiligt waren und als Teil desselben Netzwerks in den Donbas weiterzogen. Wie ich in Kapitel fünf erörtert habe, wurde dieses Netzwerk von Krim-„Premierminister" Sergej Aksjonow und dem russischen Oligarchen Konstantin Malofejew mit dem Wissen und zumindest der stillschweigenden Zustimmung der russischen Geheimdienste und des Kremls koordiniert.

Daher ist es fast sicher, dass die Verantwortlichen für den Angriff in der Nähe von Wolnowacha aus demselben von Russland geführten Netzwerk stammen, das auch für die Besetzung von Slowjansk und Kramatorsk verantwortlich war. Ausgehend von der Grundannahme, dass H2 eine realistische Möglichkeit ist, macht diese erste Runde der informellen Bayes'schen Analyse (siehe Abschnitte 3.1.4. und 3.4.3.2.) es nun *wahrscheinlich,* dass Besler und die Mitglieder von Girkins Gruppe, die sich ihm in Horliwka anschlossen, weiterhin im Namen des russischen Staates handelten. Gleichzeitig lassen die offensichtlichen Spannungen zwischen den Gruppen von Girkin und Besler auch die *realistische Möglichkeit* zu, dass Besler seine Verbindungen zu Russland abgebrochen hatte. Die Wahrscheinlichkeit, dass dies der Fall war, wird jedoch durch zusätzliche Beweise erheblich verringert.

7.1.2. Beslers zweiter Pass

In der zweiten Phase der Analyse werden Beweise dafür geprüft, dass russische Geheimdienste Besler eine Tarnidentität verschafft haben. Als das Forschungskollektiv Bellingcat (2019) eine durchgesickerte Datenbank mit russischen Flugpassagierdaten erhielt und analysierte, entdeckte es, dass ein auf Igor Nikolajewitsch Beregowoj ausgestellter Reisepass verwendet wurde, um am 27. Oktober 2014 von Krasnodar nach Simferopol zu reisen. Am 28. Oktober rief Igor Nikolajewitsch Besler, dessen Geburtsdatum und Geburtsort mit denen in Beregowojs Pass übereinstimmen, seine Mitstreiter in Horliwka an und teilte ihnen mit, dass er den Donbas endgültig verlassen habe (Gorlovka.ua 2014). Darüber hinaus hat Bellingcat Beregowojs Passdaten mit einer Datenbank russischer Steueridentifikationsnummern abgeglichen und keinen Eintrag gefunden, was die Wahrscheinlichkeit erhöht, dass es sich bei Igor Beregowoj um eine gefälschte Identität handelt. Schließlich stellte Bellingcat fest, dass sich die Seriennummer von Beregowojs Pass nur um 28 Ziffern von der Seriennummer eines auf Andrej Iwanowitsch Laptjew ausgestellten Passes unterscheidet. Laut Bellingcat ist der letztgenannte Name die Tarnidentität von Oleg Iwannikow, einem GRU-Agenten, der 2014 im Donbas aktiv war (Rakuszitzky et al. 2018).[27] Bellingcat (2019) argumentiert, dass die Nähe der Seriennummern darauf hindeutet, dass die beiden Pässe zur selben Charge gehörten. Dieses Argument deckt sich mit den Ergebnissen

27 Ich werde Iwannikow im Zusammenhang mit den Ereignissen in der Stadt Luhansk weiter unten ausführlicher behandeln.

einer Untersuchung von Bellingcat (2018a) zum russischen Chemiewaffenangriff 2018 in Salisbury im Vereinigten Königreich. Bei dieser Untersuchung fand Bellingcat heraus, dass mehrere GRU-Agenten im Besitz von Zweitpässen waren, deren Seriennummern in unmittelbarer Nähe zueinander lagen.

Natürlich steht und fällt dieser Beweis mit der Authentizität der von Bellingcat beschafften Fluggastdatenbank. Bellingcat hat jedoch umfangreiche Erfahrung mit durchgesickerten Datenbanken, die im russischen Internet verkauft werden. Solche Informationen haben Bellingcat beispielsweise auch geholfen, die russischen Agenten zu identifizieren, die für die Vergiftungen mit einem chemischen Kampfstoff in Salisbury verantwortlich waren (Bellingcat 2018a; 2018b; 2018c). In diesem Fall erwiesen sich die Beweise aus einer Vielzahl anderer Quellen als übereinstimmend mit den Beweisen aus den geleakten Datenbanken. Vor diesem Hintergrund kann es als höchst wahrscheinlich angesehen werden, dass die Einschätzung von Bellingcat hinsichtlich der Authentizität der erlangten Fluggastdaten richtig ist. Demzufolge ist es höchst wahrscheinlich, dass russische Geheimdienste Igor Besler vor oder während seiner Aktivitäten im Donbas eine Tarnidentität verschafft haben. Dieser Befund wiederum erhöht die Wahrscheinlichkeit von H2 in Bezug auf Beslers Gruppe ebenfalls auf *höchst wahrscheinlich*.

7.1.3. Beslers Führungsoffizier: Wasili Geranin

Die dritte und letzte Stufe der informellen Bayes'schen Analyse beschäftigt sich mit Beweisen, dass Besler vor, während und nach seinen Aktivitäten im Donbas mit einem russischen Geheimdienstoffizier zusammenarbeitete. Am 17. Juli 2014, kurz nachdem Flug MH17 der Malaysia Airlines über dem Konfliktgebiet abgeschossen worden war, veröffentlichte der SBU (2014d) einen Auszug aus einem abgehörten Telefongespräch zwischen Besler und dem „russischen GRU-Oberst Wasili Nikolajewitsch Geranin".[28] Am 18. Juli

28 Das Hauptthema dieses Abschnitts ist die Interaktion zwischen Besler und Geranin und nicht die Geschichte von MH17. Weder Besler noch Geranin wurden wegen des Absturzes des Flugzeugs angeklagt, und die verfügbaren Beweise deuten darauf hin, dass sie nicht aktiv beteiligt waren, sondern nur Informationen aus zweiter Hand über den Vorfall diskutierten. Ich werde MH17 in Kapitel acht weiter erörtern.

zitierten kremlnahe russische Medien Besler mit der Aussage, dass dieses Gespräch stattgefunden habe, dass es aber nicht um MH17, sondern um ein anderes Flugzeug gegangen sei (Lenta.ru 2014; MK.ru 2014). Besler (2016; 2020) wiederholte diese Behauptung später auf seiner Seite in einem sozialen Netzwerk. Er argumentierte, dass der SBU den Zeitstempel der Aufnahme gefälscht habe und dass er über ein abgeschossenes ukrainisches Militärflugzeug und nicht über MH17 gesprochen habe. Die Authentizität des Gesprächs selbst hat Besler jedoch nicht bestritten. Darüber hinaus berichtete der russische Journalist Ilja Barabanow (2014) kurz nach der Veröffentlichung der Aufnahme, dass er die in der SBU-Aufzeichnung angezeigte Nummer angerufen und einen Mann erreicht habe, der auf die Anrede Wasili Nikolajewitsch Geranin geantwortet habe. Barabanow zufolge leugnete der Mann, mit jemandem über ein Flugzeug gesprochen zu haben, aber seine Stimme klang ähnlich wie die Stimme im Gesprächsausschnitt des SBU.

Eine Aufzeichnung des vollständigen Gesprächs zwischen Besler und Geranin tauchte 2020 im Zusammenhang mit dem niederländischen MH17-Prozess auf. Zunächst wurden weitere Auszüge von dem ukrainischen Videoblogger Anatolij Scharij (2020a ab 5:35) veröffentlicht, der behauptete, er habe die Datei von einer anonymen Quelle erhalten. Scharij ist ein scharfer Kritiker der ukrainischen Post-Maidan-Regierung und verbreitet prorussische politische Botschaften. Er präsentierte die zusätzlichen Auszüge als Beweis dafür, dass der SBU die ursprünglichen Auszüge aus dem Zusammenhang gerissen hatte. Daraufhin veröffentlichte und analysierte Bellingcat (2020b; 2020c) die vollständige Audioaufnahme des Gesprächs. Bellingcat gab an, die Audiodatei aus einer durchgesickerten E-Mail von Besler an einen russischen Geheimdienstmitarbeiter erhalten zu haben. Die Analyse des Inhalts durch Bellingcat widerspricht der von Scharij. Bellingcat argumentiert, dass die vollständige Aufnahme noch weniger mit Beslers Behauptung vereinbar sei, das Gespräch mit Geranin habe sich nicht auf MH17 bezogen. Unabhängig von diesem Streit und den Auswirkungen auf den Fall MH17 sind sich Scharij und Bellingcat jedoch einig, dass sie über dieselbe Aufnahme sprechen und deren Authentizität nicht in Frage stellen (Scharij 2020b).

Die Aufzeichnung des vollständigen Gesprächs zwischen Besler und Geranin (Bellingcat 2020b) lässt vermuten, dass Geranin Beslers Vorgesetzter war und dass sie regelmäßig sehr ausführlich über die Operationen von Beslers Gruppe sprachen. Besler spricht Geranin als Wasili Nikolajewitsch an und verwendet die formale zweite Person Plural, während Geranin Besler nur mit seinem Vornamen Igor anspricht und die informelle zweite Person Singular verwendet. Geranin beginnt das Gespräch mit der Frage, was mit der Leiche eines getöteten Kämpfers geschehen ist. Dann berichtet Besler, dass seine Männer „vor dreißig Minuten" einen ukrainischen Kampfjet abgeschossen haben und nun ukrainische Stellungen in der Nähe der Stadt Rosiwka angreifen.[29] Geranin bittet Besler, ihm Fotos per MMS zu schicken und möchte wissen, ob Beslers Männer Panzerabwehrraketen einsetzen. Daraufhin erwähnt Besler, dass seine Männer ukrainische RK-2-Raketen beschlagnahmt haben. Geranin erinnert Besler daran, dass er ihm bereits aufgetragen hat, diese Raketen an einen nicht näher bezeichneten Ort zu schicken, wo nicht näher bezeichnete Personen auf sie warten. Besler antwortet, dass er drei oder vier Fahrzeuge braucht, um alle Raketen zu transportieren, da seine Gruppe eine ganze Fabrik besetzt hat, aber er sagt auch, dass sie immer noch auf der Suche nach einem Abschussgerät sind. Geranin fordert Besler auf, nur einige Musterraketen zu schicken und den Rest zu behalten. Am Ende des Gesprächs fragt Geranin, ob Besler bei der Beschaffung von Propagandabannern Fortschritte gemacht habe.

Es gibt überzeugende Beweise aus öffentlichen Quellen, die Geranins Identität bestätigen und die Behauptung des SBU untermauern, dass er ein russischer Geheimdienstmitarbeiter ist. Zum Zeitpunkt der Veröffentlichung des ersten Gesprächsauszugs durch den SBU stammte das einzige verifizierte Foto eines „Oberst Wassili Geranin" von einem runden Tisch mit dem Titel „Der Krieg in Syrien – Lektionen für Russland" im April 2013 in Moskau. Der runde Tisch wurde von der russischen Militärnachrichten-

29 Der SBU und Bellingcat argumentieren, dass sich dieser Teil des Gesprächs auf MH17 bezieht. Bellingcat (2020c) vermutet, dass Besler unvollständige Informationen hatte. Daher nahm er fälschlicherweise an, dass es sich bei dem abgeschossenen Flugzeug um einen ukrainischen Kampfjet handelte, und er ging auch davon aus, dass seine Männer für den Abschuss verantwortlich waren.

Wochenzeitung *Nesawisimoje Wojennoje Obosrenije* (NWO) organisiert. Geranin hielt einen Vortrag über effektive Kampfstrategien gegen organisierte bewaffnete Gruppen und sein Foto begleitete einen Bericht über seinen Vortrag in der Printausgabe der Zeitung (NWO 2013, 6). Ein Scan ist über die kommerzielle Onlinedatenbank PressReader verfügbar. Aus der Bildunterschrift geht nicht hervor, in welcher militärischen Abteilung oder Behörde Geranin diente. Der einzige Hinweis auf einen Zusammenhang mit den Ereignissen im Donbas war die Tatsache, dass Igor Girkin an demselben runden Tisch teilnahm.

Im Januar 2020 tauchten jedoch weitere Beweise auf, die Geranins Identität und seine Verbindungen zu Igor Besler bestätigten. Diese Beweise basieren auf einem Video des russischen Journalisten Wjatscheslaw Nemyschew (2020), das ihn mit Igor Besler und einem anderen Mann, der als „Militärberater Wasili Makagonow" bezeichnet wird, auf einer Jacht auf der Krim zeigt. In dem Video trägt Makagonow ein T-Shirt mit der Aufschrift „Syrien" und sieht dem NWO-Foto von Geranin aus dem Jahr 2013 ausgesprochen ähnlich. Weitere Beweise dafür, dass es sich bei Geranin und Makagonow um ein und dieselbe Person handelt, stammen von Teilnehmern an der russischen Annexion der Krim. Am 10. März 2014 berichtete ein Sprecher des ukrainischen Verteidigungsministeriums, dass eine Gruppe bewaffneter Männer, „die unseren Quellen zufolge unter dem Kommando von Oberst Makagonow aus der Russischen Föderation stehen", in einen ukrainischen Militärstützpunkt in der Stadt Bachtschysarai eingedrungen sei (Ukrainska Prawda 2014d). Der ukrainische Journalist Lewko Stek (2020, ab 17:55) zeigte die Aufnahmen von Makagonow auf der Jacht einem ukrainischen Offizier, der im März 2014 auf diesem Stützpunkt in Bachtschysarai stationiert war. Der Offizier bestätigte, dass der Mann auf der Jacht und der Mann, der die russische Besetzung des Stützpunkts anführte, ein und dieselbe Person waren. Außerdem bestätigte er, dass Igor Besler ebenfalls an der Besetzung unter dem Kommando von Makagonow teilnahm. Die Bestätigung, dass der Anführer der Besetzung des Stützpunkts in Bachtschysarai ebenfalls den Nachnamen Geranin verwendete, stammt von einem seiner eigenen Milizionäre. Wadym Ilowtschenko – ein prorussischer Kosake, der später gemeinsam mit Igor Girkin an der Besetzung von Slowjansk und Kramatorsk beteiligt war (siehe Kapitel fünf) – gab einige Tage nach der Besetzung des Stützpunkts in Bachtschysarai ein kurzes Fernsehinterview (ITV 2014). Ein ausführlicheres Interview mit Ilowtschenko findet sich in einem 2019 veröffentlichten Buch von Andrij Saweljew, einem Mitstreiter von Ilowtschenko und Girkin (AiF 2019; Saweljew 2019a, 102). In diesem längeren Interview sagt Ilowtschenko, er habe sich am 7. März 2014 auf Empfehlung von Girkin einer paramilitärischen Gruppe unter dem Kommando von „Oberst Geranin" in Simferopol angeschlossen.[30] Laut Ilowtschenko war Geranins damaliger Deckname „Kanaris".

Der Deckname Kanaris führt zu einem weiteren Beleg, der Geranins Identität und seine Verbindungen zu Besler bestätigt. In einem öffentlichen Beitrag auf seiner Seite in einem sozialen Netzwerk identifizierte Igor Girkin (2019) Kanaris in einem Video aus dem Jahr 2019, das Wasili Makagonow/Geranin und Besler auf einer Bootsfahrt zeigt. In diesem Beitrag beschreibt Girkin Makagonow/Geranin als pensionierten Oberst des russischen Geheimdienstes, der drei Tapferkeitsorden für seinen Einsatz in Tschetschenien erhalten habe. Als Antwort auf den Kommentar eines anderen Nutzers fügt Girkin hinzu, dass Geranins Profil als „militärischer Profi" wesentlich stärker sei als sein eigenes, da Geranin „von klein auf ein Offizier der Spezialeinheiten" gewesen sei.

Zusammengenommen deuten diese Beweise darauf hin, dass es fast sicher ist, dass es sich bei Kanaris, Wasili Makagonow und Wasili Geranin um ein und dieselbe Person handelt – einen Oberst mit einer langen Dienstzeit im russischen Geheimdienstapparat. Darüber hinaus ist es fast sicher, dass Kanaris/Makagonow/Geranin während der Besetzung der Krim Beslers Befehlshaber war, dass Besler ihm während seiner Zeit im Donbas weiterhin Bericht

30 Ilowtschenko behauptet auch, dass Geranin nicht im aktiven Dienst war. Geranins formeller Beschäftigungsstatus ist jedoch von untergeordneter Bedeutung, wenn er eine führende Rolle bei der russischen Annexion der Krim spielte. Wie ich in Kapitel fünf dargelegt habe, sollten die paramilitärischen Kräfte, die die russische Machtübernahme unterstützten, als informelle Staatsorgane betrachtet werden, da sie unter der Kontrolle des russischen Sicherheitsapparats standen. Darüber hinaus ist die Tatsache, dass Geranin sich im Winter 2019/2020 auf einer Jacht auf der Krim vergnügen konnte, ein weiterer Beweis dafür, dass der russische Staat seine Aktivitäten im Zusammenhang mit dem Donbas-Konflikt billigte.

erstattete und von ihm Befehle erhielt und dass sie auch nach Beslers Abzug aus dem Donbas und seiner Rückkehr auf die Krim freundschaftlich verbunden blieben.

Beslers Verbindungen zu Girkins Gruppe, seine von den russischen Behörden angegebene zweite Identität und seine engen Kontakte zu dem hochrangigen russischen Geheimdienstoffizier Wasili Geranin sind kumulative Beweise dafür, dass Besler im Donbas als Agent des russischen Staates gehandelt hat. Diese drei Stufen der informellen Bayes'schen Analyse erhöhen die Wahrscheinlichkeit von H2 in Bezug auf Besler auf *fast sicher*. Folglich gilt die gleiche Argumentation, die für Girkins Gruppe in Kapitel fünf galt, auch für Besler und seine Männer. Auch wenn Besler ein gewisses Maß an operativer Autonomie genossen haben mag und sich auf lokale Rekruten stützte, deuten die oben erörterten Beweise darauf hin, dass Beslers Gruppe ein informelles Organ des russischen Staates war. Daher ist es fast sicher, dass die Aktionen des russischen Staates die Hauptursache für den Angriff auf die ukrainischen Streitkräfte in der Nähe von Wolnowacha am 22. Mai 2014 waren.

7.2. Donezk und Umgebung: Borodajs „Freiwillige"

Die Zahl der Todesopfer des Angriffs auf Wolnowacha wurde am 26. Mai noch übertroffen, als ein gescheiterter Versuch, den Flughafen von Donezk einzunehmen, zu schweren Verlusten auf Seiten der Separatisten führte. Den separatistischen Kräften gelang es kurzzeitig, eines der Terminalgebäude zu besetzen. Jedoch wurden sie zu einem chaotischen Rückzug gezwungen, als die ukrainischen Einheiten, die das andere Terminalgebäude hielten, das Feuer eröffneten und Luftunterstützung bekamen. Während des Rückzugs wurde ein mit separatistischen Kämpfern beladener Lastwagen durch Beschuss der eigenen Truppen zerstört, was die Zahl der Opfer erheblich erhöhte.

7.2.1. Russische Kämpfer in Donezk

Vieles deutet darauf hin, dass der Gruppe, die den Flughafen von Donezk angriff, zahlreiche Kämpfer aus Russland angehörten. Einen Tag vor den Ereignissen versammelten sich Lastwagen mit schwer bewaffneten Männern zu einer separatistischen

Kundgebung im Zentrum von Donezk. Während dieser Kundgebung sprach ein CNN-Korrespondent (2014) mit zwei Männern, die sagten, sie seien „Freiwillige" aus Tschetschenien, und bestätigten, dass sie in der Vergangenheit „Kadyrowtsi" (Kämpfer unter dem Kommando des tschetschenischen Republikoberhaupts Ramsan Kadyrow) gewesen waren. Einige Tage nach der Operation, am 29. Mai, gab die Donezker Volksrepublik (DNR) offen zu, dass ein Großteil der Opfer vom 26. Mai russische Staatsbürger waren. Der „Premierminister" der DNR, Aleksandr Borodaj, sagte auf einer Pressekonferenz, dass etwa 60 separatistische Kämpfer ums Leben gekommen seien und dass 34 Leichen getöteter russischer Staatsbürger nach Russland zurückgebracht worden seien (Borodaj und Puschylin 2014, bei 17:53 und 13:25).

Weitere Beweise für eine russische Beteiligung kamen an die Öffentlichkeit, als Kämpfer, die sich den Donezker Separatisten aus Russland angeschlossen und an der Operation vom 26. Mai teilgenommen hatten, über die Ereignisse berichteten. Ein ausführlicher Bericht wurde von Radio Free Europe / Radio Liberty (Gasparjan und Schakirow 2014) und ein weiterer von dem proseparatistischen Blogger El-Murid (2014) veröffentlicht. Obwohl diese beiden Quellen diametral entgegengesetzte Ansichten über den Konflikt vertreten, stimmen beide Augenzeugenberichte weitgehend überein. Beiden zufolge versammelte sich Mitte Mai eine Gruppe von 100-120 „Freiwilligen", die über soziale Medien rekrutiert worden waren, an einem ungenannten Ort in der russischen Oblast Rostow. Sie erhielten eine etwa zweiwöchige militärische Ausbildung von nicht identifizierten Ausbildern und reisten einige Tage vor der Operation in die Ukraine ein, angeführt von einem Mann mit dem Decknamen „Iskra".

Es gibt weitere Beweise dafür, dass die Anwesenheit von Kämpfern aus Russland in und um Donezk nicht auf den Fall des Iskra-Kommandos beschränkt war. In seiner Pressekonferenz vom 29. Mai erklärte Borodaj, dass die Zahl der russischen „Freiwilligen" in den Reihen der DNR „zum heutigen Zeitpunkt" mindestens 200 betrage (Borodaj und Puschylin 2014, 16:40). Spätere Berichte von Journalisten lassen vermuten, dass zumindest einige dieser Kämpfer aus dem russischen Nordkaukasus stammten und über umfangreiche Kampferfahrung verfügten. Am 1. Juni gestattete das Wostok-Bataillon der DNR einer Gruppe von Journalisten den Besuch ihres Ausbildungslagers in der Nähe von Donezk. Wostok war zu diesem Zeitpunkt die dominierende separatistische Einheit in Donezk. Ihr Kommandeur war der ehemalige ukrainische Spezialeinheiten-Offizier Oleksandr Chodakowskyj, der auch eine koordinierende Rolle bei der Operation am Donezker Flughafen spielte. Nach dem Besuch des Wostok-Ausbildungslagers berichtete der Journalist Max Awdejew (2014), dass sich in dem Lager „weit mehr Einheimische" als ausländische Kämpfer aufhielten, dass aber „die Ausländer zehn einheimische Freiwillige wert sind". Er berichtete ferner, dass die ausländischen Kämpfer, die er traf, Osseten waren, die 2008 im Krieg zwischen Russland und Georgien gekämpft hatten. Dies deckt sich mit dem Bericht der Journalistin Kateryna Serhazkowa, die an demselben Besuch teilnahm. Sie berichtete, dass einer der führenden Köpfe des Wostok-Bataillons ein Ossete mit dem Decknamen „Mamaj" war, der die Journalisten durch das Lager führte. Mamaj war bereit, mit acht anderen ossetischen „Freiwilligen" für ein Foto zu posieren (Serhazkowa 2014). Mamaj wird auch von dem Journalisten Mark Franchetti erwähnt, der das Wostok-Bataillon am 5. Juni bei einem gescheiterten Angriff auf den Grenzkontrollpunkt Maryniwka, 80 km südöstlich von Donezk, begleitete. Laut Franchetti (2014) wich Mamaj „selten von Chodakowskyjs Seite". Weitere Informationen über Mamaj wurden bekannt, als er am 17. Mai 2018 an der Frontlinie bei Donezk starb. Einen Tag nach seinem Tod veröffentlichte das DNR-„Informationsministerium" ein Video mit dem Titel „das letzte Interview mit Oleg Mamijew (Deckname Mamaj)" (Mamijew 2018). In diesem Interview bestätigte Mamaj, dass er aus Wladikawkas in der russischen Republik Nordossetien stamme und im Krieg mit Georgien 2008 gekämpft habe. Er sagte, er sei am 28. April 2014 von Wladikawkas nach Donezk gereist, nachdem er drei nicht identifizierte Männer aus Donezk getroffen hatte, die auf der Suche nach Freiwilligen durch die russischen Kaukasusrepubliken reisten.

Die oben genannten Indizien deuten darauf hin, dass irreguläre Kämpfer aus Russland, von denen viele aus den russischen Kaukasus-Republiken stammten, höchst wahrscheinlich ab Ende April oder Anfang Mai in Donezk eintrafen. Es ist auch höchst wahrscheinlich, dass zumindest einige dieser Kämpfer in den Kriegen in Tschetschenien und Georgien Kampferfahrung gesammelt hatten. Darüber hinaus ist es fast sicher, dass Ende Mai weitere russische Kämpfer mit dem Iskra-Kommando eintrafen, die vor ihrer Einreise in die Ukraine eine Kampfausbildung auf russischem Gebiet erhalten hatten. Es ist auch fast sicher, dass der gescheiterte Angriff auf den Flughafen von Donezk am 26. Mai hauptsächlich von diesem Kommando ausgeführt wurde, und es ist höchst wahrscheinlich, dass die Zahl der russischen Kämpfer in Donezk Ende des Monats immer noch bei über 200 lag. Gleichzeitig ist es höchst wahrscheinlich, dass die führende Rolle der russischen Kämpfer in den DNR-Einheiten sich auch auf andere Kampfhandlungen erstreckte. Die wichtigsten Beispiele aus dem fraglichen Zeitraum sind die Zusammenstöße des Wostok-Bataillons mit dem proukrainischen Donbas-Bataillon in der Stadt Karliwka am 23. Mai (Sementschenko 2014) und der Angriff des Wostok-Bataillons auf den Grenzkontrollpunkt Maryniwka am 5. Juni (Franchetti 2014). Selbst wenn die russischen Kämpfer bei diesen Operationen im Vergleich zu Einheimischen in der Minderheit waren, bedeutete ihre überlegene durchschnittliche Kampferfahrung höchst wahrscheinlich, dass sie sich in einer Position der Autorität befanden. Schließlich war die letzte Gelegenheit für ukrainische Bürger, sich an bewaffneten Kämpfen zu beteiligen, der Krieg der Sowjetunion in Afghanistan gewesen.

Die zentrale Rolle von Kämpfern aus Russland in den separatistischen Einheiten, die gegen die ukrainischen Streitkräfte um Donezk kämpften, wirft die Frage auf, inwieweit russische Freiwillige als staatliche Organe betrachtet werden können. Dieselbe Frage stellte sich in Kapitel fünf aufgrund der Behauptung von Igor Girkin, er habe die Operation in Slowjansk selbst geplant und niemand habe ihn dazu gezwungen. Ebenso gibt es keine Anhaltspunkte dafür, dass die russischen Staatsbürger, die im Mai in Donezk kämpften, als reguläre Mitglieder des russischen Sicherheitsapparats in den Donbas entsandt wurden. Es ist daher davon auszugehen, dass ihre persönlichen Motive eine notwendige Voraussetzung für ihre Beteiligung am Krieg waren. Es ist jedoch durchaus möglich, sich als Freiwilliger mit großer Begeisterung für ein Kriegsziel zu engagieren und gleichzeitig ein staatlicher Akteur zu sein. Viele reguläre

Soldaten werden auch nicht einberufen, sondern dienen freiwillig. Wie im Fall von Girkins Gruppe ist die Schlüsselfrage nicht, ob die russischen Freiwilligen in Donezk gezwungen wurden zu gehen, sondern ob die Handlungen des russischen Staates als Hauptgrund für ihre Anwesenheit angesehen werden können. Die Argumentation ist hier ähnlich wie in Kapitel fünf und führt zu demselben Ergebnis. Selbst wenn man davon ausgeht, dass die Rekrutierung und Ausbildung von Freiwilligen in Russland von privaten Akteuren wie Veteranenorganisationen durchgeführt wurde, kann es als fast sicher gelten, dass der russische Staat von diesen Aktivitäten wusste und sie hätte verhindern können. Die Rekrutierung einer großen Zahl russischer Bürger, ihre Kampfausbildung und ihre Entsendung über die Grenze wären ohne die Zustimmung der Behörden nicht möglich gewesen. Während der gesamten 2000er Jahre hat der Kreml die Effektivität seines Sicherheitsapparats erhöht und erfolgreich zivilgesellschaftliche Aktivitäten eingeschränkt, die er als unvereinbar mit seinen politischen Zielen ansah. Dem derzeitigen russischen Regime fehlt es weder an der Fähigkeit noch an der Entschlossenheit, gegen unerwünschte paramilitärische Aktivitäten auf seinem Staatsgebiet vorzugehen. Vor diesem Hintergrund ist die Duldung der paramilitärischen Rekrutierung russischer Staatsbürger für den Kampf in der Ukraine durch den Kreml eine größere Störung des normalen Ablaufs der Ereignisse als die Tatsache, dass Freiwillige gefunden wurden.

Die bisher erörterten Beweise wenden die Beweislast in Bezug auf das Gebiet um Donezk also gegen H1. Sie erhöht die Wahrscheinlichkeit von H2 auf *wahrscheinlich* und reduziert die Wahrscheinlichkeit von H1 auf *unwahrscheinlich*. Eine wichtige verbleibende Quelle von Unsicherheit ist jedoch die Frage, inwieweit der russische Staat seine Kontrolle über die Kämpfer aufrechterhielt, nachdem sie die Grenze überschritten hatten. Im folgenden Abschnitt werde ich Belege erörtern, die diese Unsicherheit verringern.

7.2.2. Borodaj und Surkow

Die russische Beteiligung an den bewaffneten Auseinandersetzungen um Donezk Ende Mai 2014 beschränkte sich nicht auf die

Präsenz erfahrener russischer paramilitärischer Fußsoldaten. Sie erstreckte sich auch auf die Kommandostrukturen, die für die separatistischen Einheiten zuständig waren. Ein *rauchender Colt* (siehe Abschnitt 3.1.2.) ist in diesem Zusammenhang eine Rede von Aleksandr Borodaj[31] auf einer Versammlung der „Union der Donbas-Freiwilligen" in Moskau im Oktober 2017 (Borodaj 2017; Butusow 2019). In dieser Rede identifizierte Borodaj den Anführer des Iskra-Kommandos – das Ende Mai 2014 aus Russland nach Donezk gekommen war und eine führende Rolle beim Angriff auf den Flughafen von Donezk am 26. Mai spielte – als Boris Sysenko. Borodaj zufolge war Sysenko ein „pensionierter Geheimdienstoffizier" im Rang eines Oberstleutnants, der während des Gefechts am Flughafen starb. Borodaj sagte, er selbst habe Sysenko mit der Bildung des Iskra-Kommandos beauftragt, bevor er Russland verließ, um „Premierminister" der DNR zu werden. Neben Sysenko gehörten zwei weitere „pensionierte Geheimdienstoffiziere" namens Jura und Sergej zur Führung des Kommandos.

Darüber hinaus machte Borodaj den Kommandeur des Wostok-Bataillons, Oleksandr Chodakowskyj, für die Niederlage der Separatisten am Flughafen von Donezk verantwortlich. Borodaj behauptete, dass Chodakowskyj die Operation gegen seinen Willen durchgeführt habe:

> Aleksandr Sergejewitsch [Chodakowskyj] hatte schon damals gute Verbindungen. Ich will ganz offen sein, er hat sich mit meinen Vorgesetzten in der Führung des Russischen Frühlings in Verbindung gesetzt. Kommen Sie nicht auf dumme Gedanken, das war nicht die Präsidialadministration, nicht [der russische Präsidentenberater] Wladislaw Surkow, keine Staatsbeamten der Russischen Föderation. Ich kann nicht [unhörbar]. Dennoch erhielt er die Genehmigung für diese Operation (Borodaj 2017 bei 12:00).

Borodaj gibt hier zu, dass die Kampfeinsätze der Einheiten seiner Republik, obwohl er „Premierminister" war, von nicht genannten

31 Borodaj selbst ist russischer Staatsbürger mit Verbindungen zum russischen Oligarchen Konstantin Malofejew (siehe Kapitel fünf). Er übernahm am 16. Mai 2014 die Rolle des „Ministerpräsidenten" der DNR und kehrte im August nach Russland zurück.

„Vorgesetzten" genehmigt werden mussten. In Anbetracht der Tatsache, dass der Kreml seine Beteiligung am Donbas-Konflikt von 2014 offiziell leugnet, ist es selbstverständlich, dass Borodaj jede Verbindung dieser Vorgesetzten mit dem russischen Staat abstreitet. Fünf Überlegungen legen jedoch nahe, dass dieses Dementi nicht glaubwürdig ist. Erstens hatte Borodaj, bevor er als „Premierminister" der DNR in den Donbas kam, eine koordinierende Rolle bei der Besetzung von Slowjansk und Kramatorsk am 12. April gespielt – fast sicher als Agent des russischen Staates (siehe Kapitel fünf). Zweitens enthalten durchgesickerte E-Mails, die an ein Konto des russischen Präsidentenberaters Wladislaw Surkow geschickt wurden und höchst wahrscheinlich authentisch sind, eine Nachricht vom 13. Mai 2014 mit einer Liste von vorgeschlagenen Mitgliedern für eine neue DNR-„Regierung" (Digital Forensic Research Lab 2016; Hosaka 2019, 758; Shandra und Seely 2019, 26). Das Feld für den Posten des „Premierministers" wurde leer gelassen. Drei Tage später wurde eine neue DNR-„Regierung" gebildet – unter der Führung von Borodaj und mit acht der elf Personen von der Liste in den vorgeschlagenen Positionen (Ostrow 2014l). Drittens zitierte eine russische Nachrichtenwebseite Borodaj am 16. Juni 2014 mit der Aussage, er kenne „den Präsidentenberater Wladislaw Surkow seit langem" (Aktualnyje Kommentarii 2014). Viertens erzählte ein ungenannter separatistischer Aktivist aus Donezk dem russischen Soziologen Maksim Aljukov, dass Borodaj sich bei seiner Ankunft in Donezk als Surkows Gesandter vorgestellt habe (Aljukov 2019, 127). Fünftens hat die MH17-Untersuchungskommission (JIT 2019a; 2019b) zwei abgehörte Telefongespräche zwischen Borodaj und Surkow von Anfang Juli 2014 überprüft und veröffentlicht. Der freundliche Ton dieser Gespräche lässt darauf schließen, dass sich die beiden Männer gut kennen. Die ausführliche Erörterung verschiedener Aspekte der Lage im Donbas deutet ferner darauf hin, dass sie regelmäßig über Angelegenheiten der DNR sprachen. Im Juni 2021 gaben Borodaj und Surkow zudem ein gemeinsames YouTube-Interview, in dem sie den Eindruck vermittelten, dass sie gute Freunde seien. In diesem Interview weigerte sich Surkow, die Authentizität der von der JIT veröffentlichten abgehörten Gespräche zu bestätigen, sagte aber, dass er und Borodaj im Sommer 2014 in Kontakt gestanden hatten (Surkow und Borodaj 2021 ab 15:50).

Zusätzlich zu den Beweisen für die Anwesenheit russischer Kämpfer erhöhen die Aussage von Borodaj (2017) und seine dokumentierten Verbindungen zu Surkow die Wahrscheinlichkeit von H2 im Zusammenhang mit der Eskalation der Kämpfe um Donezk Ende Mai 2014 weiter. Sie deuten darauf hin, dass Männer, die in der Vergangenheit für russische Geheimdienste gearbeitet haben, zu dieser Zeit eine der wichtigsten Gruppen russischer Kämpfer in der Region anführten. Sie weisen auch darauf hin, dass die Aktionen der Separatisten zur Zeit der Operation am Flughafen Donezk einer oder mehreren Befehlsketten unterlagen, die weit in den russischen Staatsapparat hineinreichten. Mindestens eine dieser Befehlsketten umfasste den Präsidentenberater Wladislaw Surkow und bestand mindestens seit der Ernennung Borodajs zum „Premierminister" der DNR am 16. Mai.

Dies wiederum bedeutet, dass der russische Staat den Zustrom ausgebildeter irregulärer Kämpfer aus Russland nach Donezk nicht nur zuließ, sondern zumindest ab Mitte Mai auch die Aktionen ihrer Einheiten koordinierte. Es ist davon auszugehen, dass dies nicht nur für die Operation am Flughafen von Donezk am 26. Mai gilt, sondern für alle Kampfhandlungen der in Donezk stationierten separatistischen Kräfte Ende Mai und Anfang Juni 2014. Infolgedessen steigt die Wahrscheinlichkeit von H2 in Bezug auf diese Ereignisse auf *höchst wahrscheinlich*, während die Wahrscheinlichkeit von H1 auf *höchst unwahrscheinlich* sinkt.

7.3. Die Stadt Luhansk: Wo Wagner auf Orion trifft

Parallel zur Eskalation der Kämpfe in der Oblast Donezk kam es auch in der Stadt Luhansk zu Versuchen der Separatisten, die Kontrolle über die Umgebung durch Angriffe auf Einrichtungen des ukrainischen Sicherheitsapparats zu festigen. Aus Sicht der Separatisten waren diese Operationen ein Erfolg. Die ukrainischen Streitkräfte zogen sich entweder zurück, wurden entwaffnet und demobilisiert oder schlossen sich den Separatisten an. Am 28. Mai 2014 stürmten separatistische Kräfte einen Stützpunkt der ukrainischen Nationalgarde in einem südöstlichen Vorort von Luhansk. Es kam zu einem Schusswechsel, bei dem ein ukrainischer Soldat starb. Die ukrainischen Behörden behaupteten außerdem, dass mehrere separatistische Kämpfer getötet wurden (LB.ua 2014b; Memorybook.org.ua n.d.c). Ein Korrespondent des russischen Staatsfernsehens berichtete vom Ort des Geschehens, dass es „auf beiden Seiten mindestens einen Toten gibt" (LifeNews 2014c). Am 29. Mai griffen separatistische Kräfte ein Depot der Nationalgarde in Oleksandriwsk, einem nordwestlichen Vorort von Luhansk, an. Das Depot geriet in Brand und beide Seiten mussten sich zurückziehen. Es wurden keine Verletzten gemeldet. Die Separatisten behaupteten, sie hätten mehrere ukrainische Soldaten festgenommen, was die Nationalgarde bestritt (Boschko 2014; LifeNews 2014d). In den ersten vier Junitagen kam es zu schwereren Kämpfen, als separatistische Kräfte das Hauptquartier des ukrainischen Grenzschutzes in einem südwestlichen Vorort von Luhansk belagerten. Die ukrainischen Grenzschützer zogen sich am 4. Juni mit vier verletzten Soldaten zurück. Laut ukrainischen Angaben wurden etwa zehn separatistische Kämpfer getötet (Schyrochow 2016c). Die Separatisten gaben sechs Verluste zu (yadocent 2014).

Die Ereignisse von Anfang Juni hatten auch Auswirkungen auf die Zivilbevölkerung von Luhansk und gingen mit potenziellen Verstößen gegen humanitäres Völkerrecht einher. Aufnahmen des russischen Staatsfernsehens von der Belagerung des Hauptquartiers des Grenzschutzes durch die Separatisten zeigen deutlich, dass die Kämpfer den Stützpunkt von angrenzenden Wohngebieten aus beschossen (YouTube 2014at). Andererseits wurden das Gebäude der Staatsverwaltung im Zentrum von Luhansk und der davor liegende Park am 2. Juni von Raketen getroffen. Zu diesem Zeitpunkt waren keine Militäreinheiten am Ort des Angriffs anwesend. Nach Angaben der Separatisten starben acht Menschen und 28 wurden verletzt (yadocent 2014). Obwohl die ukrainischen Behörden bestritten, verantwortlich zu sein, sind sich sowohl proukrainische als auch proseparatistische Recherchen einig, dass der Angriff von einem ukrainischen Kampfflugzeug ausgeführt wurde, das am selben Tag beim Abschuss von Raketen über Luhansk gefilmt worden war (Stopfake.org 2014; Giuretis 2014; Putin@war 2014; ds_mok 2014).

Gegen Mitte Juni eskalierten die Kämpfe weiter. Ein erster Versuch der Separatisten, ukrainische Fallschirmjäger anzugreifen, die den Flughafen von Luhansk hielten, scheiterte am 10. Juni. Quellen des ukrainischen Militärs gaben an, dass ein Separatist getötet und 14 verletzt wurden (TSN 2014c). Vier Tage später schossen die Separatisten jedoch ein ukrainisches IL-76-Frachtflugzeug ab, das sich dem Flughafen näherte und 40 Soldaten und neun Besatzungsmitglieder an Bord hatte, die alle ums Leben kamen (Memorybook.org.ua n.d.d). Dieser Vorfall war für die ukrainischen Streitkräfte der bisher größte Verlust an Menschenleben innerhalb eines einzigen Tages in diesem Konflikt. Am 17. Juni erlitten die ukrainischen Streitkräfte weitere Verluste, als sie versuchten, von Norden her auf Luhansk vorzurücken, und zwischen Schtschastja und Metalist mit Separatisten zusammenstießen (Memorybook.org.ua n.d.e; Nowosti Donbasa 2014j). Diese Ereignisse von Anfang bis Mitte Juni festigten die Kontrolle der Separatisten über die Stadt Luhansk und machten den 17 km südlich des Stadtzentrums gelegenen Flughafen und das Gebiet nördlich von Luhansk in Richtung des Flusses Siwerskyj Donez zum Schlachtfeld für die kommenden Monate.

7.3.1. Die Wagner-Gruppe in Luhansk

Wie im Fall von Doneczk gibt es Beweise dafür, dass paramilitärische Kämpfer aus Russland Ende Mai bis Anfang Juni 2014 in Luhansk präsent waren. Im Herbst 2017 veröffentlichte der SBU eine Präsentation, in der er behauptete, die Identität von 72 russischen Söldnern festgestellt zu haben, die am 29. Mai 2014 in die Oblast Luhansk eingedrungen waren und für den Abschuss der ukrainischen IL-76 am 14. Juni verantwortlich waren. Der SBU behauptete, dass diese Männer im Auftrag des russischen Geheimdienstes handelten und zur Wagner-Gruppe, einem russischen Militärunternehmen, gehörten (SBU 2017). Die Operationen dieser Gruppe in Syrien und mehreren afrikanischen Ländern erregten in den darauffolgenden Jahren weltweites Medieninteresse (Hauer 2018; Lee 2020; Suchankin 2020a; 2020b). Dennoch behauptete Kreml-Sprecher Dmitri Peskow (2020) noch im Juli 2020, nichts von der Wagner-Gruppe zu wissen. Und der Eigentümer der Gruppe, Jewgeni

Prigoschin, bestritt noch Mitte Februar 2022 jegliche Verbindung zwischen ihm und der „nicht existierenden Wagner-Gruppe". Er reichte sogar eine Klage beim Europäischen Gerichtshof ein und forderte, dass die EU entsprechende Behauptungen aus offiziellen Dokumenten entfernt (Interfax 2022).

Diese russische Leugnung der Wagner-Gruppe wurde nach der vollumfänglichen Invasion im Jahr 2022 zur völligen Farce. Die Gruppe agierte zunehmend öffentlich und machte kein Geheimnis daraus, dass sie an der Seite des regulären russischen Militärs in der Ukraine kämpfte und zu diesem Zweck aktiv neue Mitglieder rekrutierte. Mitte September 2022 bestätigte Jewgeni Prigoschin selbst implizit, dass sich Mitglieder der Wagner-Gruppe in der Nähe von Bachmut im Gebiet Donezk aufhielten und dass er Insassen aus russischen Gefängnissen rekrutierte, um sich der Gruppe anzuschließen und in der Ukraine zu kämpfen (Prigoschin 2022a). Ende September ging er noch einen Schritt weiter und gab ausdrücklich seine eigene Beteiligung an der Gründung der Gruppe sowie die Beteiligung der Gruppe an den Kämpfen am Flughafen Luhansk im Jahr 2014 zu:

> Ich reinigte alte Waffen, befasste mich mit kugelsicheren Westen und fand Spezialisten, die mir helfen konnten. In diesem Moment, am 1. Mai 2014, wurde die Gruppe von Patrioten geboren, die später den Namen „Bataillon Taktische Gruppe Wagner" erhielt. Nur dank ihrer Tapferkeit und ihres Mutes war es möglich, den Flughafen Luhansk und viele andere Gebiete zu befreien, und das Schicksal der LNR und der DNR änderte sich dramatisch (Prigoschin 2022b).

Noch vor Prigoschins Eingeständnis wurden die Behauptungen des SBU über die Präsenz der Wagner-Gruppe in Luhansk im Jahr 2014 jedoch von mindestens drei anderen Quellen bekräftigt.[32] Die erste Quelle ist Jewstafi Botwinjew, ein russischer Söldner, der einer russischen Nachrichtenwebseite im Mai 2018 ein Interview gab.

32 Ich möchte Sergej Suchankin dafür danken, dass er mich auf diese drei Quellen aufmerksam gemacht hat. Ich wurde durch seinen Bericht für die Jamestown Foundation über die Tätigkeit russischer privater Militärunternehmen in der Ukraine auf sie aufmerksam (Suchankin 2019).

Botwinjew behauptete, er sei am 23. Mai 2014 nach Donezk gekommen und später nach Luhansk weitergereist, wo er den Anführer der Wagner-Gruppe, Dmitri Utkin (Deckname: „Wagner"), traf, der im Juni mit einer Gruppe von 80 Männern eingetroffen war (Botwinjew und Dolgarjowa 2018). Zweitens zitiert ein Artikel von Radio Free Europe / Radio Liberty vom März 2018 drei anonyme Wagner-Befehlshaber, die sagen, dass sich zwei Gruppen von Söldnern, die aus „bis zu 250 Männern" bestanden, in Rostow am Don versammelten und im Juni 2014 in den Donbas weiterzogen. Eine der Gruppen wurde von Dmitri Utkin angeführt und nahm später den Namen „Wagner" von Utkin an (Chasow-Kassija 2018). Schließlich fand ein Blogger mit dem Benutzernamen Michail Utow (2019) mehrere Profile in sozialen Netzwerken unter den Namen von Wagner-Söldnern, die nach Angaben des SBU im Juli und August 2014 in der Oblast Luhansk ums Leben gekommen waren. Einige der Screenshots ihrer Konten zeigen Bilder, die von den Angehörigen der Männer gepostet wurden, mit den charakteristischen Medaillen in Form eines schwarzen Kreuzes, die die Wagner-Gruppe den Familien von im Ausland getöteten Söldnern schickte (Leviev 2017a; 2017b; Nasarowa und Barabanow 2018; Utow 2019). Darüber hinaus wurde über die Beerdigung von Wladimir Kalmanow, einem der Männer auf der Liste des SBU, in seiner Heimatstadt Krymsk in der russischen Region Krasnodar im lokalen Fernsehen berichtet. Dabei erwähnte der Moderator, dass Kalmanow in Syrien gekämpft hatte, bevor er sich den Separatisten in der Ukraine anschloss (Elektron-Media 2014).

Zusätzlich zu den Aktivitäten der Wagner-Gruppe wurde in einem russischen Gerichtssaal die Identität zweier weiterer russischer „Freiwilliger" festgestellt, die bei den Kämpfen nördlich von Luhansk am 17. Juni eine führende Rolle spielten. Die beiden Männer traten als Zeugen der Anklage im Prozess gegen die ukrainische Soldatin Nadija Sawtschenko auf, die am 17. Juni in der Nähe der Stadt Metalist von separatistischen Kräften gefangen genommen worden war. Anschließend wurde Sawtschenko nach Russland gebracht und für die angebliche Ermordung eines russischen Kriegsberichterstatters vor Gericht gestellt. Kurz nach ihrer Festnahme auf dem Schlachtfeld am 17. Juni wurde sie von Jegor Russki gefilmt, der später vor Gericht gegen sie aussagte (Russki 2018; Russki und LifeNews 2018; Mediazona 2015a). Zwischen seinem Einsatz in der Ukraine und seinem Auftritt vor Gericht tauchte Russki in einem lokalen Fernsehbericht in seiner Heimatstadt Uchta in der russischen Republik Komi auf. In diesem Bericht enthüllte der Moderator, dass Russki ein Veteran der russischen Armee war, der 2008 im Krieg gegen Georgien gekämpft hatte (Planeta Nowostej 2014). Der andere Mann, der vor Gericht gegen Sawtschenko aussagte, war Sergej Moissejew. Aus öffentlich zugänglichen Quellen liegen keine weiteren Informationen über ihn vor, aber er bestätigte während des Prozesses, dass er russischer Staatsbürger sei und am 17. Juni 2014 auf Seiten der Separatisten in der Nähe von Luhansk gekämpft habe (Mediazona 2015b).

Zusammenfassend lässt sich aus den oben erörterten Beweisen fast sicher schließen, dass sich mehr als 100 paramilitärische Kämpfer aus Russland, von denen viele Söldner waren, die mit der Wagner-Gruppe in Verbindung standen, im Juni 2014 den separatistischen Kräften im Gebiet Luhansk anschlossen. Es ist höchst wahrscheinlich, dass diese Kämpfer ihre überlegene Kampferfahrung nutzten, um eine führende Rolle bei den Kampfhandlungen am 14. Juni am Flughafen Luhansk und am 17. Juni nördlich von Luhansk zu spielen. Wenn man zudem bedenkt, dass russische paramilitärische Kämpfer mit Kampferfahrung bereits Ende April und Anfang Mai in Donezk eintrafen, ist es wahrscheinlich, dass zumindest einige ihrer Luhansker Kollegen bereits bei den ersten kleineren Kampfhandlungen in Luhansk Ende Mai anwesend waren. Ähnlich wie im Fall von Donezk kehrt dieses Indiz die Wahrscheinlichkeitsbilanz zwischen H1 und H2 um, was bedeutet, dass die erstere Hypothese *unwahrscheinlich* und die letztere *wahrscheinlich* wird – zumindest für die Ereignisse von Mitte Juni. Im Fall der ersten Reihe bewaffneter Zusammenstöße in Luhansk Ende Mai und Anfang Juni könnten sowohl H1 als auch H2 im Kontext der aktuellen Beweislage eine *realistische Möglichkeit* darstellen.

7.3.2. Orion, Elbrus und Pawel Karpow

Es gibt Hinweise darauf, dass die separatistischen Milizen in und um Luhansk von zwei russischen Geheimdienstoffizieren und einem politischen Berater aus Moskau beaufsichtigt wurden. Wie im

Fall von Donezk erhöhen diese Hinweise auf Verbindungen zwischen irregulären Kämpfern und russischen staatlichen Strukturen die Wahrscheinlichkeit von H2 weiter. In seinem Interview vom Mai 2018 sagte der russische Söldner Jewstafi Botwinjew, dass seine Gruppe sowie die Söldner der Wagner-Gruppe, die er in Luhansk traf, nicht unter dem Kommando der örtlichen Separatistenführung standen. Stattdessen behauptete er, dass die Söldner und der „Verteidigungsminister" der Luhansker Volksrepublik (LNR), Ihor Plotnytskyj, beide demselben Vorgesetzten unterstanden - einem Mann mit dem Codenamen „Andrej Iwanowitsch" (Botwinjew und Dolgarjowa 2018). Eine Variante desselben Codenamens taucht auch im Bericht eines anonymen russischen „Freiwilligen" auf, der angibt, dass er die Separatisten in Luhansk von Beginn des Konflikts an logistisch unterstützte. Dem Bericht dieser Person zufolge hat ein russischer Geheimdienstoffizier namens „Andrej Iwanytsch", der für seine „hohe Stimme" bekannt war, die Ernennung von Plotnytskyj zum „Verteidigungsminister" der LNR Ende Mai überhaupt erst genehmigt (Nemezida-LNR 2016).

Eine Person mit der Bezeichnung „Andrej Iwanowitsch" und einer ausgeprägt hohen Stimme taucht auch in einem Telefonat, das vom SBU (2014e) mitgeschnitten wurde, und in einem Zeugenaufruf der JIT (2016d) im Zusammenhang mit dem Abschuss des Malaysia-Airlines-Flugs MH17 auf. Nach Angaben des SBU und der JIT handelte es sich bei der betreffenden Person um einen russischen Geheimdienstmitarbeiter, der die Decknamen „Andrej Iwanowitsch" und „Orion" verwendete. Im Jahr 2018 gelang es dem Recherchekollektiv Bellingcat, die Identität von Andrej Iwanowitsch Orion zu ermitteln. Nach der Analyse der beschriebenen öffentlich zugänglichen Informationen über Andrej Iwanowitsch Orion suchte Bellingcat in geleakten russischen Telefon-, Kfz-Zulassungs- und Wohnadressdatenbanken nach weiteren Hinweisen. Auf der Grundlage dieser Recherchen kam Bellingcat „mit sehr hoher Sicherheit" zu dem Schluss, dass es sich bei Orion tatsächlich um Oleg Wladimirowitsch Iwannikow handelt, einen russischen GRU-Offizier, der auch die Tarnidentität Andrej Iwanowitsch Laptjew benutzte (Rakuszitzky et al. 2018). Obwohl es nicht möglich ist, die Herkunft und Zuverlässigkeit der verwendeten Daten zu überprüfen, wird in dem Bericht jeder Schritt der Untersuchung ausführlich und transparent erläutert. Gleichzeitig hat Bellingcat eine beeindruckende Erfolgsbilanz bei der Durchführung qualitativ hochwertiger Untersuchungen vorzuweisen. Aus diesen Gründen kann man davon ausgehen, dass die Identifizierung von Andrej Iwanowitsch Orion als Oleg Wladimirowitsch Iwannikow höchst wahrscheinlich korrekt ist.

Neben Iwannikow deutet die Anwesenheit von zwei weiteren Männern in Luhansk Anfang bis Mitte Juni darauf hin, dass der russische Staat die Führung der LNR und ihr Militär kontrollierte. In beiden Fällen ist die erste Spur der Fall Nadija Sawtschenko. Erstens hat ein separatistischer Kämpfer mit dem Decknamen „Ilim" während des Prozesses gegen Sawtschenko dem russischen Journalisten Ilja Asar (2016) seine Version der Ereignisse vom 17. Juni erzählt. In diesem Interview erwähnt Ilim beiläufig, dass nach der Verhaftung Sawtschenkos ihre Habseligkeiten an einen Mann mit dem Decknamen „Elbrus" übergeben wurden, der ein „FSB-Berater der LNR-Behörden" war. Im April 2020 veröffentlichte Bellingcat (2020a) einen Bericht über Elbrus, der sich auf öffentliches Quellenmaterial und durchgesickerte russische Datenbanken stützte. Der Bericht kam zu dem Schluss, dass Elbrus der Codename eines russischen Obersts des Föderalen Sicherheitsdienstes (FSB) namens Igor Anatoljewitsch Jegorow war, der im Sommer 2014 das FSB-Gegenstück zum GRU-Offizier Iwannikow in Luhansk war. Die Ergebnisse des Berichts sind aus denselben Gründen wie im Fall Iwannikow höchst wahrscheinlich zutreffend.

Zweitens sagte Nadija Sawtschenko während ihres Prozesses, dass ein russischer politischer Berater namens Pawel Karpow ihre Überführung von Luhansk nach Russland organisiert habe. An Karpows Anwesenheit erinnern sich auch lokale Journalisten aus Luhansk, die sagen, dass er sie am 10. Juni 2014 in die Staatsverwaltung der Oblast Luhansk zitierte, um ihre Loyalität gegenüber den Behörden der LNR zu fordern (Dobrow 2015). Nach Sawtschenkos Anschuldigung nahm das russische Nachrichtenmagazin *Kommersant Wlast* Kontakt mit Karpow auf, der jegliche Verwicklung in den Fall Sawtschenko bestritt, aber bestätigte, dass er sich im Sommer 2014 in Luhansk aufgehalten hatte (Tumanow 2016). Weitere Recherchen von *Kommersant Wlast* und der antiseparatistischen Luhansker Zeitung *Realnaja Gazeta* ergaben, dass Karpow in russischen nationalistischen Kreisen gut vernetzt war (Dobrow 2015; Tumanow 2016). Im Jahr 2012 trat er beispielsweise zusammen mit dem künftigen DNR-„Premierminister" Aleksandr Borodaj bei einer Diskussionsrunde auf, die von der rechtsextremen Zeitung *Sawtra* veranstaltet wurde (Karpow und Borodaj 2012). Darüber hinaus fand *Realnaja Gazeta* in öffentlich zugänglichen russischen Datenbanken Hinweise darauf, dass Karpow Vorstandsmitglied einer kremlfreundlichen Jugendorganisation war, die 2012 insgesamt 10 Millionen Rubel an staatlichen Zuschüssen erhielt (Dobrow 2015). Mindestens bis zum Herbst 2018 war er auch Mitglied der Moskauer Öffentlichen Kammer, eines Beratungsorgans der Moskauer Stadtverwaltung, das sich aus ausgewählten, staatlich abgesegneten Vertretern der Zivilgesellschaft zusammensetzt (Moskauer Öffentliche Kammer 2018).

Die oben angeführten Beweise deuten darauf hin, dass der russische GRU-Offizier Oleg Iwannikow Mitte Juni 2014 höchst wahrscheinlich eine Führungsposition gegenüber den militärischen Einheiten der LNR in Luhansk innehatte. Es ist wahrscheinlich, dass Iwannikow mindestens seit Ende Mai in dieser Position war und die Ernennung von Ihor Plotnytskyj zum „Verteidigungsminister" der LNR billigte. Darüber hinaus ist es höchst wahrscheinlich, dass Mitte Juni der FSB-Offizier Igor Jegorow und der politische Berater Pawel Karpow - ein Mitarbeiter des DNR-„Ministerpräsidenten" Borodaj - zu Iwannikow gestoßen waren. Obwohl es keine Beweise für die Anwesenheit von Jegorow und Karpow in Luhansk vor Mitte Juni gibt, ist es eine realistische Möglichkeit, dass sie ihre jeweiligen Rollen schon früher übernommen haben.

7.3.3. Jewgeni Prigoschin: Putins Koch

Eine weitere wichtige Verbindung zwischen den separatistischen Kämpfern im Gebiet Luhansk und dem russischen Staat ist der Eigentümer der Wagner-Gruppe, Jewgeni Prigoschin. Es gibt zahlreiche Beweise für persönliche Verbindungen zwischen Prigoschin und Wladimir Putin. Prigoschin baute in den 1990er Jahren in St. Petersburg ein Netz von Restaurants und Cateringunternehmen auf. In einem Interview mit einer lokalen Zeitung sagte Prigoschin

(2011), er habe Wladimir Putin Anfang der 2000er Jahre kennengelernt, als dieser in einem seiner Restaurants speiste. Nach Recherchen des Magazins *Forbes Russia* und der Antikorruptionsstiftung von Aleksej Nawalny wurden Prigoschins Unternehmen bald zu einem wichtigen Dienstleister für den Kreml und das russische Militär (Nawalny 2016; Scheguljow 2013). In einem Interview aus dem Jahr 2018 bestritt Putin, mit Prigoschin befreundet zu sein, gab aber zu, ihn zu kennen (Putin und Kelly 2018).

Unabhängig davon, ob sie persönlich befreundet waren oder nicht, ist es unbestritten, dass Prigoschin und sein Geschäftsimperium enge und langjährige Beziehungen zur russischen Staatsführung und zu Wladimir Putin selbst unterhielten. Wenn Prigoschins Engagement im Donbas den Interessen und Wünschen des russischen Staates zuwiderlief, wäre zu erwarten, dass die russische Staatsführung und Putin diese Beziehungen abbrechen würden. Es gibt jedoch keine Belege dafür, dass Prigoschins Gründung der Wagner-Gruppe und ihr Einsatz im Donbas im Jahr 2014 seine Funktion als Dienstleister für den russischen Staat in irgendeiner Weise beeinträchtigt haben. Daher ist der Schluss zulässig, dass Prigoschin mit Wissen und Billigung des russischen Staates und im Sinne seiner öffentlich-privaten Partnerschaft mit dem Kreml handelte, als er seine Kämpfer in den Donbas entsandte.

Zusätzlich zu den Beweisen für russische Söldner erhöhen die Beweise in Bezug auf Orion (Iwannikow), Elbrus (Jegorow), Karpow und Prigoschin die Wahrscheinlichkeit von H2 im Zusammenhang mit den Ereignissen in Luhansk weiter. Daher ist es *höchst wahrscheinlich,* dass die Aktionen des russischen Staates die Hauptursache für den Abschuss der IL-76 am 14. Juni auf dem Flughafen Luhansk und die Kämpfe am 17. Juni nördlich von Luhansk waren. Die Beweise für eine russische Beteiligung vor Mitte Juni sind nach wie vor schwächer. Dennoch ist es jetzt *wahrscheinlich,* dass der gleiche Kausalmechanismus für die erste Serie bewaffneter Zusammenstöße in Luhansk Ende Mai und Anfang Juni gilt.

7.4. Oblast Luhansk: Die Invasion der Donkosaken

Luhansk und seine unmittelbare Umgebung waren nicht der erste Teil der Oblast Luhansk, in dem es zu größeren bewaffneten

Zusammenstößen kam. Am 22. Mai blockierten separatistische Einheiten den Vormarsch der ukrainischen Streitkräfte an einer Brücke über den Fluss Siwerskyj Donez in der Nähe der Stadt Rubischne, 80 km nordwestlich von Luhansk. Die ukrainischen Soldaten waren auf dem Weg in Richtung der Stadt Lyssytschansk, konnten die Brücke jedoch nicht überqueren und mussten feststellen, dass der Rückweg durch gefällte Bäume und wütende Anwohner versperrt war. Es folgten stundenlange bewaffnete Zusammenstöße, die sich mit Verhandlungen abwechselten. Schließlich durften sich die ukrainischen Einheiten auf demselben Weg zurückziehen, auf dem sie gekommen waren. Zu diesem Zeitpunkt waren drei ukrainische Soldaten tot und mindestens zwei verletzt (Memorybook.org.ua n.d.b; Schyrochow 2016b). Die Separatisten gaben den Tod von zehn Kämpfern zu (Schapowalow 2014).

Anfang Juni kam es im äußersten Süden der Oblast Luhansk nahe der russischen Grenze zu einem dritten Brennpunkt der Kämpfe. Der ukrainische Grenzschutz meldete Angriffe auf seine Einheiten in der Nähe des Dorfes Djakowe am 30. Mai und am 4. Juni. Nach Angaben der ukrainischen Behörden starben bei dem Angriff am 4. Juni zwei Angreifer und einer wurde verletzt (LB.ua 2014c; 2014d). Der örtliche Bürgermeister berichtete von weiteren heftigen bewaffneten Zusammenstößen in der Nähe des Dorfes am 12. und 13. Juni (Glavkom 2014).

7.4.1. Ataman Nikolaj Kosizyn und die „Kosaken-Nationalgarde"

Während über die Rolle Russlands bei den bewaffneten Auseinandersetzungen in der Nähe von Rubischne noch Unklarheit herrscht, gibt es eindeutige Beweise dafür, dass die Zusammenstöße im Süden der Oblast Luhansk mit dem russischen Staat in Verbindung stehen. Die wiederholten Angriffe an der russisch-ukrainischen Grenze bei Djakowe können dem russischen Donkosakenführer Nikolaj Kosizyn zugeschrieben werden. Nach Kosizyns (2016) eigenen Angaben, die auf der Webseite seiner „Kosaken-Nationalgarde" veröffentlicht wurden, führte er eine Gruppe von Donkosaken an, die sich am 27. April in die Ukraine begab und die Stadt Antrazyt, 18 km nördlich von Djakowe, unter ihre Kontrolle brachte. Der russische Historiker und Kosakenexperte Juri Soshin (2017) schreibt hingegen, dass Kosizyn und seine Männer erst am 3. Mai auf zwei Lastwagen in die Ukraine einreisten, „bewaffnet mit leichten Waffen und einer SU-23-2-Flugabwehrkanone". Wie dem auch sei, es ist unbestritten, dass Kosizyn und seine Männer am 5. Mai angekommen waren, als auf YouTube Videos auftauchten, die drei Lastwagen zeigten, die an jubelnden Einwohnern im Zentrum von Antrazyt vorbeifuhren. Zwei der Lastwagen hatten bewaffnete Männer an Bord, die Papachas trugen – die für Kosakenkrieger typischen Pelzmützen (YouTube 2014an; 2014ao). Am 31. Mai veröffentlichte ein YouTube-Kanal, der mit Kosizyns „Kosaken-Nationalgarde" in Verbindung stand, ein Video mit dem Titel „Beschuss des Djakowe-Grenzkommandos" (KazakTV 2014). Außerdem versammelten sich Mitglieder der „Kosaken-Nationalgarde" in Djakowe, um am 12. Juni 2019 des fünften Jahrestags der Schlacht zu gedenken (Antel-Plus Antrazyt 2019).

Auch wenn ihre „Kosaken-Nationalgarde" nicht offiziell bei den russischen Behörden registriert war, ist es angemessen, Kosizyn und seine Untergebenen als informelle russische Staatsorgane zu betrachten. Die gleiche Argumentation, die für die russischen Kämpfer um die Städte Donezk und Luhansk gilt, trifft auch auf Kosizyn und seine Männer zu. Seine paramilitärische Gruppe durfte innerhalb des streng regulierten NGO-Umfelds in Russland aktiv sein. Nachdem er Anfang April öffentlich seine Unterstützung für den Separatismus in Luhansk erklärt hatte (siehe Kapitel vier), konnte er sich Waffen beschaffen und ungestört in den Donbas reisen. Darüber hinaus ähnelt Kosizyns „freiwilliger" paramilitärischer Einsatz im Donbas, gefolgt von einem „freiwilligen" Rückzug in ein ruhiges Leben in Russland, stark den Geschichten von Igor Girkin, Igor Besler und Aleksandr Borodaj. Alle drei sind russische Staatsbürger, die behaupten, aus eigenem Antrieb in den Donbas gekommen zu sein. Kapitel fünf und das vorliegende Kapitel haben jedoch gezeigt, dass alle drei nachweislich Verbindungen zu russischen politischen Eliten und Geheimdiensten haben. Angesichts dieser Präzedenzfälle in der Oblast Donezk ist es wahrscheinlich, dass hinter Kosizyns Aktivitäten in der Oblast Luhansk ähnliche Pläne stecken. Aus diesen Gründen sollte die

Wahrscheinlichkeit von H2 im Zusammenhang mit Kosizyns Gruppe ebenfalls als *wahrscheinlich* angesehen werden.

7.4.2. Pawlo Dromow und Oleksij Moshowyj

Was die früheren bewaffneten Zusammenstöße nordwestlich von Luhansk betrifft, ist die Beweislage unklarer. Einiges deutet darauf hin, dass einige der separatistischen Kämpfer im sogenannten „Dreieck" - dem städtischen Ballungsraum, der Rubischne, Lyssytschansk und Sjewjerodonezk umfasst - mit Kosizyn in Verbindung standen. Am 26. Mai erklärte Kosizyn gegenüber einer russischen Zeitung, dass zehn Kosaken bei bewaffneten Zusammenstößen in der Oblast Luhansk ums Leben gekommen seien. Laut Kosizyn waren alle diese Kosaken Einheimische und einige stammten aus Rubischne, Lyssytschansk und Sjewjerodonezk (Schapowalow 2014). Außerdem gibt es Hinweise darauf, dass einige der in Rubischne kämpfenden Männer unter dem Kommando von Pawlo Dromow standen, der sich der prorussischen Donkosakenbewegung angeschlossen hatte. Die Beerdigung von fünf separatistischen Kämpfern, die am 22. Mai in Rubischne gestorben waren, fand am 24. Mai in der Stadt Stachanow, 50 km südlich von Rubischne, statt (YouTube 2014ar). Pawlo Dromow war als einer der Separatistenführer von Stachanow bei der Beerdigung anwesend.[33] Eine Woche später erschien Dromow in Sjewjerodonezk und stellte sich als Kommandeur der separatistischen Kräfte der Stadt vor. Er trug eine Papacha (Dromow 2014). Zwei Wochen später, am 16. Juni, gab Dromow ein weiteres Interview und sagte, er sei gerade von einer Reise in den Süden des Gebiets Luhansk zurückgekehrt, wo er und seine Männer Kosizyn bei dem Angriff auf den Grenzstützpunkt von Djakowe unterstützt hätten (Dromow, Lawin und Weselowski 2014).

Eine weitere Gruppe von Kämpfern mit dokumentierten Verbindungen zu Russland, die sich am 22. Mai in der Gegend nordwestlich von Luhansk aufhielt, war das Bataillon von Oleksij Moshowyj. Diese Gruppe kam am 20. Mai in Lyssytschansk an und

33 Dromow hatte sich Anfang April an der Einnahme des SBU-Gebäudes in Luhansk beteiligt und war nach Meinungsverschiedenheiten mit anderen Separatisten nach Stachanow zurückgekehrt (siehe Kapitel vier).

richtete in einer örtlichen Fabrik einen Stützpunkt ein (Polemika 2014). Zuvor hatte sie eine Gefechtsausbildung in einem Lager absolviert, das im Süden der Oblast Luhansk in der Nähe des Operationsgebiets der Kosaken von Kosizyn lag. Am 19. Mai strahlte die BBC ein Interview mit Moshowyj aus, das in einer „geheimen Ausbildungsbasis unweit der russischen Grenze" aufgenommen wurde (BBC News 2014a). Der Bericht enthält Aufnahmen von Separatistenkämpfern, die in einem See baden. In einem Interview aus dem Jahr 2020 erwähnte Moshowyjs ehemaliger Leibwächter beiläufig, dass sich die fragliche Trainingsbasis in einem Ferienlager in „Jaseny" im „Bezirk Swerdlowsk" befand (Girkin und Tawr 2020 bei 3:03). Auf der annotierten Satellitenbild-Plattform Wikimapia (n.d.) ist ein „Jaseny-Ferienlager" neben einem See im südlichen Bezirk Swerdlowsk der Oblast Luhansk zu erkennen. Es befindet sich etwas mehr als 1 km von der russischen Grenze entfernt in der Nähe des Kontrollpunkts Dowschanskyj. Es gibt Hinweise darauf, dass dieser Ort gewählt wurde, um Waffenlieferungen zu erleichtern. Als der BBC-Journalist Moshowyj fragte, woher seine Männer ihre Waffen hätten, wich Moshowyj der Frage aus und antwortete sarkastisch, sie seien von Barack Obama geliefert worden (BBC News 2014a, bei 1:42). Außerdem merkte der BBC-Journalist an, dass er Moshowyj einen Monat zuvor zum ersten Mal getroffen hatte, als dieser „gerade von Treffen mit Beamten in Moskau zurückgekehrt war" (BBC News 2014a, bei 1:30). Angesichts der Nähe seines Lagers zur russischen Grenze, seiner ausweichenden Antwort bezüglich der Herkunft seiner Waffen und seiner Reise nach Moskau ist es fast sicher, dass Moshowyj Waffenlieferungen vom russischen Staat erhalten hat.

Dennoch sind die Beweise für Verbindungen der Gruppen von Dromow und Moshowyj mit dem russischen Staat weniger eindeutig als in den anderen in diesem Kapitel untersuchten Fällen. Dromows Identifikation mit der prorussischen Donkosaken-Bewegung und seine Reise nach Djakowe Mitte Juni lassen vermuten, dass er mit Nikolaj Kosizyn zusammenarbeitete. Doch auch wenn es wahrscheinlich ist, dass Kosizyn im Auftrag des russischen Staates handelte, war Dromow einen Schritt von ihm entfernt. Es gibt keine direkten Beweise dafür, dass er zu dem Zeitpunkt, als seine Kämpfer nordwestlich von Luhansk Fuß fassten, unter dem

Kommando von Kosizyn oder anderen russischen Akteuren stand. Das Gleiche gilt für Oleksij Moshowyj. Auch wenn es fast sicher ist, dass seine Gruppe Waffen aus Russland erhielt, bevor sie nach Lyssytschansk zog, gibt es keine direkten Beweise dafür, dass er und seine Kämpfer von russischen Akteuren kontrolliert wurden.

Man kann jedoch mit Fug und Recht behaupten, dass die in den vorangegangenen Abschnitten dieses Kapitels erörterten Beweise für eine russische Beteiligung in Verbindung mit den in Kapitel fünf erörterten Beweisen die Beweislast verlagert haben. Angesichts der eindeutigen Beweise für eine russische Einmischung an anderen Orten kann die Behauptung, dass den Gruppen von Dromow und Moshowyj Kämpfer aus Russland angehörten und dass sie russischen staatlichen Akteuren Bericht erstatteten, nicht mehr als besonders außergewöhnlich angesehen werden. Gleichzeitig ist die Annahme, dass die Gruppen von Dromow und Moshowyj unabhängiger von Russland waren als andere Gruppen, die zur gleichen Zeit in der Region gegen die ukrainischen Streitkräfte kämpften, nicht mehr eindeutig die einfachste Erklärung der Ereignisse. Daher sollte die anfängliche Verteilung der Wahrscheinlichkeiten zwischen H1 und H2 in Bezug auf die Gruppen von Dromow und Moshowyj als gleichmäßig, wenn nicht sogar leicht zu H2 geneigt angesehen werden. Dromows Verbindungen zu Kosizyn und der Standort von Moshowyjs Ausbildungsbasis zusammen mit seinen Reisen nach Russland sind *Strohhalm-Beweise* (siehe Abschnitt 3.1.2.), die diese Neigung weiter verstärken. Da jedoch alle Beweise relativ schwach sind und auf Indizien beruhen, sollten sowohl H1 als auch H2 als *realistische Möglichkeiten* in Bezug auf die Gruppen von Dromow und Moshowyj betrachtet werden.

7.5. Die Rolle der lokalen Bevölkerung und Machtkämpfe im Kreml

Während die vorliegenden Erkenntnisse insgesamt eindeutig für H2 sprechen, zeigen sie auch zwei wichtige Vorbehalte gegenüber der Rolle Russlands bei der Ausbreitung der Kämpfe im Donbas während des fraglichen Zeitraums auf. Erstens spielten lokale Akteure eine wichtige Nebenrolle bei der Eskalation der Gewalt. Es ist eine Tatsache, dass zumindest eine lautstarke Minderheit der lokalen Bevölkerung die Separatisten unterstützte, was bedeutete, dass die ukrainischen Einheiten oft in einem feindseligen Umfeld operieren mussten. Darüber hinaus ist es höchst wahrscheinlich, dass die meisten separatistischen Kämpfer tatsächlich Einheimische waren. Obwohl diese einheimischen Kämpfer letztlich russischen Entscheidungen und Befehlen unterworfen waren und die meisten von ihnen über weniger Kampferfahrung verfügten als ihre russischen Kollegen, leisteten sie entscheidende Unterstützung für Russlands Handlungen. Wie im Fall von Slowjansk und Kramatorsk (siehe Kapitel fünf) war diese lokale Unterstützung eine wichtige, wenn auch sekundäre Voraussetzung für den Verlauf der Ereignisse.

Zweitens deuten die Ergebnisse dieses Kapitels nicht auf eine russische Kontrolle im Sinne einer einzigen konsolidierten Befehlskette hin. Vielmehr weisen die vorliegenden Beweise darauf hin, dass verschiedene Akteure innerhalb des russischen Staatsapparats separate und manchmal sogar konkurrierende Beziehungen zu Agenten vor Ort eingingen. Ein starkes Indiz dafür ist eines der abgehörten Telefongespräche zwischen dem DNR-„Premierminister" Borodaj und dem russischen Präsidentenberater Surkow. In diesem Gespräch sagt Borodaj, er brauche „eine Lösung für das Problem mit Besler", der angeblich die DNR destabilisiere. Surkow verspricht, sich darum zu bemühen, sagt aber, dass es eine weitere Person in einflussreicher Position gibt, die mit Borodajs Einschätzung der Lage nicht einverstanden ist (GEG 2019b ab 13:35). Die Tatsache, dass es nicht zu offenen Auseinandersetzungen kam, obwohl Besler bis November in Horliwka blieb, deutet jedoch darauf hin, dass Borodaj, Besler und ihre jeweiligen Vorgesetzten in Moskau eine Lösung gefunden haben. Auch die Tatsache, dass der Zustrom von Kämpfern aus Russland und die Aktivitäten der separatistischen Gruppen an den verschiedenen in diesem Kapitel beschriebenen Orten etwa zur gleichen Zeit zunahmen, lässt auf ein gewisses Maß an Koordination schließen. Es ist plausibel, dass die russischen Behörden rund um die ukrainischen Präsidentschaftswahlen am 25. Mai grünes Licht für eine weitere Konflikteskalation gaben, um die Lage in der Ukraine zu destabilisieren. Dies bedeutet jedoch nicht unbedingt, dass der Kreml einen kohärenten langfristigen Plan verfolgte.

Dennoch weisen die Ergebnisse dieses Kapitels darauf hin, dass der Kreml den Geheimdiensten und anderen Akteuren in seinem Umfeld signalisierte, dass sie die Erlaubnis hatten, mit ihren Destabilisierungsprojekten im Donbas fortzufahren. Dies entspräche dem Prinzip der *Otmaschka*, das ich in Kapitel fünf erörtert habe (Galeotti 2020; Grozev 2020; Kaschin, Merkulowa und Solomin 2014; Pawlowsky 2016). Die Informalität und Ambiguität, die mit dieser Auslagerung von Gewalt einhergeht, soll die Rolle des russischen Staates abstreitbar und schwerer nachweisbar machen. Das vorliegende Kapitel hat jedoch gezeigt, dass diese Praxis nicht alle Spuren der Beteiligung des Kremls verwischt hat. Auch wird die Verantwortung Moskaus für die Ausbreitung der Kämpfe im Donbas Ende Mai bis Mitte Juni 2014 durch sie nicht geringer.

7.6. Zwischenfazit

Dieses Kapitel hat gezeigt, dass der vierte Wendepunkt des Donbas-Konflikts - die Ausweitung der Kämpfe über die beiden anfänglichen Konfliktherde hinaus Ende Mai und Anfang bis Mitte Juni 2014 - in erster Linie das Ergebnis der Handlungen des russischen Staates war. Meine Untersuchung hat ergeben, dass der kritische Wendepunkt vier lokale Episoden der Konflikteskalation umfasste, die alle ein Vermächtnis der Gewalt hinterließen und zur Entstehung territorialer Frontlinien in der Region beitrugen. In allen vier Fällen ist H2 - die Hypothese, dass die Handlungen des russischen Staates die Hauptursache für die Konflikteskalation waren - die geeignetste Erklärung.

Der Angriff auf die ukrainischen Streitkräfte in der Nähe von Wolnowacha am 22. Mai wurde von separatistischen Kämpfern unter dem Kommando des russischen Staatsbürgers Igor Besler, des Anführers der Separatisten in Horliwka, verübt. Besler gehörte zum selben Netzwerk russischer informeller staatlicher Akteure, das für die Besetzung von Slowjansk und Kramatorsk am 12. April verantwortlich war. Außerdem wurde er vor oder während seiner Aktivitäten im Donbas vom russischen Staat mit einer gefälschten Identität ausgestattet. Darüber hinaus stand Besler vor, während und nach seinen Aktivitäten im Donbas in engem Kontakt mit dem russischen Geheimdienstmitarbeiter Wasili Geranin. Die Beweise, die diese drei Feststellungen stützen, erhöhen die Wahrscheinlichkeit von H2 in Bezug auf Besler auf *fast sicher.*

Der Angriff auf den Flughafen von Donezk am 26. Mai wurde von einer Gruppe russischer paramilitärischer Kämpfer ausgeführt, die sich auf russischem Gebiet versammelt hatten und dort ausgebildet wurden, bevor sie in den Donbas zogen. Es ist auch davon auszugehen, dass erfahrene paramilitärische Kämpfer aus Russland eine führende Rolle bei den bewaffneten Zusammenstößen in Karliwka am 23. Mai und dem Angriff auf den Grenzkontrollpunkt Maryniwka am 5. Juni spielten. Es gibt Beweise dafür, dass alle diese Operationen Befehlsketten unterlagen, die in den russischen Staatsapparat führten. Eine dieser Befehlsketten ist in öffentlich zugänglichen Quellen eindeutig dokumentiert und umfasste den russischen „Premierminister" der DNR Aleksandr Borodaj und den russischen Präsidentenberater Wladislaw Surkow. Zusammenfassend lässt sich sagen, dass die verfügbaren Beweise die Wahrscheinlichkeit von H2 im Zusammenhang mit den Ereignissen in und um Donezk auf *höchst wahrscheinlich* erhöhen.

Russische paramilitärische Kämpfer, von denen einige einer Gruppe angehörten, die später als Wagner-Gruppe bekannt wurde, spielten eine führende Rolle bei der Eskalation des Konflikts um die Stadt Luhansk Mitte Juni. Diese Episode umfasste den Abschuss eines ukrainischen Militärtransportflugzeugs am 14. Juni auf dem Flughafen von Luhansk und das Gefecht am 17. Juni nördlich von Luhansk und führte zu noch nie dagewesenen Verlusten auf ukrainischer Seite. Darüber hinaus waren mindestens zwei russische Geheimdienstmitarbeiter – Oleg Iwannikow und Igor Jegorow – und ein politischer Berater aus Moskau – Pawel Karpow – zu dieser Zeit in Luhansk in leitenden Positionen tätig. All dies erhöht die Wahrscheinlichkeit von H2 im Zusammenhang mit den Ereignissen von Mitte Juni auf *höchst wahrscheinlich.* Was frühere Vorfälle der Konflikteskalation um Luhansk Ende Mai und Anfang Juni angeht, so ist es *wahrscheinlich,* dass zumindest einige Kämpfer aus Russland sowie Iwannikow bereits anwesend waren und dass H2 die passendere Erklärung ist.

Die Kämpfe Anfang Juni in der Nähe des Dorfes Djakowe an der russisch-ukrainischen Grenze im Süden der Oblast Luhansk wurden von russischen Kosaken unter dem Kommando von

Nikolaj Kosizyn geführt, der *wahrscheinlich* im Auftrag des russischen Staates handelte. An den Kämpfen am 22. Mai in der Stadt Rubischne nordwestlich von Luhansk waren separatistische Einheiten unter dem Kommando von Pawlo Dromow und Oleksij Moshowyj beteiligt. Ersterer hatte Verbindungen zu Kosizyns Kosaken, während letzterer Waffenlieferungen aus Russland erhalten hatte. Es besteht die *realistische Möglichkeit,* dass die Gruppen von Dromow und Moshowyj informelle Organe des russischen Staates waren, da die zahlreichen Beweise für eine russische Beteiligung im gesamten Donbas die Beweislast verlagert haben. Das Fehlen direkter Beweise für eine russische Kontrolle in den Fällen von Dromow und Moshowyj deutet jedoch darauf hin, dass auch die etwas weniger wahrscheinliche *realistische Möglichkeit* besteht, dass sie in erster Linie unabhängig handelten.

Diese Ergebnisse führen zu der allgemeinen Schlussfolgerung, dass H2 im Zusammenhang mit allen vier Komponenten des vierten Wendepunkts des Konflikts eher mit den verfügbaren Beweisen übereinstimmt. Der einzige Fall, in dem die Wahrscheinlichkeit von H1 nahe an H2 herankommt, ist der des Ausbruchs der Kämpfe nordwestlich von Luhansk. Dies war jedoch auch der Ort, wo die Separatisten am schwächsten waren. Die ukrainischen Streitkräfte eroberten Rubischne, Sjewjerodonezk und Lyssytschansk Ende Juli 2014 zurück (Swetikow 2017) und behielten die Kontrolle über das Gebiet bis 2022, als die vollumfängliche russische Invasion zu heftigen Kämpfen und massiven Zerstörungen in allen drei Städten führte.

Das vorliegende Kapitel lässt die Möglichkeit offen, dass die Ereignisse des vierten kritischen Wendepunkts des Konflikts das Ergebnis von Ad-hoc-Entscheidungen in Moskau und nicht Teil eines anhaltenden Engagements für die Eskalation der Gewalt im Donbas waren. Im folgenden Kapitel wird untersucht, ob sich der Kreml zurückhielt und den Konflikt im Laufe des Sommers lokal weiterlaufen ließ oder ob er sein Engagement weiter intensivierte. Ich werde feststellen, dass Letzteres der Fall war. Anstatt seine informellen Truppen sich selbst zu überlassen, versorgte Moskau sie mit den schweren Waffen, die sie benötigten, um den Konflikt im Donbas zu einem ausgewachsenen Krieg zu machen.

8. Die Kaliber wachsen

In diesem Kapitel wird der fünfte Wendepunkt des Donbas-Krieges untersucht – das Auftauchen von Panzern und schwerer Artillerie in der Konfliktzone zwischen Mitte Juni und Mitte Juli 2014. Nachdem die bewaffneten Auseinandersetzungen, die in Kapitel sieben erörtert wurden, relativ klare Frontlinien zwischen den von den Separatisten kontrollierten Gebieten und den von Kyjiw kontrollierten Gebieten geschaffen hatten, markierte das Auftauchen schwerer Waffen entlang dieser Frontlinien einen weiteren Schritt zur konventionellen Kriegsführung. Diese Entwicklung hatte verheerende Folgen für die Region und ihre Bewohner. Das zerstörerische Potenzial dieser Waffen führte zu einem dramatischen Anstieg der Zahl der militärischen und zivilen Opfer und der Schäden an der Infrastruktur der Region.

Ein Großteil der politischen Botschaften, die sich auf diese Phase des Konflikts konzentrieren, zielt darauf ab, der gegnerischen Seite die Schuld an den zivilen Opfern zu geben. Die Separatisten beschuldigten die ukrainischen Streitkräfte, Wohngebiete zu beschießen, und die ukrainische Führung warf den Separatisten vor, Zivilisten als menschliche Schutzschilde zu missbrauchen, indem sie Artilleriesysteme in genau diesen Wohngebieten platzierten. Die Untersuchung möglicher Kriegsverbrechen im Zusammenhang mit dem Einsatz schwerer Artillerie im Donbas im Jahr 2014 ist zwar wichtig, steht aber nicht im Mittelpunkt dieses Kapitels. Wie dieses Buch insgesamt untersucht auch das vorliegende Kapitel die relative Bedeutung inländischer und externer Faktoren. Es konzentriert sich in erster Linie auf die Herkunft von Panzern und schwerer Artillerie auf der separatistischen Seite als Schlüsselfaktor für die Bestimmung der relativen Bedeutung inländischer und externer Ursachen für den vorliegenden Wendepunkt.

Zunächst werde ich die allgemeine Wahrscheinlichkeit erörtern, dass Separatisten schwere Waffen vom ukrainischen Militär erbeuteten, verglichen mit der allgemeinen Wahrscheinlichkeit von Waffenlieferungen aus Russland. Anschließend werde ich die verfügbaren Beweise aus öffentlichen Quellen zu den verschiedenen Fällen auswerten, in denen Panzer und schwere Artillerie in den

Händen der Separatisten erstmals auf den verschiedenen Schlachtfeldern auftauchten. Ich werde zu dem Schluss kommen, dass es *höchst wahrscheinlich ist,* dass Russland die überwiegende Mehrheit der von den Separatisten verwendeten schweren Waffen geliefert hat, was bedeutet, dass Russland im hier untersuchten kritischen Wendepunkt weiterhin die entscheidende Rolle spielte.

Der Streitpunkt, den ich in diesem Kapitel untersuche, lässt sich in zwei gegensätzlichen Hypothesen zusammenfassen. Die erste Hypothese geht davon aus, dass Russland sein Engagement in dem Konflikt nicht über das im vorherigen Kapitel beschriebene Maß hinaus verstärkt hat. Dies würde nicht unbedingt bedeuten, dass Russland keine Kämpfer mehr in den Donbas schickte oder dass der russische Staat seine Beziehungen zur Separatistenführung abbrach. Es würde diese Möglichkeit jedoch offenlassen und nahelegen, dass der russische Staat sich weigerte, sich stärker zu engagieren, und seine irregulären Kämpfer im Donbas sich selbst überließ. Die zweite Hypothese hingegen würde die in den vorangegangenen Kapiteln dokumentierten Verbindungen zwischen dem russischen Staat und den Separatisten weiter bekräftigen. Sie besagt, dass sich der russische Staat nicht von den in seinem Namen kämpfenden Paramilitärs distanzierte, sondern sein Engagement durch eine drastische Aufstockung ihrer militärischen Fähigkeiten auf die nächste Stufe hob. Die Hauptverantwortlichen für die weitere Eskalation des Konflikts im gegenwärtigen Wendepunkt wären somit das ukrainische Militär auf der einen und das russische Militär auf der anderen Seite.

H1: Separatistische Kräfte im Donbas erhielten aufgrund einer internen Konfliktdynamik Zugang zu Panzern und schwerer Artillerie, weil sie diese Waffen vom ukrainischen Militär erbeuteten.

Abbildung 14: Interner Eskalationsmechanismus

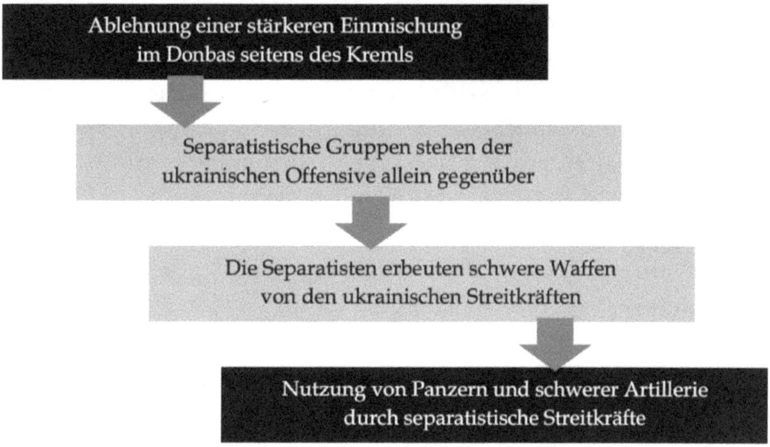

H2: Separatistische Kräfte im Donbas erhielten durch russische Waffenlieferungen Zugang zu Panzern und schwerer Artillerie.

Abbildung 15: Externer Eskalationsmechanismus

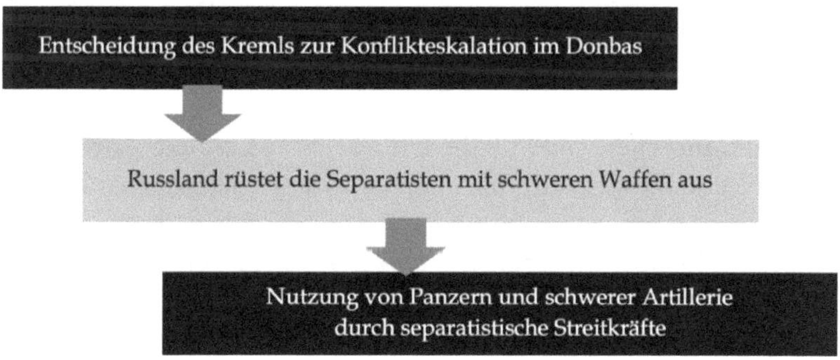

8.1. Von Russland in den Donbas: Die ersten Konvois mit schweren Waffen

Auf den ersten Blick legen Ockhams Rasiermesser und der Sagan-Standard nahe, dass H1 die wahrscheinlichere Hypothese ist. Dass die Separatisten schwere Waffen aus Militäreinrichtungen in den von ihnen kontrollierten Gebieten oder von den vorrückenden ukrainischen Streitkräften erbeuteten, scheint eine einfachere und weniger außergewöhnliche Erklärung zu sein als Lieferungen von schweren Waffen aus Russland. Darüber hinaus erhält H1 durch einen Bericht des ARES-Beratungsunternehmens für Waffen und Munition (Ferguson und Jenzen-Jones 2014) einen ersten zusätzlichen Auftrieb. Diesem Bericht zufolge handelte es sich bei den schweren Waffen, die im Frühsommer 2014 in den Händen der Separatisten im Donbas beobachtet wurden, um Modelle aus der Sowjetzeit, die sowohl zum russischen als auch zum ukrainischen Arsenal gehörten. Diese Beobachtung schließt zwar nicht aus, dass die Separatisten dieses militärische Gerät von Russland erhielten, aber sie ist ein bestandener *Reifentest* (siehe Abschnitt 3.1.2.) für H1 und stärkt die anfängliche Plausibilität dieser Hypothese.

8.1.1. Wenige Orte zum Ausrauben: Die Nichtverfügbarkeit schwerer ukrainischer Waffen

Drei weitere Indizien machen diesen Vorsprung von H1 jedoch wieder zunichte und sorgen für ein ausgeglichenes Verhältnis der Wahrscheinlichkeiten zwischen den beiden Hypothesen. Das erste Indiz besteht aus Medienberichten über die geografische Verteilung ukrainischer Militäreinheiten vor dem Konflikt. Karten, die sowohl von ukrainischen als auch von russischen Medien herausgegeben wurden, zeigen, dass die Präsenz der ukrainischen Streitkräfte im Donbas schwach war. Im März 2014 veröffentlichte ein Russland-Analyst der Universität Harvard, Dmitry Gorenburg (2014), als Reaktion auf die russische Annexion der Krim zwei Karten, auf denen die Standorte der ukrainischen Militäreinheiten verzeichnet waren. Er entnahm diese Karten einem russischen Militärblog, doch ihre Beschriftung lässt darauf schließen, dass sie ursprünglich von der russischen Tageszeitung *Kommersant* und ihrer wöchentlichen Schwesterpublikation *Kommersant Wlast* veröffentlicht wurden. Die Karten zeigen, dass die Einheiten der ukrainischen Streitkräfte im Allgemeinen im Westen und im Zentrum des Landes konzentriert waren. Darüber hinaus zeigen sie keinerlei Panzer- oder Artillerieeinheiten im Donbas. Auch eine von *The Ukrainian Week* (2014) veröffentlichte Karte veranschaulicht die geografische Verteilung der ukrainischen Militäreinheiten im Jahr 2012 und zeigt ein Luftabwehrregiment als einzige im Donbas stationierte Einheit. Natürlich ist zu bedenken, dass diese Karten von Medienquellen erstellt wurden und keinen Anspruch auf Vollständigkeit erheben. So enthalten sie beispielsweise nicht das Panzerdepot in Artemiwsk,[34] das eine potenzielle Quelle für die schweren Waffen der Separatisten darstellt und auf das weiter unten näher eingegangen wird. Dennoch zeigen die Karten, dass die Zahl der potenziellen Quellen für Panzer und schwere Artillerie der Separatisten in den von ihnen kontrollierten Gebieten von vornherein begrenzt war.[35]

Das zweite Indiz ist das Fehlen von Medienberichten über schwere Waffen in den Händen der Separatisten vor Juni 2014. Jede Eroberung von Militärstützpunkten und schwerem Gerät wäre ein großer Erfolg für die Separatistenbewegung gewesen. Bilder oder Videos von besetzten Militäreinrichtungen und ukrainischen Panzern unter separatistischer Kontrolle wären eine wichtige Propagandamöglichkeit gewesen. Derartiges Bildmaterial hätte das Potenzial gehabt, das Vertrauen der Öffentlichkeit in die Separatistenbewegung zu stärken und die Moral der ukrainischen Streitkräfte zu schädigen. Vor Anfang Juni gab es jedoch nur wenige Berichte über erbeutete ukrainische Ausrüstung. Die einzige nennenswerte Ausnahme war die Erbeutung von fünf gepanzerten Fahrzeugen

---

34 Eine Stadt nördlich von Donezk, die im Zuge der Reform der ukrainischen Behörden gegen die Vermächtnisse des Kommunismus im Jahr 2016 in Bachmut umbenannt wurde. Da 2014 alle wichtigen Akteure die Stadt noch als Artemiwsk bezeichneten, werde ich dies auch tun, um Verwechslungen zu vermeiden.

35 Der relative Mangel an militärischen Einrichtungen im Donbas spiegelt auch die Tatsache wider, dass die Ukraine ihre militärischen Strukturen von der Sowjetunion geerbt hatte, die sich naturgemäß mehr um ihre Westgrenze kümmerte als um die Grenzregion zwischen der Russischen und der Ukrainischen Sowjetrepublik.

und einem Nona-Artilleriegeschütz von einer ukrainischen Militäreinheit in der Nähe von Slowjansk und Kramatorsk am 15. April (Schutschkowski 2018, 68). In diesem Fall führten die Separatisten die erbeuteten Fahrzeuge in Kramatorsk und Slowjansk vor, und zahlreiche Videos, die diese Fahrzeuge zeigen, sind online verfügbar (YouTube 2014ak; 2014al; 2014bs; 2017b). Wie ich im vorangegangenen Kapitel dargelegt habe, wurde auch über die weitere Eskalation der Kämpfe in der Region und über die Einnahme weiterer ukrainischer Militäreinrichtungen um Luhansk Ende Mai bis Anfang Juni intensiv in den Medien berichtet. Die Erbeutung ukrainischer Panzer und schwerer Artillerie bei diesen Gelegenheiten geheim zu halten, wäre nicht nur aus propagandistischer Sicht sinnlos, sondern auch in der Praxis schwierig gewesen. Dennoch tauchten nach diesen Zusammenstößen keine weiteren Bilder von erbeuteten schweren ukrainischen Waffen auf. Dieser Mangel an dokumentierten Fällen verringert die Wahrscheinlichkeit, dass separatistische Kräfte vor Mitte Juni Panzer und schwere Artillerie von den ukrainischen Streitkräften erbeutet haben. Darüber hinaus kamen Berichte in vom russischen Staat kontrollierten Medien zu dem Schluss, dass die Separatisten im Donbas Anfang Juni noch nicht im Besitz von Panzern oder schwerer Artillerie waren. Die kremlnahe Zeitung *Iswestija* berichtete, dass das Arsenal der Separatisten am 31. Mai nur ein einziges schweres Artilleriegeschütz - vermutlich die in den Aufnahmen aus Kramatorsk und Slowjansk vom April gezeigte Nona - und etwa zehn gepanzerte Fahrzeuge umfasste (Petelin und Raskin 2014). Die staatliche russische Nachrichtenagentur *RIA Nowosti* (2014a) berichtete am 6. Juni, dass die Separatisten versuchten, einen alten sowjetischen Panzer aus einem Denkmal an den Zweiten Weltkrieg zu restaurieren. In dem Bericht hieß es, dies sei der erste Panzer der Separatisten, die bisher nur gepanzerte Fahrzeuge vom ukrainischen Militär erbeutet hatten.

Das dritte Indiz ist die militärische Lage in der Konfliktzone zu dem Zeitpunkt, als Panzer und schwere Artillerie erstmals auftauchten. Anfang Juni hatte das Gebiet, in dem die separatistischen Einheiten frei operieren konnten, sein absolutes Maximum erreicht. Im Laufe des Monats wurde die ukrainische Antwort auf den Separatismus im Donbas entschlossener. Die Kyjiwer Regierung setzte zusätzliche Kräfte ein und drängte die Separatisten in eine defensive Position. Besonders deutlich wurde dies in dem zentralen Brennpunkt der Kämpfe um Slowjansk. Am 6. Juni bestätigten die ukrainischen Streitkräfte zum ersten Mal, dass sie Panzer in die Gegend von Slowjansk verlegt hatten (Segodnja 2014d). Am 19. Juni veröffentlichte die russische Boulevardzeitung *Komsomolskaja Prawda* einen Videoappell des Separatistenkommandeurs von Slowjansk, Igor Girkin. Der müde und desillusioniert wirkende Girkin erklärte, dass die ukrainischen Streitkräfte Slowjansk von allen Seiten angriffen und dass seine Truppen zahlenmäßig unterlegen und unzureichend ausgerüstet seien, um den Angriffen standzuhalten. Abschließend appellierte er an die russische Staatsführung, einzugreifen (Girkin 2014). Am 5. Juli zogen sich Girkins Truppen aus dem Gebiet um Slowjansk nach Donezk zurück. Die Tatsache, dass sich das militärische Blatt seit Anfang Juni auf diese Weise zu wenden begann, verringert die Wahrscheinlichkeit, dass die Separatisten in der Lage waren, weitere ukrainische Militäreinrichtungen im Donbas einzunehmen. Sie verringert auch die Wahrscheinlichkeit, dass sie in der Lage waren, ukrainische Stellungen zu überrennen und Panzer und schwere Artillerie zu erbeuten, die Kyjiw im Juni in die Region verlegt hatte.

Bei diesen drei Beweisen handelt es sich um allgemeine, überblicksartige Beobachtungen. Aus diesem Grund können sie die Wahrscheinlichkeit von H2 nicht weit genug erhöhen, um die Schlussfolgerung zu rechtfertigen, dass die meisten schweren Waffen unter separatistischer Kontrolle aus Russland stammten. Sie neutralisieren jedoch den ursprünglichen Wahrscheinlichkeitsvorteil von H1 und verschieben die Beweislast in eine ausgewogenere Position. Das bedeutet, dass bei der Untersuchung der Herkunft bestimmter Panzer oder schwerer Artillerie unter separatistischer Kontrolle weder H1 noch H2 einen Vorsprung in Bezug auf die Beweislast haben. In den folgenden Abschnitten wird aufgezeigt, dass die verfügbaren Beweise für solche einzelnen Fälle die Wahrscheinlichkeitsbilanz stark in Richtung H2 verschieben.

8.1.2. Von Sibirien in den Donbas: Der Panzerkonvoi vom 12. Juni

Am 12. Juni tauchten die ersten Beweise für einsatzbereite Panzer unter der Kontrolle der separatistischen Kräfte in der Ostukraine auf. An diesem Tag erschienen zwei Videos auf YouTube. Beide Videos zeigen denselben Konvoi aus drei Panzern und zwei Lastwagen mit Personen in Tarnkleidung. Einer der Lastwagen schleppt ein Artilleriegeschütz. Die Bildunterschrift des ersten Videos besagt, dass es in der Stadt Tores,[36] 60 km östlich von Donezk, gedreht wurde (YouTube 2014ax). Dies lässt sich durch eine Geolokalisierung der sichtbaren Gebäude und Bäume überprüfen, die mit Satellitenbildern auf Google Earth übereinstimmen, die einen Platz im Stadtzentrum zwischen Tytow- und Nikolajewstraße zeigen. Der Konvoi fährt auf der Fernstraße H21 von Osten nach Westen in Richtung Donezk. Die Bildunterschrift des zweiten Videos weist auf Makijiwka hin, eine Stadt im Nordosten von Donezk (YouTube 2014aw). Die markanten Gebäude, die in diesem Video zu sehen sind, ermöglichen eine geografische Zuordnung zur Kreuzung zwischen der Fernstraße H21 und der Swerdlowstraße im Stadtzentrum. Der Konvoi fährt weiter nach Westen in Richtung Donezk.

Die Tatsache, dass sich die drei Panzer von Osten her Donezk nähern, ist ein erstes *Strohhalm-Indiz* (siehe Abschnitt 3.1.2.) für ihre russische Herkunft. Vor Anfang Juni bezogen sich die einzigen Berichte über ukrainische Panzereinsätze auf das Gebiet um Slowjansk nördlich von Donezk. Das einzige ukrainische Panzerdepot in der Konfliktzone, das in öffentlich zugänglichen Quellen dokumentiert ist, befand sich in Artemiwsk, das ebenfalls nördlich von Donezk liegt. Der Konvoi könnte also nur dann ukrainischen Ursprungs sein, wenn er in einer riesigen Schleife um Donezk herumgefahren wäre, oder wenn das ukrainische Militär viel weiter östlich Panzer stationiert und verloren hätte, ohne dass jemand darüber berichtet hätte. Ein zweites Strohhalm-Indiz ist das Versäumnis der Separatisten, eine schlüssige Erklärung für die Herkunft der

---

36 Vor 1964 war diese Stadt als Chystiakove bekannt. Die ukrainischen Behörden haben diesen Namen im Rahmen ihrer Reform gegen die Vermächtnisse des Kommunismus 2016 wiederhergestellt. Die Donezker Volksrepublik (DNR), die die Stadt kontrolliert, nennt sie jedoch nach wie vor Tores.

drei Panzer zu liefern. Am 9. Juni zitierte eine russische Nachrichtenwebseite nicht näher bezeichnete Posts von Luhansker Separatisten in sozialen Medien, die angeblich von der Erbeutung dreier ukrainischer Panzer „in einem Vorort von Luhansk" nach einem „schweren bewaffneten Zusammenstoß" mit ukrainischen Truppen berichteten (Rossiiski Mirotworjez 2014). Es gibt jedoch keine weiteren Berichte und kein Filmmaterial über bewaffnete Zusammenstöße mit Panzern in der Nähe von Luhansk vom 9. Juni oder von den vorangegangenen Tagen. Auch die Separatisten lieferten in den darauffolgenden Tagen keine zusätzlichen Informationen über die Herkunft der Panzer. Am 12. Juni bestätigte ein Sprecher der Separatisten lediglich, dass die Donezker Volksrepublik (DNR) drei Panzer „erhalten" habe, ohne weitere Einzelheiten zu nennen (RIA Nowosti 2014b). Die Angabe von Zeit und Ort der Erbeutung und ein Nachweis für die Herkunft der Panzer wären einfache und wirksame Möglichkeiten gewesen, den Vorwurf der russischen Einmischung zu entkräften, wenn die Panzer tatsächlich von ukrainischen Streitkräften erbeutet worden wären.

Ein *rauchender Colt* (siehe Abschnitt 3.1.2.) bezüglich der russischen Herkunft der Panzer sind eine Reihe von Fotos und ein Video, die von proukrainischen investigativen Bloggern entdeckt wurden (Koschkin und Sobatschkin 2016). Die Bilder wurden am 12. Juni 2014 auf der Seite eines separatistischen Kämpfers mit dem Decknamen „Georgi Krymski" in einem sozialen Netzwerk veröffentlicht. Dieser Account war bis mindestens 2020 aktiv und öffentlich zugänglich. Er umfasst zahlreiche Bilder von Krymski mit separatistischen Kämpfern im Jahr 2014 – ein Bild zeigt ihn sogar neben Igor Girkin und Aleksandr Borodaj (Krymski 2014e). Es sind jedoch auch neuere Bilder in unterschiedlichen Zusammenhängen zu sehen. Einige zeigen Krymski in Gesellschaft von scheinbaren Familienmitgliedern. Auf anderen ist er beim Feiern mit Freunden zu sehen (Krymski n.d.). Ein Bild zeigt ihn mit dem „Premierminister" der Krim Sergej Aksjonow (Krymski 2018). Auf einem anderen Bild trägt er eine russische Militäruniform und die Medaille „Für die Verteidigung der Krim" (Krymski 2015; Orden der Russischen Föderation n.d.). Obwohl es sich bei Georgi Krymski wahrscheinlich um ein Pseudonym handelt, lassen die Vielfalt und der Detailgrad der geposteten Bilder nur eine geringe Chance zu, dass das

Profil gefälscht ist. Die vier Bilder, die für dieses Kapitel von Bedeutung sind, wurden am 12. Juli 2014 veröffentlicht und zeigen Krimski und andere separatistische Kämpfer auf einem Panzer (Krymski 2014a; 2014b; 2014c; 2014d). Eines der Bilder hat eine Ortsangabe mit der Stadt Snischne in der Oblast Donezk (Krymski 2014b), unmittelbar östlich von Tores. Auf dem Bild ist auch ein Gebäude mit einer auffällig gelben Fassade zu sehen. Der Blogger, der die Bilder entdeckte, identifizierte eine ähnliche gelbe Fassade neben einem kleinen Platz in der Leninstraße im Zentrum von Snischne. Außerdem zeigen andere von Krymski gepostete Gruppenfotos Merkmale einer nahegelegenen Industrieanlage (Koschkin und Sobatschkin 2016). Diese Geolokalisierung ist überzeugend und mit Google Earth überprüfbar.

Die Fotos von Krymski sind wichtig, weil ein im Herbst 2014 auf YouTube veröffentlichtes Video darauf hindeutet, dass der fragliche Panzer von den russischen Streitkräften bereitgestellt wurde. Das Video zeigt, wie ein Panzer auf ein An-124-Transportflugzeug verladen wird. In der Bildunterschrift heißt es, das Video sei am 31. Mai 2014 in der russischen Region Krasnojarsk aufgenommen worden. Es wurde von einem Account gepostet, dessen Inhalt sich auf Luftfahrt- und Fallschirmspringeraktivitäten in dieser Region konzentriert (YouTube 2014br). Der ukrainische Blogger Askai (2014) behauptet, dass die Terminal- und Hangargebäude in dem Video tatsächlich zum Flugplatz Jemeljanowo in der Region Krasnojarsk gehören. Die Google-Earth-Aufnahmen dieses Flugplatzes legen nahe, dass diese Einschätzung richtig ist. Darüber hinaus argumentieren Koschkin und Sobatschkin (2016), dass der Jemeljanowo-Panzer dieselben Flecken aufweist wie der Panzer auf Georgi Krymskis Bildern aus Snischne. Auch diese Einschätzung ist überzeugend. Sowohl auf dem Video aus Jemeljanowo als auch auf den Bildern von Georgi Krymski sind die Panzerplatten auf der linken Seite des Panzers in Großaufnahme zu sehen. In beiden Fällen weisen die Panzerplatten die gleichen Fleckenmuster auf. Es ist höchst unwahrscheinlich, dass zwei verschiedene Panzer so eine große Ähnlichkeit aufweisen könnten. Gleichzeitig wäre ein erheblicher Aufwand an Videobearbeitung erforderlich, um das komplexe Fleckenmuster aus den Fotos nahtlos in das Video des Panzers einzufügen. Es ist nur höchst unwahrscheinlich, dass proukrainische Aktivisten im Herbst 2014 einen solchen Aufwand betrieben, es dann schafften, das Video in einem YouTube-Account zu veröffentlichen, der sich auf luftfahrtbezogene Nischeninhalte aus der Region Krasnojarsk konzentriert, und dann bis 2016 warteten, um die Ähnlichkeit zu enthüllen. Es ist daher fast sicher, dass ein Panzer, der in Sibirien in ein Transportflugzeug verladen worden war, am 12. Juni 2014 in der ukrainischen Stadt Snischne fotografiert wurde.

Es bleibt unklar, ob es sich bei diesem Panzer um einen der drei Panzer handelte, die bei der Fahrt durch das benachbarte Tores gefilmt wurden, oder ob es ein vierter Panzer war, der anderswo hinfuhr. In jedem Fall lässt die russische Herkunft dieses Panzers in Verbindung mit den oben erwähnten Beweisen darauf schließen, dass die drei Panzer und die Haubitze, die am 12. Juni auf dem Weg nach Donezk gefilmt wurden, höchst wahrscheinlich alle russisch waren.

8.1.3. Brennendes Gemüse: Der Angriff auf Dobropillja vom 13. Juni

Ein Beweis dafür, dass sich die ersten russischen Lieferungen schwerer Waffen in den Donbas Mitte Juni nicht auf Panzer beschränkten, waren die Folgen eines Raketenangriffs auf die Stadt Dobropillja, 55 km südwestlich von Slowjansk. Am Morgen des 13. Juni meldete eine lokale Nachrichtenwebseite, dass Raketen ein Gemüselager in Dobropillja getroffen und einen Wachmann getötet hatten (Salnytschenko 2014). Dieser Bericht deckt sich mit Satellitenbildern von Google Earth von Anfang Juli 2014, die vier Löcher im Dach eines Gebäudes in einem Industriegebiet am südwestlichen Rand der Stadt zeigen. Auf der annotierten Satellitenbild-Plattform Wikimapia ist dieses Gebäude als „Perspektiwa Gemüselager" gekennzeichnet. Darüber hinaus zeigen die Google-Earth-Bilder ein niedergebranntes Nebengebäude und mindestens 19 Einschlagskrater auf Feldern südlich und westlich des Ortes. In dem Nachrichtenbericht vom 13. Juni werden auch Anwohner zitiert, die von anhaltenden Kämpfen zwischen ukrainischen und separatistischen Kräften in der Nähe von Nykanoriwka, etwa 15 km östlich der Einschlagstelle, berichteten. Diesen Einwohnern zufolge hatten sich die separatistischen Kräfte dem Gebiet von Nordosten genähert (Salnytschenko 2014). Am frühen Nachmittag des 13. Juni veröffentlichte eine andere Nachrichtenwebseite Bilder eines beschädigten Grad-Mehrfachraketenwerfers, dem 26 seiner 40 Raketen fehlen (Segodnja 2014e). Die auf einem der Bilder zu sehende Anordnung von Gebäuden ermöglicht eine geografische Zuordnung zur nordöstlichen Ecke des Lehmlagers am Bahnhof von Merzalowe, unmittelbar westlich von Nykanoriwka. Derselbe Grad-Werfer ist am selben Ort in einem am selben Tag veröffentlichten Video zu sehen. In diesem Video erzählt ein ukrainischer Soldat einem Journalisten, dass zwei Grad-Werfer der Separatisten von diesem Ort aus das Feuer eröffnet hatten und vermutlich auf einen ukrainischen Kontrollpunkt auf der Straße zwischen Dobropillja und Swjatohoriwka zielten, aber stattdessen das Gemüselager trafen. Einer der Raketenwerfer wurde aus dem Gebiet abgezogen, während der andere eine Panne hatte und aufgegeben wurde (YouTube 2014ay). Diese Darstellung stimmt mit einem anderen Video überein, das am folgenden Tag auf YouTube veröffentlicht wurde und in der Nähe der südwestlichen Ecke des Hauptgebäudekomplexes am Bahnhof Merzalowe lokalisiert werden kann. Auf dem Filmmaterial sind zwei Raketensalven zu hören, und während der zweiten Salve sind mindestens zwanzig Raketen zu sehen, die vom angeblichen Abschussort in Richtung Westen fliegen (YouTube 2014az). Aufgrund dieser Beweise kann es als Tatsache angesehen werden, dass der Grad-Raketenwerfer auf den Bildern im Rahmen eines gescheiterten separatistischen Vorstoßes Raketen auf Dobropillja abgefeuert hat.

Die ukrainische Aktivistengruppe *Information Resistance* (2014) veröffentlichte am 14. Juni Bilder, die die russische Herkunft des zurückgelassenen Grad-Raketenwerfers beweisen sollen. Ein Foto zeigt das Deckblatt eines Satzes von Fahrzeugpapieren, auf dem ein Stempel mit der Aufschrift „Militärbasis 27777" in russischer Sprache zu sehen ist. Ein anderes Foto zeigt ein blasses Symbol in Form einer aufgeschnittenen Raute innerhalb eines Quadrats auf der rechten Tür des Raketenwerfers. Nach Angaben von *Information Resistance* ist dieses Symbol ein Beispiel für „schlecht übermalte Insignien", die auf die ursprünglichen russischen Besitzer des Raketenwerfers hinweisen. Eine Internetrecherche zum

„Militärstützpunkt 27777" zeigt, dass er sich in Tschetschenien befindet und 2014 die Heimat der 18. Motorisierten Gardeschützenbrigade war (Militärbasen Russlands n.d.). In einem langen Blogbeitrag über diese Brigade, der 2011 von einem russischen Militärenthusiasten veröffentlicht wurde, sind auf Bildern Lastwagen mit rautenförmigen Abzeichen an den Türen zu erkennen. Außerdem sind Bilder von Grad-Werfern zu sehen, die ein ähnliches Tarnmuster aufweisen wie der Werfer, der Dobropillja angegriffen hat (Mokruschin 2011). Ohne zusätzliches Material wären die Bilder des Dokuments und das verblasste Zeichen an der Tür des Raketenwerfers jedoch nur ein *Strohhalm-Indiz* für die russische Herkunft des Raketenwerfers, da beides relativ leicht zu fälschen ist. Das Dokument könnte von einem anderen Ort stammen, die Ähnlichkeit des Tarnmusters könnte ein Zufall sein und das Symbol auf der Tür könnte hinzugefügt worden sein, nachdem der Raketenwerfer von den ukrainischen Streitkräften beschlagnahmt worden war.

Im vorliegenden Fall gibt es jedoch zusätzliche Belege, die die Wahrscheinlichkeit, dass die Bilder gefälscht sind, nur als geringe Chance erscheinen lassen. Diese Belege finden sich in einem Video, das am 11. Juni 2014 veröffentlicht wurde (YouTube 2014av), aber in der Mediendiskussion über den Vorfall in Dobropillja keine Rolle spielt. Es kann durch eine umgekehrte Bildersuche nach Bildern des Grad-Werfers bei Dobropillja gefunden werden. Eines der Suchergebnisse führt zum Projekt Lost Armour, einer Webseite, die Bilder von zerstörtem oder beschädigtem militärischem Gerät im Donbas dokumentiert. Ein Nutzerkommentar auf dieser Seite vom Oktober 2015 enthält den Link zu dem Video und weist darauf hin, dass es sich um denselben Grad-Werfer handeln könnte (Lost Armour 2015). Das Video zeigt drei Lastwagen, die durch einen Ort fahren, der als Luhansk bezeichnet wird (YouTube 2014av). Die Steigung und die Kurve der Straße in Kombination mit dem Zaun und den Gebäuden daneben machen es möglich, das Filmmaterial geografisch der Ersten-Keramitschna-Straße zuzuordnen. Die Lastwagen umfahren das Stadtzentrum auf der südlichen Seite, in Ost-West-Richtung. Dies wäre Teil einer logischen Route von der russischen Grenze bei Krasnodon[37] zu den von Separatisten kontrollierten Gebieten nördlich von Donezk. Die Ladeflächen der Lastwagen sind mit Planen abgedeckt, so dass man nicht sehen kann, was sie transportieren. Das Tarnmuster auf der Fahrerkabine des mittleren Lkws ist jedoch identisch mit der Fahrerkabine des Grad-Werfers, der Dobropillja angegriffen hat. Außerdem fehlt bei dem Lkw in Luhansk das rechte Rücklicht und er hat eine Anhängerkupplung mit zwei hervorstehenden Metallteilen - einem silbernen und einem weißen. Diese Merkmale sind auch an dem Grad-Werfer bei Dobropillja zu erkennen. Die rechte Tür des mittleren Lkws ist auf den Aufnahmen aus Luhansk nicht zu sehen, aber die linke Tür des hinteren Lkws ist mit einem roten Raute-Quadrat-Symbol gekennzeichnet. Es ist plausibel, dass der mittlere Lkw das gleiche Symbol auf seiner rechten Tür trug und dass es bei einem erfolglosen Versuch, es zu entfernen, grau und blass blieb, wie es auf dem Bild des Grad-Werfers bei Dobropillja zu sehen ist.

Das Video aus Luhansk macht das Filmmaterial aus Dobropillja zu einem *rauchenden Colt*. Es ist nur höchst unwahrscheinlich, dass die ukrainischen Streitkräfte die Aufnahmen eines erbeuteten Grad-Werfers innerhalb eines Tages so verändert haben, dass sie mit einem zwei Tage zuvor veröffentlichten Video übereinstimmen, und es dann versäumt haben, die Medien, die über die Geschichte berichteten, auf die Existenz des Videos hinzuweisen. Es ist daher höchst wahrscheinlich, dass es sich bei dem Grad-Raketenwerfer, der Dobropillja beschossen hat, und dem mittleren Lkw des Luhansker Konvois um dasselbe Fahrzeug handelt. Fast sicher ist, dass beide Fahrzeuge Teil derselben Lieferung militärischer Ausrüstung waren, die mindestens drei Fahrzeuge umfasste, die von Russlands 18. Motorisierter Gardeschützenbrigade stammten.

37 Im Rahmen der Reform gegen die Vermächtnisse des Kommunismus wurde die Stadt in Sorokyne umbenannt. Die Luhansker Volksrepublik (LNR), die die Stadt kontrolliert, nennt sie jedoch nach wie vor Krasnodon.

8.1.4. Panzerungsmuster auf einer russischen Autobahn: Die Panzerkonvois vom 19. bis 21. Juni

Weitere Beweise für zusätzliche russische Panzerlieferungen an die Separatisten tauchten etwas mehr als eine Woche später auf. Es handelt sich um eine Serie von vier Videos, die der ukrainische Blogger Askai (2014) entdeckt hat. Das erste Video wurde am 20. Juni veröffentlicht und zeigt zwei Panzer, zwei gepanzerte Fahrzeuge und drei Lastwagen, die an einem unvollendeten Gebäude in einem Wohngebiet vorbeifahren. In der Beschreibung des Videos wird der Ort als Horliwka-Diwision-Straße in der Stadt Horliwka, 35 km nordöstlich von Donezk, angegeben (YouTube 2014bc). Auf den Google-Earth-Bildern dieser Straße zwischen den Kreuzungen mit der Jaroslawskastraße und der Saporischschjagasse ist eine entsprechende Anordnung eines unvollendeten Gebäudes zwischen zwei Wohngebäuden deutlich zu erkennen. Das Video zeigt markante Muster von Panzerplatten auf der linken Seite der Panzer. Der erste Panzer weist eine Reihe von Platten auf, die sich nicht vollständig bis zum Heck des Panzers erstreckt. Die ersten drei Platten sind weiter voneinander entfernt und niedriger als die übrigen angebracht. Oberhalb der Hauptreihe sind zwei einzelne vorstehende Platten zu sehen. Der zweite Panzer hat weniger Panzerplatten. Sie sind in einer geraden Linie angeordnet, die nach hinten hin eine Lücke aufweist und nur einen kleinen Teil der Panzerseite abdeckt. Das gleiche Muster von Panzerplatten ist auf zwei Panzern zu sehen, die der Journalist der Associated Press Dmitry Lovetsky (2014) am 20. Juni fotografiert hat. Laut Lovetsky wurde das Bild in der Nähe der Stadt Jenakijewe, südöstlich von Horliwka, aufgenommen. Dieses Bild ist wichtig, weil es zeigt, dass der vordere Panzer eine blaue Nummer sieben auf seiner Scheinwerferabdeckung trägt.

Das zweite Video zeigt zwei andere Panzer, drei gepanzerte Fahrzeuge und drei Lastwagen, von denen einer ein Artilleriegeschütz zieht. Der ursprüngliche Account, über den das Video gepostet wurde, war zum Zeitpunkt der Erstellung dieses Kapitels bereits gelöscht, aber Kopien vom 21. Juni 2014 und vom Februar 2015 waren noch verfügbar (YouTube 2014bd; 2015a). In der Bildunterschrift des Videos heißt es, dass es am 21. Juni 2014 in Tores gefilmt wurde. Die auf dem Filmmaterial sichtbaren Gebäude sind nicht spezifisch genug, um das Video geografisch zu verorten. Allerdings ist auf dem Video auch ein roter Lieferwagen mit einem Nummernschild der Oblast Donezk zu sehen. Darüber hinaus tragen die Militärfahrzeuge weder Nummernschilder noch sichtbare Insignien, abgesehen von einem der Panzer, der eine orange-schwarze St.-Georgs-Flagge - ein separatistisches Symbol - trägt. Auf der Scheinwerferabdeckung des Panzers ist außerdem die blaue Nummer 10 aufgemalt, die dem in Jenakijewe und Horliwka beobachteten separatistischen Panzer ähnelt. Es ist daher davon auszugehen, dass das zweite Video in der Oblast Donezk aufgenommen wurde und Militärfahrzeuge unter separatistischer Kontrolle zeigt. Der Panzer mit der Flagge hat vier Reihen von Panzerplatten, die sich nicht vollständig nach vorne und hinten erstrecken, aber den größten Teil der linken Seite abdecken. Der zweite Panzer weist nur drei einzelne Panzerplatten in der Nähe des vorderen Teils seiner linken Seite auf.

Das dritte Video wurde am 20. Juni veröffentlicht und zeigt einen Konvoi von sechs Lastwagen mit fünf Panzern neben einer Hauptverkehrsstraße. Der Konvoi wird von einem Polizeiwagen hinten und einem Polizeiauto und einem silbernen Geländewagen vorne begleitet (YouTube 2014bb). Trotz der schlechten Videoqualität ist deutlich zu erkennen, dass die Panzerplatten an den beiden hinteren Panzern perfekt mit den beiden Panzern übereinstimmen, die in Horliwka und Jenakijewe gefilmt wurden. Die Muster der Panzerplatten an den beiden vorderen Panzern passen dagegen perfekt zu den Panzern im zweiten Video. Wie Askai (2014) hervorhebt, stimmt der blaue Streifen auf den begleitenden Polizeifahrzeugen mit den Markierungen der russischen Militärtransportpolizei überein. Diese Behauptung lässt sich durch eine einfache Google-Bildersuche überprüfen.

Das vierte Video zeigt die ersten drei mit Panzern beladenen Lastwagen desselben Konvois sowie den Geländewagen und das Polizeiauto an der Spitze des Konvois (YouTube 2014bk). Das Video wurde am 11. Juli veröffentlicht, laut Beschreibung wurde es aber am 19. Juni auf der Autobahn M4 in der russischen Oblast Rostow aufgenommen. Diese Geolokalisierung lässt sich anhand eines Straßenschilds im Video verifizieren, das eine

Autobahnausfahrt in Richtung der Stadt Gorny in der Oblast Rostow anzeigt. Die Anordnung der Fahrspuren, die Muster der Bäume und Felder sowie die Tankstelle neben der Autobahn stimmen mit Satellitenbildern von Google Earth überein, die die Autobahnausfahrt auf der M4 zwei Kilometer nordwestlich von Gorny zeigen. Außerdem stimmen die Nummernschilder der Fahrzeuge mit dem Muster russischer Nummernschilder überein und die Buchstaben RF (Russische Föderation) sind auf dem Polizeifahrzeug vor dem Konvoi zu sehen. Obwohl dieses vierte und letzte Video erst einige Wochen nach dem Ereignis veröffentlicht wurde, lässt die beschriebene Detailgenauigkeit nur eine geringe Wahrscheinlichkeit zu, dass es sich um eine Fälschung handelt.

Die vier besprochenen Videos legen daher nahe, dass es fast sicher ist, dass vier Panzer, die unter Aufsicht der russischen Militärpolizei auf einer Autobahn in der russischen Oblast Rostow transportiert wurden, am 20. und 21. Juni im Donbas unter separatistischer Kontrolle gefilmt wurden. Es ist wiederum höchst wahrscheinlich, dass der fünfte Panzer des Konvois aus der Oblast Rostow ebenfalls in der Ukraine gelandet ist und dass die gepanzerten Fahrzeuge, die Lastwagen und das Artilleriegeschütz, die die Panzer in der Ukraine begleiteten, ebenfalls aus Russland stammten.

8.1.5. Das Panzerdepot in Artemiwsk: Eine unplausible Quelle

Das Auftauchen der Panzerkonvois vom 20. und 21. Juni fiel mit einem konkreteren Versuch der Separatisten im Donbas zusammen, ihren Besitz schwerer Waffen zu erklären. Dieser Versuch konzentrierte sich auf eine ukrainische Militärbasis in der Stadt Artemiwsk, die als Lager für Panzer diente. Die Panzer waren seit vielen Jahren außer Betrieb, und ihr genauer Zustand ist unklar, aber es liegt die Vermutung nahe, dass viele von ihnen entweder noch einsatzfähig oder leicht zu reparieren waren. Am 19. und 20. Juni behaupteten mehrere proseparatistische Medien, separatistische Kräfte hätten den Stützpunkt eingenommen (Novyy Den 2014; colonelcassad 2014a; Westi.ru 2014). Obwohl ein Sprecher der Separatisten diese Berichte bald dementierte (Westi.ru 2014), wurde das Panzerdepot in Artemiwsk in den folgenden Jahren weiterhin als angebliche Hauptquelle für erbeutete Panzer und schwere Artillerie in den Darstellungen der Separatisten genannt (Interfax 2019).

Die ukrainischen Streitkräfte bestreiten jedoch, dass die Separatisten jemals die Kontrolle über den Stützpunkt erlangt haben. Der ukrainische Militärhistoriker Mychailo Schyrochow (2016a) sprach mit mehreren auf dem Stützpunkt anwesenden Soldaten, die ihm von mehreren gescheiterten Eroberungsversuchen zwischen Mitte April und Ende Juni berichteten. Die Schilderung von Schyrochows Quellen deckt sich mit Berichten, die am 20. und 27. Juni, unmittelbar nach den Angriffen der Separatisten auf das Panzerdepot, auf einer lokalen Artemiwsker Nachrichtenwebseite veröffentlicht wurden (Pywowarowa 2014a; 2014b). Die Korrespondenten der Webseite veröffentlichten Bilder von Schäden an angrenzenden Gebäuden, berichteten jedoch, dass der Stützpunkt weiterhin unter der Kontrolle der ukrainischen Streitkräfte stehe. Darüber hinaus bestätigte der Kommandeur der Separatisten in Slowjansk Igor Girkin (2015) in einem Interview, dass die Separatisten den Stützpunkt in Artemiwsk nie eingenommen haben. Er behauptete, dass seine eigenen Männer kurz nach der Einnahme von Slowjansk einen ersten erfolglosen Versuch unternommen hätten. Girkin sagte dann, dass die nachfolgenden Versuche, das Depot einzunehmen, nicht von ihm, sondern vom Separatistenkommandeur Igor Besler aus Horliwka unternommen wurden, der dabei jedoch keinen einzigen ukrainischen Panzer erbeutete, sondern einen seiner eigenen Panzer verlor. Girkin machte keine Angaben zur Herkunft von Beslers verlorenem Panzer, aber angesichts der Tatsache, dass am 20. Juni zwei Panzer russischer Herkunft in Horliwka gefilmt wurden, ist seine Darstellung plausibel. In jedem Fall lassen die übereinstimmenden Berichte ukrainischer Soldaten, lokaler Journalisten und Igor Girkins in Verbindung mit dem Fehlen weiterer gegenteiliger Beweise nur eine geringe Chance dafür übrig, dass die Separatisten schwere Waffen aus dem Depot in Artemiwsk entwendet haben.

8.2. Verlust von Territorium, Gewinn von Panzern: Die Separatisten im Juli 2014

Anfang Juli nahm der militärische Druck auf die Separatisten weiter zu, was die Erbeutung von Panzern und schwerer Artillerie von den ukrainischen Streitkräften noch erschwerte. Am 6. Juli schloss sich das Zeitfenster für die Separatisten, um Panzer in Artemiwsk zu erbeuten, ein für alle Mal. An diesem Tag übernahmen die ukrainischen Streitkräfte die vollständige Kontrolle über die Stadt und das umliegende Gebiet (Ukrainska Prawda 2014n). Einen Tag zuvor hatten die Truppen von Igor Girkin die Gegend um Slowjansk und Kramatorsk nördlich von Artemiwsk aufgegeben und sich nach Donezk zurückgezogen (Interfax 2014). Gleichzeitig rückten die ukrainischen Streitkräfte entlang der russisch-ukrainischen Grenze südlich von Donezk vor und erreichten den Südosten des Gebiets Luhansk (Schyrochow 2017). Im Westen des Gebiets Luhansk begannen die Vorbereitungen für eine Offensive, die die separatistischen Einheiten in der zweiten Julihälfte zum Rückzug aus Sjewjerodonezk und Lyssytschansk zwingen sollte (Swetikow 2017).

Mit dem zunehmenden militärischen Druck auf die Separatisten auf dem Schlachtfeld wuchs jedoch auch ihr Arsenal an schweren Waffen. Drei Videos, die am 4. Juli auf YouTube veröffentlicht wurden, zeigen einen Konvoi von fünf Panzern, der durch ein Wohnviertel im Nordosten der Stadt Krasnodon in der Oblast Luhansk fährt, etwa 15 km vom Grenzübergang Iswaryne entfernt (YouTube 2014be; 2014bg; 2014bf). Eine genaue Lokalisierung ist möglich aufgrund einer kleinen Kirche auf einem Feld neben einem Kreisverkehr mit Oberleitungen. Am 13. Juli wurde ein Video veröffentlicht, das einen großen separatistischen Konvoi zeigt, der auf der Oboronnastraße in Luhansk in Richtung Norden fährt (YouTube 2014bl). Deutlich erkennbare Gebäude auf dem Filmmaterial ermöglichen eine genaue Geolokalisierung. Der Konvoi bestand aus fünf Panzern, sieben gepanzerten Fahrzeugen, einem Grad-Mehrfachraketenwerfer, einem auf einem Lkw montierten Flugabwehrgeschütz und fünf gezogenen Artilleriegeschützen. Am 15. Juli wurde ein Video veröffentlicht, das drei Panzer, drei Panzerhaubitzen vom Typ Gwosdika und ein gepanzertes

Fahrzeug in der Nähe einer Tankstelle nördlich von Jenakijewe zeigt (YouTube 2014bm). Die Panzer tragen die Nummern 35, 38 und 36 in weißer Farbe auf ihren Scheinwerferabdeckungen. Am 16. Juli strahlte das russische Staatsfernsehen einen Bericht von einem Stützpunkt des Wostok-Bataillons an einem nicht näher bezeichneten Ort „einige Kilometer von Donezk entfernt" aus (YouTube 2014bn). Die Aufnahmen zeigen Panzer mit den Nummern 30, 40 und 41 auf ihren Scheinwerferabdeckungen. Außerdem sind ein vierter Panzer mit einer unleserlichen Nummer sowie zwei Panzerabwehrkanonen vom Typ Nona zu sehen. Es ist möglich, dass die Aufnahmen vom 4. Juli aus Krasnodon, vom 13. Juli aus Luhansk und vom 15. und 16. Juli aus der Nähe von Donezk die gleichen Panzer zeigen. Auf den Videos aus der Nähe von Donezk allein sind jedoch sechs verschiedene Panzer zu sehen. Die Muster der Panzerplatten dieser Panzer und die darauf aufgemalten Nummern unterscheiden sich von den Panzern, die Ende Juni gefilmt wurden. Außerdem ist es wahrscheinlich, dass die Nummern der Panzer von den Separatisten hinzugefügt wurden. Weder von den ukrainischen noch von den russischen Streitkräften ist bekannt, dass sie ihre Panzer auf diese Weise nummerieren. Es ist daher wahrscheinlich, dass die Separatisten Mitte Juli über mindestens 41 Panzer verfügten. Darüber hinaus hatten sie schwere Artilleriesysteme, darunter mindestens drei Gwosdika-Haubitzen.

Es gibt keinen *rauchenden Colt*, der diese militärische Ausrüstung von Anfang Juli mit Russland in Verbindung bringt. Allerdings haben die eindeutigen Beweise für russische Waffenlieferungen Mitte und Ende Juni und die ungünstige militärische Lage der Separatisten Anfang Juli die Beweislast verschoben. Da es keine Beweise für eine ukrainische Herkunft gibt, muss es als wahrscheinlich angesehen werden, dass die Separatisten ihre neuen Waffen Anfang Juli ebenfalls aus Russland bezogen.

Außerdem existieren noch zusätzliche Indizien, die für eine Fortsetzung und Intensivierung der russischen Waffenlieferungen Anfang bis Mitte Juli sprechen. Diese Indizien verschieben die Gesamtbilanz der Wahrscheinlichkeiten noch weiter in Richtung H2. Sie werden im letzten Abschnitt dieses Kapitels vorgestellt.

8.3. Russlands Abgesandte und der Abschuss von MH17

Anfang bis Mitte Juli tauchten drei russische Staatsbürger mit Verbindungen zu staatlichen russischen Strukturen in Donezk und Luhansk auf. Einer von ihnen gab vor laufender Kamera zu, dass Russland schwere Waffen an die Separatisten liefert. Die beiden anderen wurden zu hochrangigen Funktionären der Separatisten. Ihr Auftauchen fiel nicht nur mit den im vorangegangenen Abschnitt beschriebenen Sichtungen von militärischem Gerät zusammen, sondern auch mit dem Abschuss des Fluges MH17 der Malaysia Airlines durch einen russischen Raketenwerfer.

8.3.1. Die Panzer der Zivilgesellschaft: Sergej Kurginjan in Donezk

Am 7. Juli besuchte Sergej Kurginjan, Anführer der russischen neosowjetischen Bewegung Sut Wremeni, Donezk. Im Rahmen seines Besuchs gab er eine Pressekonferenz, auf der er sich mit dem „Volksgouverneur" von Donezk, Pawlo Hubarjew, und zwei Mitgliedern von Igor Girkins Gruppe, die Slowjansk zwei Tage zuvor verlassen hatte, eine heftige Auseinandersetzung lieferte. Eine Aufzeichnung des Streits ist auf YouTube verfügbar (2014bh). Die Separatisten beklagen sich über mangelnden Nachschub aus Russland. Kurginjan argumentiert, dass diese Kritik nur teilweise gerechtfertigt sei. Er räumt ein, dass die von der „russischen Zivilgesellschaft"[38] organisierten Lieferungen schwerer Waffen anfangs selten und von schlechter Qualität waren, dass sich aber „die Situation in den letzten zwei bis drei Wochen deutlich verbessert hat" (YouTube 2014bh bei 37:40). Einer der Separatisten entgegnet, dass Girkins Gruppe nur drei Panzer und drei gepanzerte Fahrzeuge erhalten habe, während sie Slowjansk hielt (YouTube 2014bh bei 38:30). Kurginjan räumt ein, dass die russische Unterstützung für

38 Dies ist ein offensichtlicher Euphemismus. Die Vorstellung, dass russische nichtstaatliche Akteure ohne das Wissen und die Zustimmung des Staates schwere Waffen in die Ukraine schicken konnten, ist lächerlich und verdient keine weitere Diskussion.

die Separatisten immer noch unzureichend ist, und verspricht weitere Waffenlieferungen (YouTube 2014bh um 43:00).

Es bleibt unklar, inwieweit Kurginjan persönlich in die Organisation russischer Waffenlieferungen involviert war und inwieweit er in dieser Hinsicht auf den Kreml einwirken konnte. Es ist jedoch anzunehmen, dass sowohl er als auch die Separatisten, mit denen er spricht, über ein gewisses Maß an Insiderwissen verfügen.[39] Gleichzeitig stimmen sie darin überein, dass die russischen Waffenlieferungen im Juni an Fahrt aufgenommen hatten, aber angesichts der katastrophalen militärischen Lage weiter verstärkt werden müssten. Damit erhöht sich die Beweislast für diejenigen, die behaupten, dass die weiteren schweren Waffen für die Separatisten Anfang Juli nicht aus Russland kamen. Die Hypothese, dass Russland den Bitten der Separatisten und den Vorhersagen von Kurginjan entsprach, ist eine plausiblere Erklärung als die Hypothese, dass Russland seine Lieferungen plötzlich einstellte, während die Separatisten plötzlich begannen, ukrainische Waffen zu erbeuten.

8.3.2. Ernennt mehr Russen: Die Institutionen der Separatisten Anfang Juli

Ein weiteres Indiz dafür, dass Russland sein Engagement im Donbas nach dem Rückzug aus Slowjansk eher verstärkte als verringerte, waren die aufeinanderfolgenden Ernennungen zweier russischer Staatsbürger in leitende Positionen sowohl in der DNR als auch in der Luhansker Volksrepublik (LNR). In Donezk stellte „Premierminister" Borodaj auf einer Pressekonferenz am 10. Juli Wladimir Antjufejew als seinen neuen „ersten stellvertretenden Premierminister" vor. Während der Pressekonferenz bestätigte Antjufejew, dass er gerade aus Russland eingetroffen sei und für „Staatssicherheit, innere Angelegenheiten, Zoll und Gerichte" zuständig sein werde (YouTube 2014bi ab 14:15). Die bevorstehende Ankunft Antjufejews wurde auch in einem abgehörten Telefongespräch zwischen Borodaj und dem russischen Präsidentenberater

39 Einige Aktivisten von Sut Wremeni hatten bereits im April mit separatistischen Aktivisten in Donezk zusammengearbeitet (siehe Kapitel vier) und einige kämpften in führenden Positionen im Wostok-Bataillon (YouTube 2014bj).

Wladislaw Surkow vom 3. Juli erwähnt (GEG 2019b ab 10:16). Antjufejew ist ein russischer Staatsbürger und ehemaliger sowjetischer Polizist, der zwischen 1992 und 2012 „Minister für Staatssicherheit" der abtrünnigen Region Transnistrien in der Republik Moldau war. Nach Angaben der russischen Nachrichtenwebseite *Nakanune.ru* gab Antjufejew in einem Interview im DNR-Fernsehen am 16. Juli 2014 zu, dass er auch an der russischen Übernahme der Krim im März teilgenommen hatte (Tschernyschew 2014). Dies deckt sich mit Informationen, die das moldauische investigative Journalistenkollektiv *RISE Moldova* von den ukrainischen Behörden erhalten hat. Diesen Informationen zufolge reiste Antjufejew am 7. März 2014 nach Simferopol (RISE Moldova 2019 bei 5:30). Darüber hinaus fanden die Journalisten einen Eintrag in einem russischen Unternehmensregister, aus dem hervorgeht, dass Antjufejew seit 2013 stellvertretender Generaldirektor von ODK war – einem Unternehmen, das Triebwerksteile für die russische Luftwaffe und Marine herstellt (RISE Moldova 2019 ab 10:07). Von der russischen Luftfahrtindustriegewerkschaft (2017) veröffentlichte Informationen bestätigen dies. In einem Bericht auf der Webseite der Gewerkschaft über ein Treffen zwischen Gewerkschaftsvertretern und der ODK-Führung im März 2017 wird Antjufejew als stellvertretender Direktor von ODK aufgeführt. Der Bericht enthält auch ein Foto von Antjufejew, was beweist, dass der stellvertretende Direktor von ODK und der ehemalige „erste stellvertretende Ministerpräsident" der DNR ein und dieselbe Person sind.

In Luhansk wurde ein weiterer russischer Staatsbürger, Marat Baschirow, zum „Premierminister" der LNR ernannt. Nach Angaben der russischen Nachrichtenwebseite *Gazeta.ru* arbeitete Baschirow vor seiner Ernennung im Donbas als leitender Angestellter im Firmenimperium des Oligarchen Viktor Wekselberg und war auf politische Kommunikation spezialisiert (Dergatschow 2014). Wie Antjufejew kehrte Baschirow vor Ende 2014 nach Russland zurück und setzte seine Karriere im Umfeld staatlicher Institutionen fort. Ab Ende 2020 trat er häufig als politischer Analyst und Kommentator in staatlich kontrollierten russischen Medien auf (RIA Nowosti n.d.; Radio Komsomolskaja Prawda n.d.).

Die Berufung von Antjufejew und Baschirow in führende Positionen in den separatistischen „Republiken" wurde fast sicher von den russischen Behörden gebilligt. Ein Beweis dafür sind die Arbeit der beiden Männer für Unternehmen mit engen Verbindungen zum russischen Staat vor ihrer Zeit im Donbas und ihre erfolgreichen Karrieren im Umfeld des russischen Staates nach ihrer Rückkehr. Diese weitere Zunahme der russischen Beteiligung an der Verwaltung der DNR und der LNR wiederum ist eher mit einer gleichzeitigen Zunahme russischer Waffenlieferungen vereinbar als mit einem plötzlichen Stopp dieser Lieferungen im Juli.

8.3.3. MH17

Kurz nach dem Besuch von Kurginjan und den Ernennungen von Antjufejew und Baschirow schoss ein russischer BUK-Luftabwehrraketenwerfer den Flug MH17 der Malaysia Airlines über dem Konfliktgebiet ab. Dieses Kriegsverbrechen ist wohl das am meisten untersuchte Ereignis des Donbas-Krieges im Jahr 2014. Der Tod von 298 Zivilisten führte zu einem Anstieg der politischen und medialen Aufmerksamkeit. Gleichzeitig trug der Fall wesentlich zum Aufschwung journalistischer Recherchen in digitalen öffentlich zugänglichen Quellen bei. Insbesondere machte er das Recherchekollektiv Bellingcat bekannt, das lange vor den Ergebnissen einer offiziellen Untersuchung Beweise dafür vorlegte, dass ein BUK-Raketenwerfer, der aus Russland in die Region gelangt war, für den Abschuss des Flugzeugs verantwortlich war (Allen et al. 2014; Bellingcat 2015d; Allen et al. 2016). Später veröffentlichte die MH17-Untersuchungskommission (Joint Investigation Committee, JIT), die sich aus Strafverfolgungsbeamten und Forensikexperten aus den Niederlanden, Australien, Malaysia und der Ukraine zusammensetzte, mehrere Berichte, die die Schlussfolgerungen von Bellingcat zweifelsfrei bestätigten. Die Kommission stellte fest, dass Flug MH17 von einem BUK-Raketenwerfer der 53. russischen Flugabwehrbrigade abgeschossen worden war. Der Raketenwerfer verließ am 23. Juni den Heimatstützpunkt der Brigade in der Nähe von Kursk und wurde an einen Ort nahe der ukrainischen Grenze in der Nähe der Stadt Millerowo gebracht. Vermutlich in der Nacht vom 16. auf den 17. Juli gelangte er in die Ukraine und wurde nach Donezk gebracht. Am 17. Juli fuhr er zu einem Feld in der Nähe von Snischne, wo er die Rakete abfeuerte, die das Flugzeug zum

Absturz brachte. Nach dem Vorfall wurde der Raketenwerfer rasch nach Russland zurückgebracht (JIT 2016a; 2016b; 2016c; 2018).

Es ist weder notwendig noch angemessen, die große Anzahl von Videos, die den Raketenwerfer auf dem Weg zum und vom Abschussort an eindeutig identifizierbaren Orten sowohl auf russischem als auch auf ukrainischem Gebiet zeigen, in diesem Kapitel erneut zu bewerten. Das Gleiche gilt für die große Zahl abgehörter Telefongespräche, in denen das Ereignis besprochen wurde. Es besteht nicht die geringste Chance, dass diese umfangreichen und vielfältigen stimmigen und eindeutigen Beweise gefälscht wurden und dass Bellingcat und JIT dies nicht bemerkt haben oder aktiv an solchen Fälschungen beteiligt waren. Gleichzeitig ist ein BUK-Raketenwerfer ein komplexeres Waffensystem als die Panzer und Artilleriesysteme, die Mitte und Ende Juni im Donbas beobachtet wurden. Aus diesem Grund ist der BUK-Raketenwerfer, der MH17 zerstörte, ein weiterer *rauchender Colt*, der darauf hindeutet, dass Russland seine Waffenlieferungen an die Separatisten im Donbas Mitte Juli nicht reduzierte, sondern ausweitete.

8.4. Zwischenfazit

In diesem Kapitel wurden überwältigende Beweise dafür gefunden, dass der russische Staat die treibende Kraft hinter dem Auftauchen von Panzern und schwerer Artillerie unter separatistischer Kontrolle zwischen Juni und Juli 2014 war. Es wurde festgestellt, dass die folgenden Fakten *fast sicher* zutreffend sind:

- Ein Panzer, der am 12. Juni in der Stadt Snischne im Donbas fotografiert wurde, war zuvor beim Verladen auf ein russisches Militärfrachtflugzeug in der russischen Region Krasnojarsk gefilmt worden.
- Ein Grad-Mehrfachraketenwerfer, der von Russlands 18. Motorisierter Gardeschützenbrigade stammte, feuerte am 13. Juni auf ein Gemüselager in Dobropillja.
- Vier Panzer, die in am 20. und 21. Juni veröffentlichten Aufnahmen aus dem Donbas zu sehen sind, wurden zuvor gefilmt, als sie mit einer Eskorte der russischen Militärpolizei auf einer Autobahn in der russischen Oblast Rostow transportiert wurden.

- Ein BUK-Raketenwerfer, der von Russlands 53. Flugabwehrbrigade stammte, schoss am 17. Juli den Flug MH17 der Malaysia Airlines über dem Konfliktgebiet ab.

Zusätzlich zu diesen Fahrzeugen sind auf den Aufnahmen aus dem Donbas von Mitte Juni bis Mitte Juli mindestens acht Panzer, sieben gezogene Artilleriegeschütze, drei Panzerhaubitzen vom Typ Gwosdika, ein Mehrfachraketenwerfer vom Typ Grad und ein auf einem Lkw montiertes Flugabwehrgeschütz zu sehen. Obwohl es keine direkten Beweise gibt, die diese Fahrzeuge mit Russland in Verbindung bringen, macht die Kumulation der folgenden Indizien es *höchst wahrscheinlich*, dass die meisten, wenn nicht sogar alle von ihnen aus Russland stammen:

- Die zusätzlichen Waffensysteme tauchten im gleichen Zeitraum auf wie die Fahrzeuge, die nach Russland zurückverfolgt werden konnten.
- Obwohl die Separatisten ein klares Interesse daran hatten, die Erbeutung ukrainischer Ausrüstung für Propagandazwecke zu nutzen, haben sie keine plausible Erklärung, geschweige denn überzeugende Beweise, für die Herkunft ihrer militärischen Ausrüstung geliefert. Ihr einziger ausgeklügelter Rechtfertigungsversuch - die angebliche Erbeutung von Ausrüstung aus dem Panzerdepot in Artemiwsk - ist fast sicher gelogen.
- Panzer und schwere Artillerie unter der Kontrolle der Separatisten tauchten im Donbas zu einem Zeitpunkt auf, als das ukrainische Militär begann, koordinierter gegen die Separatisten vorzugehen und sie in eine defensive Position zu drängen. Unter diesen Umständen war die Wahrscheinlichkeit, dass die Separatisten in der Lage waren, ukrainische Militäreinheiten zu überrennen und deren Ausrüstung zu erbeuten, geringer als im April oder Mai. Und selbst im April und Mai waren derartige Vorkommnisse selten und betrafen nur ein Nona-Artilleriegeschütz und keine Panzer.
- Der russische proseparatistische Aktivist Sergej Kurginjan und separatistische Kämpfer diskutierten Anfang Juli in Donezk offen über russische Waffenlieferungen.

- Anfang Juli verstärkte Russland seine direkte Beteiligung an den Verwaltungen der DNR und der LNR durch die Ernennung von Wladimir Antjufejew und Marat Baschirow – russische Staatsbürger mit Verbindungen zur russischen Rüstungsindustrie und zu staatlich kontrollierten Medien – in leitende Positionen.

Gleichzeitig hatten die separatistischen Kräfte ein klares Interesse daran, das wahre Ausmaß ihrer schweren Waffenlieferungen aus Russland zu verbergen, um das Bild eines schlecht ausgerüsteten lokalen Aufstands aufrechtzuerhalten. Aus diesem Grund ist es wahrscheinlich, dass nur ein Bruchteil der gelieferten Panzer und schweren Artillerie mit der Kamera festgehalten wurde und dass der Umfang der Lieferungen weit über die oben aufgeführten Fahrzeuge hinausging. Ein möglicher Indikator für den Umfang der russischen Waffenlieferungen sind die Nummern auf den Panzern, die Mitte Juli in Donezk gefilmt wurden (YouTube 2014bn). Die Zahl 41 auf einem der Panzer deutet darauf hin, dass die Separatisten bis Mitte Juli mindestens 41 Panzer erhalten hatten. Diese Zahl ist jedoch, ebenso wie die Zahl der schweren Artilleriesysteme, schwer zu verifizieren. Doch wie hoch die tatsächliche Zahl auch sein mag, aus den oben genannten Gründen ist es *höchst wahrscheinlich,* dass Russland die überwältigende Mehrheit der Panzer und schweren Artilleriegeschütze geliefert hat, die von den separatistischen Kräften im Donbas im Sommer 2014 eingesetzt wurden. Das bedeutet, dass im Kontext des in diesem Kapitel untersuchten kritischen Wendepunkts H2 als bestätigt angesehen werden kann, während H1 verworfen werden sollte.

Russlands Rolle bei der Eskalation des Donbas-Krieges endete jedoch nicht mit der Lieferung von Panzern und schwerer Artillerie an die eigenen irregulären Kräfte. Im Laufe des Monats Juli intensivierte Russland sein Engagement weiter. Zunächst begann es, ukrainische Stellungen von der anderen Seite der Grenze aus zu beschießen. Später schickte es reguläre Militäreinheiten in den Donbas, um den ukrainischen Vormarsch zu beenden. Diese Ereignisse sind jedoch Teil eines anderen Wendepunkts und werden Gegenstand des letzten empirischen Kapitels dieses Buches sein.

9. Das Blatt wendet sich
Die ukrainische Niederlage vom August 2014

In diesem Kapitel wird der letzte Wendepunkt in der prägenden Eskalationssequenz des Donbas-Krieges untersucht - die Niederlage der vorrückenden ukrainischen Streitkräfte Ende August 2014. Insbesondere werde ich analysieren, inwieweit Russland seine Beteiligung an dem Konflikt im Lauf dieses Wendepunkts durch den Einsatz seiner regulären Streitkräfte im Donbas weiter intensivierte. Ich werde mich mit Behauptungen über russischen grenzüberschreitenden Beschuss und die angebliche Entsendung von Fallschirmjägern von Pskow nach Luhansk Mitte August befassen, bevor ich mich auf die drei entscheidenden Schlachten konzentriere, die die ukrainischen Streitkräfte Ende August verloren. Ich werde argumentieren, dass es überwältigende Beweise für die Anwesenheit regulärer russischer Streitkräfte im Donbas zur fraglichen Zeit gibt. Außerdem werde ich darlegen, dass diese regulären russischen Streitkräfte mehr als nur eine unterstützende Rolle für die von Russland geführten Separatisten spielten.[40] Vielmehr deuten die vorliegenden Beweise darauf hin, dass die Beteiligung regulärer russischer Streitkräfte die Hauptursache für die ukrainische Niederlage war.

Die ukrainischen Streitkräfte erhöhten im Sommer 2014 weiter den Druck auf die von Russland geführten Separatisten. Mitte August sah die Lage der beiden selbsternannten Republiken prekär aus. In der Oblast Luhansk hatten die ukrainischen Streitkräfte nicht nur Sjewjerodonezk und Lyssytschansk zurückerobert, sondern auch Lutuhyne südlich der Stadt Luhansk (Swetikow 2017; informator.lg.ua 2014; colonelcassad 2014b). Dies bedeutete, dass Luhansk nahezu umzingelt war und ukrainische Streitkräfte in seiner unmittelbaren Umgebung im Norden, Westen und Süden positioniert waren. In der Oblast Donezk griffen die ukrainischen

40 Die in den Kapiteln fünf, sieben und acht dargelegten Beweise für eine russische Beteiligung legen nahe, dass es angemessen ist, die separatistischen Kräfte, die im Sommer 2014 gegen das ukrainische Militär kämpften, als von Russland geführt zu bezeichnen.

Streitkräfte Ilowajsk von Süden her an und konnten am 18. August im westlichen Teil der Stadt Fuß fassen (Donbas-Bataillon 2014). Die Einnahme von Ilowajsk wäre ein wichtiger Schritt zur Einkreisung des Großraums Donezk und zur Unterbrechung der Nachschubwege aus Russland gewesen.

Zwei Wochen später hatte sich die Lage jedoch völlig verändert. Anfang September hatten die ukrainischen Streitkräfte ihre Stellungen südlich und westlich von Luhansk aufgeben müssen. In Ilowajsk hatte die Ukraine die bisher verheerendste Niederlage des gesamten Konflikts erlitten. Die ukrainischen Streitkräfte waren in der südwestlichen Umgebung der Stadt eingekesselt worden. Mehr als 350 Soldaten und Angehörige von Freiwilligenbataillonen starben[41] während der Belagerung und dem erfolglosen Versuch, aus der Umzingelung auszubrechen.[42] Infolgedessen kontrollierten die ukrainischen Streitkräfte die südliche und südöstliche Umgebung von Donezk nicht mehr. Darüber hinaus hatte sich an der Südküste eine neue Front aufgetan, wo die ukrainischen Streitkräfte die Kontrolle über die Grenze und die Stadt Nowoasowsk verloren hatten und der Feind in Richtung Mariupol vorrückte. Vor dem Hintergrund dieser dramatischen militärischen Kehrtwende stimmte die

41 Eine ausführliche Erörterung der verschiedenen Opferschätzungen findet sich in Teslenko und Tyntschenko (2019). Jaroslaw Tyntschenko ist stellvertretender Direktor des Nationalen Militärgeschichtlichen Museums der Ukraine und Mitbegründer des Freiwilligenprojekts *Gedenkbuch für die Gefallenen der Ukraine* – der maßgeblichen Quelle zu den Verlusten der Ukraine im Donbas bis 2022. Nach Angaben von Tyntschenko starben vom 7. bis 31. August 2014 insgesamt 366 ukrainische Soldaten und Angehörige von Freiwilligenbataillonen im Gebiet Ilowajsk. Die meisten von ihnen, insgesamt 254, starben bei dem gescheiterten Versuch, das Gebiet am 29. August zu verlassen.

42 Die genauen Umstände des Rückzugsversuchs vom 29. August sind nach wie vor umstritten. Zwei an den Ereignissen Beteiligte – der Journalist Rostyslaw Schaposchnikow und der ukrainische Offizier Serhij Naselewez – machen den Befehlshaber der ukrainischen Streitkräfte um Ilowajsk, General Ruslan Chomtschak, für die Tragödie verantwortlich (Shaposhnikov 2014). Sie argumentieren, dass Chomtschak seinen Truppen befohlen habe, aus der Umzingelung auszubrechen, während die Verhandlungen mit dem Feind über einen sicheren Evakuierungskorridor noch liefen. Chomtschak weigerte sich in einem Interview im Juni 2019, öffentlich zu den Einzelheiten der Ereignisse Stellung zu nehmen. Er bestätigte jedoch, dass das russische Militär von seinen Truppen verlangt hatte, vor dem Rückzug alle Waffen abzugeben, was seiner Meinung nach inakzeptabel war (Chomtschak 2019 ab 23:12).

Ukraine am 5. September den Bedingungen des ersten Minsker Abkommens zu.

Das ukrainische Militär erklärte, seine Niederlage Ende August sei das Ergebnis einer groß angelegten Invasion der regulären russischen Streitkräfte gewesen (Ostrow 2014r; Segodnja 2014g) – eine Behauptung, die Russland bestritt und weiterhin bestreitet. Vor dem Hintergrund dieser Behauptungen und der Erkenntnisse aus den vorangegangenen Kapiteln sollten bei einer Analyse der ukrainischen Niederlage Ende August 2014 drei Hypothesen überprüft werden.

H1: Irreguläre Separatisten unter russischer Führung besiegten die vorrückenden ukrainischen Streitkräfte ohne russische Beteiligung, die über das in den vorangegangenen Kapiteln beschriebene Maß hinausging.

Abbildung 16: Keine Beteiligung der regulären russischen Streitkräfte

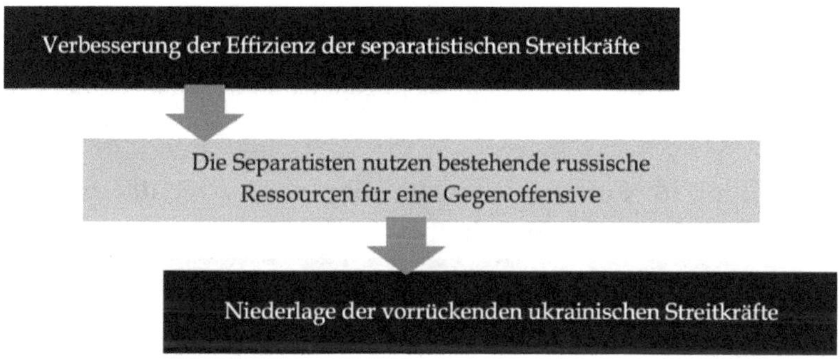

H2: Russland verstärkte sein Engagement und entsandte einige reguläre Truppen in die Ukraine, die bei der ukrainischen Niederlage eine unterstützende Rolle spielten.

Abbildung 17: Begrenzte Beteiligung der regulären russischen Streitkräfte

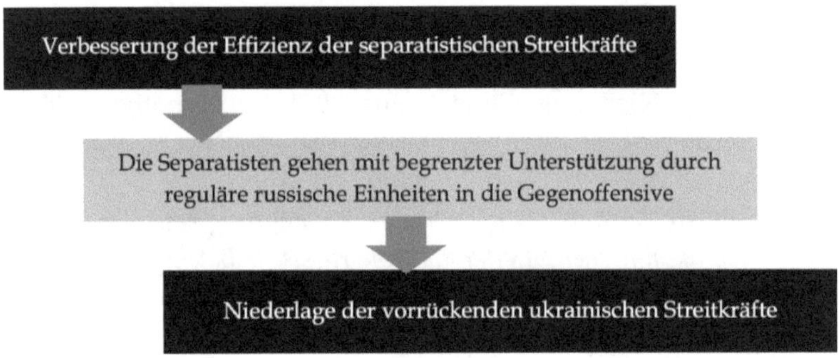

H3: Russland verstärkte sein Engagement und setzte seine regulären Streitkräfte in einem Maße ein, das für die ukrainische Niederlage entscheidend war.

Abbildung 18: Entscheidende Beteiligung der regulären russischen Streitkräfte

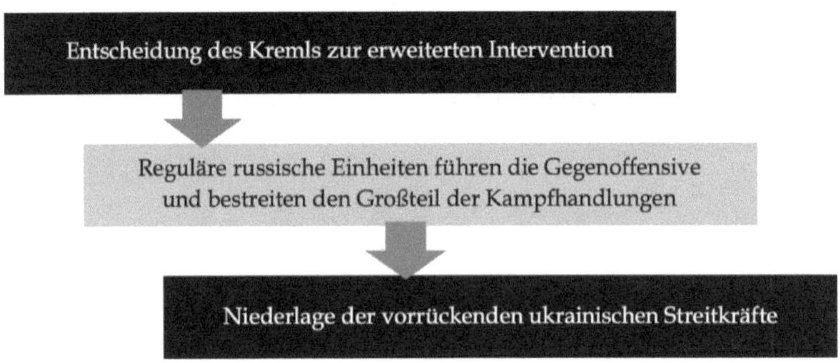

9.1. Prolog I: Grenzüberschreitender Beschuss

Die Behauptung, ukrainische Streitkräfte seien im Juli und August von russischem Territorium aus mit Artillerie beschossen worden, ist ein erster *Reifentest* (siehe Abschnitt 3.1.2.) für H1. Unabhängig davon, inwieweit sie zur ukrainischen Niederlage Ende August beigetragen haben, würden Angriffe auf ukrainische Stellungen durch Einheiten, die von russischem Territorium aus operierten, eine Eskalation des Konflikts über seine bisherigen Grenzen hinaus bedeuten. Auch würden an solchen grenzüberschreitenden Kampfhandlungen fast sicher reguläre russische Streitkräfte beteiligt sein.

Der erste größere Fall eines angeblichen grenzüberschreitenden Artillerieangriffs war der Beschuss ukrainischer Stellungen in der Nähe des Dorfes Selenopillja in der Oblast Luhansk am 11. Juli (Ukrainska Prawda 2014o). Bei diesem Angriff kamen 36 ukrainische Soldaten ums Leben – der zweitgrößte Verlust der ukrainischen Streitkräfte bei einem einzigen Vorfall während des Konflikts bisher.[43] Im Januar 2015 veröffentlichte der proukrainische Konfliktanalyst DajeyPetros einen Blogbeitrag, in dem er schrieb, dass der Ursprung des Angriffs auf Selenopillja auf Satellitenbildern von Google Earth zu erkennen sei (Ukraine@war 2015). Er wies zu Recht darauf hin, dass auf den Satellitenbildern von Mitte August Brandspuren auf einem Feld südlich des Dorfes Klunykowe zu sehen sind, nur wenige hundert Meter innerhalb des ukrainischen Territoriums. Außerdem sind auf dem Feld zwischen diesen Brandspuren und der russischen Grenze mehrere Fahrzeugspuren zu erkennen. Die Spuren auf dem Boden sind in einer Reihe angeordnet und ihre Form passt zu den Spuren, die der Beschuss durch Grad-Mehrfachraketenwerfer oder ähnliche Systeme hinterlassen würde. Die Form der Brandspuren mit einem schmaleren Ende im Nordosten und einem breiteren Ende im Südwesten lässt vermuten, dass die Raketen in Richtung Nordosten abgefeuert wurden. Außerdem zeigt eine imaginäre Linie, die die ungefähre Symmetrieachse der

43 Bis zum 11. Juli war der einzige Vorfall mit einer höheren Zahl von Todesopfern der Abschuss eines ukrainischen IL-76-Militärtransportflugzeugs in der Nähe des Flughafens Luhansk am 14. Juni, bei dem 49 Soldaten ums Leben kamen. Die Opferzahlen für beide Vorfälle wurden dem Projekt *Gedenkbuch für die Gefallenen der Ukraine* entnommen (Memorybook.org.ua n.d.a).

Brandspuren nach Nordosten verlängert, direkt auf das zerstörte Militärlager bei Selenopillja.

Weitere Untersuchungen deuten darauf hin, dass auf den Angriff in Selenopillja Hunderte von weiteren Vorfällen mit grenzüberschreitendem Beschuss folgten. Bellingcat (2015c, 19-21) bestätigte die Erkenntnisse von DajeyPetros zum Selenopillja-Angriff in einem Bericht, der sich auf grenzüberschreitende Fahrzeugspuren auf Satellitenbildern des Konfliktgebiets konzentrierte. Darüber hinaus veröffentlichte Bellingcat zwei separate Berichte, die sich ausschließlich mit der Analyse von russischem Artilleriebeschuss ukrainischer Stellungen entlang der Grenze befassten (Bellingcat 2015b; Case und Anders 2016). In diesen Berichten analysierte Bellingcat die Form und Lage von Einschlagskratern auf Satellitenbildern, um sie mit „wahrscheinlichen Feuerstellungen" abzugleichen. Insgesamt identifizierten die Forschenden 279 solcher Positionen, von denen sich 262 auf russischem und 17 auf ukrainischem Territorium innerhalb von 2 km Entfernung von der Grenze befanden (Case und Anders 2016, 16). Bellingcat hat diese Ergebnisse dann visualisiert, um wahrscheinliche Schusspositionen und Ziele auf einer Karte zu verknüpfen (Bellingcat n.d.b). Diese Visualisierung zeigt, dass sich die grenzüberschreitenden Artillerieangriffe auf zwei Gebiete südöstlich von Donezk in der Umgebung von Amwrosijiwka und Maryniwka konzentrierten. Eine geringere Anzahl von Angriffen fand in der südöstlichen Ecke der Oblast Luhansk in der Nähe der Stadt Dowschansk statt. In diesem Gebiet kam der ukrainische Versuch, entlang der Grenze vorzurücken, zum Stillstand (Schyrochow 2017).

Es gibt keinen Grund, an den Ergebnissen von Bellingcat zu zweifeln. Aus Platz- und Zeitgründen war es nicht möglich, die Genauigkeit aller Bewertungen mit Google Earth zu überprüfen. In Anbetracht der ausführlichen Beschreibung der Methodik und des internen Peer-Review-Prozesses sowie der Tatsache, dass Bellingcat immer wieder qualitativ hochwertige digitale Recherchen durchführt, ist ein hohes Maß an Vertrauen in die Ergebnisse der Berichte angebracht. Selbst wenn Bellingcat in mehr als 50 Prozent der Fälle falsch läge, blieben immer noch mehr als 100 Fälle von grenzüberschreitenden Artillerieangriffen übrig. Daher ist die Schlussfolgerung angebracht, dass die Artillerie der russischen

Streitkräfte ab Mitte Juli fast sicher regelmäßig und systematisch ukrainische Streitkräfte von jenseits oder knapp innerhalb der Grenze beschossen hat.

Die vorgelegten Beweise für russische Artillerieangriffe bedeuten, dass H1 verworfen werden kann. Sie weisen darauf hin, dass Russland bereits vor den Kämpfen Ende August sein Engagement über das in den vorangegangenen Kapiteln beschriebene Maß hinaus ausgeweitet hatte. Auf diese Weise fügte es ukrainischen Stellungen Schaden zu und erschwerte es den ukrainischen Streitkräften, die Kontrolle über strategisch wichtige Gebiete entlang der Grenze zu erlangen. Es besteht kein Zweifel daran, dass dies zumindest bis zu einem gewissen Grad zur ukrainischen Niederlage beigetragen hat. Es war jedoch nicht der entscheidende Faktor, da die meisten Kämpfe Ende August weiter von der Grenze entfernt stattfanden. Aus diesem Grund haben die vorliegenden Beweise für grenzüberschreitenden Beschuss keinen Einfluss auf die Wahrscheinlichkeitsbilanz zwischen H2 und H3.

9.2. Prolog II: Die Pskower Fallschirmjäger

Der erste überzeugende Beweis für eine systematische Verlegung russischer Truppen tiefer in das ukrainische Hoheitsgebiet bezieht sich auf bewaffnete Zusammenstöße südlich von Luhansk am 19. und 20. August. Am Morgen des 22. August 2014 veröffentlichte die ukrainische Nachrichtenwebseite *Espreso TV* Bilder von der Facebook-Seite des ukrainischen Kriegsberichterstatters Roman Botschkala (Ostafijtschuk 2014). Die Bilder zeigen ein gepanzertes Fahrzeug, russische Bankkarten und Ausweispapiere, eine Personalliste mit 60 Namen und Dienstgraden sowie weitere Ausrüstung. Botschkala schrieb, dass diese Gegenstände nach einem bewaffneten Zusammenstoß in der Nähe des Dorfes Heorhijiwka, das zwischen Lutuhyne und dem Flughafen Luhansk liegt, zurückgelassen worden seien. Er behauptete auch, dass das Fahrzeug und die Dokumente zu einer Fallschirmjägereinheit aus der russischen Stadt Pskow gehörten. Dem Bericht von *Espreso TV* zufolge handelte es sich bei der fraglichen Einheit um Russlands 76. Garde-Luftlandedivision mit Sitz in Pskow. Der Bericht behauptete auch, die Profile von 17 Soldaten in sozialen Netzwerken gefunden zu haben, deren Namen auf den in Heorhijiwka gefundenen Listen und Dokumenten standen.

Diese Behauptungen aus ukrainischen Quellen wurden anschließend von russischen Journalisten bestätigt. Am 25. August besuchten Korrespondenten der russischen Zeitungen *Pskowskaja Gubernija* und *Nowaja Gaseta* den Friedhof im Dorf Wybuty bei Pskow (Petljanowa 2014; Semjonow 2014). Sie wollten Gerüchten nachgehen, wonach in der Ukraine gefallene russische Soldaten dort beerdigt werden sollten. Die Journalisten sahen zahlreiche Soldaten, die sich zu einer Gedenkfeier versammelt hatten, und entdeckten die frischen Gräber von zwei Männern – Leonid Jurjewitsch Kitschatkin und Aleksandr Osipow. Die von den Journalisten veröffentlichten Fotos von Kitschatkins Grab zeigen das Bild eines jungen Mannes in Militäruniform. Laut Grabinschrift war er am 19. August gestorben. Auf den Fotos von Osipovs Grab ist ein Kranz mit einer Widmung seiner Fallschirmjägerkameraden zu sehen. Sein Todesdatum wird mit 20. August angegeben. In den Dokumenten, die einige Tage zuvor in der Ukraine veröffentlicht wurden, scheint Osipovs Name nicht aufzutauchen. Der Name Leonid Jurjewitsch Kitschatkin erscheint jedoch als Nummer 15 auf der von Roman Botschkala nach den bewaffneten Auseinandersetzungen bei Heorhijiwka veröffentlichten Personalliste.

Die Behauptungen aus ukrainischen Quellen wurden ebenfalls von Quellen russischer Journalisten in den russischen Streitkräften bestätigt. Der Chefredakteur von *Pskowskaja Gubernija,* Lew Schlosberg (2014), erfuhr von Quellen im russischen Militär, dass Kitschatkin und mehrere seiner Kameraden am 15. und 16. August in die Ukraine gereist seien. Nach Angaben von Schlosbergs Quellen hatten sie ihren Vertrag mit dem russischen Militär „in gegenseitigem Einvernehmen" gekündigt und vor ihrer Abreise einen neuen Vertrag mit einer unbekannten Institution unterzeichnet.[44]

44 Unabhängig von ihrem Wahrheitsgehalt ändert diese Behauptung nichts an der Einstufung der fraglichen Männer als reguläre russische Soldaten. Selbst wenn man davon ausgeht, dass sie entsprechende Papiere unterschrieben und aus freien Stücken in den Donbas gingen, hat das russische Militär die Tatsache toleriert, dass seine regulären Soldaten zu einem Kampfeinsatz in die Ukraine aufbrachen. Das Argument, russische Soldaten hätten sich kurz vor ihrem Einsatz im Donbas-Krieg „Urlaub genommen" oder „gekündigt", ist als legalistischer Versuch, staatliche Verantwortung zu verschleiern, zurückzuweisen.

Nachforschungen des russischen Oppositionssenders *Doschd* (2014) in den darauffolgenden Wochen ergaben die Identität von vier weiteren Soldaten der 76. Garde-Luftlandedivision, die unter unbekannten Umständen ums Leben gekommen waren. *Doschd* fand auch drei weitere Soldaten derselben Division, die Mitte August aufgehört hatten, sich bei Verwandten und Freunden zu melden, und erst wieder in Kontakt getreten waren, als Gerüchte aufkamen, sie seien in der Ukraine gestorben. Darüber hinaus veröffentlichte die Zeitung *Pskowskaja Gubernija* (2014) Anfang September Abschriften von angeblich aufgezeichneten Gesprächen zwischen Angehörigen des russischen Militärs nach den Ereignissen. Die Zeitung erklärte, sie habe keinen Grund, den Wahrheitsgehalt dieser Abschriften anzuzweifeln. Die Abschriften beziehen sich auf Gerüchte, wonach 90 russische Soldaten in Heorhijiwka gekämpft hatten, aber nur zehn überlebten. Die Gesprächspartner scheinen sich jedoch nicht sicher zu sein, was die genauen Zahlen angeht, so dass es sich um Übertreibungen handeln könnte, selbst wenn die Abschriften authentisch sind.

Die Summe dieser Belege aus russischen Medienquellen deutet darauf hin, dass die Wahrscheinlichkeit, dass das ukrainische Militär die im *Espreso TV*-Bericht vom 22. August gezeigten Beweise gefälscht hat, verschwindend gering ist. Im Gegenzug ist es fast sicher, dass mehrere Soldaten der russischen 76. Garde-Luftlandedivision am 19. und 20. August in Heorhijiwka gegen ukrainische Truppen kämpften, und es ist wahrscheinlich, dass ihre tatsächliche Zahl mehrere Dutzend betrug. Wie die Beweise für den grenzüberschreitenden Artilleriebeschuss sind auch diese Beweise mit H1 unvereinbar, da sie auf eine russische Beteiligung hindeuten, die zuvor nicht beobachtet worden war. Da sich dieser erste Einsatz von Fallschirmjägern jedoch als erfolglos erwies, kann auch er die Wahrscheinlichkeitsbilanz zwischen H2 und H3 nicht beeinflussen.

9.3. Die Schlacht von Ilowajsk

Die ersten überzeugenden Beweise für H3 und gegen H2 finden sich im Zusammenhang mit der Schlacht von Ilowajsk. Als die verheerendste Niederlage der ukrainischen Streitkräfte und ihrer

Freiwilligenbataillone ist diese Schlacht die wichtigste Komponente des in diesem Kapitel untersuchten Wendepunkts. Gleichzeitig ist sie auch derjenige Teil, der das größte öffentliche Interesse und die größte journalistische Aufmerksamkeit auf sich gezogen hat. Infolgedessen ist eine große Menge an Informationen über diese Schlacht online verfügbar.

Diese Informationen wurden 2018 und 2019 vom Recherchekollektiv *Forensic Architecture* im Rahmen eines Projekts, das den Verlauf der Schlacht und die Rolle Russlands dokumentierte, gesammelt, überprüft und visualisiert, (Forensic Architecture 2019b). Ich war einer von zwei Ukraineexperten, die an dem Projekt arbeiteten und für das Sammeln, Abgleichen und Geolokalisieren von Beweismaterial verantwortlich waren. Unser Katalog umfasste letztendlich etwas mehr als 200 primäre Beweismittel in Form von Videos, Fotos und Augenzeugenberichten. Diese Quellen haben wir dann zu einer Sequenz von 135 Ereignissen verknüpft. Die Softwareentwickler von Forensic Architecture stellten diese Ereignisse und das zugrunde liegende Quellenmaterial auf eine interaktive Onlineplattform, die eine Karte und eine Zeitleiste beinhaltet und die Möglichkeit bietet, die Beweise nach bestimmten Themen zu filtern (Forensic Architecture 2019a). Durch die Verortung der Ereignisse in Zeit und Raum verwandelt die Plattform ein loses Konglomerat von Behauptungen in ein verwobenes Raster. Die Verbindungen zwischen den verschiedenen Punkten auf diesem Raster stärken die Glaubwürdigkeit der zugrundeliegenden Beweise und schaffen ein klares Bild von Russlands Beteiligung an der Schlacht.

Aus Platzgründen ist es in diesem Kapitel nicht möglich, den gesamten Datensatz an Beweisen und Ereignissen zu erörtern. Die wichtigsten Erkenntnisse aus dem Ilowajsk-Projekt von Forensic Architecture sind jedoch die folgenden:

- Video- und Fotomaterial zeigte mehrere beschädigte oder zerstörte Panzer in der Umgebung von Ilowajsk nach der Schlacht. Die Spezialisten für visuelle Modellierung von Forensic Architecture identifizierten vier dieser Panzer mithilfe eines 3D-Computermodells als T-72B3 – eine neuere Modifikation des T-72, der zum Zeitpunkt der Schlacht ausschließlich von den russischen Streitkräften verwendet wurde. Darüber hinaus identifizierten unabhängige Militärexperten zwei weitere zerstörte Panzer als T-72BA oder T-72B Obr.1989 – frühere Modifikationen des T-72, die ebenfalls nie in die Ukraine exportiert worden waren.

- Während der Schlacht von Ilowajsk nahmen die ukrainischen Streitkräfte 17 Soldaten gefangen, die sich als Angehörige der regulären russischen Streitkräfte identifizierten. Die russische Militärführung behauptete, einige dieser Soldaten hätten sich verirrt und seien versehentlich in die Ukraine gelangt, während andere angeblich die Streitkräfte verlassen und als Freiwillige in der Ukraine gekämpft hätten. Die eigenen Aussagen der Soldaten, ihre Profile in sozialen Netzwerken sowie Berichte in russischen Medien widersprechen jedoch dieser Behauptung und legen nahe, dass mehrere von ihnen nach ihrer Rückkehr nach Russland ihren Militärdienst wieder aufgenommen haben.
- Die ukrainischen Streitkräfte rückten von Süden her auf Ilowajsk vor und fassten am westlichen Rand der Stadt Fuß. Stellungen der selbsternannten Donezker Volksrepublik (DNR) befanden sich im Norden und in der Stadt selbst. Am 24. August 2014 wurden die ukrainischen Streitkräfte um Ilowajsk von hinten angegriffen und eingekesselt. Das gesamte Gebiet in dieser Richtung war zuvor unter ukrainischer Kontrolle gewesen – bis hin zur nahen russischen Grenze. Nachdem die ukrainischen Streitkräfte plötzlich die Kontrolle über dieses Gebiet verloren hatten, wurden auf Satellitenbildern von Google Earth Bilder von Militärkonvois aufgenommen, die sich zwischen dem Gebiet südlich der Einkreisungslinie und einem abgelegenen Abschnitt der russisch-ukrainischen Grenze bewegten. Weitere Fahrzeuge sowie Spuren von Lagern waren direkt jenseits der Grenze auf russischem Gebiet zu sehen.

Angesichts der Tatsache, dass an der Schlacht von Ilowajsk mehrere tausend Soldaten und mehrere hundert Panzer beteiligt waren, würde die Anwesenheit von sechs zerstörten oder beschädigten russischen Panzern und 17 gefangenen russischen Soldaten theoretisch sowohl mit H2 als auch mit H3 vereinbar sein. Die Gesamtverluste, die die ukrainischen Streitkräfte dem Feind während der

Schlacht zufügen konnten, waren jedoch relativ gering. Neben den sechs russischen Panzern wurde nur eine Handvoll zerstörter gepanzerter Fahrzeuge, die nicht den ukrainischen Streitkräften gehörten, in der Umgebung von Ilowajsk dokumentiert, und es gab keine Berichte über gefangene oder getötete ukrainische Separatistenkämpfer in diesem Gebiet. H2 kann also nur dann zutreffen, wenn die regulären russischen Streitkräfte einen weitaus höheren Anteil ihrer Männer und ihres Materials verloren als die von ihnen unterstützten russisch geführten Separatisten. In Anbetracht der damaligen militärischen Überlegenheit Russlands und der Niederlagen, die die Separatisten in den Wochen vor der Schlacht erlitten hatten, erscheint dies höchst unwahrscheinlich. Im Sinne der informellen Bayes'schen Analyse (siehe Abschnitte 3.1.4. und 3.4.3.2.) verschiebt diese Überlegung das Gesamtgleichgewicht der Wahrscheinlichkeiten in Richtung H3, aber nicht in einem Ausmaß, das H2 völlig unplausibel macht.

Die Satellitenbilder der Truppenbewegungen zwischen der russischen Grenze und dem Schlachtfeld sind jedoch ein *rauchender Colt* (siehe Abschnitt 3.1.2.), der die Wahrscheinlichkeitsbilanz noch weiter in Richtung H3 verschiebt. Die grenzüberschreitende russische Nachschublinie ist auf Google Earth deutlich zu erkennen, auch wenn das Bildmaterial das relevante Zeitfenster nur lückenhaft abdeckt. Es gibt drei verfügbare Schnappschüsse von dem Gebiet südlich von Ilowajsk - einen vom 26. August, einen vom 31. August und einen vom 3. September. Allein die Aufnahmen vom 3. September zeigen jedoch zwei große Konvois mit insgesamt 138 Fahrzeugen, die sich durch ukrainisches Gebiet in Richtung der russischen Grenze bewegen. In Anbetracht der Lückenhaftigkeit des Satellitenbildmaterials ist es höchst wahrscheinlich, dass die russische Invasionstruppe wesentlich größer war als diese beiden Konvois und dass die meisten russischen Truppenbewegungen nicht auf Google Earth erfasst wurden. Dies deutet darauf hin, dass die russische Invasionstruppe insgesamt mehrere hundert Fahrzeuge umfasste und sowohl die ukrainischen als auch die DNR-Kräfte in dem Gebiet weit übertraf. Damit sinkt die Wahrscheinlichkeit von H2 auf eine *geringe Chance*. Gleichzeitig ist es damit *fast sicher*, dass die ukrainische Niederlage bei Ilowajsk auf das Vorgehen regulärer Einheiten der russischen Streitkräfte zurückzuführen ist, die in großer Zahl die Grenze überschritten und ukrainische Stellungen von hinten angriffen.

9.4. Die Schlacht von Luhansk

Die Beweise für die Rolle Russlands bei der Niederlage der ukrainischen Streitkräfte südlich von Luhansk ähneln den Beweisen, die in der Gegend von Ilowajsk gefunden wurden. Obwohl in der Umgebung von Luhansk keine russischen Soldaten gefangen genommen wurden, weisen in sozialen Medien veröffentlichte Fotos darauf hin, dass Panzereinheiten der russischen Streitkräfte in dem Gebiet präsent waren. Im Oktober 2014 postete ein VK-Profil unter dem Namen Witalek Marakasow ein Foto eines Mannes in Tarnkleidung, der auf ein Straßenschild zeigt. Zum Zeitpunkt der Erstellung dieses Texts war das Konto nicht mehr öffentlich zugänglich. Der ukrainische investigative Blogger Askai (2015) und das ukrainische Recherchekollektiv Inform Napalm (2014) haben jedoch Screenshots des Kontos und eine gründliche Analyse des geposteten Inhalts veröffentlicht. Askai weist darauf hin, dass im Vordergrund des Bildes die Ladevorrichtung des Flugabwehrmaschinengewehrs eines T-90A-Kampfpanzers zu sehen ist. In der Tat stimmen die Komponenten auf dem Bild genau mit den Komponenten des T-90A überein, die der Militärblogger Vitali Kusmin (2014) während einer russischen Waffenausstellung fotografiert hat. Der T-90A ist ein russisches Panzermodell, das in den 1990er Jahren in Dienst gestellt und von den ukrainischen Streitkräften nicht verwendet wurde. Gleichzeitig beweist das Straßenschild im Hintergrund, dass das Bild in der Ukraine aufgenommen wurde, in der Nähe einer Ausfahrt der Autobahn M04 südlich von Luhansk. Es zeigt den Schriftzug M04 und zwei Autobahnausfahrten an – eine rechts, die nach Norden in Richtung Luhansk führt, und eine links, die nach Süden in Richtung Krasnyj Lutsch führt. Darüber hinaus präsentieren Askai und Inform Napalm weitere Screenshots aus Marakasows Profil, die darauf hindeuten, dass er in Wirklichkeit ein Angehöriger der russischen 136. Motorschützenbrigade ist – einer Einheit, die mit T-90As ausgerüstet ist. Diese Beweise stimmen mit einem Video überein, das im November 2016 auf YouTube erschien und drei Panzer zeigt, von denen mindestens einer eindeutig als T-90A identifiziert werden kann (YouTube 2016b). In der Beschreibung des Videos heißt es, dass es am 25. August 2014 in der Nähe des Dorfes Lyse, südöstlich von Luhansk, gefilmt wurde. Wie Askai (2016) hervorhebt, enthält das Video mehrere geografische Markierungen - Masten, Rohrleitungen, Bäume, Poller und einen Bahnübergang, die perfekt mit Satellitenbildern von Google Earth übereinstimmen, die einen Ort südöstlich von Lyse zeigen.

Für sich genommen ist dieser Beweis nicht in der Lage, das Gleichgewicht der Wahrscheinlichkeit entscheidend in Richtung H3 zu verschieben. Das betreffende Material wurde lange nach den Ereignissen veröffentlicht und enthält keine eindeutigen Hinweise auf den Zeitpunkt, zu dem das Filmmaterial aufgenommen wurde. Dies schmälert seine Glaubwürdigkeit etwas, auch wenn Ende August 2014 nach wie vor der plausibelste Zeitpunkt ist und es höchst unwahrscheinlich bleibt, dass detaillierte und konsistente Beweise dieser Art gefälscht wurden. Noch wichtiger ist jedoch, dass die Anwesenheit einiger russischer T-90A-Panzer und ihrer Besatzung in der Umgebung von Luhansk nicht ausreicht, um zu beweisen, dass Russland die entscheidende Rolle bei der ukrainischen Niederlage gespielt hat.

Im Fall von Luhansk besteht der *rauchende Colt*, der das Gleichgewicht der Wahrscheinlichkeit entscheidend in Richtung H3 verschiebt, aus zwei Videos von Militärkonvois. Am 2. September erschien auf YouTube ein Video, das von einem Trolleybus-Fahrgast beim Vorbeifahren an einem großen Militärkonvoi gefilmt wurde (2014bp). Der Konvoi besteht aus mindestens 116 Militärfahrzeugen - 13 Panzern, einer selbstfahrenden Artilleriekanone, 47 gepanzerten Fahrzeugen und 55 Lastwagen. Mehrere Panzer in dem Konvoi können als T-72BA, T-72 Obr.1989 oder T-72B3 identifiziert werden - dieselben neueren russischen Panzermodelle, die in der Nähe von Ilowajsk identifiziert wurden. Zu dem Konvoi gehören auch Tanklastwagen mit Warnungen vor brennbarer Ladung in russischer Sprache. In der Videobeschreibung auf YouTube heißt es, dass das Video auf der Straße zwischen Krasnodon und Molodohwardijsk in der Oblast Luhansk gedreht wurde. Die Beschreibung weist außerdem auf ein Straßenschild hin, das nach 40 Sekunden im Video zu sehen ist. Dieses Straßenschild zeigt die Nummer M04 auf blauem Hintergrund über der Nummer E40 auf grünem

Hintergrund. Die letztgenannte Zahl bezeichnet die Europastraße E40, die von Calais in Frankreich nach Ridder in Kasachstan führt. Die einzige Stelle, an der diese internationale Route einer nationalen Fernstraße mit der Nummer M04 folgt, ist im Donbas zwischen Debalzewe und der russischen Grenze östlich von Krasnodon. Außerdem stimmt der lange gerade Straßenabschnitt im Video mit Oberleitungsmasten und Bäumen auf beiden Seiten, gefolgt von Feldern, Bäumen in der Ferne und einer leichten Kurve, mit Google-Earth-Bildern der Fernstraße M04/E40 südöstlich von Molodohwardijsk überein. Dies legt nahe, dass der Konvoi von Luhansk in Richtung der russischen Grenze zurückfuhr, nachdem die ukrainischen Streitkräfte besiegt und gezwungen worden waren, ihre Stellungen südlich der Stadt aufzugeben. Da das Video kurz nach den fraglichen Ereignissen veröffentlicht wurde, besteht nur eine geringe Chance, dass es sich um eine aufwändige Fälschung handelt.

Das Gleiche gilt für ein anderes Video, das von einer Windschutzscheibenkamera gefilmt wurde und einen Konvoi von 24 Militärfahrzeugen zeigt - zwei Panzer, 13 gepanzerte Fahrzeuge und neun Lastwagen (YouTube 2014bq). Auch hier können die beiden Panzer entweder als T-72BA, T-72 Obr.1989 oder T-72B3 identifiziert werden. Die Aufnahmen zeigen den genauen Zeitpunkt und die Koordinaten der Aufnahme - 3. September 2014 auf einer kleinen Straße zwischen den Dörfern Pidhirne und Sjewero Hundoriwskyj in der Oblast Luhansk. Die lange gerade Straße mit Bäumen auf beiden Seiten stimmt mit den Google-Earth-Aufnahmen des Ortes überein. Der Konvoi fährt in Richtung Süden zur russischen Grenze, die weniger als 5 km entfernt ist. Die vom Konvoi benutzte Straße ist Teil einer alternativen, eher ländlichen Route vom Schlachtfeld südlich von Luhansk zur russischen Grenze.

Wie im Fall von Ilowajsk ist es nach allgemeinen Wahrscheinlichkeitsüberlegungen höchst unwahrscheinlich, dass die russische Invasionstruppe nur aus zwei Konvois bestand, die beide zufällig auf Videos festgehalten wurden, die dann auf YouTube landeten. Dies wiederum legt nahe, dass die russische Invasionstruppe im Fall von Luhansk ebenfalls aus mehreren hundert Fahrzeugen bestand. Damit erhöht sich die Wahrscheinlichkeit von H3 im Fall von Luhansk - wie auch im Fall von Ilowajsk - auf *fast sicher*.

9.5. Die Schlacht von Nowoasowsk

Ein drittes, kleineres Gefecht, bei dem die ukrainischen Streitkräfte etwa zur gleichen Zeit eine Niederlage erlitten, fand in der Nähe der Südküste um die Stadt Nowoasowsk statt. Am 25. August berichtete ein Einwohner von Nowoasowsk einem Reuters-Korrespondenten, dass ein Militärkonvoi mit mindestens sieben Panzern die Stadt angreife (Lowe und Tsvetkova 2014). Einen Tag später besuchte ein Kamerateam von *Vice News* Nowoasowsk (VICE News 2014, ab 5:09). Es filmte Rauchschwaden und Maschinengewehrsalven in der östlichen Umgebung der Stadt sowie beschädigte Gebäude. Die Journalisten sprachen auch mit ukrainischen Soldaten, die in Nowoasowsk stationiert waren. Die Soldaten bestätigten, dass das Gebiet von Panzern und schwerer Artillerie angegriffen wurde. Am 27. August kehrten die Journalisten zurück und stellten fest, dass die ukrainischen Streitkräfte Nowoasowsk verlassen hatten (VICE News 2014, ab 10:21). Am 5. September bestätigte das ukrainische Militär, dass seine Streitkräfte bis nach Schyrokyne, 10 km östlich von Mariupol, zurückgedrängt worden waren (Liga.Nowosti 2014b).

Wie im Fall von Ilowajsk und Luhansk gibt es eindeutige Beweise dafür, dass eine russische Invasionstruppe für die ukrainische Niederlage in der Region Nowoasowsk verantwortlich war. Diese Beweise lassen sich in drei Teile gliedern. Der erste Teil konzentriert sich auf militärisches Gerät, das von Bellingcat auf beiden Seiten der Grenze identifiziert und geolokalisiert wurde (Case et al. 2015, 53-54; Higgins 2015). Bei dem fraglichen Fahrzeug handelt es sich um eine selbstfahrende 152-mm-Haubitze vom Typ Msta-S. Diese Haubitze weist zwei deutliche Flecken auf der linken Seite sowie die Nummer N2200 auf, die in einer bestimmten Weise aufgetragen ist. Die Haubitze taucht erstmals in einem Video auf, das am 30. Juli 2014 auf YouTube hochgeladen wurde. Der Account, der dieses Video hochgeladen hat, wurde später gelöscht, aber Bellingcat (2015a) hat eine Kopie des Originals gespeichert. Aufgrund der Nummernschilder der Autos und der Geschäfte im Hintergrund konnte Bellingcat das Video an der Kreuzung der Taganrog-Mariupol-Fernstraße und der Solowynaja-Straße im Nordwesten von Rostow am Don lokalisieren. Im Jahr 2021 waren dieselben

Geschäfte immer noch auf Google Street View (2021) zu sehen. Eine Msta-S mit denselben Merkmalen ist in einem Bericht von *Al Jazeera* (2014, bei 0:24) vom 5. September aus Nowoasowsk zu sehen. In diesem Bericht fährt die Haubitze an einem blauen einstöckigen Gebäude mit beschädigter Fassade und einem Masten davor vorbei. Das gleiche Gebäude ist auf einem Video aus dem Jahr 2012 zu sehen, das den gesamten Abschnitt der Taganrog-Mariupol-Fernstraße zwischen der russischen Grenze und Mariupol gefilmt hat (YouTube 2012, bei 11:44). Dieses Video beweist, dass die Msta-S im *Al Jazeera*-Bericht am nördlichen Rand von Nowoasowsk gefilmt wurde, unmittelbar östlich der Kreuzung zwischen der Taganrog-Mariupol-Fernstraße und der Straße von Nowoasowsk nach Telmanowe. Sie fuhr in Richtung Westen. Der genaue Standort der Aufnahmen ist wichtig, da es zwischen fraglicher Kreuzung und der russischen Grenze keine Hauptverkehrsstraße von Norden her gibt. Gleichzeitig gibt es keinen plausiblen Grund dafür, dass hypothetische DNR-Verstärkungen aus dem Norden am 5. September unbefestigte Wege in der Nähe der russischen Grenze und nicht die Straße von Telmanowe nach Nowoasowsk benutzt hätten, da sich die ukrainischen Streitkräfte bereits aus dem Gebiet zurückgezogen hatten. Es ist daher höchst unwahrscheinlich, dass die fragliche Msta-S in Rostow am Don gefilmt, nach Norden gebracht und den russisch geführten Separatisten übergeben wurde, die sie dann wieder nach Süden brachten. Im Gegenzug ist es höchst wahrscheinlich, dass die fragliche Msta-S Teil einer russischen Invasionstruppe war, die direkt von Russland aus in das Gebiet um Nowoasowsk eindrang. Diese Feststellung ist nicht mit H1, aber sowohl mit H2 als auch mit H3 vereinbar, da sie keine Schlussfolgerungen über die Größe der russischen Invasionsstreitkräfte zulässt. Sie beweist auch nicht, dass der erste Angriff, der am 25. August begann und die ukrainischen Streitkräfte aus Nowoasowsk vertrieb, von Russland ausging.

Der zweite Teil des Beweismaterials besteht aus grenzüberschreitenden Fahrzeugspuren nordöstlich von Nowoasowsk in der Nähe der Dörfer Schtscherbak und Markyne, die von Bellingcat auf frei verfügbaren Satellitenbildern entdeckt wurden (Case et al. 2015, 33-35). Diese Spuren sind auch auf Bildern aus der Satellitendatenbank von Google Earth zu sehen, die Bilder des Gebiets vom

Oktober 2013 und Oktober 2014 enthält. Auf dem ersten Bild sind die Spuren nicht vorhanden, auf dem zweiten Bild sind sie deutlich zu erkennen, bevor sie auf den Bildern der Folgejahre langsam verblassen. Das Gleiche gilt für eine weitere große grenzüberschreitende Spur weiter südlich, die in einem anderen Bericht hervorgehoben wird (Bellingcat 2015c, 46-49). Diese Spur befand sich nur 600 Meter nördlich des offiziellen Grenzkontrollpunkts an der Taganrog-Mariupol-Fernstraße an einer Stelle, die von der Hauptstraße aus durch eine Baumreihe verdeckt ist. Die Auffälligkeit der Spuren deutet darauf hin, dass in diesem Gebiet höchst wahrscheinlich ein größerer grenzüberschreitender Überfall direkt auf das von den ukrainischen Streitkräften kontrollierte Gebiet stattgefunden hat. Auch wenn der genaue Zeitpunkt anhand der Satellitenbilder nicht bestimmt werden kann, ist es wahrscheinlich, dass dieser Überfall am 25. August stattfand, als ein Anwohner und ukrainische Soldaten das plötzliche Auftauchen von Panzern in diesem Gebiet meldeten. Da es keine gegenteiligen Beweise gibt, die auf signifikante Truppenbewegungen der Separatisten in Richtung Süden am 24. und 25. August hindeuten, sprechen die grenzüberschreitenden Fahrzeugspuren für H3.

Der dritte Teil der Beweise im Fall von Nowoasowsk besteht in der geografischen Lage des Gebiets fast 90 km südlich der nächstgelegenen Separatistenstellungen um Donezk. Nicht nur gibt es keine Beweise für separatistische Truppenbewegungen in Richtung Süden, solche Bewegungen wären auch strategisch nicht sinnvoll gewesen. Nowoasowsk liegt weniger als 15 km westlich der russischen Grenze und etwa 65 km südlich der russischen Einkreisungslinie bei Ilowajsk. Das Gebiet war daher für eindringende russische Truppen weitaus leichter zugänglich als für separatistische Kräfte. Dieser Befund erhöht die Wahrscheinlichkeit von H3 weiter und macht es *fast sicher,* dass russische Truppen die treibende Kraft der ukrainischen Niederlage auch auf diesem Schlachtfeld waren.

9.6. Zwischenfazit

Dieses Kapitel hat gezeigt, dass die entscheidende ukrainische Niederlage Ende August 2014 in erster Linie durch eine groß angelegte Invasion der regulären russischen Streitkräfte verursacht wurde.

Diesem Einmarsch gingen mehr als einen Monat lang russische Artillerieangriffe auf ukrainische Stellungen von russischem Territorium oder von Standorten innerhalb der Ukraine in unmittelbarer Nähe der Grenze aus voraus. Die Invasion Ende August fand an drei verschiedenen Schauplätzen gleichzeitig statt. Im Osten der Oblast Donezk drangen die russischen Streitkräfte von Süden her ein und griffen die ukrainischen Truppen an, die versuchten, Ilowajsk einzunehmen. In der Oblast Luhansk näherten sich russische Einheiten Luhansk von Südosten her und beendeten die ukrainischen Versuche, die Stadt einzukesseln. Im Süden der Oblast Donezk überquerten russische Truppen die Grenze und drängten die ukrainischen Kräfte entlang der Küste in Richtung Mariupol zurück.

Mit diesem Einmarsch regulärer Streitkräfte eskalierte Russland den Konflikt weiter über die Grenzen hinaus, die ihn zuvor definiert hatten – und erreichte den höchsten Grad an Gewalt, der bis zum 24. Februar 2022 zu beobachten war. In den vorangegangenen Phasen des Konflikts hatte Russland den Krieg an irreguläre Formationen delegiert, die es kontrollierte und die es mit altem Militärgerät ausrüstete. Ende August schickte es seine regulären Streitkräfte mit moderner militärischer Ausrüstung, um diese irregulären Einheiten vor einer drohenden Niederlage zu bewahren. Auf diese Weise ebnete Russland den Weg für das erste Minsker Abkommen und für das weitere Schwelen des Konflikts im Donbas. Das Ausmaß der Gewalt ging in den folgenden Jahren zurück, und bis 2022 kam es zu keinen größeren Veränderungen der Frontlinie mehr. Dennoch war die Tatsache, dass es immer noch eine Frontlinie gab und dass weiterhin Menschen bei Kämpfen entlang dieser Frontlinie starben, das direkte Ergebnis des in diesem Kapitel analysierten Wendepunkts.

10. Schlussfolgerungen

Dieses Buch hat belegt, dass die Eskalation der Gewalt im Donbas von April bis August 2014 in erster Linie das Ergebnis der Handlungen des russischen Staates war. Innenpolitische ukrainische Faktoren spielten eine sekundäre, unterstützende Rolle. Ich bin in vier Schritten vorgegangen. Erstens hob ich die Bedeutung von Ursachenforschung zu einzelnen Kriegen für die Erforschung von Kriegsursachen im Allgemeinen hervor und erläuterte die Bedeutung des Donbas-Krieges von 2014 als Fallstudie. Zweitens verwendete ich die Eskalationstheorie und das Konzept der kritischen Wendepunkte, um ein Eskalationsfolgemodell für der Entstehungsphase des Donbas-Krieges zu erstellen. Drittens stellte ich die digitale forensische Prozessanalyse als Methode der Wahl für empirische Forschung zur Eskalation von Kriegen im Zeitalter der sozialen Medien vor. Viertens untersuchte ich die Ursachen des Donbas-Konflikts durch eine digitale forensische Prozessanalyse der sechs kritischen Wendepunkte, die die formative Eskalationssequenz dieses Krieges bilden.

10.1. Russlands verdeckte Invasion

In den empirischen Kapiteln dieses Buches wurden die beiden gegensätzlichen Standpunkte, die die politische und akademische Debatte über die Ursachen des Krieges spalten, daraufhin untersucht, inwieweit sie die Eskalationsfolge des Krieges erklären können. Für jeden der Wendepunkte habe ich bewertet, ob die verfügbaren Beweise die Hypothese stützen, dass die Ereignisse in erster Linie das Ergebnis einer innenpolitischen Dynamik waren, oder die Hypothese, dass sie in erster Linie das Ergebnis der Handlungen des russischen Staates waren. Diese schrittweise Analyse der sechs Wendepunkte in der Eskalationssequenz des Konflikts ergab, dass russische staatliche Akteure bei vier von ihnen die dominierende Rolle spielten. Darüber hinaus sind die beiden Wendepunkte, bei denen es keine überzeugenden Beweise für eine primäre Rolle des russischen Staates gibt, auch diejenigen, bei denen es am wenigsten Gewalt gab. Bei allen wichtigen Entwicklungen, die den Donbas-

Konflikt 2014 in einen ausgewachsenen Krieg mit Tausenden von Opfern verwandelten, spielten russische Staatsorgane die Hauptrolle als Gegner der ukrainischen Streitkräfte.

10.1.1. Donezk und Luhansk Anfang April

Kapitel vier hat offenbart, dass der erste Wendepunkt des Konflikts immer noch in erster Linie ein innerstaatliches Phänomen war. Es ist wahrscheinlich, dass die Hauptakteure hinter den bewaffneten und dauerhaften Gebäudebesetzungen in Donezk und Luhansk Anfang April lokale prorussische Aktivisten waren. Auch wenn es fast sicher ist, dass diese Aktivisten eine gewisse Unterstützung vom russischen Staat erhielten, gibt es nicht genügend Beweise für die Schlussfolgerung, dass russische staatliche Akteure die Ereignisse kontrollierten oder die treibende Kraft dahinter waren. Die vorliegenden Beweise deuten darauf hin, dass der Kreml und in seinem Auftrag handelnde Gruppen nur einige von vielen Akteuren waren, die die separatistische Bewegung in dieser Anfangsphase unterstützten. Es ist wahrscheinlich, dass die lokalen Aktivisten, die hinter den Gebäudebesetzungen standen, auch vom Umfeld des ehemaligen ukrainischen Präsidenten Viktor Janukowitsch unterstützt wurden. Außerdem spielten die einflussreichsten Oligarchen der Region - Rinat Achmetow und Oleksandr Jefremow - zumindest eine unterstützende Rolle, indem sie sich weigerten, gegen den Separatismus vorzugehen. In diesem Zusammenhang ist das Ausmaß der russischen Beteiligung, das sich aus den vorliegenden Beweisen ableiten lässt, kein Faktor, der den normalen Ablauf der Ereignisse stärker stört als die Aktionen der Einheimischen. Daher ist es angemessen, von einem von Russland unterstützten oder prorussischen Separatismus im Donbas zu sprechen, wenn es um die Ereignisse von Anfang April geht. Es ist jedoch wichtig festzustellen, dass es bei diesen Ereignissen noch nicht zu bewaffneten Zusammenstößen kam. Zwei Gebäude waren besetzt und verbarrikadiert, aber die ukrainischen Streitkräfte waren noch nicht im Donbas eingesetzt worden und bisher war noch niemand durch militarisierte Gewalt ums Leben gekommen.

10.1.2. Slowjansk und Kramatorsk

Kapitel fünf hat gezeigt, dass die erste Überschreitung der Schwelle zwischen Frieden und bewaffnetem Konflikt im Donbas, die das erste kampfbedingte Todesopfer des Konflikts zur Folge hatte, das direkte Ergebnis eines Überfalls irregulärer russischer Kräfte war. Igor Girkin und seine Gruppe bewaffneter Männer hatten den russischen Staat bei der Übernahme der Krim unterstützt, bevor sie in den Donbas zogen und das Gebiet zwischen Slowjansk und Kramatorsk zum ersten Schlachtfeld des Konflikts machten. Ihr Einmarsch wurde von dem russischen Oligarchen und Kreml-Verbündeten Konstantin Malofejew und dem „Premierminister" der Krim Sergej Aksjonow, der nach russischem Recht ein russischer Staatsbeamter war, finanziert und überwacht. Igor Girkin und viele Mitglieder seiner Gruppe kehrten nach ihrem Engagement im Donbas nach Russland zurück. Weder sie noch ihre russischen Sponsoren wurden vom russischen Staat für ihre Taten bestraft. Vor dem Hintergrund dieser Beweise ist es fast sicher, dass die Gruppe von Igor Girkin als informelles Organ des russischen Staates handelte und im Auftrag des Kremls in ukrainisches Gebiet eindrang. Die Aktionen von Girkins Gruppe waren fast sicher vom Wissen und von der Zustimmung des Kremls abhängig. Dabei ist es zweitrangig, ob sich dieses Wissen und diese Zustimmung anhand eines förmlichen Befehls oder in Form von impliziten Signalen manifestierten. In jedem Fall hat die Bereitschaft des Kremls, die bewaffneten Paramilitärs, die die Annexion der Krim unterstützten, das ukrainische Festland angreifen zu lassen, den normalen Ablauf der Ereignisse stärker gestört als die Tatsache, dass Girkin und seine Männer bereit waren diese Mission durchzuführen. Diese Bereitschaft des Kremls war ebenfalls störender als die Tatsache, dass Girkins Gruppe ein gewisses Maß an lokaler Unterstützung erhielt.

10.1.3. Mariupol

Kapitel sechs hat dargelegt, dass in der südlichen Hafenstadt Mariupol die inländische Ressourcen- und Unterstützungsbasis der Separatistenbewegung ausreichte, um ein gewisses Ausmaß militarisierter Gewalt auszulösen, aber nicht um einen ausgewachsenen Krieg zu verursachen. Es gibt nur wenige Beweise für eine russische Beteiligung an den Ereignissen in Mariupol. Auch wenn es wahrscheinlich ist, dass die Separatisten in der Stadt ein gewisses Maß an russischer Unterstützung erhielten, ist es unwahrscheinlich, dass sie von Russland in einem Maße kontrolliert wurden, das es rechtfertigt, sie als Organe des russischen Staates zu bezeichnen. Diesen lokalen Separatisten gelang es jedoch nicht, ihre Kontrolle über die Stadt zu festigen, obwohl sich das ukrainische Militär nach den bewaffneten Zusammenstößen vom 9. Mai zurückzog. Die Separatisten bekamen Konkurrenz von der örtlichen Polizei und freiwilligen Arbeitertrupps aus dem Stahlwerk des Oligarchen Rinat Achmetow. Diese Kräfte stellten sich nicht aktiv gegen die Separatisten, ordneten sich aber auch nicht unter. Infolgedessen gelang es den Separatisten nicht, ein Gewaltmonopol über die Stadt zu errichten, und sie wurden Mitte Juni vom zurückkehrenden Militär in einer relativ unblutigen Operation entfernt. Die Ereignisse in Mariupol veranschaulichen, wie sich der Konflikt im Donbas hätte entwickeln können, wenn Russland sich darauf beschränkt hätte, eine einheimische Separatistenbewegung zu unterstützen, anstatt selbst die Führung zu übernehmen. In anderen Teilen der Region entschied sich Russland jedoch, eine aktivere Rolle zu spielen, und tat genau das.

10.1.4. Die Kämpfe weiten sich aus

In Kapitel sieben wurde dargestellt, wie sich der bewaffnete Konflikt Ende Mai und Anfang bis Mitte Juni von den beiden ursprünglichen Brennpunkten Slowjansk-Kramatorsk und Mariupol auf andere Teile des Donbas ausweitete. In mindestens vier der fünf neuen Schauplätze des bewaffneten Konflikts stand das ukrainische Militär dabei Kräften unter russischer Kontrolle gegenüber. In der Nähe von Wolnowacha stieß das ukrainische Militär auf Igor Besler und die von ihm befehligte Kämpfergruppe in Horliwka. Besler war ein russischer Militärveteran, der seit vielen Jahren in der Ukraine gelebt hatte. Seine Beteiligung an der Annexion der Krim, seine von den russischen Behörden beschaffte zweite Identität und seine dokumentierte Kommunikation mit dem russischen Geheimdienstoffizier Wasili Geranin legen jedoch nahe, dass er fast sicher ein Agent des russischen Staates war. In Donezk versuchte eine Einheit von Kämpfern, die fast sicher in Russland rekrutiert und ausgebildet wurde, erfolglos den Flughafen der Stadt einzunehmen. Darüber hinaus bestand der kampferprobte Kern des Wostok-Bataillons, das bei anderen Zusammenstößen in der Region Donezk der Hauptgegner der ukrainischen Streitkräfte war, höchst wahrscheinlich aus russischen Staatsbürgern aus Ossetien. Gleichzeitig ist es fast sicher, dass der neue „Premierminister" der Donezker Volksrepublik Aleksandr Borodaj - selbst russischer Staatsbürger - sein Vorgehen eng mit dem russischen Präsidentenberater Wladislaw Surkow abstimmte. In Luhansk spielte die russische Wagner-Gruppe höchst wahrscheinlich eine führende Rolle bei den Angriffen auf ukrainische Militäreinrichtungen und die separatistischen Kämpfer in der Stadt wurden von dem russischen Geheimdienstoffizier Oleg Iwannikow (Deckname: „Orion") überwacht. Im Süden des Gebiets Luhansk kämpften Truppen unter der Führung des russischen Kosaken-Kommandeurs Nikolaj Kosizyn, der wahrscheinlich als informelles Organ des russischen Staates fungierte, gegen die ukrainischen Grenztruppen. Der einzige Schauplatz des bewaffneten Konflikts, in dem die führende Rolle Russlands lediglich eine realistische Möglichkeit darstellt, ist der Nordwesten des Gebiets Luhansk, wo bewaffnete Männer unter dem Kommando von Pawlo Dromow und Oleksij Moshowyj den Vormarsch des ukrainischen Militärs blockierten. Obwohl es fast sicher ist, dass Dromow und Moshowyj russische Unterstützung genossen, gibt es nicht genügend Beweise, um mit einem hohen Maß an Sicherheit festzustellen, dass sie als informelle Organe des russischen Staates handelten. Die Wahrscheinlichkeit für diese Erklärung ist jedoch immer noch etwas höher als die Wahrscheinlichkeit, dass sie in erster Linie unabhängig handelten. Darüber hinaus war der Nordwesten des Gebiets Luhansk entlang der Ende Mai und Anfang bis Mitte Juni entstandenen Frontlinien das Gebiet, in dem es am wenigsten Gewalt gab, und Ende Juli wurden Dromow und Moshowyj zum Rückzug gezwungen.

10.1.5. Panzer und schwere Artillerie

In Kapitel acht wurde dargelegt, dass die russischen Lieferungen von Panzern und schwerer Artillerie in den Donbas ab Mitte Juni auf eine anhaltende russische Kontrolle über die Separatistenbewegung hindeuten. Es gibt aussagekräftige Foto- und Videobeweise aus diesem Zeitraum, die dieselben Panzer zunächst in Russland und dann im Donbas zeigen. Gleichzeitig gibt es keine Hinweise darauf, dass die Separatisten in großem Umfang schwere ukrainische Waffen erbeuten konnten. Folglich ist es höchst wahrscheinlich, dass Russland die meisten, wenn nicht sogar alle schweren Waffen der Separatisten geliefert hat. Damit hat Russland bekräftigt, dass die russischen Kämpfer und Kommandeure im Donbas in seinem Namen handeln. Anstatt sich von diesen Kämpfern zu distanzieren, hat das russische Militär ihre Kapazitäten durch die Lieferung leistungsfähigerer Waffen drastisch erhöht.

10.1.6. Die ukrainische Niederlage

Kapitel neun hat gezeigt, dass die Beteiligung der regulären russischen Streitkräfte im letzten kritischen Wendepunkt der anfänglichen Eskalationsphase des Konflikts entscheidend war. Dieser Wendepunkt war von besonderer Bedeutung, weil er den Weg für die statische Gewalt auf niedrigem Niveau ebnete, die die Situation im Donbas in den darauffolgenden Jahren prägte. Nachdem grenzüberschreitender Beschuss den ukrainischen Vormarsch im Juli und August verlangsamt hatte, wurden die ukrainischen Streitkräfte Ende August in drei Gefechten entscheidend besiegt. Sie mussten die Belagerung von Luhansk aufgeben, verloren die Kontrolle über alle Gebiete südöstlich von Donezk und standen einer neuen feindlichen Offensive entlang der Südküste gegenüber. In allen drei Fällen gibt es überzeugende Beweise für die Beteiligung regulärer russischer Streitkräfte. Diese Beweise bestehen aus Fotos und Videos von neuen russischen Panzermodellen und russischen Soldaten auf ukrainischem Gebiet. Weitere Beweise für die Größe der Invasionsstreitkräfte sind Videos und Satellitenbilder, die große Militärkonvois zeigen, die zwischen den Schlachtfeldern und der russischen Grenze unterwegs sind. Auf der Grundlage dieser Beweise kann der Schluss gezogen werden, dass es fast sicher ist, dass eine Invasion der regulären russischen Streitkräfte die Hauptursache für die ukrainische Niederlage Ende August 2014 war.

10.1.7. Kontrafaktische Szenarien

Organe des russischen Staates waren die treibende Kraft hinter vier der sechs Wendepunkte, die die Entstehung des Donbas-Krieges im Jahr 2014 bestimmten. Würde man diese Wendepunkte aus der Eskalationssequenz herausnehmen, bliebe eine Reihe bewaffneter Männer übrig, die Verwaltungsgebäude in Donezk und Luhansk besetzen, und eine kurze Phase von Kämpfen in Mariupol. In diesem kontrafaktischen Szenario eines innerstaatlichen Konflikts hätten die Gebäudebesetzungen in Donezk möglicherweise friedlich enden können, und die Situation in Mariupol wäre ohne den Präzedenzfall Slowjansk vielleicht nicht in der gleichen Weise eskaliert. Die ukrainische Regierung hätte möglicherweise auf eine „Antiterroroperation" verzichtet und sich mit den lokalen Eliten und den separatistischen Aktivisten einigen können.

Doch selbst in einem kontrafaktischen Szenario, in dem es trotzdem zu militarisierter Gewalt gekommen wäre, gibt es keine plausible Möglichkeit, wie diese Gewalt auch nur annähernd das Ausmaß hätte erreichen können, das die Region im Jahr 2014 tatsächlich erlebt hat. Es ist fast sicher, dass ein einheimischer Aufstand prorussischer Rebellen mit begrenzter Unterstützung Russlands bis zum Frühsommer niedergeschlagen worden wäre. Es ist auch fast sicher, dass ein solcher Aufstand nur einen winzigen Bruchteil der Todesopfer und der Zerstörung verursacht hätte, die die Ukraine im Jahr 2014 und in den darauffolgenden Jahren erleben musste. Der Löwenanteil der Gewalt im Donbas vor 2022 wäre ohne Leute wie Besler, Borodaj, Girkin, Kosizyn, Mamijew und Utkin und die von ihnen befehligten irregulären russischen Streitkräfte nicht möglich gewesen. Er wäre auch nicht möglich gewesen ohne die Lieferungen von Panzern und schwerer Artillerie aus Russland, ohne den grenzüberschreitenden Artilleriebeschuss und ohne den Einmarsch regulärer russischer Streitkräfte Ende August.

All dies bedeutet, dass Russland 2014 als primäre und nicht als sekundäre Konfliktpartei im Donbas angesehen werden sollte. Russlands Aktionen haben sich als weitaus störender für den normalen Ablauf der Ereignisse erwiesen als lokale Manifestationen von Separatismus. Russlands Engagement geht weit über die Internationalisierung eines internen Konflikts hinaus. Anstatt lokale

Rebellen zu unterstützen, nutzte Russland eine lokale Randbewegung mit vernachlässigbaren militärischen Fähigkeiten als Deckmantel für seine eigenen militärischen Aktionen gegen die Ukraine mit seinen eigenen irregulären und regulären Truppen. Der Donbas-Konflikt von 2014 war also kein Bürgerkrieg, sondern ein delegierter zwischenstaatlicher Krieg (Hauter 2019) zwischen Russland und der Ukraine.

10.2. Neue Wege der Konfliktforschung

Über die Analyse des Donbas hinaus hat dieses Buch zwei weitere wichtige Beiträge geleistet, die die Forschung zu bewaffneten Konflikten überall auf der Welt verbessern könnten. Auf theoretischer und konzeptioneller Ebene habe ich einen neuen Weg vorgeschlagen, die Eskalationsfolge eines Krieges zu modellieren, indem ich die Eskalationstheorie und das Konzept der kritischen Wendepunkte verwendet habe. Methodisch habe ich die Prozessanalyse verbessert, indem ich sie durch die Einbeziehung der Analyse digitaler öffentlicher Quellen für das Zeitalter der sozialen Medien fit gemacht habe.

10.2.1. Die Wiederbelebung der Eskalationstheorie

Dieses Buch hat einen Beitrag zu den theoretischen Grundlagen der sozialwissenschaftlichen Konfliktforschung geleistet, indem es die Konflikteskalationstheorie und das Konzept der kritischen Wendepunkte zu einem Eskalationsfolgemodell des Donbas-Krieges kombiniert.[45] Dieses Modell präzisierte die Ziele der digitalen forensischen Prozessanalyse, die in den empirischen Kapiteln folgte. Das Eskalationssequenzmodell bleibt in Bezug auf die Ursachen des Krieges so weit wie möglich agnostisch. Basierend auf einem großen Datensatz von Medienberichten, die sowohl prowestliche als auch prorussische Quellen enthalten, schließt es hypothetische Erklärungen für den Krieg nicht aus. Vielmehr dient es als Vergleichsmaßstab. Unabhängig davon, ob sich eine Erklärung auf Unzufriedenheit der lokalen Bevölkerung, das Handeln der lokalen Eliten oder russische Einmischung konzentriert, kann ihre Eignung daran

45 Für eine frühere Version dieses Abschnitts siehe Hauter 2021b, 161-163.

gemessen werden, inwieweit sie die Ereignisse im Eskalationssequenzmodell erklären kann.

Ein solches Eskalationsfolgemodell zwingt Forschende, sich auf den Prozess der Konflikteskalation zu konzentrieren, anstatt die Ursachen des Konflikts durch die Analyse von Begleitumständen wie die Geschichte der Region, die öffentliche Meinung oder geopolitische Konstellationen zu konstruieren. Es verhindert auch, dass Forschende einen theoretischen Rahmen wählen, der der Frage ausweicht oder das Ergebnis vorwegnimmt. Aus diesen Gründen kann das Modell eine transparente, umfassende und theoriegeleitete Erklärung des Donbas-Konflikts ermöglichen. Diese Erklärung kann wiederum in einen übergeordneten Diskurs einfließen und sowohl die vergleichende Forschung als auch die politische Entscheidungsfindung informieren.

Diese Vorteile sind keineswegs auf die spezifische Kontroverse um den Fall des Donbas beschränkt. Sie lassen sich leicht auf andere Fälle übertragen, da das Schema, das ich zur Erstellung des Eskalationsstufenmodells verwende, universell anwendbar ist. Die Erstellung einer Eskalationsleiter mit Schwellen, die bisherige Grenzen der Gewalt überschritten, und die anschließende Identifizierung kritischer Wendepunkte können für jeden anderen Krieg wiederholt werden. Dies gilt sowohl für aktuelle Konflikte als auch für historische Fälle. Ein detailliertes Eskalationsfolgemodell könnte zum Beispiel die Rolle der verschiedenen Rebellengruppen, der Regierungstruppen und der ausländischen Sponsoren beider Seiten im Syrienkrieg näher beleuchten. Es könnte auch weitere Untersuchungen der russischen Strategie, des ukrainischen Widerstands und der westlichen Unterstützung vor und nach der dramatischen Eskalation von 2022 strukturieren. Gleichzeitig könnte ein Modell wie das in diesem Buch vorgeschlagene auch genutzt werden, um die uralte Debatte über die Ursachen des Ersten Weltkriegs neu zu beleuchten.

Darüber hinaus kann das vorliegende Eskalationsmodell verschiedene Methoden der Datenerfassung in einen gemeinsamen Rahmen überführen. Je nach dem Informationsumfeld, das einen bestimmten Konflikt umgibt, kann eine Vielzahl von Datenquellen genutzt werden, um Eskalationsschwellen und Wendepunkte zu ermitteln. In diesem Buch werden digitale Informationen aus öffentlichen Quellen verwendet, indem ein Datensatz von Online-Nachrichtenmedien sowie Videos von relevanten Ereignissen, die in sozialen Medien hochgeladen wurden, ausgewertet werden. In anderen Studien kann ein Eskalationsmodell auf der Grundlage von Augenzeugeninterviews, Archivdokumenten, Sekundärberichten von Historikern oder einer Kombination verschiedener Quellen erstellt werden.

Die Erstellung von Eskalationsfolgemodellen für eine Reihe unterschiedlicher Konflikte könnte somit vielversprechende neue Möglichkeiten für die vergleichende Erforschung von Kriegsursachen schaffen. Auch wenn jeder Fall von Konflikteskalation seine eigenen fallspezifischen Nuancen hat, ist es möglich, dass der Vergleich verschiedener Konflikteskalationsmodelle gewisse Ähnlichkeiten zwischen ihnen aufzeigt. Unter Verwendung der Gewittermetapher von Dessler (1991, 342-344) lässt sich konstatieren, dass jedes Konflikteskalationsmodell einen Einblick in die Prozesse innerhalb sich zusammenziehender Gewitterwolken während der Entstehung eines bestimmten Gewitters bietet. Obwohl die Prozesse, die bei der Eskalation bewaffneter Konflikte ablaufen, keinen Naturgesetzen folgen, die mit der Entstehung eines Gewitters vergleichbar sind, lassen sich vielleicht dennoch bestimmte Muster und Gemeinsamkeiten erkennen. Potenziell könnte dies in eine Art „kausale Theorie des Krieges" nach Dessler (1991) münden. Natürlich ist das in diesem Buch vorgeschlagene fallbezogene Modell der Konflikteskalationsfolge nur ein kleiner Schritt in diese Richtung. Dennoch ist es ein Weg, der es wert ist, weiterverfolgt zu werden.

Selbst wenn seine Anwendung auf andere Fälle nicht direkt zu verallgemeinerbaren Erkenntnissen über die Ursachen von Kriegen führen sollte, bleibt der von mir vorgeschlagene theoretische Rahmen eine wichtige fallbezogene Ergänzung für die vergleichende Forschung. Er schlägt eine Brücke zwischen der Konzentration auf fallspezifische Umstände, die die Arbeit der meisten Historiker und Regionalwissenschaftler kennzeichnet, und dem Bedürfnis nach Verallgemeinerung und Straffung in der vergleichenden sozialwissenschaftlichen Forschung. Das vorgeschlagene Modell schlägt nicht nur eine Brücke zwischen dem Spezifischen und dem Allgemeinen, sondern erleichtert auch den Vergleich und die Kommunikation zwischen Wissenschaftlern, die sich mit der relativen Bedeutung von und den Wechselwirkungen zwischen verschiedenen Erklärungsfaktoren innerhalb von Fallstudien beschäftigen. Die Erforschung von Kriegsursachen kann von einem solchen gemeinsamen Bezugsrahmen nur profitieren.

10.2.2. Digitale forensische Prozessanalyse

Der methodische Teil dieses Buches hat gezeigt, wie Sozialwissenschaftler Onlinemedien nutzen können, um ein besseres Verständnis von Kriegsursachen zu gewinnen.[46] Es wurde dargelegt, dass das Internet eine Fundgrube für Informationen und nicht nur eine Propagandamüllhalde ist. Onlinequellen haben Konfliktforschern Zugang zu wertvollen Primärdaten aus Konfliktgebieten in einem noch nie dagewesenen Umfang verschafft. Diese Informationen haben das Potenzial, die Fallstudienforschung über die Ursachen von Kriegen erheblich zu verbessern. Um dieses Potenzial zu nutzen, sind jedoch methodische Sorgfalt und argumentative Transparenz erforderlich. Dies bedeutet, dass die Prozessanalyse in bewaffneten Konflikten der Quellenkritik und der probabilistischen Argumentation zusätzliche Aufmerksamkeit schenken muss.

Zu diesem Zweck wurde in diesem Buch ein forensischer Ansatz vorgeschlagen, der die Analyse digitaler Informationen aus öffentlichen Quellen in die Methodik der Prozessanalyse einbezieht. Durch diese Einbeziehung verlagert sich der Untersuchungsschwerpunkt der Prozessanalyse auf Quellenkritik und probabilistische Schlussfolgerungen. Darüber hinaus verwendet mein Ansatz Ockhams Rasiermesser, den Sagan-Standard und das Prinzip des *Abnormalismus* als Leitprinzipien, die die Methodik weiter stärken, sowie die *PHIA-Wahrscheinlichkeitsskala* als System zur Verbalisierung von ungefähren Wahrscheinlichkeiten. Das Ergebnis ist die digitale forensische Prozessanalyse – eine methodische Innovation, die eine transparente und methodisch rigorose Fallstudienforschung ermöglicht und selbst in unübersichtlichen Informationsumgebungen zuverlässige Ergebnisse liefern kann. Sie beleuchtet kausale Prozesse und nutzt dabei das volle Potenzial des Internets als Zugangsweg zu Primärinformationen aus Konfliktgebieten.

---

46 Für eine frühere Version dieses Abschnitts siehe Hauter 2021c, 14-15.

Die in diesem Buch vorgeschlagene forensische Methodik hat ein Potenzial, das weit über den Fall des Donbas hinausgeht. Sie kann zur Erforschung kausaler Prozesse in jedem Konflikt eingesetzt werden, über den im Internet aus erster Hand berichtet wurde. Ein offensichtliches Beispiel ist der Krieg in Syrien, wo die digitale forensische Prozessanalyse für eine Vielzahl von Zwecken eingesetzt werden könnte: zur Ermittlung von Veränderungen in der Zusammensetzung und Strategie verschiedener Rebellengruppen, zur Bewertung der Auswirkungen ausländischer Beteiligung auf den Verlauf des Konflikts oder zur Verfolgung des Einsatzes chemischer Waffen. Eine große Menge potenziell nützlicher digitaler Informationen aus öffentlichen Quellen wurde bereits vom Projekt *Syrian Archive* (n.d.) gesammelt und katalogisiert und könnte eine nützliche empirische Grundlage für eine solche Forschung bilden. Ein weiterer Fall sind die Kämpfe in Berg-Karabach in den Jahren 2020 und 2023, die von den Medien intensiv verfolgt wurden, während Armenien und Aserbaidschan und ihre jeweiligen Verbündeten widersprüchliche Darstellungen der Ereignisse verbreiteten. Darüber hinaus könnte die digitale forensische Prozessanalyse genutzt werden, um die weitere Eskalation des Krieges in der Ukraine im Jahr 2022 zu untersuchen und eine Reihe wichtiger Fragen zu beantworten: Was waren die Gründe für das klägliche Scheitern des russischen Angriffs auf Kyjiw im Februar und März 2022? Welche Auswirkungen hatten die verschiedenen westlichen Waffenlieferungen an die Ukraine? Wie haben sich die Strategien der Konfliktparteien im Verlauf der Ereignisse entwickelt? Diese Liste möglicher Forschungsfragen ist keineswegs erschöpfend.

Schließlich kann die Verwendung von Elementen der digitalen forensischen Prozessanalyse in der Phase der Datenerfassung eines Forschungsprojekts auch für Wissenschaftler von Vorteil sein, die quantitative Ansätze verwenden. Die Behandlung von Datenpunkten als Mini-Fallstudien würde eine präzisere Kodierung und die Einbeziehung eines größeren Spektrums von Quellen in Konfliktdatensätze ermöglichen. Natürlich würde dies auch den Arbeitsaufwand für die Erstellung solcher Datensätze erhöhen. Die Kombination aus Informationsfülle und Unklarheit, die bewaffnete Konflikte im Zeitalter der sozialen Medien kennzeichnet, könnte diese Bemühungen jedoch lohnenswert machen.

Natürlich ist der Online-Informationsraum zu bewaffneten Konflikten einem ständigen Wandel unterworfen. Das Auftauchen sogenannter Deepfakes hat die Glaubwürdigkeit von Videobeweisen in den letzten Jahren verringert. Gleichzeitig haben sich die Möglichkeiten des Livestreamings und die Videoqualität durch eine größere mobile Internetabdeckung und eine höhere Qualität von Handykameras verbessert. Auch die Qualität und Verfügbarkeit von Satellitenbildern ist besser geworden. Als Reaktion auf die zahlreichen Medienberichte, die die Beteiligung russischer Soldaten in der Ukraine in den Jahren 2014-2015 aufdeckten, verboten die russischen Streitkräfte ihren Soldaten die Nutzung sozialer Medien. Gleichzeitig schränkten immer mehr Nutzer sozialer Netzwerke den Zugang zu ihren Profilen ein. Nach der Eskalation von 2022 warnten die ukrainischen Behörden die Bevölkerung davor, dem Feind Informationen aus öffentlichen Quellen zur Verfügung zu stellen, und verhängten ein Verbot, Informationen über ukrainische Einheiten und die Folgen russischer Angriffe ohne Genehmigung in sozialen Medien zu veröffentlichen. Gleichzeitig haben neue Plattformen wie TikTok und Telegram aber auch zu einer neuen Welle offen zugänglicher Videoinhalte geführt. Die Anpassung an den fortlaufenden Wandel in der modernen Informationstechnologie ist eine zentrale Herausforderung für die weitere Entwicklung der digitalen forensischen Prozessanalyse. Die Dominanz des Internets über das Informationsumfeld, in dem sich bewaffnete Konflikte abspielen, wird jedoch nicht verschwinden, was bedeutet, dass die Relevanz der digitalen forensischen Prozessanalyse für die Konfliktforschung weiter zunehmen wird.

10.3. Akademische Implikationen

Die Ergebnisse dieses Buches bestätigen die Argumente von Wissenschaftlern, die Anhänger der Invasionshypothese sind.[47] Sie bestätigen das Argument von Wilson (2016), dass die innenpolitische

47 Sie stehen auch im Einklang mit einer kürzlichen Entscheidung des Europäischen Gerichtshofs für Menschenrechte (EGMR 2022) und mit dem Abschlussbericht der MH17-Untersuchungskommission (JIT 2023). Beide stellen fest, dass der russische Staat spätestens ab Mitte Mai 2014 die separatistischen Kräfte im Donbas kontrollierte.

Situation im Donbas im Jahr 2014 ein gewisses Maß an „zivilem Konflikt“, nicht aber einen „Bürgerkrieg“ erklären könne. Sie bestätigen das Argument von Laryš und Suleimanov (2021), dass russische Einmischung Versuche lokaler Eliten zunichtemachte, separatistische Aktivitäten zu kontrollieren und für politische Verhandlungen zu nutzen. Sie bestätigen das Argument von Kuromiya (2019), dass die regionale Geschichte des Donbas keine geeignete Erklärung für den Ausbruch des Krieges bietet. Sie bestätigen Hosakas (2021, 107-109) Argument, dass eine Klassifizierung der selbsternannten Volksrepubliken von Donezk und Luhansk (DNR und LNR) als nichtstaatliche Akteure irreführend ist. Und sie bestätigen das Argument von Mitrokhin (2015), dass der Konflikt ein russischer Angriff war, der in Phasen verlief. Russland verstärkte sein Engagement, als es Anzeichen dafür gab, dass seine früheren Maßnahmen nicht ausreichten, um den Konflikt aufrechtzuerhalten. Dieses Buch untermauert die Schlussfolgerungen dieser und anderer Wissenschaftler, die die Invasionshypothese unterstützen, mit soliden methodischen, konzeptionellen und empirischen Grundlagen. Es fügt auch zusätzliche Nuancen hinzu, indem es darlegt, wie die russische Beteiligung nicht nur im Laufe der Zeit, sondern auch auf den verschiedenen Schauplätzen des Konflikts variierte. Darüber hinaus untermauert dieses Buch die zahlreichen Arbeiten, die die Invasionshypothese implizit unterstützen, indem sie sich auf die Rolle Russlands konzentrieren oder eine Terminologie verwenden, die einen zwischenstaatlichen Konflikt nahelegt.

Die Ergebnisse dieses Buches widerlegen dagegen die Hypothese, dass Russland 2014 noch eine untergeordnete Rolle in einem primär internen Konflikt spielte. Sie widersprechen den Erkenntnissen von Wissenschaftlern, die diese These explizit vertreten (Davies 2016; Katchanovski 2016; Kudelia 2016; Loshkariov und Sushentsov 2016; Matsuzato 2017; Matveeva 2016; 2018; Nitsova 2021; Robinson 2016; Sakwa 2015; 2017; Tsygankov 2015). Kudelia (2016, 5) fasst sein Argument so zusammen, dass Russland die innenpolitischen Entwicklungen im Donbas „ausgenutzt“ habe, „aber keine entscheidende Rolle dabei gespielt hat“. Ich habe gezeigt, dass genau das Gegenteil der Fall ist. Russland spielte die entscheidende Rolle bei der Umwandlung separatistischer Unruhen erst in militarisierte Gewalt und dann in einen ausgewachsenen Krieg. Aus diesem Grund widersprechen die Ergebnisse dieses Buches der Art und Weise, in der der Konflikt der Jahre 2014-2022 nach wie vor vom Uppsala-Konfliktdatenprogramm und dem Projekt „Korrelationen des Krieges" kodiert wird (Pettersson und Öberg 2020, 608; Dixon und Sarkees 2020; Palmer et al. 2020). Gleichzeitig stellen meine Ergebnisse die Verwendung des Donbas-Krieges der Jahre 2014-2022 als Fallstudie für interne Konflikte durch Rauta (2016), Schram (2021) und Sambanis et al. (2020) in Frage. Sie stehen ebenfalls den Behauptungen von Boyd-Barrett (2017) sowie Barthel und Bürkner (2020) über eine angebliche antirussische Voreingenommenheit in der westlichen Medienberichterstattung entgegen. Darüber hinaus widersprechen meine Ergebnisse Schneckeners (2021, 46-47) Behauptung, der Krieg von 2014 habe eine interne Dynamik entwickelt, die zu einer „Zersplitterung der Gewaltakteure" geführt habe, die sich zumindest eine Zeit lang der russischen Kontrolle entzogen hätten. Eine ähnliche Behauptung wird in dem kürzlich erschienenen Buch von Arel und Driscoll (2023) aufgestellt, in dem argumentiert wird, dass Russland in der Anfangsphase des „namenlosen Krieges in der Ukraine" im Jahr 2014 hauptsächlich auf Ereignisse reagierte, die sich seiner Kontrolle entzogen. Mein Buch legt im Gegenteil nahe, dass Russland seine Handlungen erfolgreich angepasst hat, um die Ereignisse in die gewünschte Richtung zu lenken, und ich habe zu keinem Zeitpunkt Beweise dafür gefunden, dass Russland die Kontrolle verloren hat.

Diese Erkenntnis ist jedoch mit einem wichtigen Vorbehalt versehen. Sie deutet nicht darauf hin, dass Russland von der Maidan-Revolution bis zur groß angelegten Invasion im Jahr 2022 einen sorgfältig ausgearbeiteten Masterplan verfolgte. Sie steht durchaus im Einklang mit der Idee, dass die russische Führung ad hoc und ohne eine kohärente langfristige Strategie gehandelt hat.

Ebenso wenig entkräftet mein Buch die Ergebnisse der zahlreichen Arbeiten, die implizit die Bürgerkriegshypothese unterstützen, indem sie sich auf innenpolitische Ursachen des Krieges konzentrieren oder eine Terminologie verwenden, die einen internen Konflikt nahelegt. Es kann kein Zweifel daran bestehen, dass innenpolitische Ursachen zur Eskalation der Gewalt in der Region beigetragen haben. Wie ich in meinem Buch dargelegt habe, gab es ein gewisses Maß an innerstaatlicher Unterstützung für den

Separatismus und das Vorgehen Russlands, und viele der separatistischen Kämpfer waren Einheimische. Die Erforschung dieser Aspekte des Konflikts und seiner Ursachen ist nach wie vor ein wichtiges Ziel, solange diese Forschung in einem angemessenen Rahmen stattfindet. Es muss lediglich klargestellt werden, dass es sich um sekundäre Ursachen handelt, die einen zwischenstaatlichen Konflikt ermöglichten, und nicht um die Hauptursachen eines Bürgerkriegs. Andere potenziell irreführende Begriffe sollten entsprechend geändert werden. Wenn man beispielsweise von „russisch geführten Separatisten" oder „von Russland kontrollierten separatistischen Kräften" statt von „prorussischen Separatisten" oder „von Russland unterstützten Separatisten" sprechen würde, wäre dies ein wichtiger Beitrag zur Änderung des Rahmens vieler Forschungsprojekte, ohne deren Ergebnisse zu beeinträchtigen.

Die Ergebnisse dieses Buches legen nahe, dass künftige vergleichende und quantitative Forschungen den Donbas-Konflikt von 2014 nicht als ukrainischen Bürgerkrieg, sondern als erste Phase eines zwischenstaatlichen Krieges zwischen Russland und der Ukraine behandeln sollten, der 2022 weiter eskalierte. Sie legen außerdem nahe, dass sich die weitere Forschung zu den Hauptursachen des Donbas-Krieges von 2014 auf die russische Außen- und Sicherheitspolitik konzentrieren sollte. Russland wurde lange vor 2022 zu einem Aggressor und einer Bedrohung für die europäische Sicherheit. Die Ereignisse von 2014 waren der erste Versuch Russlands, den modernen ukrainischen Staat mit militärischen Mitteln zu zerstören. Sie waren das Vorspiel für die große Invasion im Jahr 2022 und nicht ein grundlegend anderes Phänomen.

Das bedeutet nicht, dass gesellschaftliche Spaltungen innerhalb der Ukraine und die ukrainische Innenpolitik keine weitere Forschung verdienen. Im Gegenteil, solche Untersuchungen können wichtige zusätzliche Erkenntnisse darüber liefern, warum der russisch-ukrainische Krieg 2014 im Donbas begann und warum bestimmte Teile der lokalen Bevölkerung bereit waren, in den Reihen der irregulären russischen Streitkräfte zu kämpfen. Der Hauptgrund für das Auftreten dieser Streitkräfte ist jedoch nur in Moskau zu suchen. Daher sollte künftige Forschung die Ukraine vor 2022 nicht als einen Fall von Staatsversagen und interethnischen Konflikten behandeln, sondern als ein Land, das dem Versuch seines

Nachbarn, es mit militärischen Mitteln zu zerschlagen, widerstanden hat. Die Resilienz, die der ukrainische Staat und die ukrainische Gesellschaft angesichts der umfassenden Invasion von 2022 an den Tag legten, sollte eher als Fortsetzung dieses Widerstands denn als neues Phänomen betrachtet werden.

Gleichzeitig legen die Ergebnisse dieses Buches nahe, dass künftige Forschung der Frage nachgehen sollte, warum die dramatische Eskalation von 2022 nicht von mehr Menschen vorhergesehen wurde. Warum gewann das Narrativ von Russland als einem zurückhaltenden Akteur, der - wenn überhaupt - eine untergeordnete Rolle in dem Konflikt spielte, so viel Zugkraft in Politik, Medien und Wissenschaft? Warum waren so viele immer noch damit beschäftigt, Russlands militärisches Engagement in der Ukraine herunterzuspielen, während der Kreml bereits die nächste Stufe seiner bewaffneten Aggression plante?

Eine weitere Frage, die zusätzliche Aufmerksamkeit erfordert, sind die genauen Entscheidungsprozesse innerhalb der politischen Elite Russlands. In diesem Buch konnte nicht festgestellt werden, inwieweit die Handlungen russischer staatlicher Akteure im Donbas das Ergebnis ausdrücklicher Befehle aus dem Kreml waren. Es lässt die Möglichkeit offen, dass die betreffenden Akteure stattdessen auf informelle Signale reagierten, die ihnen signalisierten, dass sie frei handeln konnten oder dass von ihnen ein bestimmtes Verhalten erwartet wurde. Mein Buch geht auch nicht auf die Motivation und die Gründe für Russlands Handeln oder auf mögliche Meinungsverschiedenheiten innerhalb des inneren Führungszirkels des Staates über die richtige Vorgehensweise ein. Aufgrund ihres geheimen Charakters sind sowohl die Entscheidungsprozesse innerhalb der russischen Elite als auch die diesen Prozessen zugrundeliegenden Motivationen anspruchsvolle Forschungsthemen, die nicht durch digitale forensische Prozessanalyse allein behandelt werden können. Dennoch lohnt es sich, diese Themen weiterzuverfolgen, soweit die Datenverfügbarkeit dies zulässt. Bessere Einblicke in die Entscheidungsprozesse und Motivationen des Kremls sind wichtig, um zu verstehen, warum sich Russland für die verdeckte Invasion von 2014 entschieden hat. Wie die offene Invasion im Jahr 2022 erscheint auch die Entscheidung für den Einsatz militärischer Gewalt im Jahr 2014 irrational. Auch wenn der

Westen zögerte, den Donbas-Krieg von 2014 als Akt russischer Aggression anzuerkennen und als Reaktion nur relativ schwache Sanktionen verhängte, litten dennoch Russlands internationales Ansehen und seine Soft Power. Noch wichtiger ist, dass Russlands Vorgehen im Donbas viele prorussische Bewohner der Ukraine verprellte und die nationale Einheit sowohl im unbesetzten Teil des Donbas als auch im ganzen Land stärkte. Durch den Einsatz militärischer Gewalt beraubte sich Russland der Möglichkeit, eine neue prorussische politische Bewegung zu fördern, die das Potenzial gehabt hätte, wieder breite Unterstützung in der Ukraine zu finden. Eine solche Bewegung hätte sich den Unmut der Gegner der Post-Maidan-Regierung nach dem Machtwechsel in Kyjiw und die unvermeidliche Desillusionierung vieler Maidan-Anhänger zunutze machen können. Dies wäre ein vielversprechender und weniger kostspieliger Weg gewesen, um Einfluss und Macht in der Ukraine zu behalten. Russland hat sich jedoch für den Krieg entschieden, und die Frage, warum die russische Führung diese Entscheidung getroffen hat, verdient zusätzliche Aufmerksamkeit.

Gleichzeitig hielt sich die russische Bereitschaft zur Eskalation 2014 noch in Grenzen. Der russische Staat hielt die Kosten niedrig, indem er irreguläre Truppen in den Donbas schickte und die reguläre Armee nur dann einsetzte, als diese irregulären Truppen kurz vor einer Niederlage standen. Nachdem sich das Kriegsglück zugunsten Russlands gewendet hatte, gab es sich mit einem halb eingefrorenen Konflikt entlang einer statischen Kontaktlinie zufrieden, anstatt zu versuchen, den gesamten Donbas oder sogar größere Teile der Ukraine einzunehmen. Im Jahr 2022 beschloss Russland, diese verbleibende Zurückhaltung aufzugeben, und eskalierte den Konflikt dramatisch. Zum zweiten Mal in weniger als einem Jahrzehnt traf die russische Führung eine scheinbar irrationale Entscheidung. Mehr noch: Die Dominanz eines verblendeten militärischen Abenteurertums über eine rationale Kosten-Nutzen-Analyse schien 2022 noch stärker zu sein als 2014. Anstatt aus dem Fehler von 2014 zu lernen, legte die russische Führung noch einmal nach. Welche Faktoren haben den Kreml veranlasst, seine zerstörerische Strategie der Konflikteskalation noch weiterzuverfolgen, anstatt nach den Erfahrungen von 2014 den Kurs zu ändern? Diese Frage fasst eine äußerst wichtige Frage für die weitere Forschung zusammen. Die Beantwortung dieser Frage hat das Potenzial, zusätzliches Licht auf die Beweggründe und Entscheidungsprozesse hinter der Eskalation des Krieges sowohl 2014 als auch 2022 zu werfen. Dies wiederum könnte sowohl Forschenden als auch politischen Entscheidungsträgern dabei helfen, das Risiko weiterer, scheinbar irrationaler Eskalationsschritte der russischen Führung in Zukunft besser einzuschätzen und Wege zur Verringerung dieses Risikos zu finden. Vor dem Hintergrund des beträchtlichen russischen Atomwaffenarsenals sind diese Risikobewertung und Maßnahmen zur Verhinderung einer weiteren Eskalation von entscheidender Bedeutung.

10.4. Wie der Westen die Ukraine im Stich ließ

Die Schlussfolgerungen dieses Buches legen nahe, dass die Reaktion des Westens auf die Invasion von 2014 völlig unzureichend war. Anstatt sich darauf zu konzentrieren, Russland zur Beendigung seiner bewaffneten Aggression und zur Rückgabe des gesamten Donbas an die Ukraine zu drängen, schlossen sich die westlichen Länder im Wesentlichen der russischen Darstellung an, der Donbas-Konflikt sei in erster Linie ein Bürgerkrieg. Sie akzeptierten Russlands Behauptung, keine Konfliktpartei zu sein, und erklärten sich bereit, den Konflikt in einem Rahmen zu regeln, der die selbsternannten Republiken als unabhängige Akteure und Russland als Vermittler definierte. Infolgedessen wurde viel Zeit und Energie mit Diskussionen über Kommunalwahlen im Donbas und eine ukrainische Verfassungsreform verschwendet. Beide waren keine gangbaren Wege zum Frieden, solange Teile des Donbas de facto vom russischen Staat kontrolliert wurden. Im Gegenteil, das Wegschauen in Bezug auf diese Tatsache erweckte den Eindruck, der Westen sei schwach und nicht bereit, sich mit Russland auseinanderzusetzen. Gleichzeitig lenkte es die Aufmerksamkeit des Westens von der militärischen Dimension des Konflikts und der Möglichkeit einer neuen russischen Eskalation ab.

Das bedeutet nicht, dass die große Invasion von 2022 leicht vorhersehbar war. Selbst im Januar 2022 war es nicht unvernünftig anzunehmen, dass die Entscheidungsträger im Kreml die militärische und politische Lage in der Ukraine richtig einschätzten und wussten, dass der Beginn eines großen Krieges nur in einer Katastrophe enden konnte. Hätte man jedoch die richtigen Lehren aus dem Jahr 2014 gezogen, so hätte der Westen gewusst, dass die Wahrscheinlichkeit einer weiteren Eskalation keineswegs so gering ist, dass es gerechtfertigt wäre, nicht vorbereitet zu sein. Im Gegenteil: Die verheerenden Folgen eines Krieges erfordern große Anstrengungen, um seine Wahrscheinlichkeit zu verringern, und Notfallpläne für den Fall, dass er dennoch ausbricht, auch wenn die Wahrscheinlichkeit als gering eingeschätzt wird. Der Ausbruch eines Krieges oder die plötzliche Eskalation eines schwelenden Konflikts kann nur dann als Szenario vernachlässigt werden, wenn das Risiko vernachlässigbar ist. In der Ukraine haben die Erfahrungen des Jahres 2014 aber deutlich gezeigt, dass dies nicht der Fall war.

Einige Länder haben dies besser verstanden als andere. Nach den Ereignissen von 2014 wurden die Vereinigten Staaten, Kanada und das Vereinigte Königreich zu den wichtigsten Gebern militärischer Hilfe für die Ukraine (Gramer und Detsch 2022; I. King 2019; Reuters 2022; Sabbagh 2022). Ihr Unterstützungspaket umfasste Ausbildung, Ausrüstung und leichte Waffen. Es besteht kein Zweifel, dass diese Hilfe dazu beigetragen hat, dass die Ukraine der russischen Invasion 2022 standhalten konnte. Sie reichte jedoch eindeutig nicht aus, um Russland davon abzuhalten, diese Invasion überhaupt zu starten. Darüber hinaus wurden die militärischen Hilfsprogramme dadurch untergraben, dass andere Länder weiterhin eine Russland-Politik verfolgten, bei der Kooperation im Vordergrund stand. Italien, Frankreich und Deutschland gehörten zu den Ländern, die Russland weiterhin als potenziellen Partner und nicht als systemischen Rivalen und Sicherheitsbedrohung betrachteten (Marange und Steward 2021; Siddi 2019). Deutschland spielte in diesem Zusammenhang eine besonders unglückliche Rolle. Mit dem Start des Nord Stream 2-Projekts im Jahr 2015 wurde die russische Invasion im Wesentlichen mit dem Bau einer Pipeline belohnt, die nur einen erkennbaren Zweck verfolgte: die Verringerung der Bedeutung der Ukraine als Transitland für russische Gaslieferungen nach Westeuropa. Indem Deutschland den Bau dieser Pipeline unterstützte, sendete es ein starkes Signal an Russland und erweckte den Eindruck, dass zumindest einige westliche Länder bereit seien, das Schicksal der Ukraine zu ignorieren, wenn ihre grundlegenden wirtschaftlichen Interessen auf dem Spiel standen.

Insgesamt hat es der Westen versäumt, eine entschlossene und einheitliche Haltung gegenüber Russland einzunehmen. Er hat es versäumt, Verhandlungen mit Abschreckung und solider Unterstützung für die Unabhängigkeit und territoriale Integrität der Ukraine zu untermauern. Dieses Versäumnis dürfte russische Hoffnungen genährt haben, dass zumindest einige westliche Länder sich schließlich auch mit einer von Russland kontrollierten Marionettenregierung abfinden würden, nachdem das russische Militär die ukrainischen Streitkräfte überrannt und Kyjiw eingenommen hatte.

Natürlich kann man nicht mit Sicherheit sagen, dass mehr militärische Unterstützung und weniger Bereitschaft, vor dem, was Russland im Donbas tut, die Augen zu verschließen, die Invasion von 2022 verhindert hätten. Aber es hätte die Aussicht auf einen schnellen Sieg und eine Duldung durch den Westen aus Sicht des Kremls weniger realistisch erscheinen lassen. Damit wäre die Möglichkeit der weiteren Eskalation durch Russland zwar nicht ausgeräumt, aber zumindest ihre Wahrscheinlichkeit verringert worden. Darüber hinaus hätte eine bessere militärische Unterstützung durch den Westen die Ukraine in die Lage versetzt, auf eine groß angelegte Invasion noch wirksamer zu reagieren, wenn diese dennoch stattgefunden hätte. Dadurch hätten möglicherweise die Gräueltaten verhindert werden können, die Russland in Bucha, Mariupol, Isjum, Cherson und anderen Orten begangen hat.

10.5. Aus Fehlern lernen

Es hätte mehr getan werden können und müssen, um die Ukraine während und nach dem Ausbruch des Krieges im Jahr 2014 zu unterstützen und zu schützen. Es hat jedoch keinen Sinn, zu sehr auf den Fehlern der Vergangenheit herumzureiten und sich zu fragen, ob eine weitere Eskalation durch zusätzliche Unterstützung hätte verhindert werden können. Wichtig ist vielmehr, dass die Fehler der Vergangenheit nicht wiederholt werden. Auch wenn die Motive und Prozesse der Entscheidungsfindung im Kreml noch weiterer Forschung bedürfen, bieten die Erkenntnisse dieses Buches wichtige Anhaltspunkte, die für die militärische und diplomatische Entscheidungsfindung im Westens nach der Invasion von 2022 hilfreich sein können.

Erstens hat dieses Buch gezeigt, dass die Ereignisse von 2014 bei der Bewertung des russischen Vorgehens im Jahr 2022 eher erschwerende als mildernde Umstände darstellen. Die Behauptung des russischen Regimes, es habe eingreifen müssen, nachdem es acht Jahre lang einem Bürgerkrieg zugesehen hatte, ist nicht nur eine Verdrehung, sondern eine völlige Umkehrung der Wahrheit. Es stimmt, dass der Krieg 2014 und nicht 2022 begann, aber – schon damals – war es Russland, das ihn lostrat. Die Invasion von 2022 ist bereits der zweite Versuch Russlands, die Ukraine als unabhängigen, nach Westen orientierten Staat mit militärischen Mitteln zu zerstören. Er war keine einmalige Überreaktion, die sich verselbständigt hat, sondern Teil einer langfristigen Agenda. Dies gilt es zu bedenken, wenn es um Verhandlungen oder Abkommen mit Russland geht. Es ist von entscheidender Bedeutung, dass die russischen Bemühungen, die Ukraine zu zerstören, ein für alle Mal beendet werden. Russland darf niemals eine dritte Gelegenheit zum Angriff erhalten. Westliche Waffenlieferungen und westliche Ausbildung für ukrainische Soldaten sind kein Hindernis für Verhandlungen. Sie sind eine Voraussetzung für sinnvolle Friedensgespräche. Ein dauerhafter Frieden kann nicht auf Vertrauen und Willensbekundungen beruhen, sondern nur auf Abschreckung. Ein weiteres Abkommen wie die Minsker Vereinbarungen, das Russland die Kontrolle über ukrainisches Territorium überlässt, während die Ukraine für eine neue Offensive in einigen Jahren anfällig bleibt, ist keine Option. Die Ukraine muss entweder Sicherheitsgarantien erhalten, die den kollektiven Sicherheitsverpflichtungen der NATO entsprechen, oder sie muss in einem Maße aufgerüstet werden, das jeden Entscheidungsträger in Moskau daran hindert, auch nur mit dem Gedanken zu spielen, das zu beenden, was 2014 begonnen wurde.

Zweitens hat dieses Buch gezeigt, dass Putins Russland als ein Kollektiv betrachtet werden kann und sollte, auch wenn es kein Monolith ist. Die Invasion von 2014 und auch die Invasion von 2022 waren nicht das Werk von Wladimir Putin allein. In beiden Fällen russischer Aggression waren dieselben heterogenen und bisweilen konkurrierenden Akteure unter dem gemeinsamen Dach des russischen Staates beteiligt: die regulären russischen Streitkräfte, die persönlichen Armeen der Wagner-Gruppe von Jewgeni Prigoschin und der tschetschenischen Einheiten von Ramsan Kadyrow sowie ukrainische Kollaborateure. Das bedeutet, dass die Entscheidungsverfahren und Machtstrukturen innerhalb des russischen Sicherheitsapparats komplexer sind, als viele annehmen. Es bedeutet auch, dass die Interessen der verschiedenen beteiligten Akteure berücksichtigt werden müssen, wenn es darum geht, die Wahrscheinlichkeit einer weiteren Konflikteskalation oder die mögliche Bereitschaft zur Deeskalation einzuschätzen. Es bedeutet jedoch nicht, dass der russische Staat weniger als Verursacher der Ereignisse zu sehen ist. Es ist wichtig zu verstehen, dass die verschiedenen beteiligten Gruppen keineswegs unabhängig vom Staat agieren. Im Gegenteil, als informelle Staatsorgane sind sie ein integraler Bestandteil von Putins Russland und seiner Außen- und Sicherheitspolitik.

Drittens hat dieses Buch gezeigt, dass die Ansprüche Moskaus auf das Gebiet der sogenannten Volksrepubliken im Donbas nicht einmal ansatzweise legitim sind. Diskussionen über die Wiederherstellung der Vorkriegsgrenzen der Ukraine können sich nicht auf das Gebiet beziehen, das am 23. Februar 2022 von Kyjiw kontrolliert wurde. Die DNR und die LNR sind von Russland besetzt, genau wie die Gebiete der Ukraine, die das russische Militär nach dem 24. Februar 2022 erobert hat. Die Anerkennung eines russischen Anspruchs auf diese Gebiete würde die Anerkennung einer gewaltsamen Landnahme bedeuten. Das heißt nicht zwangsläufig, dass die Rückeroberung des gesamten Donbas mit militärischen Mitteln möglich oder ratsam ist – vor allem, sollte das russische Regime weiter eskalieren und auf offene nukleare Erpressung zurückgreifen. Dies ist jedoch eine Entscheidung, die die ukrainische Staatsführung und das ukrainische Militär treffen müssen. Nach allem, was das Land durchgemacht hat, ist es nicht Sache des Westens, der Ukraine vorzuschreiben, wie viel von ihrem eigenen Territorium sie befreien darf und welche Risiken sie eingehen darf.

10.6. Über Multikausalität: Schlussbemerkungen

In diesem Buch wurden in allen Abschnitten Fragen der Kausalität untersucht. Jede Untersuchung von Kausalität muss sich mit grundlegenden Fragen befassen, die tief in die Wissenschaftstheorie hineinreichen. In Kapitel drei wurden diese Fragen eingehend erörtert und in einigen der empirischen Kapitel wurden sie erneut aufgegriffen. Zur besseren Veranschaulichung und Zusammenfassung meiner Ergebnisse lohnt es sich jedoch, eine Frage von besonderer Relevanz hier ganz zum Schluss noch einmal aufzugreifen, nämlich die Frage, wie man gleichzeitig auftretende notwendige Ursachen nach ihrer Bedeutung ordnen kann. Wenn sowohl der innerstaatliche Separatismus als auch die russische Einmischung notwendige Bedingungen für die Eskalation der Gewalt im Donbas im Jahr 2014 waren, wie kann dann die eine wichtiger sein als die andere? Und wie ist es möglich zu entscheiden, ob die Personen im Zentrum der separatistischen Gruppierungen im Auftrag des russischen Staates handelten, wenn sowohl ihre persönliche Motivation als auch die Zustimmung des Staates notwendige Bedingungen für ihr Handeln waren?

In diesem Buch wird das von Roberts (1996, 95-99) zusammengefasste philosophische Paradigma des *Abnormalismus* verwendet, um diese Herausforderung zu bewältigen. In seiner Zusammenfassung benutzt Roberts das Beispiel verschiedener Brände, um die Notwendigkeit und Angemessenheit der Priorisierung verschiedener notwendiger Bedingungen nach dem Ausmaß, in dem sie den normalen Ablauf der Ereignisse stören, zu erklären. Diese Beispiele lassen sich weiterentwickeln und zu einer Allegorie für die Eskalation des Donbas-Krieges im Jahr 2014 machen. Natürlich ist diese Allegorie bei weitem nicht perfekt, aber sie fasst das Hauptargument meines Buches auf prägnante und verständliche Weise zusammen.

Meine Allegorie besteht aus zwei Szenarien. Im ersten Szenario brennen große Teile eines Fachwerkhauses ab, nachdem einer der Bewohner absichtlich einen Vorhang in Brand gesetzt hat. Die betreffende Person mochte ihren neuen Vermieter nicht und dachte, dass ein Brand dem Eigentümer des Nachbargrundstücks die Möglichkeit geben würde, das Haus billig zu kaufen. Der

Eigentümer des Nachbargrundstücks, der für seine Skrupellosigkeit bekannt ist und außerdem einen persönlichen Groll gegen den neuen Vermieter hegt, unterstützte den Brandstifter und schürte heimlich die Flammen, sobald das Feuer ausgebrochen war.

In diesem ersten Szenario ist es sinnvoll, den Brandstifter als Hauptverursacher der Schäden am Haus hervorzuheben. Es ist die Handlung dieser Person, die den normalen Ablauf der Ereignisse am meisten stört. Der Nachbar spielt eine wichtige Rolle, die in einer umfassenden Darstellung der Ereignisse erwähnt werden sollte. Doch selbst wenn der Brandstifter den Vorhang nicht ohne die Ermutigung des Nachbarn angezündet hätte und selbst wenn das Haus ohne das Anfachen der Flammen durch den Nachbarn nicht richtig gebrannt hätte, bleibt die Rolle des Nachbarn zweitrangig. Die Tat des Brandstifters, der sein eigenes Haus in Brand setzte, ist abnormaler und störender als die Tat des Nachbarn, der die Situation ausnutzte, insbesondere in Anbetracht dessen, was über den Charakter des Nachbarn bekannt ist. Schließlich könnten die baulichen Merkmale des Hauses als mitwirkende Bedingung erwähnt werden, wenn es der Platz und die Zeit erlauben, aber dies ist fakultativ. Zwar hätte das Haus vielleicht nicht gebrannt, wenn es nicht in Holzrahmenbauweise errichtet worden wäre, doch wäre es unangemessen, dieses Merkmal als Hauptursache des Brandes herauszustellen. Schließlich geraten viele andere Fachwerkhäuser nicht in Brand.

Im zweiten Szenario sind die Ausgangsbedingungen größtenteils gleich, aber das Haus ist so gebaut, dass das Feuer des Vorhangs nicht auf den Dachstuhl übergreifen kann. Stattdessen verursacht das anfängliche Feuer nur oberflächliche Schäden. Der Nachbar reagiert, indem er mehrere Molotowcocktails an einen Pyromanen mit einer Vorgeschichte von Brandstiftung übergibt und sagt, es wäre schade, wenn dem Fachwerkhaus nebenan etwas zustoßen würde. Der Pyromane wirft einen Molotowcocktail. Eines der Zimmer fängt Feuer, während der Hausbewohner in einem anderen Zimmer durch das Anzünden eines weiteren Vorhangs einen weiteren oberflächlichen Schaden verursacht. Als die schlecht ausgerüstete und unerfahrene Feuerwehr eintrifft, wirft der Pyromane seine restlichen Molotowcocktails in mehrere andere Zimmer und befiehlt dem Bewohner, die Flammen mit anzufachen. Während die Feuerwehr versucht, sich um die vielen brennenden Zimmer zu kümmern, gießt der Nachbar persönlich Benzin in alle Brände. Als die Feuerwehr die Brände dennoch beinahe eindämmt, kappt der Nachbar persönlich die Wasserversorgung der Feuerwehr und zerstört den Großteil ihrer Ausrüstung.

In diesem zweiten Szenario wäre es nicht mehr angemessen, das Verhalten des Bewohners als Hauptursache des Brandes zu bezeichnen. Diese Schlussfolgerung gilt auch unter der Annahme, dass der Nachbar ohne den ersten Brandstiftungsversuch des Bewohners nicht gehandelt hätte und dass der Schaden geringer gewesen wäre, wenn der Bewohner dem Befehl, die Flammen zu schüren, nicht Folge geleistet hätte. Beide Handlungen des Bewohners sind eindeutig weniger störend und abnormal als das Verhalten des Nachbarn. Gleichzeitig sind die Handlungen des Pyromanen in diesem Szenario auch weniger störend und abnormal als die Tatsache, dass der Nachbar es einem bekannten Brandstifter ermöglichte, ein Haus in Brand zu setzen. Daher müsste jede glaubwürdige Darstellung des Brandes mit den Handlungen des Nachbarn beginnen. Bei der Untersuchung des Anwohners oder des Brandstifters und ihrer Motive müsste betont werden, dass ihre Handlungen sekundäre, zusätzliche Ursachen darstellen. Schließlich verdient die Struktur des Hauses noch weniger Aufmerksamkeit als im ersten Szenario. Es hat den ersten Brandstiftungsversuchen standgehalten, während eine Vielzahl anderer Gebäudetypen ebenfalls der kombinierten Kraft von Molotowcocktails, Benzin und Sabotage des Feuerwehreinsatzes zum Opfer gefallen wären.

Diese Allegorie veranschaulicht in vereinfachter Form den Ansatz dieses Buches und seine Ergebnisse. Das erste Szenario ist die Bürgerkriegshypothese, das zweite Szenario ist die Invasionshypothese. Dieses Buch hat offenbart, dass die Ereignisse im Donbas von April bis August 2014 nach den verfügbaren Beweisen aus öffentlichen Quellen eher dem zweiten als dem ersten Szenario ähneln. Das Haus steht für den Donbas, die Gebäudestruktur für die Geschichte und die Gesellschaft der Region, das Feuer für den bewaffneten Separatismus, der Bewohner für lokale prorussische Aktivisten und ihre lokalen Unterstützer und der Nachbar für den russischen Staat. Die beiden verbrannten Vorhänge stehen für die ersten Gebäudebesetzungen Anfang April und die Ereignisse in

Mariupol. Der Pyromane steht für irreguläre russische Kämpfer, die Molotowcocktails für die bewaffneten Überfälle dieser Kämpfer auf die Ukraine, das Benzin für russische Panzer und schwere Artillerie und die Feuerwehr für das ukrainische Militär.[48] Ich habe argumentiert, dass es das Zusammenspiel all dieser Komponenten war, das notwendig war, damit sich die Ereignisse so entwickeln konnten, wie sie es taten. Das Vorhandensein einer solchen Vielzahl von notwendigen Bedingungen bedeutet jedoch nicht, dass alle diese Bedingungen gleich wichtig sind. In diesem Buch wurde festgestellt, dass nach dem Paradigma des *Abnormalismus* die wichtigste Ursache für den Krieg im Donbas im Jahr 2014 das Handeln des russischen Staates war. Das heißt nicht, dass andere Bedingungen es nicht verdienen, erwähnt zu werden. Es bedeutet aber, dass der Donbas-Krieg auch vor 2022 kein innerukrainischer Konflikt war, sondern seit seinem Beginn im Jahr 2014 ein Krieg zwischen Russland und der Ukraine ist.

48 Der Einfachheit halber habe ich darauf verzichtet, die lokalen Eliten als Akteur in diese Allegorie einzubeziehen. Sie könnten jedoch als korrupte Hausverwaltungsgesellschaft dargestellt werden, die das Zerstörungspotenzial des Feuers unterschätzt und wenig dagegen unternimmt, weil sie hofft, von den Renovierungsarbeiten zu profitieren.

Quellenverzeichnis

62.ua. 2014. „U separatistov v zdanii Donetskogo oblsoveta nakhoditsia oruzhie, zakhvachennoe v SBU." 8. April 2014. bit.ly/3mlLV0a, ebenfalls archiviert unter archive.ph/XJYmi.

0642.ua. 2014a. „Luganskie „UDARovtsy" s palkami i v kaskakh otvoevali sebe ploshchad' u Tarasa Shevchenko." 22. Februar 2014. bit.ly/3xII6Hp, ebenfalls archiviert unter archive.ph/OIfwM.

---. 2014b. „Odin Prorossiiskii Aktivist Pogib v Perestrelke Okolo Voenkomata." 4. Mai 2014. bit.ly/3a6po1q, ebenfalls archiviert unter archive.ph/aqEo8.

06242.ua. 2012. „Vzryv NikitRtut." YouTube. 24. November 2012. youtube.com/watch?v=iZNVoICUHLw.

Abroskin, Wjatscheslaw. 2015a. „Facebook-Post ohne Titel." 6. Mai 2015. bit.ly/3Ei3Lc4, archiviert unter archive.ph/H2BDF.

---. 2015b. „Facebook-Post ohne Titel." 22. Mai 2015. bit.ly/3xVMNy1, archiviert unter archive.ph/U8erB.

Afanasjew, Andrej. 2016. „Pamyatnoye Slovo o Voine-Rodnovere." VK. 13. Juli 2016. bit.ly/3FjpeSH, archiviert unter archive.ph/k8QwW.

AiF. 2019. „Iz Kadetov v Diversanty." Argumenty i Fakty. 15. März 2019. archive.ph/E6e5B.

Achmetow, Rinat. 2014. „Ekstrennoe Zaiavlenie Prezidenta Kompanii SKM Rinata Akhmetova." Telekanal Donbas auf YouTube. 19. Mai 2014. youtube.com/watch?v=OoKEjA-uLPY.

Aksjonow, Sergej. 2015. „Ukaz Glavy Respubliki Krym. O Nagrazhdenii Gosudarstvennymi Nagradami Respubliki Krym." Regierung der Krim. 29. Oktober 2015. bit.ly/2YilQqi.

Aktualnyje Kommentarii. 2014. „Borodai: Surkow-Nash Chelovek v Kremle." 16. Juni 2014. bit.ly/3DdE1N3, ebenfalls archiviert unter archive.ph/ihERr.

Al Jazeera. 2014. „Ukraine Rebels Advance towards Mariupol." YouTube. 5. September 2014. youtube.com/watch?v=ocfxP-lerAY.

Aljukov, Maksim. 2019. „Von Moskaus Gnaden. Genese und Geist der ‚Volksrepublik Donezk'." *Osteuropa* 69 (3-4): 123-131.

Allen, Timmi, Andrew Haggard, Eliot Higgins, Veli-Pekka Kivimaki, Iggy Ostanin, und Aric Toler. 2014. „MH17: Source of the Separatists' Buk." Bellingcat. 8. November 2014. bit.ly/3oa1ZTa.

Allen, Timmi, Daniel Romein, Klement Anders, Eliot Higgins, und Aric Toler. 2016. „The Lost Digit - Buk 3x2." Bellingcat. 3. Mai 2016. bit.ly/3DchXST.

Alternatio.org. n.d. „Autorenseite Miroslav Rudenko." Abgerufen am 3. April 2020. bit.ly/3iymgQR, ebenfalls archiviert unter archive.ph/rPo3t.

Althaus, Scott L., Nathaniel Swigger, Svitlana Chernykh, David J. Hendry, Sergio C. Wals, und Christopher Tiwald. 2011. „Assumed Transmission in Political Science: A Call for Bringing Description Back In." *The Journal of Politics* 73 (4): 1065–1080. doi.org/10.1017/S0022381611000788.

Andruchowytsch, Juri. 2005. „Shukaiuchy Dreamland: Ese pro Vybory v Ukraini." *Krytyka* 9 (1-2): 2.

---. 2006. „Atlas. Medytatsii." *Krytyka* 10 (1-2): 9-12.

Angstrom, Jan, und Magnus Petersson. 2019. „Weak Party Escalation: An Underestimated Strategy for Small States?" *Journal of Strategic Studies* 42 (2): 282–300. doi.org/10.1080/01402390.2018.1559154.

Anosow, Viktor. 2019. „Viktor Anosow. Prawda i Bayki Oborony Slavyanska." Yuri Kotenok auf YouTube. 4. April 2019. youtube.com/watch?v=G7Lvn3frgQM.

Antel-Plus Antrazyt. 2019. „Den' Pamiati Zashchitnikov Sela D'iakovo." YouTube. 12. Juni 2019. youtube.com/watch?v=5ceZC8JxS_s.

Apraksimow, Wjatscheslaw. 2014. „Vstavai Strana Ogromnaia!!!!!" YouTube. 5. Dezember 2014. youtube.com/watch?v=Fs9z8J5VbaU.

Arel, Dominique, und Jesse Driscoll. 2023. *Ukraine's Unnamed War: Before the Russian Invasion of 2022*. Cambridge: Cambridge University Press.

Armstrong, John A. 1990. *Ukrainian Nationalism*. 3rd ed. Englewood, CO: Westview.

Arnold, Richard, und Andreas Umland. 2018. „The Radical Right in Post-Soviet Russia." In *The Oxford Handbook of the Radical Right*, herausgegeben von Jens Rydgren, 582-607. Oxford: Oxford University Press. doi.org/10.1093/oxfordhb/9780190274559.013.29.

Ash, Lucy. 2015. „How Russia Outfoxes Its Enemies." BBC News. 28. Januar 2015. bit.ly/3x0Ixxa.

Askai. 2014. „Rossiiskaia Bronetekhnika v Voine Na Donbase ch.2." LiveJournal. 15. Dezember 2014. bit.ly/3ixOYkJ, ebenfalls archiviert unter archive.ph/HI8VZ.

---. 2015. „T-90 Na Donbase." 14. August 2015. bit.ly/3iAaK7j, ebenfalls archiviert unter archive.ph/BY19d.

---. 2016. „Twitter-Post ohne Titel." 21. November 2016. bit.ly/3AdPH0e, ebenfalls archiviert unter archive.ph/x0udj.

Avdeev, Max. 2014. „Vse, Chto Vy Khoteli Znat' Pro Batal'on Vostok." Twitter. 1. Juni 2014. bit.ly/3AikEkg, ebenfalls archiviert unter archive.ph/SJl8k.

Asar, Ilja. 2016. „'Ya Yee Vzial i Lichno Peredal Plotnitskomu' Boets LNR Rasskazal 'Meduze,' Kak Zaderzhivali Nadezhdu Savchenko." Meduza. 21. März 2016. bit.ly/3iAQanw, ebenfalls archiviert unter archive.ph/NUckg.

Babiak, Mat. 2014. „Insurgents Identified: The Green Men of VKontakte." Euromaidan PR. 23. April 2014. bit.ly/3Bg459C, ebenfalls archiviert unter archive.ph/y08Ny.

Barabanow, Ilja. 2014. „Twitter-Post ohne Titel." 17. Juli 2014. bit.ly/2YeI7W2.

Baranec, Tomáš. 2014. „Russian Cossacks in Service of the Kremlin: Recent Developments and Lessons from Ukraine." Russian Analytical Digest No. 153. bit.ly/3l8TRCw.

Barkow, Aleksandr. 2018. „Novorossiia v moem serdtse." 2018. bit.ly/30meH9I.

Barrenechea, Rodrigo, und James Mahoney. 2019. „A Set-Theoretic Approach to Bayesian Process Tracing." *Sociological Methods & Research* 48 (3): 451–484. doi.org/10.1177/0049124117701489.

Barthel, Martin, und Hans-Joachim Bürkner. 2020. „Ukraine and the Big Moral Divide: What Biased Media Coverage Means to East European Borders." *Geopolitics* 25 (3): 633–657. doi.org/10.1080/14650045.2018.1561437.

BBC News. 2014a. „Secret Training Base for Ukraine's Militias." YouTube. 19. Mai 2014. youtube.com/watch?v=plclJv-V2Z0.

---. 2014b. „Kto Atakoval Blokpost Pod Volnovakhoi." YouTube. 23. Mai 2014. youtube.com/watch?v=7cYC8yhdLaE.

---. 2020. „Nebesna Sotnia: Karta Rozstriliv Na Maidani." 18. Februar 2020. bit.ly/3YxzS1Z, ebenfalls archiviert unter archive.ph/fjnum.

Beach, Derek. 2017. „Process-Tracing Methods in Social Science." *Oxford Research Encyclopedia of Politics*. doi.org/10.1093/acrefore/9780190228637.013.176.

Beach, Derek, und Rasmus Brun Pedersen. 2013. *Process-Tracing Methods: Foundations and Guidelines*. Ann Arbor: The University of Michigan Press.

Befani, Barbara, und Gavin Stedman-Bryce. 2017. „Process Tracing and Bayesian Updating for Impact Evaluation." *Evaluation* 23 (1): 42–60. doi.org/10.1177/1356389016654584.

Bellingcat. 2015a. „[1071] Rostov, Voenved. Bronetekhnika Na Taganrogskom Shosse." YouTube. 6. Februar 2015. youtube.com/watch?v=fqL_yZBMtAQ.

---. 2015b. „Origin of Artillery Attacks on Ukrainian Military Positions in Eastern Ukraine between 14 July 2014 and 8 August 2014." 17. Februar 2015. bit.ly/2Wi5XMk.

---. 2015c. „Russia's Path(s) to War. A Bellingcat Investigation." bit.ly/3Bg6yko.

---. 2015d. „MH17 - The Open Source Evidence." 8. Oktober 2015. bit.ly/3Bc6OBb.

---. 2018a. „Skripal Suspects Confirmed as GRU Operatives: Prior European Operations Disclosed." 20. September 2018. bit.ly/3iB7kkL.

---. 2018b. „Skripal Suspect Boshirov Identified as GRU Colonel Anatoliy Chepiga." 26. September 2018. bit.ly/3Aadrm3.

---. 2018c. „Full Report: Skripal Poisoning Suspect Dr. Aleksandr Mishkin, Hero of Russia." 9. Oktober 2018. bit.ly/3lba7mz.

---. 2019. „How Russia Issues Fake Passports to Its Operatives in Ukraine." 7. November 2019. bit.ly/3AfBZdk.

---. 2020a. „Identifying FSB's Elusive 'Elbrus': From MH17 To Assassinations in Europe." 24. April 2020. bit.ly/3a8E0xs.

---. 2020b. „Besler-Geranin." YouTube. 17. Oktober 2020. youtube.com/watch?v=XfQaCyVr6WI.

---. 2020c. „The MH17 Trial Part 2: The Besler Tapes, a Case of Red Herrings?" 17. Oktober 2020. bit.ly/3AbyDYX.

---. 2022. „Donbas Doubles: The Search for Girkin and Plotnitsky's Cover Identities" 18. Juli 2022. bit.ly/3Vt3kUX.

---. n.d.a. „Bellingcat's Online Investigation Toolkit." Abgerufen am 13. Mai 2021. Öffentliches Dokument. Google Docs. bit.ly/bcattools.

---. n.d.b. „Russian Artillery Attacks on Ukraine 2014." Abgerufen am 5. Mai 2021. Carto. bit.ly/3Ds47w7.

Bennett, Andrew. 2009. „Process Tracing: A Bayesian Perspective." In *The Oxford Handbook of Political Methodology*, herausgegeben von Janet M. Box-Steffensmeier, Henry E. Brady, und David Collier. Oxford Handbooks Online. Oxford University Press. doi.org/10.1093/oxfordhb/9780199286546.003.0030.

Bennett, Andrew, und Jeffrey T. Checkel. 2015. „Process Tracing: From Philosophical Roots to Best Practices." In *Process Tracing: From Metaphor to Analytic Tool*, herausgegeben von Andrew Bennett und Jeffrey T. Checkel, 3-37. Cambridge und New York: Cambridge University Press.

Besler, Igor. 2014. „Igor' (Bes) Besler: Nachnem Nastuplenie, Kogda Protivnik Vydokhnetsia." RIA Nowosti. 16. Juli 2014. bit.ly/3y7bgzL, ebenfalls archiviert unter archive.ph/u5QTU.

---. 2016. „VK-Post ohne Titel." 28. September 2016. bit.ly/3FmbfLU, ebenfalls archiviert unter archive.ph/CU2pL.

---. 2017. „VK-Post ohne Titel." 22. Mai 2017. vk.com/wall283528124_304; archiviert unter archive.ph/P1PE4.

---. 2020. „VK-Post ohne Titel." 9. März 2020. bit.ly/3aghcvy, ebenfalls archiviert unter archive.ph/R0C9O.

Bessonowa, Inna. 2015. „Otkuda Vzialas' 'DNR' – Proekt 'DNR': 'Respublika' Desiat' Let Nazad." 112 Ukraina. 23. April 2015. bit.ly/3adzPAC, ebenfalls archiviert unter archive.ph/EsdZ1.

Bezirksgericht Berdjansk. 2015. „Urteil Nr. 310/6513/14-k." Urteilsregister der Ukraine. 7. April 2015. bit.ly/3uIBQOt, ebenfalls archiviert unter archive.ph/99lf1.

Bohdan, Iwan. 2016. *Mariupol' 2014*. Mariupol. bit.ly/3lcGktG.

Bojanowska, Edyta. 2022. „Putin's Anti-Colonial Agenda?" NYU Jordan Center for the Advanced Study of Russia. 13. Dezember 2022. bit.ly/3DG83Mc.

Bolotow, Walerij. 2014. „Srochno! Luganskie Partizany Pokazali Litso i Skoro Pokazhut Zuby, Obrashchenie!" YouTube. 5. April 2014. youtube.com/watch?v=N27vV0xoMLU.

Borodaj, Aleksandr. 2017. „Kommentarii A.BORODAI o Sobytiiakh 26.5.2014g. v Aeroportu 'DONYeTsK'." YouTube. 18. Oktober 2017. youtube.com/watch?v=EpGMrCyoSww.

Borodaj, Aleksandr, und Marianna Maksimowskaja. 2014. „Pervoe Interv'iu Prem'era DNR Aleksandra Borodaia: „Nedelia" s Mariannoi Maksimovskoi." REN TV auf YouTube. 24. Mai 2014. youtube.com/watch?v=K8IKkVG5kAs.

Borodaj, Aleksandr, und Denys Puschylin. 2014. „Presse-Konferentsiia Predstavitelei VS DNR 29.05.2014." YouTube. 29. Mai 2014. youtube.com/watch?v=nZgfs3C4PpY.

Botwinjew, Yevstafiy, und Anna Dolgarjowa. 2018. „'U Nas Za Eto Sazhaiut': Interv'iu s Byvshim Soratnikom Dmitriia Vagnera. Ridus." Ridus. 15. Mai 2018. bit.ly/3DfLvzg, ebenfalls archiviert unter archive.ph/PjuIX.

Bowen, Andrew S. 2019. „Coercive Diplomacy and the Donbas: Explaining Russian Strategy in Eastern Ukraine." *Journal of Strategic Studies* 42 (3-4): 312–343. doi.org/10.1080/01402390.2017.1413550.

Boyd-Barrett, Oliver. 2017. „Ukraine, Mainstream Media and Conflict Propaganda." *Journalism Studies* 18 (8): 1016–1034. doi.org/10.1080/1461670X.2015.1099461.

Boschko, Yurij. 2014. „Boitsy Natsgvardii v Aleksandrovske Ne Popadali v Plen k Terroristam – NGU." UNN. 30. Mai 2014. bit.ly/3Fi1cI5, ebenfalls archiviert unter archive.ph/fkSQo.

Braun, Virginia, und Victoria Clarke. 2021. „To Saturate or Not to Saturate? Questioning Data Saturation as a Useful Concept for Thematic Analysis and Sample-Size Rationales." *Qualitative Research in Sport, Exercise and Health* 13 (2): 201–216. doi.org/10.1080/2159676X.2019.1704846.

Brik, Tymofii. 2021. „The Donbas and Social Science: Terra Incognita?" In *Civil War? Interstate War? Hybrid War? Dimensions and Interpretations of the Donbas Conflict in 2014–2020*, herausgegeben von Jakob Hauter, 191-214. Stuttgart: ibidem-Verlag.

Burlakow, Oleksij. 2014. „U Mariupoli Vyishly Na Patruliuvannia DND 'Metinvest'." Hromadske Radio. 12. Mai 2014. soundcloud.com/hromadske-radio/12-05-2014.

Business FM. 2016. „Uchastnik 'proslushki' Glaz'eva: Eto 'Kompiliatsiia i Podtasovka'." 24. August 2016. bit.ly/3DgdEWR, ebenfalls archiviert unter archive.ph/5NDJR.

Butusow, Yurij. 2016. „Pervyi Boi ATO 13 Aprelia 14-go – Boeviki Moskovskogo Patriarkhata v Otriade FSB Girkina Otkryvaiut Ogon." Censor.Net. 17. Juli 2016. bit.ly/3mvOc8S, ebenfalls archiviert unter archive.ph/cBfcA.

---. 2019. „Pochemu proizoshel boi 26 maia 2014 goda v Donetskom aeroportu." Censor.net. 27. Mai 2019. bit.ly/3iCSiLh, ebenfalls archiviert unter archive.ph/smS3V.

Capoccia, Giovanni, und R. Daniel Kelemen. 2007. „The Study of Critical Junctures: Theory, Narrative, and Counterfactuals in Historical Institutionalism." *World Politics* 59 (3): 341–369. doi.org/10.1017/S0043887100020852.

Case, Sean, und Klement Anders. 2016. „Putin's Undeclared War. Summer 2014. Russian Artillery Strikes Against Ukraine." Bellingcat. 21. Dezember 2016. bit.ly/3oYoDgi.

Case, Sean, Klement Anders, Aric Toler, und Eliot Higgins. 2015. „The Burning Road to Mariupol. Attacks from Russia during the Novoazovs'k Offensive of August 2014." Bellingcat. 3. Dezember 2015. bit.ly/3mtq9rh.

Cederman, Lars-Erik, und Manuel Vogt. 2017. „Dynamics and Logics of Civil War." *Journal of Conflict Resolution* 61 (9): 1992–2016. doi.org/10.1177/0022002717721385.

Chasow-Kassija, Sergej. 2018. „Proekt 'Miasorubka'. Rasskazyvaiut Tri Komandira 'ChVK Vagnera'." Radio Free Europe/Radio Liberty. 7. März 2018. bit.ly/3ABmPzw, ebenfalls archiviert unter archive.ph/Uihn1.

Chochlow, Illja. 2019a. „Voyna Vzvodnogo 'Machno'." Yuri Kotenok auf YouTube. 26. März 2019. youtube.com/watch?v=ud2uQExBDE4.

---. 2019b. „Tri s Minusom. Pochemu Ne Uderzhali Karachun." Yuri Kotenok auf YouTube. 28. März 2019. youtube.com/watch?v=zhsyodBxlLg.

Chomtschak, Ruslan. 2019. „Novii Nachal'nik Genshtabu Ruslan Khomchak - Yekskliuzivne Interv'iu VVS." BBC Ukraine Service auf YouTube. 13. Juni 2019. youtube.com/watch?v=IWd_jr57Tks.

Chrypun, Wjatscheslaw. 2015. „Ataman Ne Doekhal Do Banketa." Insider. 15. Dezember 2015. bit.ly/2YQm60f, ebenfalls archiviert unter archive.ph/Flb5P.

Clem, Ralph S. 2017. „Clearing the Fog of War: Public versus Official Sources and Geopolitical Storylines in the Russia-Ukraine Conflict." *Eurasian Geography and Economics* 58 (6): 592–612. doi.org/10.1080/15387216.2018.1424006.

CNN. 2014. „Kadyrovtsy v Donetske (CNN, 26.05.14)." YouTube. 26. Mai 2014. youtube.com/watch?v=VEtaBm0LFek.

Collier, David, und Gerardo L. Munck. 2017. „Building Blocks and Methodological Challenges: A Framework for Studying Critical Junctures." *Qualitative & Multi-Method Research* 15 (1): 2–9. doi.org/10.5281/zenodo.1145401.

colonelcassad. 2014a. „Sklad v Artemovske." LiveJournal. 20. Juni 2014. bit.ly/3mrX9A8, ebenfalls archiviert unter archive.ph/9AtdE.

---. 2014b. „Situatsiia u Lutugino." LiveJournal. 31. Juli 2014. bit.ly/3owPZxg, ebenfalls archiviert unter archive.ph/3r4iA.

Davies, Lance. 2016. „Russia's 'Governance' Approach: Intervention and the Conflict in the Donbas." *Europe-Asia Studies* 68 (4): 726–749. doi.org/10.1080/09668136.2016.1173652.

Dergatschow, Wladimir. 2014. „Novyi Prem'er LNR Marat Baschirow Zanimalsia GR, Rabotal v „Renove" Veksel'berga i Byl Polittekhnologom v 'Imidzh-Kontakte'." Gazeta.ru. 4. Juli 2014. bit.ly/3a94KOk, ebenfalls archiviert unter archive.ph/qONa4.

Dessler, David. 1991. „Beyond Correlations: Toward a Causal Theory of War." *International Studies Quarterly* 35 (3): 337–355. doi.org/10.2307/2600703.

Digital Forensic Research Lab. 2016. „Breaking Down the Surkow Leaks." Atlantic Council auf Medium. 26. Oktober 2016. bit.ly/3AhQlo2.

Dichtjarenko, Andrij. 2014. „Kto Vy, „zelenye Chelovechki"?" Realnaja Gazeta. 16. April 2014. bit.ly/3FlGY04, ebenfalls archiviert unter archive.ph/GFvNu.

Dixon, Jeffrey. 2009. „What Causes Civil Wars? Integrating Quantitative Research Findings." *International Studies Review* 11 (4): 707–735. doi.org/10.1111/j.1468-2486.2009.00892.x.

Dixon, Jeffrey, und Meredith Reid Sarkees. 2015. *A Guide to Intra-State Wars. An Examination of Civil, Regional, and Intercommunal Wars, 1816-2014*. Washington DC: CQ Press.

---. 2020. „Intra-State War Data (v5.1)." The Correlates of War Project. 6. April 2020. bit.ly/3aeeirg.

Dobrow, Oleksij. 2015. „'Chelovek Surkowa' u Istokov 'LNR'." Realnaja Gazeta. 30. Juli 2015. bit.ly/3uLIZxA, ebenfalls archiviert unter archive.ph/IQV3F.

Dobryj, Dmytro. 2018. „Kak Kievo-Pecherskaya Lavra Vospityvala Boyevikov Dlya Girkina." Espreso. 2. Mai 2018. bit.ly/3odSUZl, ebenfalls archiviert unter archive.ph/SrLbe.

Donbas-Bataillon. 2014. „Facebook-Post ohne Titel." 18. August 2014. bit.ly/3AjCjrw, ebenfalls archiviert unter archive.ph/4EXus.

Dondjuk, Maksym. 2014. „V Slavyanske Nochyu Zamecheny Russkie Diversanty." Ukrainska Prawda. 22. April 2014. bit.ly/3oa6JYY, ebenfalls archiviert unter archive.ph/Z0u6p.

Doschd. 2014. „Nashi Soldaty." Grazhdanskoe Rassledovanie. Spisok Pogibshikh, Ranenykh i Plennykh." 11. September 2014. bit.ly/3oyQYwU, ebenfalls archiviert unter archive.ph/lPpy2.

Dromow, Pawlo. 2014. „Severodonetsk 30 05 2014. Ofitsial'noe Interv'iu Shtaba Armii Yugo-Vostoka." YouTube. 1. Juni 2014. youtube.com/watch?v=QEDC5KC_z0c.

Dromow, Pawlo, und Marina Achmedova. 2014. „Ataman Dremov Mezhdu Smekhom i Strakhom." Expert Online. 30. Dezember 2014. bit.ly/3AdkJp7, ebenfalls archiviert unter archive.ph/ZIANJ.

Dromow, Pawlo, Andrij Lawin, und Sergej Weselowski. 2014. „Legendarnyi Batia Pawel Dremov!" Anna News auf YouTube. 16. Juni 2014. youtube.com/watch?v=y59PGI5Mez4.

ds_mok. 2014. „2 Iiunia 2014 Goda, Lugansk. Razbor Proisshestviia." LiveJournal. 23. Juli 2014. bit.ly/3Bh6gtI, ebenfalls archiviert unter archive.ph/S7eeS.

Dugin, Aleksandr, und Kateryna Hubarjewa. 2014. „A.Dugin i Ye.Gubareva Obsudili Budushchee Donbasa i Ukrainy." YouTube. 29. März 2014. youtube.com/watch?v=-jP0yebodlM.

Dwali, Natalia, und Oleksandr Petrulewytsch. 2014. „Eks-Nachal'nik Luganskoi SBU Petrulevich: Terroristicheskie Gruppy GRU Rossii Uzhe v Kieve i Zhdut Signala." Gordon. 2. Juli 2014. bit.ly/3ld130s, ebenfalls archiviert unter archive.ph/B1YlV.

Dyer, Sophie, und Gabriela Ivens. 2020. „What Would a Feminist Open Source Investigation Look Like?" *Digital War* 1 (1): 5–17. doi.org/10.1057/s42984-020-00008-9.

EGMR. 2022. Ukraine and the Netherlands v. Russia (Decision). European Court of Human Rights (Grand Chamber). 30. November 2022. bit.ly/41rYMSg.

Elektron-Medien. 2014. „11 Sentiabria v Krymske Provozhali v Poslednii Put' Wladimira Kal'manova." YouTube. 11. September 2014. youtube.com/watch?v=wWWhXXiLqJ4.

El-Murid. 2014. „El' Miurid-Donezk." 26 Maia. Aeroport. Otchet Uchastnika." 2. Juli 2014. bit.ly/2ZRzpxE, ebenfalls archiviert unter archive.ph/8SauT.

Espreso TV. 2014. „Komentar Serhija Yarovoho Shchodo Zatrymanykh v Mariupoli." YouTube. 18. April 2014. youtube.com/watch?v=BWet-Jmd1Vk.

Evera, Stephen van. 1997. *Guide to Methods for Students of Political Science*. Ithaca und London: Cornell University Press.

---. 1999. *Causes of War*. Ithaca und London: Cornell University Press. jstor.org/stable/10.7591/j.ctt24hg70.

Fairfield, Tasha, und Andrew E. Charman. 2017. „Explicit Bayesian Analysis for Process Tracing: Guidelines, Opportunities, and Caveats." *Political Analysis* 25 (3): 363–380. doi.org/10.1017/pan.2017.14.

Fearon, James D. 1991. „Counterfactuals and Hypothesis Testing in Political Science." *World Politics* 43 (2): 169-195.

Fearon, James D. 1995. „Rationalist Explanations for War." *International Organization* 49 (3): 379–414. doi.org/10.1017/S0020818300033324.

Ferguson, Jonathan, und N. R. Jenzen-Jones. 2014. *Raising Red Flags: An Examination of Arms & Munitions in the Ongoing Conflict in Ukraine*. Armament Research Services (ARES). bit.ly/3izJ4PS.

Firsow, Jehor, und Oleksandr Iwanow. 2014. „Liudi Slovno Pod Gipnozom ..." Ostrow. 14. Mai 2014. bit.ly/3oyHVfv, ebenfalls archiviert unter archive.ph/BmUkJ.

Fomenko, Oleksandr. 2014. „Aleksandr Fomenko o Svoem Izbranii 'Narodnym Merom' Mariupolia 01.06.2014." YouTube. 1. Juni 2014. youtube.com/watch?v=z4GlzMg6Ef8.

Fomenko, Oleksandr, und Yuliia Dydenko. 2018. „Interv'iu v SIZO: „Tretii Narodnyi Mer 'DNR'." YouTube. 2. März 2018. youtube.com/watch?v=1Dd9YTb74_g.

Forensic Architecture. 2019a. „The Battle of Ilowajsk. Mapping Russian Military Presence in Eastern Ukraine." 19. August 2019. bit.ly/3Dd1WMH.

---. 2019b. „The Battle of Ilowajsk. Project Description." 19. August 2019. bit.ly/3uNuZ6E.

Franchetti, Mark. 2014. „Pinned to the Ground by Blizzard of Bullets." The Times. 8. Juni 2014. bit.ly/2YzZzoF.

Furmanjuk, Artem. 2014. „'Oprichniki' Akhmetova na strazhe mestnogo kriminaliteta i interesov Kremlia." sled.net.ua. 8. April 2014. bit.ly/3ABhLv2, ebenfalls archiviert unter archive.ph/bR3I0.

---. 2016. „Vostochnyi Tupik. Chto Povlekut Za Soboi Novye Rasklady v 'DNR'?" ORD. 21. März 2016. bit.ly/3bVayfj, ebenfalls archiviert unter archive.ph/osPS1.

Galeotti, Mark. 2020. „Russia's Murderous Adhocracy." The Moscow Times. 22. August 2020. bit.ly/3sUcBJI, ebenfalls archiviert unter archive.ph/Ic9UN.

Garmata.org. 2014a. „Evgen Zloy." 23. April 2014. bit.ly/3oOpmDY.

---. 2014b. „Ihor Heorhijewskyj." 23. April 2014. bit.ly/2RS9CkR.

---. 2014c. „Jewgeni Ponomaryov." 23. April 2014. bit.ly/3aowWwX.

---. 2014d. „Tichon Karetnyj – Terrorist Osobogo Naznacheniya." 13. Juli 2014. bit.ly/3uY9Oi0.

Gasparjan, Artur, und Mumin Schakirow. 2014. „DNR – Fiktsiia. Resheniia Prinimaiut Drugie." Radio Free Europe/Radio Liberty. 10. Juli 2014. bit.ly/3v0MK27, ebenfalls archiviert unter archive.ph/T2l6k.

Gathmann, Moritz. 2015. „Alexej Relke, Der 'Deutsche' von Lugansk." 19. März 2015. youtube.com/watch?v=iPPIGUnJYUk.

Generalstaatsanwaltschaft der Ukraine. 2016. „Dokazy Prychetnosti Vlady RF Do Posiahannia Na Terytorialnu Tsilistnist Ukrainy." YouTube. 22. August 2016. youtube.com/watch?v=l6K1_vHrJPU.

Gentile, Michael. 2020. „Diabolical Suggestions: Disinformation and the Curious Scale of Nationalism in Ukrainian Geopolitical Fault-Line Cities." *Geopolitics* Online-Vorabveröffentlichung (1. November 2020). doi.org/10.1080/14650045.2020.1830766.

Gerring, John. 2007. *Case Study Research. Principles and Practices*. New York: Cambridge University Press.

Gibson, Stevyn D. 2013. „Open Source Intelligence." In *Routledge Companion to Intelligence Studies*, herausgegeben von Robert Dover, Michael S. Goodman, and Claudia Hillebrand, 123-131. London und New York: Routledge. doi.org/10.4324/9780203762721.ch12.

Girkin, Igor. 2014. „Igor' Strelkow: Slaviansk v Operativnom Okruzhenii." YouTube. 19. Juni 2014. youtube.com/watch?v=6_wwEsFaSqQ.

---. 2015. „Strelkow I.: Pochemu Ne Byli Zakhvacheny Artemovsk i Sklady Oruzhiia v Soledare." YouTube. 10. September 2015. youtube.com/watch?v=_cdlmG1U4XI.

---. 2016a. „Voprosy k Igoryu Strelkowu." Forum der Noworossija-Bewegung von Igor Strelkow. 7. März 2016. bit.ly/3AA1OF3, ebenfalls archiviert unter archive.ph/kwEAA#selection-1713.0-1713.1951.

---. 2016b. „VK-Post ohne Titel." 6. April 2016. bit.ly/30miEv2, ebenfalls archiviert unter archive.ph/UIOz9.

---. 2016c. „Voprosy k Igoryu Strelkowu." Forum der Noworossija-Bewegung von Igor Strelkow. 13. Juni 2016. bit.ly/3p4RbZ9, ebenfalls archiviert unter archive.ph/Jj2QI#selection-689.0-735.113.

---. 2019. „VK-Post ohne Titel." 28. Oktober 2019. bit.ly/3BHECGs, ebenfalls archiviert unter archive.ph/RQs7v.

Girkin, Igor, und Dmytro Hordon. 2020. „Girkin (Strelkow). Donbas, MH17, Gaaga, FSB, Poludokhlyi Putin, Surkow, Bozhii Sud." 18. Mai 2020. youtube.com/watch?v=hf6K6pjK_Yw.

Girkin, Igor, Aleksandr Koz, und Dmitri Steschin. 2014. „Komanduyushchiy samooboronoy Slavyanska Igor Strelkow: Zaderzhannyje nablyudateli – kadrovyje razvedchiki." Komsomolskaja Prawda. 26. April 2014. bit.ly/3AEIhDD, ebenfalls archiviert unter archive.is/uOsMA.

Girkin, Igor, Aleksej Nawalny, und Michail Sygar. 2017. „Debaty: Aleksej Nawalny vs. Igor Girkin (Strelkow)." Echo Moskvy. 20. Juli 2017. bit.ly/2oH9q9J, ebenfalls archiviert unter archive.ph/bvmKD.

Girkin, Igor, und Sergej Schargunow. 2014. „Semnadtsat kilometrov my shli marshem cherez granitsu." Svobodnaya Pressa. 11. November 2014. bit.ly/3tS94cp, ebenfalls archiviert unter archive.ph/WFrBY.

Girkin, Igor, und Tawr. 2020. „Strelkow o 'Dele' Mozgovogo." YouTube. 5. März 2020. youtube.com/watch?v=nl3CpjHHApA.

Girkin, Igor, und Ilja Urschumow. 2016. „Igor Strelkow: V Donbasse my mogli pobedit ochen maloy krovyu." Ukraina.ru. 15. April 2016. https://bit.ly/3It1NcM, ebenfalls archiviert unter https://archive.is/fnujx.

Giuliano, Elise. 2018. „Who Supported Separatism in Donbas? Ethnicity and Popular Opinion at the Start of the Ukraine Crisis." *Post-Soviet Affairs* 34 (2-3): 158–178. doi.org/10.1080/1060586X.2018.1447769.

Giuretis, Tom. 2014. „An Assessment of the June 2 Luhansk Administration Building Attacks." 3. Juni 2014. bit.ly/3v5kwUd, ebenfalls archiviert unter archive.ph/PTVva.

Gladun, Andrii. 2020. „Protesting That Is Fit to Be Published: Issue Attention Cycle and Nationalist Bias in Coverage of Protests in Ukraine after Maidan." *Post-Soviet Affairs* 36 (3): 1–22. doi.org/10.1080/1060586X.2020.1753428.

Glavkom. 2014. „V Prigranichnom Sele Na Luganshchine Ozhestochennyi Boi. Terroristy Pytaiutsia Vyvezti Sotniu Trupov v Rossiiu." 13. Juni 2014. bit.ly/37oRapC, ebenfalls archiviert unter archive.ph/pxzEt.

Glasjew, Sergej. 2019. „Okkupatsiia." Sawtra. 6. Mai 2019. bit.ly/3AA57fK, ebenfalls archiviert unter archive.ph/SdfwB.

Gleditsch, Nils Petter, Peter Wallensteen, Mikael Eriksson, Margareta Sollenberg, und Håvard Strand. 2002. „Armed Conflict 1946-2001: A New Dataset." *Journal of Peace Research* 39 (5): 615–637. doi.org/10.1177/0022343302039005007.

GO Sowjest. 2012. „Pozdravliaem Vsekh s Prazdnikom Velikoi Pobedy!" 9. Mai 2012. bit.ly/3mHLQUs, ebenfalls archiviert unter archive.ph/ViJ2I.

Gonzalez-Ocantos, Ezequiel, und Jody LaPorte. 2021. „Process Tracing and the Problem of Missing Data." *Sociological Methods & Research* 50 (3): 1407–35. doi.org/10.1177/0049124119826153.

Google Street View. 2021. „Kreuzung von Taganrog-Mariupol-Fernstraße und Solowynaja-Straße im Nordwesten von Rostow am Don." 30. April 2021. archive.ph/5ZVR1.

Gordon. 2017. „Obolonskii Sud Kieva Prigovoril Komandira 'Tornado' Onishchenko k 11 Godam Tiur'my, Yego Zama Zukura – k Deviati." 7. April 2017. bit.ly/3lInYRH, ebenfalls archiviert unter archive.ph/FKY2z.

Gorenburg, Dmitri. 2014. „Maps of Russian and Ukrainian Military Forces." PONARS Eurasia. 10. März 2014. bit.ly/3Ax8d3T.

Gorlovka.ua. 2014. „Proshchal'nye Slova Besa: 'Ya Bol'she v Gorlovku i DNR Nikogda Ne Vernus'." 4. November 2014. bit.ly/2YMX7eg, ebenfalls archiviert unter archive.ph/fwcuv.

Gramer, Robbie, und Jack Detsch. 2022. „Britain, Canada Flex Hard-Power Muscles in Showdown with Russia." Foreign Policy. 25. Januar 2022. bit.ly/3XB1KSe, archiviert unter archive.ph/lIhd9.

Grove, Thomas, und Gabriela Baczynska. 2014. „Separatists Tighten Grip on East Ukraine, EU Agrees More Sanctions on Moscow." Reuters. 14. April 2014. bit.ly/2YJm3D2, ebenfalls archiviert unter archive.ph/bljPg.

Grozev, Christo. 2020. „Russian Spying Is Privatized and Competitive. Counterespionage Should Be Too." Newsweek. 27. Juli 2020. bit.ly/3obLmXf.

Hauer, Neil. 2018. „Russia's Favorite Mercenaries." The Atlantic. 27. August 2018. bit.ly/3mHTBd2.

Hauter, Jakob. 2019. „Delegated Interstate War: Introducing an Addition to Armed Conflict Typologies." *Journal of Strategic Security* 12 (4): 90–103. doi.org/10.5038/1944-0472.12.4.1756.

---. 2021a. „Conclusion: Making Sense of Multicausality." In *Civil War? Interstate War? Hybrid War? Dimensions and Interpretations of the Donbas Conflict in 2014–2020*, herausgegeben von Jakob Hauter, 215–224. Stuttgart: ibidem-Verlag.

---. 2021b. „How the War Began: Conceptualizing Conflict Escalation in Ukraine's Donbas." *The Soviet and Post-Soviet Review* 48 (2): 135–163. doi.org/10.30965/18763324-20201380.

---. 2021c. „Forensic Conflict Studies: Making Sense of War in the Social Media Age." *Media, War & Conflict* Online-Vorabveröffentlichung (4. August 2021). doi.org/10.1177/17506352211037325.

---. 2022. „A Digital Open Source Investigation of How War Begins: Ukraine's Donbas in 2014." PhD Thesis, London: UCL. discovery.ucl.ac.uk/id/eprint/10145765.

Hayes, Darren R., und Francesco Cappa. 2018. „Open-Source Intelligence for Risk Assessment." *Business Horizons* 61 (5): 689–697. doi.org/10.1016/j.bushor.2018.02.001.

Hedström, Peter, und Petri Ylikoski. 2010. „Causal Mechanisms in the Social Sciences." *Annual Review of Sociology* 36 (1): 49–67. doi.org/10.1146/annurev.soc.012809.102632.

Higgins, Eliot. 2015. „Confirming the Location of the Same Msta-S in Russia and Ukraine." Bellingcat. 29. Mai 2015. bit.ly/2X7TG0Z.

Hodgson, Geoffrey M. 2006. „What Are Institutions?" *Journal of Economic Issues* 40 (1): 1–25. doi.org/10.1080/00213624.2006.11506879.

Holenko, Walerij. 2014. „Rezoliutsiia Sessii Luganskogo Oblastnogo Soveta 2 Marta 2014." YouTube. 2. März 2014. youtube.com/watch?v=b6vO2DGpNnE.

Holos Ukrainy. 2014. „U Donetsku Zatrymaly Aktyvista 'Drugoy Rossii'." 2. April 2014. bit.ly/3lDSagJ, ebenfalls archiviert unter archive.ph/m5NaC.

Holownow, Serhij. 2014. „Litsa Separatizma." Insider. 16. Mai 2014. bit.ly/3BEZaiH, ebenfalls archiviert unter archive.ph/YCeUq.

Hosaka, Sanshiro. 2018. „The Kremlin's 'Active Measures' Failed in 2013: That's When Russia Remembered It's Last Resort – Crimea." *Demokratizatsiya: The Journal of Post-Soviet Democratization* 26 (3): 321–64.

---. 2019. „Welcome to Surkow's Theater: Russian Political Technology in the Donbas War." *Nationalities Papers* 47 (5): 750–773. doi.org/10.1017/nps.2019.70.

---. 2021. „Enough with Donbas 'Civil War' Narratives? Identifying the Main Combatant Leading 'the Bulk of the Fighting'." In *Civil War? Interstate War? Hybrid War? Dimensions and Interpretations of the Donbas Conflict in 2014-2020*, herausgegeben von Jakob Hauter, 89–112. Stuttgart: ibidem-Verlag.

Hromadske TV. 2014a. „Zatrymannia z Hennadiia Balaschowa u Krymu. Girkin-Strelkow u Simferopoli. 4 Bereznia." YouTube. 4. März 2014. youtube.com/watch?v=XTlnSKglsQQ.

---. 2014b. „Slowjansk. Mistse Boiu." YouTube. 13. April 2014. youtube.com/watch?v=iwqD7sEpxDE.

---. 2014c. „Mariupol, 21:30, Liudi v Maskakh Shturmuiut Viiskovu Chastynu Vnutrishnikh Viisk (No. 3057)." YouTube. 16. April 2014. youtube.com/watch?v=EQz3RaQIWaM.

Hubarjew, Pawlo. 2016. *Fakel Novorossii*. St. Petersburg: Piter.

Hudilin, Oleksandr. 2020. „Ot Separatistov Do Natsionalistov. Chto Seichas Proiskhodit Za Zakrytymi Dver'mi Izvestnogo Kluba 'Tor'." 0629.com.ua. 24. Juni 2020. bit.ly/3ACEsyH, ebenfalls archiviert unter archive.ph/QYcg4.

ICTV. 2014. „Video Samogo Tragicheskogo Dnia ATO Pod Volnovakhoi." YouTube. 23. Mai 2014. youtube.com/watch?v=_z33SIC9TjY.

Inform Napalm. 2014. „Rossiiskie Tanki 'T-90' 136-i MotoStrelkowoi Brigady v Luganskoi Oblasti." 26. Oktober 2014. bit.ly/3oXPBrV, ebenfalls archiviert unter archive.ph/4Bs0Q.

Information Resistance. 2014. „Khroniki rossiisko-ukrainskoi voiny: rossiiskii 'Grad' pod Dobropol'em." sprotyv.info. 14. Juni 2014. bit.ly/3oZmWlZ, ebenfalls archiviert unter archive.ph/pEyj9.

informator.lg.ua. 2014. „Ukrainskie Tanki v Lutugino." 30. Juli 2014. bit.ly/3awcjif, ebenfalls archiviert unter archive.ph/2nFJj.

Inter TV. 2014. „Agent 'Abver': Ni Ya, Ni Igor' Girkin Ne Imeiut Sviazei s FSB Rossii." YouTube. 5. Mai 2014. youtube.com/watch?v=tevKY_N3WU4.

Interfax. 2014. „Strelkow Podgotovit Donetsk k Aktivnoi Oborone." 6. Juli 2014. bit.ly/2YPQLef, ebenfalls archiviert unter archive.ph/ZKKll.

---. 2019. „V DNR zaiavili o primenenii pod Ilowajskom tol'ko trofeinoi ukrainskoi tekhniki." 19. August 2019. bit.ly/3pcADOX, ebenfalls archiviert unter archive.ph/lgFnt.

---. 2022. „Prigoschin Potreboval Udalit' Zaiavleniia YeS o Yego Sviazi s 'Gruppoi Vagnera' Cherez Sud." 12. Februar 2022. bit.ly/3XQU2Ud, ebenfalls archiviert unter archive.ph/nxmfw.

ITV. 2014. „Priniali Prisiagu. Kak v Bakhchisarae Voennye Dali Kliatvu Na Vernost' Narodu Kryma?" YouTube. 13. März 2014. youtube.com/watch?v=RLRESEcWuXM.

Iwanow, Serhij, und Tetiana Zarovna. 2014. „Luganskii Eks-Nalogovik: Jefremow Do Sikh Por Na Svobode Iz-Za Khalatnosti Pravookhranitel'nykh Organov." Obozrevatel. 16. Juli 2014. bit.ly/3lAGVWc, ebenfalls archiviert unter archive.ph/cUnbQ.

Jefremow, Oleksandr. 2014a. „Jefremow Na Mitinge v Luganske 2.03.2014." YouTube. 2. März 2014. youtube.com/watch?v=OgHNzOGC2UA.

---. 2014b. „Lider parlamentskoi fraktsii Partii regionov schitaet, chto vooruzhennyi zakhvat SBU v Luganske – eto mnenie mnogikh liudei." Ostrow. 7. April 2014. bit.ly/32dVg3y, ebenfalls archiviert unter archive.ph/xznO9.

---. 2014c. „Vystuplenie Aleksandra Jefremowa v Verkhovnoi Rade Ukrainy, 12.05.2014." YouTube. 12. Mai 2014. youtube.com/watch?v=c0DI9UmwDJw.

JIT. 2016a. „1. Animation: The Weapon." MH17 Joint Investigation Team auf YouTube. 28. September 2016. youtube.com/watch?v=dz6CUI-fTRI.

---. 2016b. „2. Forensic Investigation MH17." MH17 Joint Investigation Team auf YouTube. 28. September 2016. youtube.com/watch?v=nMS3yVJ2h3Y.

---. 2016c. „3. MH17 Animation Regarding the Transport Route and the Launch Site." MH17 Joint Investigation Team auf YouTube. 28. September 2016. youtube.com/watch?v=Sf6gJ8NDhYA.

---. 2016d. „MH17 – Call for Witnesses (V2)." MH17 Joint Investigation Team auf YouTube. 28. September 2016. youtube.com/watch?v=0a6nMJyZ1JU.

---. 2018. „JIT MH17 Witness Appeal about 53rd Brigade." MH17 Joint Investigation Team auf YouTube. 24. Mai 2018. youtube.com/watch?v=rhyd875Qtlg.

---. 2019a. „Witness Appeal June 2019: Chain of Responsibility in the Russian Federation." MH17 Joint Investigation Team auf YouTube. 18. Juni 2019. youtube.com/watch?v=hPGmFJH2ZO8.

---. 2019b. „Witness Appeal November 2019 – Conversation Surkow and Borodai; Reinforcements from Russia." MH17 Joint Investigation Team auf YouTube. 13. November 2019. youtube.com/watch?v=RpE0YMivLu0.

---. 2023. „Findings of the JIT MH17 Investigation into the Crew Members of the Buk TELAR and Those Responsible in the Chain of Command." MH17 Joint Investigation Team. February 2023. bit.ly/43VT64i.

Johnson, Dominic D.P., und Dominic Tierney. 2011. „The Rubicon Theory of War: How the Path to Conflict Reaches the Point of No Return." *International Security* 36 (1): 7–40. doi.org/10.1162/ISEC_a_00043.

Kahn, Herman. 1965. *On Escalation. Metaphors and Scenarios*. London: Pall Mall Press.

Kalyvas, Stathis N. 2006. *The Logic of Violence in Civil War*. New York, NY: Cambridge University Press.

Kanal 1. 2014. „Liudei Rasstrelivali Iz Granatometov – Zhertvami Provokatsii Stali Voennosluzhashchie Ukrainskoi Armii." 22. Mai 2014. bit.ly/3oCHcK0, ebenfalls archiviert unter archive.ph/ScjRj.

Kanygin, Pawel. 2014. „Upravliaemaia Vesna." Nowaja Gaseta. 8. Dezember 2014. bit.ly/3BW6FkO, ebenfalls archiviert unter archive.ph/knI5g.

Karpow, Oleg, und Aleksandr Borodaj. 2012. „Sawtra.Live. 'Chetyre Mitinga'." SawtraTV auf YouTube. 3. Februar 2012. youtube.com/watch?v=oguDx9txuFU.

Kasanskyj, Denys. 2015a. „Akhmetov's Losing Bet. The Donbas Master's Current Clout in Politics, Economy and War." The Ukrainian Week. 18. Mai 2015. bit.ly/3aBkpWZ, ebenfalls archiviert unter archive.ph/JnmkY.

---. 2015b. „Put' Dremova. Ot 'Pashi Lokatora' Do 'Legendarnogo Bati'." Tschetwertaja Wlast. 13. Dezember 2015. bit.ly/3ayXjQE, ebenfalls archiviert unter archive.ph/COFcs.

Kasanskyj, Denys, und Maryna Worotyntsewa. 2020. *Yak Ukraina Vtrachala Donbas*. Kyjiw: Knyzhkove vydavnytstvo Chorna hora.

Kaschin, Oleg. 2014a. „Oleg Kaschin: Vtoroy Reportazh Iz Kryma." Sputnik i Pogrom. 2. März 2014. bit.ly/3hoj7Ds, ebenfalls archiviert unter archive.ph/3170K.

---. 2014b. „Reportazh Iz Sevastopolya: Kak Glavkom VMS Ukrainy Pereprisyagal Narodu Kryma." Sputnik i Pogrom. 3. März 2014. bit.ly/2R7nW9v, ebenfalls archiviert unter archive.ph/rPkwS.

---. 2014c. „'Eto GRUshnik, Rossiyski, Deystvuyushchiy:' Oleg Kaschin o Svoyem Znakomstve s Rekonstruktorom, Za-Voyevavshim Pol-Ukrainy." Sputnik i Pogrom. 30. April 2014. bit.ly/3w3LZEQ, ebenfalls archiviert unter archive.ph/bKJPi.

Kaschin, Oleg, Irina Merkulowa, und Aleksej Solomin. 2014. „Intervyu – V Gostyakh: Oleg Kaschin." Ekho Moskvy. 19. Mai 2014. bit.ly/3f1PzJQ, ebenfalls archiviert unter archive.ph/HzcGN.

Katchanovski, Ivan. 2016. „The Separatist War in Donbas: A Violent Break-up of Ukraine?" *European Politics and Society* 17 (4): 473–489. doi.org/10.1080/23745118.2016.1154131.

KazakTV. 2014. „Obstrel Pogranzastavy s.D'iakovo 30.05.2014." YouTube. 1. Juni 2014. youtube.com/watch?v=40e2fqSlIAc.

KIIS. 2014a. „The Views and Opinions of South-Eastern Regions Residents of Ukraine: April 2014." Kyiv International Institute of Sociology. 20. April 2014. bit.ly/3ANQvcR, archiviert unter archive.is/JWsQg.

---. 2014b. „Attitude to the Unitary State and Separatism in Ukraine." Kyiv International Institute of Sociology. 22. Mai 2014. bit.ly/3mI5UGs, archiviert unter archive.ph/AfMFF.

King, Gary, Robert O. Keohane, und Sidney Verba. 1994. *Designing Social Inquiry*. Princeton, N.J.: Princeton University Press.

King, Ian. 2019. „Not Contributing Enough? A Summary of European Military and Development ..." Center for Strategic & International Studies. 26. September 2019. bit.ly/3UaEmIC, ebenfalls archiviert unter archive.ph/s8Kyp.

Kmet, Stanislaw. 2014. „Ten' Jefremowa Nad 'LNR'." Ukrainska Prawda. 24. Dezember 2014. bit.ly/3iXOR1T, ebenfalls archiviert unter archive.ph/7Wggx.

Kolsto, Pal. 2016. „Crimea vs. Donbas: How Putin Won Russian Nationalist Support – and Lost It Again." *Slavic Review* 75 (3): 702–725. doi.org/10.5612/slavicreview.75.3.0702.

Komitet. 2016. „Aleksandr Bobkow: 'O Sachartschenko, Akhmetove i Yanukoviche'." 1. August 2016. bit.ly/3qdEPyi, ebenfalls archiviert unter archive.ph/Pcsgr.

Korsunskyj, Serhij, und Nastia Stanko. 2016. „Interviu z Serhijem Korsunskym, Prava Ruka Bolotowa v 'LNR'." Hromadske TV. 15. November 2016. bit.ly/3ayYQX2, ebenfalls archiviert unter archive.ph/ibsxF.

Koschkin, Andrej, und Dmitriy Sobatschkin. 2016. „Siniaia Desiatka." LiveJournal. 8. Mai 2016. bit.ly/3mPq5lR, ebenfalls archiviert unter archive.ph/QiXAv.

Kosizyn, Nikolaj. 2014a. „Prikaz Atamana Mezhdunarodnogo Soiuza Obshchestvennykh Ob'edinenii „Vsevelikoe Voisko Donskoe" No. 36." 9. April 2014. bit.ly/3ADfcIw, ebenfalls archiviert unter archive.ph/V8uBs.

---. 2014b. „Prikaz Atamana Mezhdunarodnogo Soiuza Obshchestvennykh Ob'edinenii „Vsevelikoe Voisko Donskoe" No. 38." 9. April 2014. bit.ly/2X5w1hE, ebenfalls archiviert unter archive.ph/a2tPw.

---. 2016. „Istoriia Kazach'ei Natsional'noi Gvardii." Kosaken-Nationalgarde. 13. Januar 2016. bit.ly/2X83ZlH, ebenfalls archiviert unter archive.ph/cooKH.

Koz, Aleksandr, und Dmitriy Steshin. 2014a. „Luganskie Partizany: 20 Tysiach Shtykov My Vam Garantiruem." Komsomolskaja Prawda. 22. März 2014. bit.ly/3BDyyyK, ebenfalls archiviert unter archive.ph/CbB5b.

---. 2014b. „Luganskie Partizany: 20 Tysiach Shtykov My Vam Garantiruem." Komsomolskaja Prawda auf YouTube. 22. März 2014. youtube.com/watch?v=n3sTRj9SLls.

Krykun, Yevheniia. 2014. „Kto Vozglavil Protesty v Luganske. Aktivisty Yugo-Vostoka v Litsakh." Polemika. 23. April 2014. bit.ly/3DBZM9z, ebenfalls archiviert unter archive.ph/0SPjQ.

KrymInform. 2014. „V Simferopole prokhodyat torzhestva, posvyashchennyje 70-letiyu osvobozhdeniya." 13. April 2014. bit.ly/33EtzOP, ebenfalls archiviert unter archive.ph/BPg6D.

Krymski, Georgi. 2014a. „Georgy Krymski's Photos - Snischne Tank 1." VK. 12. Juni 2014. bit.ly/3lANYOE, archiviert unter archive.ph/MDRoU.

---. 2014b. „Georgy Krymski's Photos - Snischne Tank 2." VK. 12. Juni 2014. bit.ly/3AChLL2, archiviert unter archive.ph/AspN2.

---. 2014c. „Georgy Krymski's Photos - Snischne Tank 3." VK. 12. Juni 2014. bit.ly/2X5xNPQ, archiviert unter archive.ph/2xkfk.

---. 2014d. „Georgy Krymski's Photos - Snischne Tank 4." VK. 12. Juni 2014. bit.ly/3AHc4vf, archiviert unter archive.ph/kR1zP.

---. 2014e. „Georgi Krymski's Photos - Girkin." VK. 17. August 2014. bit.ly/3FFQpY9, archiviert unter archive.ph/HSrLL.

---. 2015. „Georgi Krymski's Photos - Medal." VK. 13. Juli 2015. bit.ly/3AwygIE, archiviert unter archive.ph/0z71c.

---. 2018. „Georgi Krymski's Photos - Aksjonow." VK. 2. Mai 2018. bit.ly/3awk5sz, archiviert unter archive.ph/YdQoy.

---. n.d. „Georgi Krymski's Photos - All Pictures." VK. Abgerufen am 28. August 2020. bit.ly/3oU03AB, archiviert unter archive.ph/lb96U.

Kudelia, Serhiy. 2016. „The Donbas Rift." *Russian Politics & Law* 54 (1): 5–27. doi.org/10.1080/10611940.2015.1160707.

---. 2019. „How They Joined? Militante und Informanten im bewaffneten Konflikt im Donbas." *Small Wars & Insurgencies* 30 (2): 279–306. doi.org/10.1080/09592318.2018.1546361.

Kultschyzkyj, Stanislaw, und Larysa Jakubowa. 2016. *Trista Rokiv Samotnosti: Ukrainskyi Donbas u Poshukakh Smysliv i Batkivshchyny*. Kyjiw: Klio.

Kuromiya, Hiroaki. 1998. *Freedom and Terror in the Donbas. A Ukrainian-Russian Borderland 1870s-1990s.* Cambridge und New York: Cambridge University Press.

---. 2019. „The War in the Donbas in Historical Perspective." *The Soviet and Post-Soviet Review* 46 (3): 245–262. doi.org/10.1163/18763324-04603003.

Kuzio, Taras. 2017. *Putin's War against Ukraine: Revolution, Nationalism, and Crime*. CreateSpace.

Kusmin, Vitali. 2014. „Gonka Geroev Chast' 1 – Vystavka Voennoi Tekhniki." Military Blog Vitaly Kusmin. 11. Juni 2014. bit.ly/3mV4AQO, ebenfalls archiviert unter archive.ph/2O3TF.

Kusmina, Nika. 2019. „'Kazachestvo – Eto Sostoianie Dushi!' Opolchenets Pawel Strubchevskii." KIATs. 29. Januar 2019. bit.ly/3oZyNR1, ebenfalls archiviert unter archive.ph/ZOoP3.

Landik, Wolodymyr. 2014. „Bolotow Buv 'Smotriashchym' Kopanok Jefremowa." Espreso TV auf YouTube. 20. August 2014. youtube.com/watch?v=98q4DV67Ih0.

---. 2016. „Landik Rasskazal o Roli Jefremowa v Zakhvate Luganska Rossiianami." Liga Nowosti. 1. Juni 2016. bit.ly/3DMDIsH, ebenfalls archiviert unter archive.ph/LMPlX.

Laruelle, Marlene. 2014. „Novorossiya: A Launching Pad for Russian Nationalists." PONARS Eurasia – Policy Memo No. 357. September 2014. bit.ly/3DAFhdo.

Laryš, Martin, und Emil A. Souleimanov. 2021. „Delegated Rebellions as an Unwanted Byproduct of Subnational Elites' Miscalculation: A Case Study of the Donbas." *Problems of Post-Communism* Online-Vorabveröffentlichung (19. Juli 2021). doi.org/10.1080/10758216.2021.1943449.

Latynina, Yuliya. 2014. „Test MBKh." Nowaja Gaseta. 28. April 2014. bit.ly/3DKHOBS, ebenfalls archiviert unter archive.ph/NgHeD.

Lasorenko, Roman. 2014. „V Donetske Liudi s Oruzhiem Zakhvatili Zdanie Gorodskogo Soveta." 62.ua. 16. April 2014. bit.ly/3o6WW6l, ebenfalls archiviert unter archive.ph/cSWr2.

LB.ua. 2014a. „Zaderzhan Odin Iz Rukovoditelei Mariupol'skikh Separatistov, Yego Okhrannik Pogib." 25. Mai 2014. bit.ly/3DHAsPs, ebenfalls archiviert unter archive.ph/jPpek.

---. 2014b. „V Luganske Boeviki Zakhvatili Zdaniia Batal'ona Natsgvardii Vmeste s Oruzhiem." 29. Mai 2014. bit.ly/3vgZtht, ebenfalls archiviert unter archive.ph/v68Is.

---. 2014c. „Terroristy Shturmuiut Pogranotdel v Luganskoi Oblasti." 30. Mai 2014. bit.ly/3vhxr5f, ebenfalls archiviert unter archive.ph/K07Ww.

---. 2014d. „MVD Podtverzhdaet Gibel' Dvukh Terroristov u Pogranotdela 'D'iakovo'." 5. Juni 2014. bit.ly/3p4IzS5, ebenfalls archiviert unter archive.ph/cJMng.

Lee, Rob. 2020. „Twitter Thread ohne Titel." 29. Juli 2020. bit.ly/3j7sOpA.

Lenta.ru. 2014. „Bes Otverg Obvineniia v Unichtozhenii 'Boinga'." 18. Juli 2014. bit.ly/3lJOfPf, ebenfalls archiviert unter archive.ph/qACOd.

Leschtschenko, Serhij. 2014. „Dzherelo: Nynishnia Sytuatsiia v Donetsku - Resultat Zustrichei Akhmetova z Putinym." Tyzhden.ua. 7. April 2014. bit.ly/2XfVO6V, ebenfalls archiviert unter archive.ph/8xmRo.

Leviev, Ruslan. 2017a. „They Fought for Palmyra … Again: Russian Mercenaries Killed in Battle with ISIS." Conflict Intelligence Team. 22. März 2017. bit.ly/2XiKO8Y, ebenfalls archiviert unter archive.ph/ATYKq.

---. 2017b. „List of Russian Mercenary Losses in Syria Grows." Conflict Intelligence Team. 16. Oktober 2017. bit.ly/3BLWpMO, ebenfalls archiviert unter archive.ph/ef9zw.

Levy, Jack S. 1998. „The Causes of War and the Conditions of Peace." *Annual Review of Political Science* 1 (1): 139–165. doi.org/10.1146/annurev.polisci.1.1.139.

---. 2015. „Counterfactuals, Causal Inference, and Historical Analysis." *Security Studies* 24 (3): 378–402. doi.org/10.1080/09636412.2015.1070602.

Levy, Jack S., und William R. Thompson. 2010. *Causes of War*. Chichester: Wiley-Blackwell.

LifeNews. 2014a. „Life News o Boe 13 Aprelia 2014 g. Vozle Pos. Semjonowka." YouTube. 13. April 2014. youtube.com/watch?v=R805C4MydPw.

---. 2014b. „Video posle perestrelki pod Slavianskom ostorozhno, v kadre yest' ubitye." YouTube. 13. April 2014. youtube.com/watch?v=UIh22MxCvc0.

---. 2014c. „Shturm Voinskoi Chasti v Luganske – 28 Maia 2014 Goda." YouTube. 28. Mai 2014. youtube.com/watch?v=_PhQwizKigs.

---. 2014d. „V Aleksandrovske Vzorvali Sklad s Oruzhiem Pri Boiakh Riadom s Voennoi Chast'iu." YouTube. 29. Mai 2014. youtube.com/watch?v=P6JBq9GJirw.

Liga.Nowosti. 2014a. „Terroristy ne smogut vernut'sia v Mariupol'." 13. Juni 2014. bit.ly/3EW0XSg, ebenfalls archiviert unter archive.ph/pqRjW.

---. 2014b. „Ukrainskie siloviki kontratakuiut vozle Shirokino – Sovbez." 5. September 2014. bit.ly/3n0r2rF, ebenfalls archiviert unter archive.ph/dp8UJ.

Loshkariov, Ivan D., und Andrej A. Sushentsov. 2016. „Radicalization of Russians in Ukraine: From 'Accidental' Diaspora to Rebel Movement." *Southeast European and Black Sea Studies* 16 (1): 71–90. doi.org/10.1080/14683857.2016.1149349.

Lost Armour. 2015. „ID 3374 - BM-21-1 - 2014-06-13." 31. Oktober 2015. bit.ly/3vsJZqV, archiviert unter archive.ph/0ndIM.

Lovetsky, Dmitry. 2014. „Separatist Tanks." Associated Press. 20. Juni 2014. bit.ly/3jp7vjN, ebenfalls archiviert unter archive.ph/7adjf.

Lowe, Christian, und Maria Tsvetkova. 2014. „Exclusive: In Ukraine, an Armored Column Appears out of Nowhere." Reuters. 26. August 2014. bit.ly/3DE5Pua, ebenfalls archiviert unter archive.ph/Kl8RC.

Lugansk 1 TV. 2017. „'Nam Ne Ostavili Vybora' Dokumental'nyi Fil'm o Pervykh Shagakh Stanovleniia Luganska." YouTube. 28. Januar 2017. youtube.com/watch?v=6waEaimKh6o.

Mahoney, James. 2008. „Toward a Unified Theory of Causality." *Comparative Political Studies* 41 (4-5): 412–436. doi.org/10.1177/0010414007313115.

---. 2015. „Process Tracing and Historical Explanation." *Security Studies* 24 (2): 200–218. doi.org/10.1080/09636412.2015.1036610.

Malofejew, Konstantin, Yelizaveta Sergina, und Petr Koslow. 2014. „Intervyu - Konstantin Malofejew, osnovatel Marshal kapitala." Vedomosti. 13. November 2014. bit.ly/3obNPki, ebenfalls archiviert unter archive.ph/VUIQ0.

Malyschkina, Yelena. 2014. „Yeshche 2 Tonny Gumanitarnogo Gruza Sobrali Irkutyane Dlya Donbasa." Westi Irkutsk. 27. Juni 2014. bit.ly/3FNobLh, ebenfalls archiviert unter archive.ph/y1lxC.

Mamijew, Oleg. 2018. „Poslednee Interv'iu s Olegom Mamievym (Pozyvnoi 'Mamai')." DNR „Information Ministry" auf YouTube. 18. Mai 2018. youtube.com/watch?v=T-Qlbu7v4uE.

Maoz, Zeev, Paul L. Johnson, Jasper Kaplan, Fiona Ogunkoya, und Aaron P. Shreve. 2019. „The Dyadic Militarized Interstate Disputes (MIDs) Dataset Version 3.0: Logic, Characteristics, and Comparisons to Alternative Datasets." *Journal of Conflict Resolution* 63 (3): 811–835. doi.org/10.1177/0022002718784158.

Marange, Celine, und Susan Steward. 2021. „French and German Approaches to Russia." Chatham House. November 2021. bit.ly/3AO8pyR.

Matsuka, Oleksij. 2014. „Doma u Gubareva v Donetske 2 Marta 2014 g. Rudenko." YouTube. 2. März 2014. youtube.com/watch?v=yAlyAToDjzY.

Matsuzato, Kimitaka. 2017. „The Donbas War: Outbreak and Deadlock." *Demokratizatsiya: The Journal of Post-Soviet Democratization* 25 (2): 175–201.

Matveeva, Anna. 2016. „No Moscow Stooges: Identity Polarization and Guerrilla Movements in Donbass." *Southeast European and Black Sea Studies* 16 (1): 25–50. doi.org/10.1080/14683857.2016.1148415.

---. 2018. *Through Times of Trouble: Conflict in Southeastern Ukraine Explained from Within*. Lanham, MA: Lexington Books.

McDermott, Yvonne, Alexa Koenig, und Daragh Murray. 2021. „Open Source Information's Blind Spot." *Journal of International Criminal Justice* 19 (1): 85–105. doi.org/10.1093/jicj/mqab006.

Mediazona. 2015a. „Protsess Savchenko. Dopros Russkogo." 15. Oktober 2015. bit.ly/3vdyHXn, ebenfalls archiviert unter archive.ph/jcQZg.

---. 2015b. „Protsess Savchenko.Svideteli Obvineniia-6." 19. Oktober 2015. bit.ly/3AELKCh, ebenfalls archiviert unter archive.ph/ZeTpV.

Melnyk, Oleksandr. 2020. „From the 'Russian Spring' to the Armed Insurrection: Russia, Ukraine and Political Communities in the Donbas and Southern Ukraine." *The Soviet and Post-Soviet Review* 47 (1): 3–38. doi.org/10.1163/18763324-04603009.

Memorybook.org.ua. n.d.a. „Voller Datensatz im Spreadsheet-Format." Abgerufen am 23. Juni 2020. Gedenkbuch für die Gefallenen der Ukraine. bit.ly/3BK2usY.

---. n.d.b. „Zahybli 22 Travnia." Abgerufen am 7. Juli 2020. Gedenkbuch für die Gefallenen der Ukraine. bit.ly/3DHuwpF.

---. n.d.c. „Shelemin Dmytro Mykhailovych." Abgerufen am 16. Juli 2020. Gedenkbuch für die Gefallenen der Ukraine. bit.ly/3aDOiFV.

---. n.d.d. „Zahybli 14 Chervnia." Abgerufen am 3. August 2020. Gedenkbuch für die Gefallenen der Ukraine. bit.ly/3BOqDP2.

---. n.d.e. „Zahybli 17 Chervnia." Abgerufen am 3. August 2020. Gedenkbuch für die Gefallenen der Ukraine. bit.ly/3lIYwv9.

Metinvest. 2014. „Gruppa Metinvest Prizyvaet Otkazat'sia Ot Krovavykh Metodov „zachistki" Mariupolia i Drugikh Gorodov Donbasa." 10. Mai 2014. bit.ly/3G0jTjV, ebenfalls archiviert unter archive.ph/2ua8k.

Midlarsky, Manus I. 1990. „Systemic Wars and Dyadic Wars: No Single Theory." *International Interactions* 16 (3): 171–181. doi.org/10.1080/03050629008434754.

Militärbasen Russlands. n.d. „Voiskovaia Chast' 27777 (18-ia OMSBr)." Abgerufen am 1. September 2020. bit.ly/30JTZk4, ebenfalls archiviert unter archive.ph/9xV7l.

Miller, Christopher, Sergei Dobrynin, und Mark Krutov. 2020. „The Executioners of Slovyansk: RFE/RL Puts Names, Faces To Death Squad." Radio Free Europe/Radio Liberty. 23. Juli 2020. bit.ly/3vdfMM4, ebenfalls archiviert unter archive.ph/x1q2i.

Mitrokhin, Nikolay. 2014. „Transnationale Provokation. Russische Nationalisten und Geheimdienstler in der Ukraine." *Osteuropa* 64 (5–6): 157-174.

---. 2015. „Infiltration, Instruction, Invasion: Russia's War in the Donbas." *Journal of Soviet and Post-Soviet Politics and Society* 1 (1): 219-249.

MK.ru. 2014. „Bes: Obnarodovannyi Ukrainoi Razgovor Opolchentsev Byl, No On Ne o 'Boinge'." Moskovski Komsomolets. 18. Juli 2014. bit.ly/3ne0Jyr, ebenfalls archiviert unter archive.ph/FpYLz.

mnews. 2014a. „V Raione Mariupol'skoi Voinskoi Chasti Nespokoino, Yest' Postradavshie." 16. April 2014. bit.ly/3j57sJB, ebenfalls archiviert unter archive.ph/jxq1s.

---. 2014b. „Mitingi v Mariupole: U Gorsoveta Pominaiut Pogibshikh Vo Vremia Shturma Voinskoi Chasti, a u Dramteatra Sobralis' Storonniki Yedinoi Ukrainy." 23. April 2014. bit.ly/3AVQ9Rv, ebenfalls archiviert unter archive.ph/iptBt.

Mokruschin, Denis. 2011. „18-ia MotoStrelkowaia Brigada. Boevaia Tekhnika." LiveJournal. 16. Oktober 2011. bit.ly/3DHvJNJ, ebenfalls archiviert unter archive.ph/kdU6j.

Morosow, Anton. 2014. „VK Public Social Media Profile Snapshot." 30. April 2014. bit.ly/3BK4PEg, ebenfalls archiviert unter archive.ph/yPkNN.

Moschajew, Aleksandr, und Simon Shuster. 2014. „Exclusive: Meet the Pro-Russian Separatists of Eastern Ukraine." Time Magazine. 23. April 2014. bit.ly/3uM7klU, ebenfalls archiviert unter archive.ph/LrtTO.

Moskauer Öffentliche Kammer. 2018. „Obshchestvennaia Palata Goroda Moskvy: Sostav Palaty." 18. Oktober 2018. bit.ly/3p7In4y, ebenfalls archiviert unter archive.ph/zRZOu.

Myers, Paul. 2020. „How to Conduct Discovery Using Open Source Methods." In *Digital Witness: Using Open Source Information for Human Rights Investigation, Documentation, and Accountability*, herausgegeben von Sam Dubberley, Alexa Koenig, und Daragh Murray, 107-142. Oxford: Oxford University Press.

Mychalkow, Maksym. 2014. „Narodnye Deputaty Ot Luganshchiny: Knopkodavstvo i Separatizm." LB.ua. 4. Juni 2014. bit.ly/3p5DDfV, ebenfalls archiviert unter archive.ph/HaCTl.

Mykhnenko, Vlad. 2020. „Causes and Consequences of the War in Eastern Ukraine: An Economic Geography Perspective." *Europe-Asia Studies* 72 (3): 528–560. doi.org/10.1080/09668136.2019.1684447.

Nasarowa, Nina, und Ilja Barabanow. 2018. „'Chem Moi Syn Khuzhe': Mat' Ubitogo v Sirii Boitsa ChVK Boretsia Za Yego Priznanie Soldatom." BBC Russian Service. 19. Februar 2018. bit.ly/3AKhENE, ebenfalls archiviert unter archive.ph/Bl7UO.

Nawalny, Aleksej. 2016. „On Povar Putina. On Troll' Putina. On Milliarder." 4. Oktober 2016. navalny.com/p/5086/, archiviert unter archive.ph/eZKHI.

Nemezida-LNR. 2016. „Lugansk. Chast' 3. Rossiiskie Kuratory Donbasa." 14. Oktober 2016. bit.ly/3lJ1JuI, ebenfalls archiviert unter archive.ph/81o5f.

Nemyschew, Wjatscheslaw. 2020. „Tekhnika Bezopasnost Pri Zakupke Oruzhiia." YouTube. 22. Januar 2020. youtube.com/watch?v=s_tU0SKrwu4.

Nitsova, Silviya. 2021. „Why the Difference? Donbas, Kharkiv and Dnipropetrovsk after Ukraine's Euromaidan Revolution." *Europe-Asia Studies* Online-Vorabveröffentlichung (23. April 2021). doi.org/10.1080/09668136.2021.1912297.

North, Douglas C. 1991. „Institutions." *Journal of Economic Perspectives* 5 (1): 97–112. doi.org/10.1257/jep.5.1.97.

Novorosinform.org. 2014a. „Boi v Mariupole: Svedeniia Obeikh Storon." 13. Juni 2014. bit.ly/3FMg8OK, ebenfalls archiviert unter archive.ph/g2Y65.

---. 2014b. „Karateli ustroili v Mariupole zachistku." 13. Juni 2014. novorosinform.org/300467, archiviert unter archive.ph/KTxGw.

---. 2014c. „Opolchentsy sdali Slaviansk, chtoby spasti mirnykh grazhdan." 5. Juli 2014. novorosinform.org/302066.

---. 2020. „Zhiteli Stakhanova Pochtili Pamiat' Pervogo Glavy LNR Walerija Bolotowa." 14. Februar 2020. bit.ly/3mU9760, ebenfalls archiviert unter archive.ph/vRfuA.

Novorossia.su. 2014. „Chto Proizoshlo v Mariupole?" 10. Mai 2014. bit.ly/3aIaBKF, ebenfalls archiviert unter archive.ph/kOSsP.

Novyy Den. 2014. „Novorossiia Formiruet Pervuiu Tankovuiu Diviziiu." 19. Juni 2014. bit.ly/3aGv0zV, ebenfalls archiviert unter archive.ph/LsL94.

Nowosti Donbasa. 2006. „Vlasti Donetska Otkryto Podderzhivaiut Separatizm i Slaviano-Fashizm." 15. November 2006. bit.ly/3vfbWCg, ebenfalls archiviert unter archive.ph/z6xHm.

---. 2010. „Spisok Kandidatov v Deputaty Ot Partii Regionov v Donetskii Oblsovet, Donetskii Gorsovet v Raisovety: Nichego Novogo." 28. September 2010. bit.ly/3DGleu7, ebenfalls archiviert unter archive.ph/GMYHn.

---. 2014a. „V Donetske neskol'ko chelovek otkryli 'Vostochnyi front'." 22. Februar 2014. bit.ly/3p6Bgte, ebenfalls archiviert unter archive.ph/FLmkf.

---. 2014b. „V Mariupole Prorossiiskie Aktivisty Razmestili Flag RF Okolo Gorsoveta." 1. März 2014. bit.ly/3FOun5I, ebenfalls archiviert unter archive.ph/zCUBH.

---. 2014c. „Ofitsial'no. Lidera donetskikh separatistov Gubareva zaderzhala SBU." 6. März 2014. bit.ly/3FNDUtN, ebenfalls archiviert unter archive.ph/EX2pZ.

---. 2014d. „7 ubitykh, 39 ranenykh v Mariupole 9 maia." 9. Mai 2014. bit.ly/3FTDulM, ebenfalls archiviert unter archive.ph/h8ee5.

---. 2014e. „Na blokposte v Donetskoi oblasti voennye otbili ataku terroristov." 19. Mai 2014. bit.ly/3p7UFtI, ebenfalls archiviert unter archive.ph/hNJHD.

---. 2014f. „Chislo zhertv boia pod Karlovkoi bol'she, chem soobshchaiut ofitsial'nye istochniki." 24. Mai 2014. bit.ly/3mU8Akh, ebenfalls archiviert unter archive.ph/Ei44U.

---. 2014g. „Mariupol'skie Terroristy Trebuiut Osvobodit' Brata „narodnogo Mera Mariupolia" v Obmen Na Zalozhnika." 30. Mai 2014. bit.ly/3n32qP8, ebenfalls archiviert unter archive.ph/mXogp.

---. 2014h. „V Luganske prodolzhaetsia boi pogranichnikov s terroristami." 2. Juni 2014. bit.ly/3p7qYsz, ebenfalls archiviert unter archive.ph/rbGNS.

---. 2014i. „4 Boitsa Natsgvardii Raneny v Khode Provedeniia Antiterroristicheskoi Operatsii v Mariupole." 13. Juni 2014. bit.ly/3vffHYo, ebenfalls archiviert unter archive.ph/y3xrZ.

---. 2014j. „V Techenie Sutok Obstreliano 5 Blok-Postov Ukrainskikh Silovikov." 18. Juni 2014. bit.ly/3aGaCyR, ebenfalls archiviert unter archive.ph/oErPK.

NTV. 2014. „V 'PrivatBanke' Oligarkha Kolomoiskogo Zaiavili, Chto Voennye Ukrali Bronemashiny." 22. Mai 2014. bit.ly/3vt69cp, ebenfalls archiviert unter archive.ph/44cb9.

NWO. 2013. „Voyna v Sirii – Uroki Dlya Rossii." Nesawisimoje Wojennoje Obosrenije. 24. Mai 2013. Nr. 17 (758), S. 1 und 4-7.

OHCHR. 2022. „Conflict-Related Civilian Casualties in Ukraine." 27. Januar 2022. bit.ly/3ahkDpl.

Olchin, Artem. 2014. „Rossiiskie Organizatsii Rabotaiut s Donetskimi Separatistami." YouTube. 6. April 2014. youtube.com/watch?v=WuU5YvMNKsI.

Olewski, Timur, und Wladimir Romenski. 2014. „Motorola (Arsenii Pawlow) – Komandir Odnogo Iz Podrazdelenii Armii DNR." Ekho Moskvy. 4. Oktober 2014. bit.ly/3G6SYTx, ebenfalls archiviert unter archive.ph/OCQr9.

Orden der Russischen Föderation. n.d. „Medal' 'Za Zashchitu Kryma'." Abgerufen am 28. August 2020. bit.ly/3BKxuJz, ebenfalls archiviert unter archive.ph/JmFfg.

Ostafijtschuk, Viktor. 2014. „V Spiskakh Razbitogo Pod Luganskom Vzvoda 76 GV DShD Znachatsia ..." Espreso TV. 22. August 2014. bit.ly/3pkDq8L, ebenfalls archiviert unter archive.ph/L37Fx.

Ostermann, Dietmar, und Ida Relke. 2014. „Deutscher hat für prorussische Separatisten gekämpft." Badische Zeitung. 3. Juli 2014. bit.ly/30JL15b.

Ostrovsky, Simon. 2014. „First Video Evidence of Russians Among Ukrainian Separatists." VICE News. 21. April 2014. youtube.com/watch?v=-QP6sM5VnUQ.

Ostrow. 2014a. „V Luganske okolo 19-00 proizoshla popytka shturma OGA. 4-kh chelovek uvezla 'skoraia'." 22. Februar 2014. bit.ly/3nbmMFL, ebenfalls archiviert unter archive.ph/kUg4E.

---. 2014b. „Zhiteli Donetska ne speshat zapisyvat'sia v 'Vostochnyi front'." 25. Februar 2014. bit.ly/3jh79eY, ebenfalls archiviert unter archive.ph/ISiIL.

---. 2014c. „Narodnoe Opolchenie Donbasa Pred'iavilo Ul'timatum Donetskomu Gorsovetu." 28. Februar 2014. bit.ly/3AZ4lZG, ebenfalls archiviert unter archive.ph/npCmb.

---. 2014d. „Miting v Donetske izbral 'narodnogo gubernatora'." 1. März 2014. bit.ly/2XzXjgA, ebenfalls archiviert unter archive.ph/wExxm.

---. 2014e. „Segodnia v tsentre Luganska sobralsia 'Narodnyi sovet Luganshchiny'." 1. März 2014. bit.ly/2Z5R2JM, ebenfalls archiviert unter archive.ph/zMwzr.

---. 2014f. „Rossiiskii aktivist priznalsia, chto prinimal uchastie v shturme Donetskogo oblastnogo soveta i podderzhivaet Gubareva." 7. März 2014. bit.ly/3G8tCES, ebenfalls archiviert unter archive.ph/Tqu3y.

---. 2014g. „Odin pogib i 26 postradali posle mitinga v Donetske." 14. März 2014. bit.ly/3pjyQra, ebenfalls archiviert unter archive.ph/vhmfo.

---. 2014h. „Zakhvatchiki Donetskoi OGA vooruzheny avtomatami i granatometami." 7. April 2014. bit.ly/3AXgpec, ebenfalls archiviert unter archive.ph/zVyuv.

---. 2014i. „Zakhvatchiki zdaniia SBU v Luganske vozveli barrikady." 7. April 2014. bit.ly/3AZ0YCa, ebenfalls archiviert unter archive.ph/6ZrEU.

---. 2014j. „Troe Napadavshikh Ubity Pri Atake Voinskoi Chasti v Mariupole - Awakow." 17. April 2014. bit.ly/3lW1D32, ebenfalls archiviert unter archive.ph/OVZoF.

---. 2014k. „Deviat' Chelovek Pogibli i 42 Poluchili Raneniia v Mariupole 9 Maia - Utochnennye Dannye Medikov." 10. Mai 2014. bit.ly/3B08CvS, ebenfalls archiviert unter archive.ph/AFvsL.

---. 2014l. „Rossiiane, Siloviki, 'Regionaly'. Kto Yest' Kto v Pravitel'stve DNR." 16. Mai 2014. bit.ly/3vw6ZFl, ebenfalls archiviert unter archive.ph/N5jfb.

---. 2014m. „DNR Prizyvaet Metallurgov Akhmetova Pereiti Na Ikh Storonu." 22. Mai 2014. bit.ly/3E1UF2r, ebenfalls archiviert unter archive.ph/dzraa.

---. 2014n. „Utochnennye dannye. V boiu pod Volnovakhoi pogibli 16 chelovek." 22. Mai 2014. bit.ly/2Xssiee, ebenfalls archiviert unter archive.ph/jHjDq.

---. 2014o. „V Slavianske i Kramatorske polnomasshtabnaia ATO. Rabotaet aviatsiia i artilleriia." 29. Mai 2014. bit.ly/3naOOkT, ebenfalls archiviert unter archive.ph/d4Ueo.

---. 2014p. „Novaia Elita Donbasa: Neudachniki, Predateli, Romantiki, Avantiuristy, Marionetki … Prodolzhenie." 25. Juni 2014. bit.ly/3aUSQbf, ebenfalls archiviert unter archive.ph/GjIDP.

---. 2014q. „Yeshche shest' luganchan postradali ot artilleriiskoi strel'by. Odna devushka pogibla." 4. Juli 2014. bit.ly/3vus7vv, ebenfalls archiviert unter archive.ph/YpAnh.

---. 2014r. „V Ukraine zafiksirovano minimum 1600 rossiiskikh voennykh, bol'shoe kolichestvo artillerii i sredstv PVO." 1. September 2014. bit.ly/3AXi0AI, ebenfalls archiviert unter archive.ph/LMiYl.

OSZE. 2014. „Protocol on the Results of Consultations of the Trilateral Contact Group, Signed in Minsk, 5 September 2014." 5. September 2014. osce.org/home/123257.

---. 2015. „Package of Measures for the Implementation of the Minsk Agreements." 12. Februar 2015. osce.org/cio/140156.

OTB TV. 2013. „MMM – Piket v Khar'kove. Siuzhet Telekanala OTB." YouTube. 25. Juni 2013. youtube.com/watch?v=amuJBkjom1Q.

Palmer, Glenn, Roseanne W McManus, Vito D'Orazio, Michael R Kenwick, Mikaela Karstens, Chase Bloch, Nick Dietrich, Kayla Kahn, Kellan Ritter, und Michael J Soules. 2020. „MID-Level and Incident-Level Data 5.0." The Correlates of War Project. 9. November 2020. bit.ly/3lUPM5g.

---. 2021. „The MID5-Dataset, 2011-2014: Procedures, Coding Rules, and Description." *Conflict Management and Peace Science* Online-Vorabveröffentlichung (26. Februar 2021). doi.org/10.1177/0738894221995743.

Paramonow, Pawel. 2014. „Narodnyi Opolchenets v Donetske: 'Menia Nikto Siuda Ne Prisylal – Ya Sam Priekhal'." YouTube. 14. Mai 2014. youtube.com/watch?v=pXpMooWk48w.

Paskhover, Oleksandr. 2014. „Operatsiia Donbas: Kak Yanukovich i Yego Okruzhenie Seiut Khaos Na Vostoke Ukrainy." Novoye Vremya. 2. Juni 2014. bit.ly/3jjqb4h, ebenfalls archiviert unter archive.ph/4MbXk.

Pastor-Galindo, Javier, Pantaleone Nespoli, Félix Gómez Mármol, und Gregorio Martínez Pérez. 2020. „The Not Yet Exploited Goldmine of OSINT: Opportunities, Open Challenges and Future Trends." *IEEE Access* 8: 10282-304. doi.org/10.1109/ACCESS.2020.2965257.

pauluskp. 2014. „Ocherednoi Rossiiskii Turist Spalilsia v Donetske." 6. März 2014. bit.ly/3lXTGKE, ebenfalls archiviert unter archive.ph/j5p6d.

Pawlow, Arsen, und Jelena Gorbatschowa. 2015. „Motorola: 'Prosto Ne Bylo Prikaza Na Zakhvat Aeroporta Donetska'." Russkaja Planeta. 18. Mai 2015. bit.ly/3nfRsG5, ebenfalls archiviert unter archive.ph/87X3B.

Pawlowsky, Gleb. 2016. „Russian Politics Under Putin." Foreign Affairs. June 2016. fam.ag/3blmxD6.

Pegow, Semjon. 2016. „Kak ostavliali Slaviansk. Chast' II. Frits." Life. 9. Juli 2016. bit.ly/3AXjHy4, ebenfalls archiviert unter archive.ph/5UulR.

Peskow, Dmitri. 2015. „Peskov: Predlozheniia Glaz'eva Ne Vsegda Sovpadaiut s Pozitsiei Kremlia." RIA Nowosti. 8. September 2015. bit.ly/3IaOfAD, ebenfalls archiviert unter archive.ph/3BxMN.

---. 2016. „Peskov: V Kremle Ne Soglasny So Slovami Ob 'Ekonomicheskoi Katastrofe'." RIA Nowosti. 6. April 2016. bit.ly/34Xp1HF, ebenfalls archiviert unter archive.ph/7MbPz.

---. 2017. „Putin Ne Razdeliaet 'Spornuiu' Pozitsiiu Glaz'eva Po Novomu Prezidentu Germanii." RIA Nowosti. 17. Februar 2017. bit.ly/33DURIN, ebenfalls archiviert unter archive.ph/Axvg0.

---. 2019. „V Kremle Nazvali Slova Glaz'eva o 'Pereselentsakh' v Donbas Lichnym Mneniem." RIA Nowosti. 7. Mai 2019. bit.ly/35gCGJx, ebenfalls archiviert unter archive.ph/CCPio.

---. 2020. „Peskov Zaiavil Ob Otsutstvii v Rossii De-Yure Poniatiia ChVK." Interfax. 30. Juli 2020. bit.ly/3B72NzS, ebenfalls archiviert unter archive.ph/uueL7.

Petelin, Aleksandr, und German Raskin. 2014. „Odin Den' Voiny Na Yugo-Vostoke Ukrainy Stoit $3 Mln." Izvestiya. 30. Mai 2014. bit.ly/3jjsxQF, ebenfalls archiviert unter archive.ph/IKuiU.

Petljanowa, Nina. 2014. „Desant." Nowaja Gaseta. 26. August 2014. bit.ly/3ncfGRp, ebenfalls archiviert unter archive.ph/72EM2.

Petrulewytsch, Oleksandr. 2017. „V Dokumentakh Luganskoi SBU Jefremow Ne Upominalsia – Eks-Glava Upravleniia Petrulevich." 7. Juni 2017. bit.ly/30Ef2V7, ebenfalls archiviert unter archive.ph/ANYet.

Petrulewytsch, Oleksandr, und Dmytro Hordon. 2017. „Eks-Glava Donetskoi i Luganskoi SBU Petrulevich: Bez Sanktsii Syna Yanukovicha Po Klichke Sasha-Stomatolog Na Dolzhnost' v SBU Ne Naznachalsia Nikto." Gordon. 29. März 2017. bit.ly/3G5v8qX, ebenfalls archiviert unter archive.ph/KbVkI.

Pettersson, Therése. 2020. „UCDP/PRIO Armed Conflict Dataset Codebook Version 20.1." Uppsala Conflict Data Program (UCDP). 2020. ucdp.uu.se/downloads/ucdpprio/ucdp-prio-acd-201.pdf.

Pettersson, Therése, und Magnus Öberg. 2020. „Organized Violence, 1989-2019." *Journal of Peace Research* 57 (4): 597–613. doi.org/10.1177/0022343320934986.

Phillips, Graham. 2014. „'People's Mayor' of Slowjansk – Tour of His Soap Factory." YouTube. 26. April 2014. youtube.com/watch?v=W00KkYIMU_8.

Pigliucci, Massimo, und Maarten Boudry. 2014. „Prove It! The Burden of Proof Game in Science vs. Pseudoscience Disputes." *Philosophia* 42 (2): 487–502. doi.org/10.1007/s11406-013-9500-z.

Planeta Nowostej. 2014. „Yegor Russkii Vstrecha s Kadetami 1.10.14 g." 3. Oktober 2014. youtube.com/watch?v=dAlEhYPe-yI.

Poddubny, Jewgeni. 2014. „Na Yugo-Vostoke Ukrainy Formiruiutsia Partizanskie Otriady." Rossija 24. 22. März 2014. bit.ly/2Z4OxHR, ebenfalls archiviert unter archive.ph/2Mzqk.

Polemika. 2014. „Opolchenie Luganshchiny Vzialo Pod Kontrol' Zavod 'Proletarii'." 21. Mai 2014. bit.ly/3G8D7nw, ebenfalls archiviert unter archive.ph/zar7B.

Poluchina, Yuliya. 2015. „Vse Poshlo Po Klanu." Nowaja Gaseta. 3. Oktober 2015. bit.ly/30A2EW6, ebenfalls archiviert unter archive.ph/tDOXf.

Ponomarjow, Wjatscheslaw. 2014. „Narodnyi Mer Slavianska: 'My Ne Dumali, Chto Doidet Do Voiny, Tak Kak Nadeialis' Na Pomoshch' Rossii'." IA Regnum. 20. Oktober 2014. bit.ly/3aX9Zks, ebenfalls archiviert unter archive.ph/pgZiY.

Prazkowa, Anna. 2014a. „Net Voine! Pod Stenami Gorsoveta Sobralis' Sotni Mariupol'tsev Za Yedinuiu Ukrainu." 0629.com.ua. 5. März 2014. bit.ly/3B3YWR3, ebenfalls archiviert unter archive.ph/yxTN2.

---. 2014b. „V Mariupole Predstaviteli Prorossiiskogo Dvizheniia Razognali Miting Za Yedinuiu Ukrainu." 0629.com.ua. 15. März 2014. bit.ly/2Z82Yup, ebenfalls archiviert unter archive.ph/nvPyo.

---. 2014c. „V Mariupole Mitinguiushchie Vybili Dver' v Gorsovet." 0629.com.ua. 18. März 2014. bit.ly/3nfBP1h, ebenfalls archiviert unter archive.ph/00ua7.

---. 2014d. „V Mariupole Zakhvacheno Zdanie Gorodskogo Soveta." 0629.com.ua. 13. April 2014. bit.ly/3jk9sxT, ebenfalls archiviert unter archive.ph/4gW0P.

---. 2014e. „V Mariupole Pod Stenami GU Militsii Izbity 9 Mitinguiushchikh Za Yedinstvo Ukrainy." 0629.com.ua. 13. April 2014. bit.ly/3Gf68Om, ebenfalls archiviert unter archive.ph/YiNBT.

---. 2014f. „V Mariupole Vybrali Novogo „Narodnogo Mera" – Wjatscheslawa Kuklina." 0629.com.ua. 14. April 2014. bit.ly/3aSLbKH, ebenfalls archiviert unter archive.ph/YgLoH.

---. 2014g. „Zakhvatchiki Mariupol'skogo Gorsoveta Schitaiut, Chto Pod Voinskoi Chast'iu Pogibli Bolee 10 Chelovek." 0629.com.ua. 19. April 2014. bit.ly/3vsJInA, ebenfalls archiviert unter archive.ph/PN3SU.

---. 2014h. „V Mariupole Militsiia Osvobodila Iz Donetskoi Narodnoi Respubliki Piaterykh Plenniykh Voennykh." 0629.com.ua. 4. Mai 2014. bit.ly/2Xvd9c9, ebenfalls archiviert unter archive.ph/CrI77.

---. 2014i. „V Mariupole Gorsovet Otseplen Voennymi. Yest' Ranenyi." 0629.com.ua. 8. Mai 2014. bit.ly/3DYoZLE, ebenfalls archiviert unter archive.ph/meuzM.

---. 2014j. „V Mariupole Obrabotano Bolee 80% Protokolov. Lidiruet Poroshenko." 0629.com.ua. 27. Mai 2014. bit.ly/3aV6uva, ebenfalls archiviert unter archive.ph/ed4Hd.

Prelowskaja, Vera. 2014. „Kak „khoziain Donbasa" Rinat Akhmetov Vedet Biznes v Usloviiakh Voiny." RBK. 29. September 2014. bit.ly/3jgiBY4, ebenfalls archiviert unter archive.ph/KzBgv.

Prigoschin, Jewgeni. 2011. „Yevgenii Prigoschin: „Ya Poshel k Beglovu, On k Medvedevu, Tot k Putinu" - ..." Gorod 812. 28. Februar 2011. bit.ly/3OWkEPK, ebenfalls archiviert unter archive.ph/jxQJW.

---. 2022a. „Zapros Ot Redaktsii Radio „Komsomol'skaia Prawda" i Otvet." Concord Management und Beratung auf VK. 15. September 2022. bit.ly/3XQRsxF, ebenfalls archiviert unter archive.ph/3dSDG.

---. 2022b. „Zapros Ot Redaktsii Izdaniia 'Bloknot' i Otvet." Concord Management und Beratung auf VK. 26. September 2022. bit.ly/3GQx1Lk, ebenfalls archiviert unter archive.ph/InC5c.

Pskowskaja Gubernija. 2014. „Vsiu Rotu Polozhili." 2. September 2014. bit.ly/3jkMR40, ebenfalls archiviert unter archive.ph/I1eIm.

Puschylin, Denys. 2013a. „Registratsiia v MMM Pushilin Denis Wladimirowitsch Donetskaia Oblast', Makeevka, Ukraina." Keymmm.com. 10. Oktober 2013. bit.ly/3jljoai, ebenfalls archiviert unter archive.ph/dPEv7.

---. 2013b. „MMM Volonter: Avtobiografiia. Pushilin Denis." MMM Volonter. 25. November 2013. bit.ly/30K5nwp, ebenfalls archiviert unter archive.ph/FyiWR.

---. 2014. „Denis Pushilin Agitiruet Za Partiiu MMM Sergeia Mavrodi." YouTube. 17. Juni 2014. youtube.com/watch?v=DAHQ4FA5Tas.

Putin, Wladimir. 2022a. „Obrashchenie Prezidenta Rossiiskoi Federatsii." Kremlin.ru. 21. Februar 2022. bit.ly/3XVWZCF.

---. 2022b. „Transcript: Wladimir Putin's Televised Address on Ukraine." Bloomberg. 24. Februar 2022. bit.ly/3zh1azv, ebenfalls archiviert unter archive.ph/oxtBy.

Putin, Wladimir, und Sergej Aksjonow. 2014. „Vstrecha s Sergejem Aksjonowym." Kremlin.ru. 14. April 2014. bit.ly/3vXA0sk, ebenfalls archiviert unter archive.ph/7Izz9.

Putin, Wladimir, und Megyn Kelly. 2018. „Interv'iu Amerikanskomu Telekanalu NBC." President of Russia. 10. März 2018. bit.ly/3gYdPQY, ebenfalls archiviert unter archive.ph/JOzR1.

Putin@war. 2014. „A second more detailed look into the flight path of the jet in Lugansk." Blogspot. 3. Juni 2014. bit.ly/3E2pNii, ebenfalls archiviert unter archive.ph/O43ZJ.

Pyschowa, Oksana. 2016. „Prezentovana Kniga „Mariupol' 2014" Ob Istorii Goroda Glazami Ochevidtsa." Guru.ua. 5. Dezember 2016. bit.ly/3BZboTy, ebenfalls archiviert unter archive.ph/C4MPr.

Pywowarowa, Oksana. 2014a. „Posledstviia Shturma Tankovoi Bazy v Artemovske 20 Iiunia: Razbitye Dorogi, Gil'zy i Pozhar." 06274.com.ua. 20. Juni 2014. bit.ly/3vw4EKk, ebenfalls archiviert unter archive.ph/iTtss.

---. 2014b. „Posledstviia Piatogo Napadeniia Na Tankovuiu Bazu v Artemovske: Razbili KPP." 06274.com.ua. 27. Juni 2014. bit.ly/2Z4MwM9, ebenfalls archiviert unter archive.ph/c6tJn.

Radio Komsomolskaja Prawda. n.d. „Marat Baschirow." Abgerufen am 11. Januar 2021. bit.ly/2Z9I2UA, ebenfalls archiviert unter archive.ph/12B9b.

Rakuszitzky, Moritz, Daniel Romein, Roman Dobrokhotov, Aric Toler, und Klement Anders. 2018. „MH17-Russian GRU Commander 'Orion' Identified as Oleg Iwannikow." Bellingcat. 25. Mai 2018. bit.ly/3joD5y0.

Rauta, Wladimir. 2016. „Proxy Agents, Auxiliary Forces, and Sovereign Defection: Assessing the Outcomes of Using Non-State Actors in Civil Conflicts." *Southeast European and Black Sea Studies* 16 (1): 91–111. doi.org/10.1080/14683857.2016.1148416.

RBK. 2016. „Glaz'ev i Satulin Otvetili Na Publikatsiiu Proslushki Ikh Razgovorov o Kryme." 23. August 2016. bit.ly/3neYZou, ebenfalls archiviert unter archive.ph/0Ige5.

RBK-Ukraina. 2017. „Delo Jefremowa Nachnut Rassmatrivat' v Starobel'ske 16 Yanvaria - GPU." 14. Januar 2017. bit.ly/2Zac2PA, ebenfalls archiviert unter archive.ph/LCghc.

Relke, Alexej, und Walerij Bolotow. 2014. „Interv'iu s Armiei Yugo-Vostoka 07.04.14." YouTube. 7. April 2014. youtube.com/watch?v=oh3m7GaQPQY.

Reuters. 2022. „U.S. Plane Brings Javelin Missiles and Launchers to Ukraine." Reuters. 25. Januar 2022. bit.ly/3U9Zgr1, ebenfalls archiviert unter archive.ph/o21zp.

RIA Nowosti. 2014a. „Opolchentsy DNR Zaveli Tank Vremen Vtoroi Mirovoi Voiny." 6. Juni 2014. bit.ly/3E6wBvI, ebenfalls archiviert unter archive.ph/aKb6J.

---. 2014b. „Opolchenie DNR Priznalo, Chto Poluchilo Na Vooruzhenie Tri Tanka." 12. Juni 2014. bit.ly/3GcoFur, ebenfalls archiviert unter archive.ph/Rj8LJ.

---. n.d. „Marat Baschirow, Nowosti o Persone, Poslednie Sobytiia Segodnia." Abgerufen am 11. Januar 2021. bit.ly/3vwuspK, ebenfalls archiviert unter archive.ph/F8IUC.

RISE Moldova. 2019. „Generaly Bez Granits." YouTube. 30. Juli 2019. youtube.com/watch?v=ukQM88Whjwg.

Roberts, Clayton. 1996. *The Logic of Historical Explanation*. University Park, PA: Pennsylvania State University Press.

Robinson, Paul. 2016. „Russia's Role in the War in Donbas, and the Threat to European Security." *European Politics and Society* 17 (4): 506–521. doi.org/10.1080/23745118.2016.1154229.

Romalijska, Iryna. 2017a. „Khronika zakhvata Kryma. Proslushka sovetnika Putina. Chast' 1." Censor.net. 21. Dezember 2017. bit.ly/30EJ9M7, archiviert unter archive.ph/gEUtQ.

---. 2017b. „'Yanukovicha narod, bl#d,' vy#bet v etom Sevastopole!' Proslushka sovetnika Putina. Chast' 2." Censor.net. 28. Dezember 2017. bit.ly/3m1H8C6, archiviert unter archive.ph/jCEfc.

---. 2018a. „'V Khar'kove vziali uzhe oblsovet, v Donetske vziali. Nuzhno brat' v Odesse." Proslushka sovetnika Putina. Chast' 3." Censor.net. 18. Januar 2018. bit.ly/3CaHFHq, archiviert unter archive.ph/Ykc9l.

---. 2018b. „Yesli my zablokiruem Zaporozh'e, my vyigraem. Eto plotina, mosty i energetika. Bez energetiki Krym nezhiznesposoben'. Plenki Glaz'eva. Chast' 4." Censor.net. 30. Januar 2018. bit.ly/3B9jtns, archiviert unter archive.ph/ZmR92.

---. 2018c. „'Oni otmobilizuiut na Zapadnoi Ukraine otmorozkov, vooruzhat ikh. Eto ser'eznuiu ugrozu predstavliaet." Plenki Glaz'eva. Chast' 5." Censor.net. 6. Februar 2018. bit.ly/3C8f7y6, archiviert unter archive.ph/p2Rz5.

Romanenko, Anna, und Wjatscheslaw Abroskin. 2016. „Mangust Gotov Byl Sdat'sia. Yesli By Ne Odurachennye Mariupol'tsy, Terroristy Byli By Arestovany." 0629.com.ua. 9. Mai 2016. bit.ly/3b16F87, ebenfalls archiviert unter archive.ph/tDsHu.

Rossiiski Mirotworjez. 2014. „Opolchentsy Pod Luganskom Zakhvatili Tri Tanka T-64 Ukrainskikh VS." 9. Juni 2014. bit.ly/3C7VGWb, ebenfalls archiviert unter archive.ph/y18q2.

Rossija 24. 2015. „Crimea. The Way Home. Documentary by Andrey Kondrashev." YouTube. 15. März 2015. youtube.com/watch?v=t42-71RpRgI.

Rudenko, Miroslav. 2010. „Uchastnik No.22. Rudenko Miroslav - Raboty Konkursantov - Tsvetaevskaia Osen' 2010." 5. Oktober 2010. bit.ly/30RPsfB, ebenfalls archiviert unter archive.ph/QpRBo.

Russische Luftfahrtindustriegewerkschaft. 2017. „Profsoiuz i ODK Obsuzhdaiut Osnovnye Itogi Raboty i Prioritetnye Napravleniia Na Predstoiashchii Period." 15. März 2017. bit.ly/2Z9yyIn, ebenfalls archiviert unter archive.ph/bTS8m.

Russkaja Sluschba Novostej. 2014. „Koordinator Zakhvata OGA v Donetske Podtverdil Grazhdanstvo Rossii." YouTube. 12. April 2014. youtube.com/watch?v=cv1Qv9z0zdY.

Russki, Yegor. 2018. „Posle Boia Pod Luganskom u p. Metallist 17.06.2014 g." 2. November 2018. vk.com/video141474692_170788764.

Russki, Yegor, und LifeNews. 2018. „Razgrom Karatel'nogo Batal'ona 'Aidar'." 18. November 2018. vk.com/video141474692_170788764.

Sabbagh, Dan. 2022. „UK Supplying Ukraine with Anti-Tank Weapons, MPs Told." The Guardian. 17. Januar 2022. bit.ly/3VasasE, ebenfalls archiviert unter archive.ph/e7a4j.

Sakwa, Richard. 2015. *Frontline Ukraine: Crisis in the Borderlands*. London: I.B. Tauris.

---. 2017. „The Ukraine Syndrome and Europe: Between Norms and Space." *The Soviet and Post-Soviet Review* 44 (1): 9–31. doi.org/10.1163/18763324-04401003.

Salnytschenko, Anastasiia. 2014. „V Dobropol'skom Raione Idet Boi Opolchentsev i Natsgvardii." 06239.com.ua. 13. Juni 2014. bit.ly/3nox3Pc, ebenfalls archiviert unter archive.ph/ciwrn.

Sambanis, Nicholas. 2002. „A Review of Recent Advances and Future Directions in the Quantitative Literature on Civil War." *Defence and Peace Economics* 13 (3): 215–243. doi.org/10.1080/10242690210976.

Sambanis, Nicholas, Stergios Skaperdas, und William Wohlforth. 2020. „External Intervention, Identity, and Civil War." *Comparative Political Studies* 53 (14): 2155–2182. doi.org/10.1177/0010414020912279.

Sarkees, Meredith Reid. 2010. „The COW Typology of War: Defining and Categorizing Wars (Version 4 of the Data)." The Correlates of War Project. 2010. bit.ly/3GaINxi.

Sarkees, Meredith Reid, und Frank Wayman. 2010. *Resort to War: 1816 – 2007*. Washington DC: CQ Press.

Saweljew, Andrij. 2019a. *Voina v 16. Iz kadetov v „diversanty"*. Moskau: Knischni Mir.

---. 2019b. „Prezentatsiia Knigi 'Voina v 16' v Gorode-Geroe Sevastopole." YouTube. 20. März 2019. youtube.com/watch?v=reaWN0L3qMk.

---. 2019c. „Prezentatsiia Knigi 'Voina v 16' v Moskve." YouTube. 18. April 2019. youtube.com/watch?v=BvtRYsL8XR4.

---. 2019d. „Kak Pogib 'Romashka'." Russkaja Vesna. 2. Mai 2019. bit.ly/3jm9dST, ebenfalls archiviert unter archive.ph/I2Puo.

SBU. 2014a. „Audiozapys Koordynatora Separatystskykh Aktsii." Security Service of Ukraine auf YouTube. 7. April 2014. youtube.com/watch?v=VtWA2Wg59N4.

---. 2014b. „SBU Zatrymala Hromadianyna RF – Koordynatora Separatystskykh Aktsii Na Luhanshchyni." Security Service of Ukraine. 7. April 2014. bit.ly/3jrPDEO, ebenfalls archiviert unter archive.ph/k6Hzz.

---. 2014c. „GRU Slaviansk 14 04 14." Security Service of Ukraine auf YouTube. 14. April 2014. youtube.com/watch?v=xVDx-TqeWj4.

---. 2014d. „Shchodo Zbytoho Litaka (Onovleno)." Security Service of Ukraine auf YouTube. 17. Juli 2014. youtube.com/watch?v=V5E8kDo2n6g.

---. 2014e. „SSU, 'Boeing-777' plane crash, 'Buk-M1,' 17.07.2014." Security Service of Ukraine auf YouTube. 18. Juli 2014. youtube.com/watch?v=MVAOTWPmMM4.

---. 2017. „Ispol'zovanie Rossiei Chastnoi Voennoi Kompanii Vagnera." Security Service of Ukraine. 9. Oktober 2017. bit.ly/3E4QRgX.

Schaposchnikow, Rostyslaw. 2014. „Predatel'stvo Generala Khomchaka i Kombata Berezy." YouTube. 24. Oktober 2014. youtube.com/watch?v=WPC0RId3wPQ.

Schapowalow, Aleksandr. 2014. „Desiat' Donskikh Kazakov Pogibli Pod Luganskom." Nezavisimaya Gazeta. 26. Mai 2014. bit.ly/3vH3FHp, ebenfalls archiviert unter archive.ph/CDoV3.

Scharij, Anatolij. 2020a. „Boing. 'Ptichka Priletela'." YouTube. 10. August 2020. youtube.com/watch?v=3kDfmlkUDcY.

---. 2020b. „Twitter-Post ohne Titel." 17. Oktober 2020. archive.ph/7opla.

Scheguljow, Ilja. 2013. „Rassledovanie: Kak Lichnyi Kulinar Putina Nakormit Armiiu Za 92 Mlrd Rublei." Forbes Russia. 18. März 2013. bit.ly/3H8KKwP, ebenfalls archiviert unter archive.ph/ddEKv.

Schelling, Thomas C. 1966. *Arms and Influence*. New Haven: Yale University Press.

Scheschera, Ljudmyla. 2014. „Mariupol'tsev „uslyshali" v Krymu. Aksenov Napisal Obrashchenie k Zhiteliam Goroda." 0629.com.ua. 4. März 2014. bit.ly/3oPCHdH, ebenfalls archiviert unter archive.ph/Nih2t.

Schischkin, Philip. 2014. „Pro-Russian Separatist Takeover Changes Lives in Small Ukraine City." Wall Street Journal. 23. April 2014. on.wsj.com/3nly0Yl, archiviert unter archive.ph/EZLR6.

Schlosberg, Lew. 2014. „Mertvye i Zhivye." Pskowskaja Gubernija. 25. August 2014. bit.ly/3m6VDEJ, ebenfalls archiviert unter archive.ph/gfL3s.

Schneckener, Ulrich. 2021. „Hybrid War in Times of Geopolitics? On the Interpretation and Characterization of the Donbas Conflict." In *Civil War? Interstate War? Hybrid War? Dimensionen und Interpretationen des Donbas-Konflikts 2014-2020*, herausgegeben von Jakob Hauter, 23-59. Stuttgart: ibidem-Verlag.

Schram, Peter. 2021. „Hassling: How States Prevent a Preventive War." *American Journal of Political Science* 65 (2): 294–308. doi.org/10.1111/ajps.12538.

Schtscherbyna, Serhij. 2014a. „Separatiysty 'Simi'." Insider. 15. Mai 2014. bit.ly/3E9XGy0, ebenfalls archiviert unter archive.ph/16zn5.

---. 2014b. „Sviazi DNR: Ten' 'Khoziaev Donbasa'." Insider. 12. September 2014. bit.ly/3Ed50sL, ebenfalls archiviert unter archive.ph/OcU9h.

---. 2014c. „Sviazi DNR: Firma 'Liuks' i 'Sem'ia' Yanukovicha." Insider. 27. September 2014. bit.ly/3b3BQ2B, ebenfalls archiviert unter archive.ph/JLR3A.

Schutschkowski, Aleksandr. 2018. *85 Dney Slavyanska*. Nizhniy Novgorod: Chornaya Sotnya.

Schyrochow, Mychailo. 2016a. „Piat' Shturmov Artemovskoi Bazy: Istoriia Pervykh Pobed VSU." Liga.Net. 2016. bit.ly/3CFg4NS, ebenfalls archiviert unter archive.ph/bIMAf.

---. 2016b. „Tochka ukrainskogo nevozvrata: krovavyi chetverg 22 maia 2014." Frasa. 22. Mai 2016. bit.ly/32pdoaU; archiviert unter archive.ph/imAyv.

---. 2016c. „Istoriia pervykh pobed: shturm Luganskogo pogranotriada." Frasa. 16. September 2016. bit.ly/2Z4F9nV, archiviert unter archive.ph/CBXOz.

---. 2017. „Zabytye Srazheniia Leta 2014 Goda: Boi v Prigranich'e." Frasa. 5. Mai 2017. bit.ly/30Vixa6, ebenfalls archiviert unter archive.ph/Q7itn.

---. 2020. „'Russkaia Vesna' v Mariupole: Kak Boeviki Atakovali Gorod." Apostrof. 9. Mai 2020. bit.ly/3qXQwcI, ebenfalls archiviert unter archive.ph/WoL8V.

Schytschko, Vera. 2014. „Osada Voinskoi Chasti v Mariupole: „My Budem Otstrelivat'sia Do Poslednego Patrona. No Nam Nuzhna Pomoshch'!." Fakty. 18. April 2014. bit.ly/3czua8T, ebenfalls archiviert unter archive.ph/mFp3x.

Schywotow, Oleh. 2018. „Stenogramma Doprosa Svidetelia Po Delu Jefremowa." Strana.ua. 25. Oktober 2018. bit.ly/30K7oJt, ebenfalls archiviert unter archive.ph/RO9Uj.

Schywotow, Oleh, und Bohdan Butkewytsch. 2016. „Polkovnyk Oleh Schywotow: 'My ne zdavaly luhanske SBU'." Tyzhden.ua. 25. März 2016. bit.ly/3DG4Dqx, ebenfalls archiviert unter archive.ph/Ja8Kp.

Sdryljuk, Bronislava, und Valentina Murachowska. 2014. „Rodychi Abvera umovliaiut yoho zdatisia." Gazeta.ua. 8. Mai 2014. bit.ly/2mlWEwu, ebenfalls archiviert unter archive.ph/YZjbx.

Seawright, Jason. 2016. *Multi-Method Social Science: Combining Qualitative and Quantitative Tools*. Cambridge: Cambridge University Press. doi.org/10.1017/CBO9781316160831.

Segodnja. 2014a. „Kak Segodnia Mitingovali v Donetske." 23. Februar 2014. bit.ly/2Wnd85Q, ebenfalls archiviert unter archive.ph/TbCDU.

---. 2014b. „Poslednie sobytiia Donetska: formiruiut otriady samooborony i okhraniaiut Lenina." 24. Februar 2014. bit.ly/3vBZrRe, ebenfalls archiviert unter archive.ph/pQAvS.

---. 2014c. „Donetskii aeroport zachishchaiut pri pomoshchi shturmovoi aviatsii." 26. Mai 2014. bit.ly/3nkVsnk, ebenfalls archiviert unter archive.ph/7sLxQ.

---. 2014d. „V Slaviansk i Kramatorsk v'ekhali tanki." 6. Juni 2014. bit.ly/3nuwwKc, ebenfalls archiviert unter archive.ph/UKljS.

---. 2014e. „Strel'ba v Dobropol'e: boeviki s ustanovkami 'Grad' i razrukha." 13. Juni 2014. bit.ly/2Wi4zt6, ebenfalls archiviert unter archive.ph/YiIqn.

---. 2014f. „Pogranichnikov v Donbase obstrelivaiut minami s territorii RF." 17. Juli 2014. bit.ly/3GfhO3I, ebenfalls archiviert unter archive.ph/cbkM8.

---. 2014g. „Samye Rezonansnye Sobytiia Dnia v Donbase: 1 Sentiabria." 1. September 2014. bit.ly/3puiZVh, ebenfalls archiviert unter archive.ph/EIH78.

Sementschenko, Semen. 2014. „V Boiu Vozle Karlovki Ubito 11 Boitsov Batal'ona Vostok – Sementschenko." Korrespondent. 26. Mai 2014. bit.ly/3nlSJLy, ebenfalls archiviert unter archive.ph/qtFJr.

Semjonow, Aleksej. 2014. „Voina Spishet Vse." Pskowskaja Gubernija. 25. August 2014. bit.ly/3GdNpT6, ebenfalls archiviert unter archive.ph/rP63t.

Senekal, Burgert, und Eduan Kotzé. 2019. „Open Source Intelligence (OSINT) for Conflict Monitoring in Contemporary South Africa: Challenges and Opportunities in a Big Data Context." *African Security Review* 28 (1): 19–37. doi.org/10.1080/10246029.2019.1644357.

serg_slavorum. 2015. „Kratkaia Ekskursiia Po Beslerovskim Mestam Kosmodroma Plesetsk i Goroda Mirnyi." LiveJournal. 10. März 2015. bit.ly/3jnr0ZF, ebenfalls archiviert unter archive.ph/ugRHn.

Serhazkowa, Kateryna. 2014. „V Lagere Batal'ona 'Vostok'." Ukrainska Prawda. 2. Juni 2014. bit.ly/3CaXspG, ebenfalls archiviert unter archive.ph/aKcYV.

---. 2015. „Zanesennyi Vetrom. Kak Elektromekhanik Sachartschenko Vozglavil DNR." Novoye Vremya. 4. März 2015. bit.ly/3AZvf3K, ebenfalls archiviert unter archive.ph/5tNW3.

Shandra, Alya, und Robert Seely. 2019. „The Surkow Leaks. The Inner Workings of Russia's Hybrid War in Ukraine." London: Royal United Services Institute. bit.ly/3C7Txd8.

Shekhovtsov, Anton. 2016. „How Aleksandr Dugin's Neo-Eurasianists geared up for the Russian-Ukrainian War in 2005-2013." Anton Shekhovtsov's Blog. 25. Januar 2016. bit.ly/3E3n740, ebenfalls archiviert unter archive.ph/6frXL.

Sibirzew, Oleksandr. 2014. „Territorii Dikikh Strelkow." Westi Reporter. Mai 2014. bit.ly/3E5osrh, ebenfalls archiviert unter archive.ph/CR0yT.

Siddi, Marco. 2019. „Italy's 'Middle Power' Approach to Russia." *The International Spectator* 54 (2): 123–138. doi.org/10.1080/03932729.2018.1519765.

Sienkiewicz, Matt. 2015. „Open BUK: Digital Labor, Media Investigation and the Downing of MH17." *Critical Studies in Media Communication* 32 (3): 208–223. doi.org/10.1080/15295036.2015.1050427.

Skripnik, Jewgeni. n.d. „Odnoklassniki Profil." Abgerufen am 30. September 2020. bit.ly/3nipGtE, ebenfalls archiviert unter archive.ph/EfMLb.

Slowjansk Delowoj. 2014. „Slawjansk Prostilsya s Shestyu Pogibshimi Zemlyakami v Khode Provedeniya ATO 5 Maya." 7. Mai 2014. bit.ly/3EeNvIB, ebenfalls archiviert unter archive.ph/XiHJv.

Smale, Alison. 2014. „Merkel Issues Rebuke to Russia, Setting Caution Aside." The New York Times. 17. November 2014. bit.ly/3JH5du7.

Smith, Dan. 2004. „Trends and Causes of Armed Conflict. In *Transforming Ethnopolitical Conflict*, herausgegeben von Alex Austin, Martina Fischer, und Norbert Ropers, 111-27. Wiesbaden: VS Verlag für Sozialwissenschaften. doi.org/10.1007/978-3-663-05642-3_6.

Smith, M.L.R. 2012. „Escalation in Irregular War: Using Strategic Theory to Examine from First Principles." *Journal of Strategic Studies* 35 (5): 613–637. doi.org/10.1080/01402390.2012.706967.

Smoke, Richard. 1977. *War: Controlling Escalation*. Cambridge, MA und London: Harvard University Press.

Smyrnowa, Olena. 2014. „Ya Ne Pozvoliu, Chtoby Mne Ukazyvali, Na Kakom Yazyke Mne Razgovarivat'." Fakty. 24. Februar 2014. bit.ly/3CahQHB, ebenfalls archiviert unter archive.ph/3ZSFE.

Sokolowa, Olena. 2014a. „V Mariupole Mnogotysiachnyi Miting Zaiavil o Provedenii Referenduma." 0629.com.ua. 8. März 2014. bit.ly/3E7X7Vh, ebenfalls archiviert unter archive.ph/CIxQO.

---. 2014b. „V Mariupole mitinguiushchie razbili stekla i vybili dveri v zdanii prokuratury i gorsoveta." 0629.com.ua. 5. April 2014. bit.ly/3jwOPOO, ebenfalls archiviert unter archive.ph/7HE7g.

---. 2014c. „V Mariupole DNR Veshchaet o Fashizme Na Tsentral'nom Prospekte." 0629.com.ua. 26. April 2014. bit.ly/30TxnxI, ebenfalls archiviert unter archive.ph/cfSjZ.

---. 2014d. „V Mariupole na uchastkakh dezhuriat liudi v oranzhevykh zhiletakh (Fotofakt)." 0629.com.ua. 25. Mai 2014. bit.ly/2XCTebk, ebenfalls archiviert unter archive.ph/bW37T.

Solntsew, Mykola, und Eduard Okopow. 2014. „'Vostochnyi Front' v Donetske: Separatizm Ne Privedet k Blagopoluchiiu." Nowosti Donbasa. 8. März 2014. bit.ly/3nfgRQ4, ebenfalls archiviert unter archive.ph/n5pt5.

Soshin, Juri. 2017. „Ataman Nikolai Kozitsin i 'Kazach'ia Natsional'naia Gvardiia'." APN.ru. 22. Februar 2017. bit.ly/3prjb9r, ebenfalls archiviert unter archive.ph/8i0v3.

Sotiriou, Stylianos A. 2016. „The irreversibility of history: the case of the Ukrainian crisis (2013–2015)." *Southeast European and Black Sea Studies* 16 (1): 51–70. doi.org/10.1080/14683857.2016.1150700.

Staatsduma. n.d. „Borodai Aleksandr Yur'evich." Abgerufen am 26. Oktober 2021. bit.ly/3qHgq4e.

Stachiw, Jewhen. 1995. *Kriz Tiurmy, Pidpillia i Kordony. Povist Moho Zhyttia*. Kyjiw: Rada.

Stek, Lewko. 2020. „Rossiiskie Boeviki Sbezhali s Donbasa v Krym. Delo MN17." Radio Free Europe/Radio Liberty auf YouTube. 9. März 2020. youtube.com/watch?v=Qr4N2I_RlbM.

Still, Keith. 2013. „Static Crowd Density Visuals (100 Square Meters)." Crowd Safety and Risk Analysis. 2013. bit.ly/3bi5emS, ebenfalls archiviert unter archive.ph/jjjiB.

Stopfake.org. 2014. „Analiz Sobytii v Luganske." 3. Juni 2014. bit.ly/2ZkkgFa, ebenfalls archiviert unter archive.ph/wip/4Avmv.

Strubchevskyj, Pawlo, und Sergej Kotkalo. 2015. „V Godovshchinu Nachala Voiny Na Donbase. Pawel Strubchevskii. 'Kak Eto Bylo'." Anna News auf YouTube. 5. April 2015. youtube.com/watch?v=HoWbK5ySgJM.

Studenna-Skrukwa, Marta. 2014. *Ukraiński Donbas. Oblicza Tożsamości Regionalnej*. Poznań: Nauka i Innowacje.

Suchankin, Sergej. 2019. „Unleashing the PMCs and Irregulars in Ukraine: Crimea and Donbas." The Jamestown Foundation. 3. September 2019. bit.ly/3GhRwNW.

---. 2020a. „Russian Mercenaries Pour Into Africa and Suffer More Losses (Part One)." The Jamestown Foundation. 21. Januar 2020. bit.ly/3Gh9q3q.

---. 2020b. „Russian Mercenaries Pour Into Africa and Suffer More Losses (Part Two)." The Jamestown Foundation. 26. Juni 2020. bit.ly/3G8RBUl.

Suganami, Hidemi. 1996. *On the Causes of War*. Oxford: Clarendon.

Sundberg, Ralph, Kristine Eck, und Joakim Kreutz. 2012. „Introducing the UCDP Non-State Conflict Dataset." *Journal of Peace Research* 49 (2): 351–362. doi.org/10.1177/0022343311431598.

Surkow, Vladislav, und Aleksandr Borodaj. 2021. „ChVK Pegow Surkow i Borodai o Budushchem LDNR, Ukraine, Boinge, Baidene i Chinovnikakh." YouTube. 12. Juni 2021. youtube.com/watch?v=gYuqBK83l3o.

Sutyagin, Igor. 2015. „Briefing Paper: Russian Forces in Ukraine." Royal United Services Institute. March 2015. bit.ly/3pvCPRq.

Swetikow, Oleksij. 2017. „Osvobozhdenie Lisichanska: Vspomnit' Vsekh Poimenno." Segodnja v Severodonetske. 23. Juli 2017. bit.ly/3B8V1mn, ebenfalls archiviert unter archive.ph/mMGE1.

Swjaschtschenko, Julia. 2014a. „V Tsentre Mariupolia Izbili Mitinguiushchikh Za Yedinuiu Ukrainu." 0629.com.ua. 11. April 2014. bit.ly/3cnmCWU, ebenfalls archiviert unter archive.ph/tN9pw.

---. 2014b. „Predstaviteli DNR Zashli v Mariupol'skii Gorsovet i Otravilis' Gazom." 0629.com.ua. 7. Mai 2014. bit.ly/3wTfP0o, ebenfalls archiviert unter archive.ph/XcCi8.

---. 2014c. „Spisok Pogibshikh v Mariupole 9 Maia Rastet." 0629.com.ua. 15. Mai 2014. bit.ly/3wV32us, ebenfalls archiviert unter archive.ph/qPPwG.

Syrian Archive. n.d. „The Syrian Archive Project." Abgerufen am 11. Dezember 2022. syrianarchive.org.

Taruta, Serhij, und Viktor Schlintschak. 2014. „Sergei Taruta: 'Na Donbase Mnogie Prodolzhaiut Dumat' Tak – Da, Byl 'Bat'ka,' Da, 'Bat'ka' Grabil, No On Byl Svoi'." Glavkom. 18. April 2014. bit.ly/3DtQUDb, ebenfalls archiviert unter archive.ph/jAgTR.

TASS. 2014a. „Mer Donetska Podtverdil Gibel' 40 Chelovek v Rezul'tate Spetsoperatsii Kieva." 27. Mai 2014. bit.ly/3qRxrcl, ebenfalls archiviert unter archive.ph/ASmYt.

---. 2014b. „Pogransluzhba Ukrainy Zaiavila o Shturme Opolchentsami Upravleniia Luganskogo Pogranotriada." 2. Juni 2014. bit.ly/3DCRuOU, ebenfalls archiviert unter archive.ph/X7Eh5.

---. 2014c. „V DNR Podverdili Fakt Zaderzhaniya Marodnogo Mera Slavyanska." 10. Juni 2014. bit.ly/3x99vCp, ebenfalls archiviert unter archive.ph/ob7OC.

Telekanal Donbas. 2014. „V Perestrelke Vozle Voinskoi Chasti v Mariupole Pogiblo Troe." YouTube. 17. April 2014. youtube.com/watch?v=qWMIdh8WvFM.

Teslenko, Lina, und Jaroslaw Tyntschenko. 2019. „Skilki Voiniv Zahynuly v Ilowajskomu Otochenni: Vidome Tochne Chyslo i Imena." Novynarnia. 28. August 2019. bit.ly/3oBwkKP, ebenfalls archiviert unter archive.ph/leQsG.

The Ukrainian Week. 2014. „In the Army Now: Answering Many Why's." 8. Juli 2014. archive.ph/1v9Xw.

Toler, Aric. 2020a. „How to Verify and Authenticate User-Generated Content." In *Digital Witness: Using Open Source Information for Human Rights Investigation, Documentation, and Accountability*, herausgegeben von Sam Dubberley, Alexa Koenig, und Daragh Murray, 185-227. Oxford: Oxford University Press.

---. 2020b. „Twitter-Post ohne Titel." 30. Juli 2020. bit.ly/3wTuYyS, ebenfalls archiviert unter archive.ph/8aXoY.

Trifon, und Danil Bessonow. 2020a. „Zakhvat Aerodroma." Analiticheskaya Sluzhba Donbasa. 24. Februar 2020. bit.ly/30DRekG, ebenfalls archiviert unter archive.ph/SrkG4.

---. 2020b. „Krymskaia Vesna." Analiticheskaya Sluzhba Donbasa. 24. Februar 2020. bit.ly/3Drx7V0, ebenfalls archiviert unter archive.ph/g1Z5J.

---. 2020c. „Russkaia Vesna: Ekskliuzivnoe Interv'iu 'Trifona'." Analiticheskaya Sluzhba Donbasa. 26. Februar 2020. bit.ly/3oBBXZE, ebenfalls archiviert unter archive.ph/uVveq.

TRK Sigma. 2014. „Mariupol. Posle Shturma V/Ch No.3057 17.04.14." YouTube. 17. April 2014. youtube.com/watch?v=pQzcuHUTdE8.

Tschalenko, Aleksandr, und Andrij Saweljew. 2019. „Uchastnik Oborony Slavianska: Motorola Byl Tak Silen Dukhom, Chto Yemu Ne Protivilis' Drugie Komandiry." Ukraina.ru. 21. Februar 2019. bit.ly/3oArr6m, ebenfalls archiviert unter archive.ph/Sxkue.

Tscherniakow, Wadym. 2012. „Lebenslauf vom 22. Februar 2012." Work.ua. 22. Februar 2012. bit.ly/3lfhiu0, ebenfalls archiviert unter archive.ph/Yh2EK.

Tschernyschew, Jewgeni. 2014. „Novyi Vitse-Prem'er DNR Wladimir Antiufeev: Ya Pribyl v DNR Na Stol'ko, Na Skol'ko Budet Nuzhno. Terroristy Budut Unichtozhat'sia Na Meste." Nakanune.ru. 16. Juli 2014. bit.ly/3DcTpJF, ebenfalls archiviert unter archive.ph/CcORB.

Tschetwertaja Wlast. 2015. „Akhmetov i DNR. Kak Donetskii Oligarkh Reagiroval Na Deistviia Separatistov – Tschetwertaja Wlast." 21. April 2015. bit.ly/2Ys0wio, ebenfalls archiviert unter archive.ph/rNh2w.

TSN. 2014a. „V Mariupole Separatisty Ob'iavili 'Narodnym Merom' Reketira Pod Sledstviem." 28. März 2014. bit.ly/3CqT4SH, ebenfalls archiviert unter archive.ph/bq6h3.

---. 2014b. „Ljaschko Zapostil Foto 'Ministra Oborony Separatistov' v Trusakh." 7. Mai 2014. bit.ly/3qNlYuk, ebenfalls archiviert unter archive.ph/qEwI4.

---. 2014c. „Ukrainskie Desantniki Ubili Odnogo i Ranili 14 Terroristov v Luganske." 10. Juni 2014. bit.ly/3wZBsfB, ebenfalls archiviert unter archive.ph/dSd2d.

---. 2019a. „5 Rokiv Viiny Za 2 Khvylyny." YouTube. 14. April 2019. youtube.com/watch?v=ciJJhpQVhp0.

---. 2019b. „Ataman 'Terets': Kontrrazvedka Razoblachila Rossiianina, Kotoryi Byl 'Komendantom' Okkupirovannogo Kramatorska i Zakhvatyval Ukrainskie Tserkvi v Krymu." 18. Oktober 2019. bit.ly/3hnSKNN, ebenfalls archiviert unter archive.ph/Tzm3m.

Tsygankov, Andrei. 2015. „Wladimir Putin's Last Stand: The Sources of Russia's Ukraine Policy." *Post-Soviet Affairs* 31 (4): 279–303. doi.org/10.1080/1060586X.2015.1005903.

Tumanow, Grigoriy. 2016. „Tenevoi Blok." Kommersant Wlast. 29. Februar 2016. bit.ly/3cnK86c, ebenfalls archiviert unter archive.ph/cTOfP.

Turtschynow, Oleksandr. 2014a. „Turchinov Grozit Donbasu 'Antiterroristicheskimi Merami'." YouTube. 7. April 2014. youtube.com/watch?v=DhXsPxLWr7k.

---. 2014b. „O. Turtschynow: My ne damo Rosii povtoryty krymskyi stsenarii u skhidnomu rehioni Ukrainy." YouTube. 13. April 2014. youtube.com/watch?v=qrV0JmNLf-c.

UCDP. n.d.a. „Ukraine: Donetsk." Abgerufen am 26. Oktober 2021. Uppsala Conflict Data Program (UCDP). bit.ly/3GqKE0P, archiviert unter archive.ph/8lrMI.

---. n.d.b. „Ukraine: Lugansk." Abgerufen am 26. Oktober 2021. Uppsala Conflict Data Program (UCDP). bit.ly/3nuBbwT, archiviert unter archive.ph/oh51t.

---. n.d.c. „Ukraine: Novorossiya." Abgerufen am 26. Oktober 2021. Uppsala Conflict Data Program (UCDP). bit.ly/3pEl6Y4, archiviert unter archive.ph/qnp2R.

UINP. 2022. „Informatsiino-Metodychni Materialy Do Dnia Heroiv Nebesnoi Sotni, Rozrobleni Natsionalnym Muzeiem Revoliutsii Hidnosti." Ukrainisches Institut für Nationales Gedenken. 18. Februar 2022. bit.ly/3YwhjLF, ebenfalls archiviert unter archive.ph/5CHjL.

UK Government. 2019. „Intelligence Collection, Analysis and Dissemination Policy Framework." Ministry of Justice, HM Prison & Probation Service. bit.ly/3w40lFu.

Ukraine@war. 2015. „Google Earth Shows Russians Crossed Border to Attack Ukrainian Camp at Zelenopole." Blogspot. 29. Januar 2015. bit.ly/3nFWkpr, ebenfalls archiviert unter archive.ph/8paSw.

Ukrainisches Außenministerium. 2014. „Geneva Statement on Ukraine." Vertretung der Ukraine bei der NATO. 17. April 2014. bit.ly/3oH0WLe, archiviert unter archive.ph/vcq7M.

Ukrainska Prawda. 2014a. „Luganskuiu OGA shutrmovali, yest' postradavshie." 22. Februar 2014. bit.ly/3nA93db, ebenfalls archiviert unter archive.ph/zOgiI.

---. 2014b. „V sotssetiakh verbuiut rossiian dlia aktsii na Donbase i Odesse." 3. März 2014. bit.ly/3CwHN3u, ebenfalls archiviert unter archive.ph/pgBxJ.

---. 2014c. „V Luganske prorossiiskie aktivisty izbili Yevromaidan i zakhvatili OGA." 9. März 2014. bit.ly/32c0lcF, ebenfalls archiviert unter archive.ph/R428b.

---. 2014d. „V Bakhchisarae Pokhishchennyi Komandir Sdal Voennuiu Chast' Zakhvatchikam." 10. März 2014. bit.ly/3FvTitU, ebenfalls archiviert unter archive.ph/BPFO4.

---. 2014e. „Yarema i Timoshenko srochno letiat v Donetsk, glava SBU - v Lugansk." 7. April 2014. bit.ly/2Z2AbrC, ebenfalls archiviert unter archive.ph/zrCJk.

---. 2014f. „Donetskie Separatisty Poobeshchali Osvobodit' Zdanie SBU i Slozhit' Oruzhie - Yarema." 8. April 2014. bit.ly/3DADup8, ebenfalls archiviert unter archive.ph/NiWWH.

---. 2014g. „Zakhvativshie zdanie SBU v Luganske otpravili svoikh na peregovory s vlast'iu." 8. April 2014. bit.ly/3kPcxqs, ebenfalls archiviert unter archive.ph/sSVAO.

---. 2014h. „Separatisty Pokinuli Zdanie SBU v Donetske, Ischezlo Oruzhie - Istochnik." 8. April 2014. bit.ly/3FuKGnd, ebenfalls archiviert unter archive.ph/jcfqd.

---. 2014i. „Yarema nadeetsia, chto k 11 utra v Donetskoi OGA separatistov uzhe ne budet." 9. April 2014. bit.ly/3cthNeu, ebenfalls archiviert unter archive.ph/y8TEY.

---. 2014j. „Akhmetov Predlozhil Separatistam Byt' Posrednikom." 10. April 2014. bit.ly/3CDmGMF, ebenfalls archiviert unter archive.ph/fLxjM.

---. 2014k. „Luganskie separatisty uzhe khotiat amnistiiu dlia 'Berkuta'." 11. April 2014. bit.ly/3oE5NN4, ebenfalls archiviert unter archive.ph/UiQXc.

---. 2014l. „SBU Razyskivaet Rossiiskogo Podpolkovnika, Kotoryi Zakhvatyval Militsiiu v Gorlovke." 18. April 2014. bit.ly/3nyOnCd, ebenfalls archiviert unter archive.ph/lCQxt.

---. 2014m. „1 voennyi pogib i 3 raneny v boiu mezhdu Rubezhnym i Druzheliubovkoi." 23. Mai 2014. bit.ly/3oJXxuX, ebenfalls archiviert unter archive.ph/uYjm0.

---. 2014n. „Ot Terroristov Osvobodili Yeshche 2 Goroda - Artemovsk i Druzhkovku." 6. Juli 2014. bit.ly/3oML3Td, ebenfalls archiviert unter archive.ph/NKHd0.

---. 2014o. „Voennykh vozle Zelenopol'ia obstreliali so storony granitsy s RF." 11. Juli 2014. bit.ly/3HBMxsi, ebenfalls archiviert unter archive.ph/1rZBQ.

Utow, Michail. 2019. „Donbaskii Gruz-200 ChVK „Vagnera." Chast' 1." 7. Mai 2019. bit.ly/3HFGzGI, archiviert unter archive.ph/XJoKh.

Vasquez, John A. 1993. *The War Puzzle*. Cambridge: Cambridge University Press.

Vereinte Nationen. 2020. „Berkeley Protocol on Digital Open Source Investigations." UC Berkeley School of Law Human Rights Center und OHCHR. bit.ly/3zSzD7H.

VICE News. 2014. „The New Rebel Offensive: Russian Roulette (Dispatch 72)." YouTube. 2. September 2014. youtube.com/watch?v=hgrSb8G57cI.

VK. 2014. „Evgen Zloy Profile Page Snapshot." 24. April 2014. archive.ph/r1YNQ.

Weselowa, Viktoria. 2017. „Krymski 'Gruz 200:' Krymchane, Pogibshiye v Boyakh Za 'DNR' i 'LNR'." Radio Free Europe/Radio Liberty. 17. Mai 2017. bit.ly/30ONzAk, ebenfalls archiviert unter archive.ph/besao.

Westi. 2014a. „Luganskii oblsovet priznal kievskuiu vlast' nelegitimnoi." 2. März 2014. bit.ly/3kZqzFN, ebenfalls archiviert unter archive.ph/eTwSt.

---. 2014b. „V Donetskuiu OGA Zavezli Avtomaty Kalashnikova. Protestuiushchie Govoriat, Chto 'Otstupat' Teper' Nekuda'." 7. April 2014. bit.ly/3nBhxRc, ebenfalls archiviert unter archive.ph/caeoL.

---. 2014c. „Awakow rasskazal o rezul'tatakh nochnoi spetsoperatsii v Mariupole." 17. April 2014. bit.ly/3cChY7w, ebenfalls archiviert unter archive.ph/LKVRy.

---. 2014d. „V Mariupole Podschityvaiut Pogibshikh i Zhdut Zachistki Goroda." 7. Mai 2014. bit.ly/3l0CX8u, ebenfalls archiviert unter archive.ph/6jqsG.

---. 2014e. „Awakow Rasskazal o Gibeli 21 Cheloveka s Oboikh Storon v Perestrelke v Mariupole." 9. Mai 2014. bit.ly/3xcdON3, ebenfalls archiviert unter archive.ph/OEwSs.

---. 2014f. „V Mariupole 9 maia pogibli sem' chelovek i 39 postradali." 9. Mai 2014. bit.ly/3CzpLNW, ebenfalls archiviert unter archive.ph/kdygt.

---. 2014g. „V Slavianske iz artillerii obstreliali detskuiu bol'nitsu." 30. Mai 2014. bit.ly/3nFELFP, ebenfalls archiviert unter archive.ph/256Lf.

Westi.ru. 2014. „Donetskim Opolchentsam Ne Udalos' Zakhvatit' Tankovuiu Bazu v Artemovske." 20. Juni 2014. bit.ly/30S2REw, ebenfalls archiviert unter archive.ph/XYIio.

Wheatley, Ben. 2018. „British Open Source Intelligence (OSINT) and the Holocaust in the Soviet Union: Persecution, Extermination and Partisan Warfare." *Intelligence and National Security* 33 (3): 422–438. doi.org/10.1080/02684527.2017.1410516.

Wikimapia. n.d. „Turbaza 'Yaseny'." Abgerufen am 4. August 2021. bit.ly/3oPS8CD, archiviert unter archive.ph/j0MF8.

Wilson, Andrew. 2014. *Ukraine Crisis. What It Means for the West*. New Haven und London: Yale University Press.

---. 2016. „The Donbas in 2014: Explaining Civil Conflict Perhaps, But Not Civil War." *Europe-Asia Studies* 68 (4): 631–652. doi.org/10.1080/09668136.2016.1176994.

Wotinowa, Anna. 2014. „Voronezhtsy Na Mitinge: Derzhis', Lugansk! Voronezh s Toboi!" Bloknot Voronezh. 29. März 2014. bit.ly/3nBoy4u, ebenfalls archiviert unter archive.ph/2hxul.

yadocent. 2014. „Pavshie v Luganske." LiveJournal. 4. Juni 2014. bit.ly/3DG3ajX, ebenfalls archiviert unter archive.ph/zSG0F.

YouTube. 2012. „Rossiia, A280 – Ukraina, M14. [Taganrog – Mariupol']." 6. Dezember 2012. youtube.com/watch?v=zheX2iflqUg.

---. 2014a. „'Aktsiya 'Antimaydanovtsev' + Tsirk Ot Shtepy, v Den Traura, 23.02.2014, g.Slavyansk (Donetskaya Obl.)." 23. Februar 2014. youtube.com/watch?v=qxLpBLH-ohM.

---. 2014b. „Miting v Donetske 23 Fevralia 2014. Chto Na Samom Dele Dumaiut Zhiteli Donetska." 23. Februar 2014. youtube.com/watch?v=2aklurujd9A.

---. 2014c. „MVI 0094." 1. März 2014. youtube.com/watch?v=laUFb_7ZgBs.

---. 2014d. „Miting V Luganske. 1 Marta 2014." 1. März 2014. youtube.com/watch?v=ckVkZDf_34g.

---. 2014e. „Miting Na Ploshchadi Lenina v Donetske 1 Marta 2014 Goda." 1. März 2014. youtube.com/watch?v=rOTNZyCvOEs.

---. 2014f. „Russkaia Vesna – Lugansk 1 Marta 2014." 1. März 2014. youtube.com/watch?v=I6pNxaRlaUg.

---. 2014g. „Shestvie / Mirnyi Miting v Donetske 1 Marta 2014 Goda." 1. März 2014. youtube.com/watch?v=3GFrijU8NvE.

---. 2014h. „Dveri." 2. März 2014. youtube.com/watch?v=EN6mZfuSfI8.

---. 2014i. „Mitingi v Donetske Prodolzhaiutsia. 3 Marta 2014." 3. März 2014. youtube.com/watch?v=KadxzCjEXSg.

---. 2014j. „Shturm DonODA." 3. März 2014. youtube.com/watch?v=AMDYy2bTGMg.

---. 2014k. „Antifashistskii Miting v Mariupole 08.03.2014." 8. März 2014. youtube.com/watch?v=yXpTwi56Z6I.

---. 2014l. „Obrashchenie Yugo-Vostoka." 16. März 2014. youtube.com/watch?v=6E_Tx1ZtxnQ.

---. 2014m. „Gorsovet Mariupol." 18.03.14. Wjatscheslaw Kuklin." 18. März 2014. youtube.com/watch?v=eN-Md2OjFQw.

---. 2014n. „Vnimanie! Mobilizatsiia Yugo-Vostoka Ukrainy!" 1. April 2014. youtube.com/watch?v=M8s1IetITWs.

---. 2014o. „6 Aprelia 2014 Sobytiia v Donetske. Polnoe Video." 6. April 2014. youtube.com/watch?v=RsFeWotGFxM.

---. 2014p. „06 Aprelia 2014 Shturm – Zakhvat SBU Luganskoi Oblasti." 6. April 2014. youtube.com/watch?v=_NuCnoXJ5Vo.

---. 2014q. „V Donetske 6 Aprelia 2014 Zakhvat Gorodskoi Administratsii." 6. April 2014. youtube.com/watch?v=fFeA1t6oQQk.

---. 2014r. „Donetsk 6 Aprelia 2014 Chast' 5 Narod Shturmuet OblGosAdministratsiiu Donetska." 6. April 2014. youtube.com/watch?v=8p3G2dUDs4c.

---. 2014s. „Donetsk 6 Aprelia 2014 Chast' 12 Obsuzhdenie Plana Deistvii s Militsiei." 6. April 2014. youtube.com/watch?v=W_5zuSwAlI8.

---. 2014t. „Donetsk 6 Aprelia 2014 Chast' 14 Obrashchenie Glav Soprotivleniia Donbasa!!!" 6. April 2014. youtube.com/watch?v=LWJLnCov3gA.

---. 2014u. „Donetsk 7 Aprelia 2014 Noch' Oblastnaia Administratsiia Donetskoi." 6. April 2014. youtube.com/watch?v=wH4jI6p4_R4.

---. 2014v. „Lugansk, 06.04.2014. Zakhvat Zdaniia SBU." 6. April 2014. youtube.com/watch?v=yJQO3GOZPTg.

---. 2014w. „Shturm Obladministratsii v Donetske. 06.04.2014 / Storming of the Regional Administration in Donetsk." 6. April 2014. youtube.com/watch?v=XgzV8XIycqU.

---. 2014x. „Provozglashenie Donetskoi Narodnoi Respubliki 07.04.2014." 7. April 2014. youtube.com/watch?v=SRJ1YqjMu3s.

---. 2014y. „V Donetske Vybrali Chlenov Vremennogo Pravitel'stva." 8. April 2014. youtube.com/watch?v=5C6YafI992w.

---. 2014z. „Donetsk 8 Aprelia 2014." 8. April 2014. youtube.com/watch?v=DzSIYR9zojQ.

---. 2014aa. „Zakhvat SBU Donetsk 07.04.2014." 8. April 2014. youtube.com/watch?v=Ir_u2B-VUwc.

---. 2014ab. „Rinat Achmetov i Nikolai Lewtschenko Vozle Donetskoi OGA. 8.04.2014." 8. April 2014. youtube.com/watch?v=01eWab_Wvvc.

---. 2014ac. „Zdanie SBU g. Luganska 09.04.2014g., 18:30." 9. April 2014. youtube.com/watch?v=57ukdTFwXgU.

---. 2014ad. „Presse-Konferentsiia Yugo-Vostochnoi Armii 09.04.14." 9. April 2014. youtube.com/watch?v=Pp3AKWSKVQ4.

---. 2014ae. „Press Konferentsiia Vremennogo Pravitel'stva DNR." 10. April 2014. youtube.com/watch?v=IT4MhwcBwrI.

---. 2014af. „Presse-Konferentsiia Pravitel'stva Donetskoi Narodnoi Respubliki. 10.04.2014." 10. April 2014. youtube.com/watch?v=VKxEYpoAB_Q.

---. 2014ag. „Zakhvat UVD g.Slaviansk." 12. April 2014. youtube.com/watch?v=F_1Aji1GFXM.

---. 2014ah. „Slaviansk Shturm Gorotdela 12 04 2014." 12. April 2014. youtube.com/watch?v=QDXqnVqGlGI.

---. 2014ai. „Kramatorsk, Zakhvat Otdela MVD." 13. April 2014. youtube.com/watch?v=VGLr8-6Dpxs.

---. 2014aj. „Besler I.N. (BYeS) v Gorlovke. (Zakhvat Raiotdela) 14 04 2014." 14. April 2014. youtube.com/watch?v=ElFPsRUqE8Y.

---. 2014ak. „Kramatorsk i Slaviansk,16 04 2014 Samooborona Poluchila BMD." 16. April 2014. youtube.com/watch?v=BDqm7UWumz8.

---. 2014al. „Shou Na BMD v Slavianske 16.04.2014." 16. April 2014. youtube.com/watch?v=96knzHmsIO0.

---. 2014am. „Fragmenty Poezdki Rebiat Shkoly Biznesa LIDYeR k Nikolaiu Tarasenko." 25. April 2014. youtube.com/watch?v=HVEVY7hqjrU.

---. 2014an. „Antratsit 05.05.2014 Pribytie Vezhlivykh Kazakov." 5. Mai 2014. youtube.com/watch?v=A2Ux-I_EDlw.

---. 2014ao. „Lugansk Antratsit v Gorod Priekhali Russkie Kazaki." 6. Mai 2014. youtube.com/watch?v=dEhNvhXrUO4.

---. 2014ap. „Vstrecha s Predstaviteliami DNR v Mariupole 18.05.2014." 18. Mai 2014. youtube.com/watch?v=6YQaOQZTVIQ.

---. 2014aq. „Rasstrel Ukrainskimi Vertoletami Svoikh Ukrainskikh Chastei v Wolnowacha (Blagodatnoe) 22 Maia 2014." 22. Mai 2014. youtube.com/watch?v=psCnGMEL4d0.

---. 2014ar. „Pokhorony Geroev Stakhanova." 24. Mai 2014. youtube.com/watch?v=Z5_X-IcdepQ.

---. 2014as. „Obrashchenie Komendanta DNR k Meru Mariupolia i Gorozhanam. 28.05.2014." 28. Mai 2014. youtube.com/watch?v=hj5w7-zs-cE.

---. 2014at. „2 06 14 Lugansk Shturm Pogranchasti Boitsami Armii Luganskoi Narodnoi Respubliki." 2. Juni 2014. youtube.com/watch?v=z0498KjrFBY.

---. 2014au. „Geroi Novorossii – Edward 'Piterskii'." 5. Juni 2014. youtube.com/watch?v=r0BItX3Z_zw.

---. 2014av. „Kolonna Boevikov v Luganske 11 Iiunia." 11. Juni 2014. youtube.com/watch?v=hIiQ7Yh719w.

---. 2014aw. „Makeevka. Kolonna Tankov. 12.06.14." 12. Juni 2014. youtube.com/watch?v=q977zU2J1ww.

---. 2014ax. „Tores Tanki k Opolcheniiu Pribylo Podkreplenie 12.06.2014." 12. Juni 2014. youtube.com/watch?v=v73d1bq837I.

---. 2014ay. „Dobropol'e, Sozhzhennaia Ustanovka GRAD." 13. Juni 2014. youtube.com/watch?v=4y1Vr-beV6c.

---. 2014az. „Dobropol'e Obstrel Gradom." 14. Juni 2014. youtube.com/watch?v=m2Ul_mpEfkU.

---. 2014ba. „Yak Ponomarjow Pochynav Svoiu Kareru." 16. Juni 2014. youtube.com/watch?v=EzctVapvW-Q.

---. 2014bb. „Kolona 1." 20. Juni 2014. youtube.com/watch?v=PSs7Rs_VJqM.

---. 2014bc. „Tanki i BTR v Gorlovke 20.06.2014." 20. Juni 2014. youtube.com/watch?v=Z_Jp8nF6L1w.

---. 2014bd. „Tores. Motoryzovana Kolona Boiovykiv Rukhaietsia Cherez Misto." 21. Juni 2014. youtube.com/watch?v=89IVKu1aH94.

---. 2014be. „Donetsk V Raione Krasnodona Stoiat Rossiiskie Tanki 4 Iiulia 2014." 4. Juli 2014. youtube.com/watch?v=Wp4a0K4QYeI.

---. 2014bf. „Tanki Pod Flagom Kryma V'ekhali v Krasnodon." 4. Juli 2014. youtube.com/watch?v=bRkCZ4rzhSQ.

---. 2014bg. „Krasnodon Rossiiskie Tanki Voshli v Gorod 04 07 2014 (Nesusvetnaia Radost' Zhitelei)." 9. Juli 2014. youtube.com/watch?v=JbZSAKY9UpI.

---. 2014bh. „Kurginian – Donetsk 7 Iiulia 2014, Polnaia Versiia Press-Konferentsii, Sliv Strelkowa I.I., DNR i NOD." 9. Juli 2014. youtube.com/watch?v=WD00ClwCqWw.

---. 2014bi. „Aleksandr Borodai, Igor' Strelkow. Donetsk, Press-Konferentsiia 10 Iiulia 2014." 10. Juli 2014. youtube.com/watch?v=1-Z_dJRHfB8.

---. 2014bj. „TV 'Sut' Wremeni – DNR.' Vypusk 10: Osetinskaia 'Sut' Wremeni' – v Batal'one 'Vostok'." 10. Juli 2014. youtube.com/watch?v=gYzMBoVC63g.

---. 2014bk. „Po Trasse Tanki Grokhotali." 11. Juli 2014. youtube.com/watch?v=oDcVn37Xv0g.

---. 2014bl. „13.07.14. Kolonna Bronetekhniki LNR Na Ulitsakh Luganska." 12. Juli 2014. youtube.com/watch?v=h0TAhMAsknM.

---. 2014bm. „Ukraina.Russkie Tanki,SAU 2S1 'Gwosdika' v Yenakievo 15.07. Donetsk. Putin Ustroil Skidki v Voentorge." 15. Juli 2014. youtube.com/watch?v=J93t4oIIeAw.

---. 2014bn. „DNR, Donetsk. U Batal'ona 'Vostok' Poiavilas' Trofeinaia Bronetekhnika. 16.07.2014." 16. Juli 2014. youtube.com/watch?v=wGAhIs2x2Bg.

---. 2014bo. „Donetsk, Kuibyshevskii Raion Posle Obstrela 19 07 2014." 19. Juli 2014. youtube.com/watch?v=yRIgwjBgxpE.

---. 2014bp. „Lugansk. Krasnodon – Molodogvardeisk. Bol'shaia Kolona Rossiiskoi Voennoi Tekhniki 02.09.2014." 3. September 2014. youtube.com/watch?v=A_JiDaoMC0I.

---. 2014bq. „Kolonna Rossiiskikh Voisk Vozle Luganska (03.09.14)." 7. September 2014. youtube.com/watch?v=ewliSdAKO30.

---. 2014br. „Krasnoiarsk Pogruzka Tanka v Samolet An 124 100 Otpravka v Taganrog 31 05 2014g." 16. Oktober 2014. youtube.com/watch?v=jcd68FktZUU.

---. 2014bs. „Kramatorsk. Zakhvat Kolonny Ukrainskoi Bronetekhniki 16.04.2014 g." 19. Oktober 2014. youtube.com/watch?v=M1bvYNjihDs.

---. 2014bt. „Opolchenets Novorossii 'Prapor' v Studii ARI TV Ch.1." 9. November 2014. youtube.com/watch?v=9RVq3bAQE0I.

---. 2015a. „[1146] Tores Kolonna BTR i Tankov 21 Iiunia DNR." 11. Februar 2015. youtube.com/watch?v=R4xYaYgOUGM.

---. 2015b. „Donetsk Live No.196: Igor' Chakimsjanow." 17. September 2015. youtube.com/watch?v=3pPFE5OQLbQ.

---. 2016a. „Donetsk.7 Aprelia,2014.Vziatie SBU,Arkhiv 2." 26. März 2016. youtube.com/watch?v=z-43BuMUiCM.

---. 2016b. „T-90A u Sela Lysoe Ukraina." 21. November 2016. youtube.com/watch?v=RbZQ71614lY.

---. 2017a. „Interv'iu s Pervym Ministrom Oborony DNR | Igor' Chakimsjanow." 24. Juni 2017. youtube.com/watch?v=T4D51UWXBnE.

---. 2017b. „Slaviansk, 16.04.2014." 6. Juli 2017. youtube.com/watch?v=h_Gx3S38dQE.

---. 2019a. „Wolnowacha 21 Maia 2014 Goda." 1. Mai 2019. youtube.com/watch?v=sgclTfjJhmA.

---. 2019b. „Wolnowacha 22 Maia 2014 Goda – Rezul'tat." 1. Mai 2019. youtube.com/watch?v=o65wNQIESGI.

---. 2020a. „RSOTM, Vladlen i Tikhii | Gruppa Strelkowa: Operatsiia Slaviansk." 5. April 2020. youtube.com/watch?v=_VORIU9Tpu8.

---. 2020b. „RSOTM, Vladlen igor' Strelkow | Operatsiia Slaviansk." 13. April 2020. youtube.com/watch?v=Gkfl47Xh1O4.

Yurchenko, Yuliya. 2018. *Ukraine and the Empire of Capital: From Marketisation to Armed Conflict*. London: Pluto Press.

Zaks, Sherry. 2021. „Updating Bayesian(s): A Critical Evaluation of Bayesian Process Tracing." *Political Analysis* 29 (1): 58–74. doi.org/10.1017/pan.2020.10.

Zarjow, Oleh. 2014a. „Oleg Tsarev v Donetske: 'Oni Boiatsia Vas!'" YouTube. 12. April 2014. youtube.com/watch?v=16kDcNCFrGw.

---. 2014b. „Oleg Tsarev v Donetske: 'Ya Nikuda Ne Uedu!'" YouTube. 12. April 2014. youtube.com/watch?v=Rk8tuwC6ePI.

---. 2014c. „Oleg Tsarev v Luganske: 'My Dolzhny Byt' Kak Kulak!'" YouTube. 12. April 2014. youtube.com/watch?v=I9iDfo4V0Cw.

---. 2014d. „Oleg Tsarev v Luganske: 'Ya Schitaiu Etu Vlast' Nezakonnoi'." YouTube. 12. April 2014. youtube.com/watch?v=jiFOg7IlNa0.

Zentrale Wahlkommission der Ukraine. 2014. „Povtorni Vybory Narodnykh Deputativ Ukrainy v Odnomandatnykh Vyborchykh Okruhakh No. 94, 132, 194, 197, 223." 2014. bit.ly/2Yn9Ljy, ebenfalls archiviert unter archive.ph/uc6Bm.

Zukur, Mykola, und Natalia Dwali. 2015. „Byvshii Separatist, a Seichas Boets ATO: V Fevrale 2014-go Jefremow Pri Mne Govoril, Chto Privez 70 Tysiach Pasportov RF Dlia Zhitelei Luganska." Gordon. 11. Mai 2015. bit.ly/30zxZsc, ebenfalls archiviert unter archive.ph/p5q6b.

SOVIET AND POST-SOVIET POLITICS AND SOCIETY

Edited by Dr. Andreas Umland | ISSN 1614-3515

1 *Андреас Умланд (ред.)* | Воплощение Европейской конвенции по правам человека в России. Философские, юридические и эмпирические исследования | ISBN 3-89821-387-0

2 *Christian Wipperfürth* | Russland – ein vertrauenswürdiger Partner? Grundlagen, Hintergründe und Praxis gegenwärtiger russischer Außenpolitik | Mit einem Vorwort von Heinz Timmermann | ISBN 3-89821-401-X

3 *Manja Hussner* | Die Übernahme internationalen Rechts in die russische und deutsche Rechtsordnung. Eine vergleichende Analyse zur Völkerrechtsfreundlichkeit der Verfassungen der Russländischen Föderation und der Bundesrepublik Deutschland | Mit einem Vorwort von Rainer Arnold | ISBN 3-89821-438-9

4 *Matthew Tejada* | Bulgaria's Democratic Consolidation and the Kozloduy Nuclear Power Plant (KNPP). The Unattainability of Closure | With a foreword by Richard J. Crampton | ISBN 3-89821-439-7

5 *Марк Григорьевич Меерович* | Квадратные метры, определяющие сознание. Государственная жилищная политика в СССР. 1921 – 1941 гг | ISBN 3-89821-474-5

6 *Andrei P. Tsygankov, Pavel A.Tsygankov (Eds.)* | New Directions in Russian International Studies | ISBN 3-89821-422-2

7 *Марк Григорьевич Меерович* | Как власть народ к труду приучала. Жилище в СССР – средство управления людьми. 1917 – 1941 гг. | С предисловием Елены Осокиной | ISBN 3-89821-495-8

8 *David J. Galbreath* | Nation-Building and Minority Politics in Post-Socialist States. Interests, Influence and Identities in Estonia and Latvia | With a foreword by David J. Smith | ISBN 3-89821-467-2

9 *Алексей Юрьевич Безугольный* | Народы Кавказа в Вооруженных силах СССР в годы Великой Отечественной войны 1941-1945 гг. | С предисловием Николая Бугая | ISBN 3-89821-475-3

10 *Вячеслав Лихачев и Владимир Прибыловский (ред.)* | Русское Национальное Единство, 1990-2000. В 2-х томах | ISBN 3-89821-523-7

11 *Николай Бугай (ред.)* | Народы стран Балтии в условиях сталинизма (1940-е – 1950-е годы). Документированная история | ISBN 3-89821-525-3

12 *Ingmar Bredies (Hrsg.)* | Zur Anatomie der Orange Revolution in der Ukraine. Wechsel des Elitenregimes oder Triumph des Parlamentarismus? | ISBN 3-89821-524-5

13 *Anastasia V. Mitrofanova* | The Politicization of Russian Orthodoxy. *Actors and Ideas* | With a foreword by William C. Gay | ISBN 3-89821-481-8

14 *Nathan D. Larson* | Alexander Solzhenitsyn and the Russo-Jewish Question | ISBN 3-89821-483-4

15 *Guido Houben* | Kulturpolitik und Ethnizität. Staatliche Kunstförderung im Russland der neunziger Jahre | Mit einem Vorwort von Gert Weisskirchen | ISBN 3-89821-542-3

16 *Leonid Luks* | Der russische „Sonderweg"? Aufsätze zur neuesten Geschichte Russlands im europäischen Kontext | ISBN 3-89821-496-6

17 *Евгений Мороз* | История «Мёртвой воды» – от страшной сказки к большой политике. Политическое неоязычество в постсоветской России | ISBN 3-89821-551-2

18 *Александр Верховский и Галина Кожевникова (ред.)* | Этническая и религиозная интолерантность в российских СМИ. Результаты мониторинга 2001-2004 гг. | ISBN 3-89821-569-5

19 *Christian Ganzer* | Sowjetisches Erbe und ukrainische Nation. Das Museum der Geschichte des Zaporoger Kosakentums auf der Insel Chortycja | Mit einem Vorwort von Frank Golczewski | ISBN 3-89821-504-0

20 *Эльза-Баир Гучинова* | Помнить нельзя забыть. Антропология депортационной травмы калмыков | С предисловием Кэролайн Хамфри | ISBN 3-89821-506-7

21 *Юлия Лидерман* | Мотивы «проверки» и «испытания» в постсоветской культуре. Советское прошлое в российском кинематографе 1990-х годов | С предисловием Евгения Марголита | ISBN 3-89821-511-3

22 *Tanya Lokshina, Ray Thomas, Mary Mayer (Eds.)* | The Imposition of a Fake Political Settlement in the Northern Caucasus. The 2003 Chechen Presidential Election | ISBN 3-89821-436-2

23 *Timothy McCajor Hall, Rosie Read (Eds.)* | Changes in the Heart of Europe. Recent Ethnographies of Czechs, Slovaks, Roma, and Sorbs | With an afterword by Zdeněk Salzmann | ISBN 3-89821-606-3

24 *Christian Autengruber* | Die politischen Parteien in Bulgarien und Rumänien. Eine vergleichende Analyse seit Beginn der 90er Jahre | Mit einem Vorwort von Dorothée de Nève | ISBN 3-89821-476-1

25 *Annette Freyberg-Inan with Radu Cristescu* | The Ghosts in Our Classrooms, or: John Dewey Meets Ceauşescu. The Promise and the Failures of Civic Education in Romania | ISBN 3-89821-416-8

26 *John B. Dunlop* | The 2002 Dubrovka and 2004 Beslan Hostage Crises. A Critique of Russian Counter-Terrorism | With a foreword by Donald N. Jensen | ISBN 3-89821-608-X

27 *Peter Koller* | Das touristische Potenzial von Kam"janec'–Podil's'kyj. Eine fremdenverkehrsgeographische Untersuchung der Zukunftsperspektiven und Maßnahmenplanung zur Destinationsentwicklung des „ukrainischen Rothenburg" | Mit einem Vorwort von Kristiane Klemm | ISBN 3-89821-640-3

28 *Françoise Daucé, Elisabeth Sieca-Kozlowski (Eds.)* | Dedovshchina in the Post-Soviet Military. Hazing of Russian Army Conscripts in a Comparative Perspective | With a foreword by Dale Herspring | ISBN 3-89821-616-0

29 *Florian Strasser* | Zivilgesellschaftliche Einflüsse auf die Orange Revolution. Die gewaltlose Massenbewegung und die ukrainische Wahlkrise 2004 | Mit einem Vorwort von Egbert Jahn | ISBN 3-89821-648-9

30 *Rebecca S. Katz* | The Georgian Regime Crisis of 2003-2004. A Case Study in Post-Soviet Media Representation of Politics, Crime and Corruption | ISBN 3-89821-413-3

31 *Vladimir Kantor* | Willkür oder Freiheit. Beiträge zur russischen Geschichtsphilosophie | Ediert von Dagmar Herrmann sowie mit einem Vorwort versehen von Leonid Luks | ISBN 3-89821-589-X

32 *Laura A. Victoir* | The Russian Land Estate Today. A Case Study of Cultural Politics in Post-Soviet Russia | With a foreword by Priscilla Roosevelt | ISBN 3-89821-426-5

33 *Ivan Katchanovski* | Cleft Countries. Regional Political Divisions and Cultures in Post-Soviet Ukraine and Moldova | With a foreword by Francis Fukuyama | ISBN 3-89821-558-X

34 *Florian Mühlfried* | Postsowjetische Feiern. Das Georgische Bankett im Wandel | Mit einem Vorwort von Kevin Tuite | ISBN 3-89821-601-2

35 *Roger Griffin, Werner Loh, Andreas Umland (Eds.)* | Fascism Past and Present, West and East. An International Debate on Concepts and Cases in the Comparative Study of the Extreme Right | With an afterword by Walter Laqueur | ISBN 3-89821-674-8

36 *Sebastian Schlegel* | Der „Weiße Archipel". Sowjetische Atomstädte 1945-1991 | Mit einem Geleitwort von Thomas Bohn | ISBN 3-89821-679-9

37 *Vyacheslav Likhachev* | Political Anti-Semitism in Post-Soviet Russia. Actors and Ideas in 1991-2003 | Edited and translated from Russian by Eugene Veklerov | ISBN 3-89821-529-6

38 *Josette Baer (Ed.)* | Preparing Liberty in Central Europe. Political Texts from the Spring of Nations 1848 to the Spring of Prague 1968 | With a foreword by Zdeněk V. David | ISBN 3-89821-546-6

39 *Михаил Лукьянов* | Российский консерватизм и реформа, 1907-1914 | С предисловием Марка Д. Стейнберга | ISBN 3-89821-503-2

40 *Nicola Melloni* | Market Without Economy. The 1998 Russian Financial Crisis | With a foreword by Eiji Furukawa | ISBN 3-89821-407-9

41 *Dmitrij Chmelnizki* | Die Architektur Stalins | Bd. 1: Studien zu Ideologie und Stil | Bd. 2: Bilddokumentation | Mit einem Vorwort von Bruno Flierl | ISBN 3-89821-515-6

42 *Katja Yafimava* | Post-Soviet Russian-Belarussian Relationships. The Role of Gas Transit Pipelines | With a foreword by Jonathan P. Stern | ISBN 3-89821-655-1

43 *Boris Chavkin* | Verflechtungen der deutschen und russischen Zeitgeschichte. Aufsätze und Archivfunde zu den Beziehungen Deutschlands und der Sowjetunion von 1917 bis 1991 | Ediert von Markus Edlinger sowie mit einem Vorwort versehen von Leonid Luks | ISBN 3-89821-756-6

44 *Anastasija Grynenko in Zusammenarbeit mit Claudia Dathe* | Die Terminologie des Gerichtswesens der Ukraine und Deutschlands im Vergleich. Eine übersetzungswissenschaftliche Analyse juristischer Fachbegriffe im Deutschen, Ukrainischen und Russischen | Mit einem Vorwort von Ulrich Hartmann | ISBN 3-89821-691-8

45 *Anton Burkov* | The Impact of the European Convention on Human Rights on Russian Law. Legislation and Application in 1996-2006 | With a foreword by Françoise Hampson | ISBN 978-3-89821-639-5

46 *Stina Torjesen, Indra Overland (Eds.)* | International Election Observers in Post-Soviet Azerbaijan. Geopolitical Pawns or Agents of Change? | ISBN 978-3-89821-743-9

47 *Taras Kuzio* | Ukraine – Crimea – Russia. Triangle of Conflict | ISBN 978-3-89821-761-3

48 *Claudia Šabić* | „Ich erinnere mich nicht, aber L'viv!" Zur Funktion kultureller Faktoren für die Institutionalisierung und Entwicklung einer ukrainischen Region | Mit einem Vorwort von Melanie Tatur | ISBN 978-3-89821-752-1

49 *Marlies Bilz* | Tatarstan in der Transformation. Nationaler Diskurs und Politische Praxis 1988-1994 | Mit einem Vorwort von Frank Golczewski | ISBN 978-3-89821-722-4

50 *Марлен Ларюэль (ред.)* | Современные интерпретации русского национализма | ISBN 978-3-89821-795-8

51 *Sonja Schüler* | Die ethnische Dimension der Armut. Roma im postsozialistischen Rumänien | Mit einem Vorwort von Anton Sterbling | ISBN 978-3-89821-776-7

52 *Галина Кожевникова* | Радикальный национализм в России и противодействие ему. Сборник докладов Центра «Сова» за 2004-2007 гг. | С предисловием Александра Верховского | ISBN 978-3-89821-721-7

53 *Галина Кожевникова и Владимир Прибыловский* | Российская власть в биографиях I. Высшие должностные лица РФ в 2004 г. | ISBN 978-3-89821-796-5

54 *Галина Кожевникова и Владимир Прибыловский* | Российская власть в биографиях II. Члены Правительства РФ в 2004 г. | ISBN 978-3-89821-797-2

55 *Галина Кожевникова и Владимир Прибыловский* | Российская власть в биографиях III. Руководители федеральных служб и агентств РФ в 2004 г.| ISBN 978-3-89821-798-9

56 *Ileana Petroniu* | Privatisierung in Transformationsökonomien. Determinanten der Restrukturierungs-Bereitschaft am Beispiel Polens, Rumäniens und der Ukraine | Mit einem Vorwort von Rainer W. Schäfer | ISBN 978-3-89821-790-3

57 *Christian Wipperfürth* | Russland und seine GUS-Nachbarn. Hintergründe, aktuelle Entwicklungen und Konflikte in einer ressourcenreichen Region| ISBN 978-3-89821-801-6

58 *Togzhan Kassenova* | From Antagonism to Partnership. The Uneasy Path of the U.S.-Russian Cooperative Threat Reduction | With a foreword by Christoph Bluth | ISBN 978-3-89821-707-1

59 *Alexander Höllwerth* | Das sakrale eurasische Imperium des Aleksandr Dugin. Eine Diskursanalyse zum postsowjetischen russischen Rechtsextremismus | Mit einem Vorwort von Dirk Uffelmann | ISBN 978-3-89821-813-9

60 *Олег Рябов* | «Россия-Матушка». Национализм, гендер и война в России XX века | С предисловием Елены Гощило | ISBN 978-3-89821-487-2

61 *Ivan Maistrenko* | Borot'bism. A Chapter in the History of the Ukrainian Revolution | With a new Introduction by Chris Ford | Translated by George S. N. Luckyj with the assistance of Ivan L. Rudnytsky | Second, Revised and Expanded Edition ISBN 978-3-8382-1107-7

62 *Maryna Romanets* | Anamorphosic Texts and Reconfigured Visions. Improvised Traditions in Contemporary Ukrainian and Irish Literature | ISBN 978-3-89821-576-3

63 *Paul D'Anieri and Taras Kuzio (Eds.)* | Aspects of the Orange Revolution I. Democratization and Elections in Post-Communist Ukraine | ISBN 978-3-89821-698-2

64 *Bohdan Harasymiw in collaboration with Oleh S. Ilnytzkyj (Eds.)* | Aspects of the Orange Revolution II. Information and Manipulation Strategies in the 2004 Ukrainian Presidential Elections | ISBN 978-3-89821-699-9

65 *Ingmar Bredies, Andreas Umland and Valentin Yakushik (Eds.)* | Aspects of the Orange Revolution III. The Context and Dynamics of the 2004 Ukrainian Presidential Elections | ISBN 978-3-89821-803-0

66 *Ingmar Bredies, Andreas Umland and Valentin Yakushik (Eds.)* | Aspects of the Orange Revolution IV. Foreign Assistance and Civic Action in the 2004 Ukrainian Presidential Elections | ISBN 978-3-89821-808-5

67 *Ingmar Bredies, Andreas Umland and Valentin Yakushik (Eds.)* | Aspects of the Orange Revolution V. Institutional Observation Reports on the 2004 Ukrainian Presidential Elections | ISBN 978-3-89821-809-2

68 *Taras Kuzio (Ed.)* | Aspects of the Orange Revolution VI. Post-Communist Democratic Revolutions in Comparative Perspective | ISBN 978-3-89821-820-7

69 *Tim Bohse* | Autoritarismus statt Selbstverwaltung. Die Transformation der kommunalen Politik in der Stadt Kaliningrad 1990-2005 | Mit einem Geleitwort von Stefan Troebst | ISBN 978-3-89821-782-8

70 *David Rupp* | Die Rußländische Föderation und die russischsprachige Minderheit in Lettland. Eine Fallstudie zur Anwaltspolitik Moskaus gegenüber den russophonen Minderheiten im „Nahen Ausland" von 1991 bis 2002 | Mit einem Vorwort von Helmut Wagner | ISBN 978-3-89821-778-1

71 *Taras Kuzio* | Theoretical and Comparative Perspectives on Nationalism. New Directions in Cross-Cultural and Post-Communist Studies | With a foreword by Paul Robert Magocsi | ISBN 978-3-89821-815-3

72 *Christine Teichmann* | Die Hochschultransformation im heutigen Osteuropa. Kontinuität und Wandel bei der Entwicklung des postkommunistischen Universitätswesens | Mit einem Vorwort von Oskar Anweiler | ISBN 978-3-89821-842-9

73 *Julia Kusznir* | Der politische Einfluss von Wirtschaftseliten in russischen Regionen. Eine Analyse am Beispiel der Erdöl- und Erdgasindustrie, 1992-2005 | Mit einem Vorwort von Wolfgang Eichwede | ISBN 978-3-89821-821-4

74 *Alena Vysotskaya* | Russland, Belarus und die EU-Osterweiterung. Zur Minderheitenfrage und zum Problem der Freizügigkeit des Personenverkehrs | Mit einem Vorwort von Katlijn Malfliet | ISBN 978-3-89821-822-1

75 *Heiko Pleines (Hrsg.)* | Corporate Governance in post-sozialistischen Volkswirtschaften | ISBN 978-3-89821-766-8

76 *Stefan Ihrig* | Wer sind die Moldawier? Rumänismus versus Moldowanismus in Historiographie und Schulbüchern der Republik Moldova, 1991-2006 | Mit einem Vorwort von Holm Sundhaussen | ISBN 978-3-89821-466-7

77 *Galina Kozhevnikova in collaboration with Alexander Verkhovsky and Eugene Veklerov* | Ultra-Nationalism and Hate Crimes in Contemporary Russia. The 2004-2006 Annual Reports of Moscow's SOVA Center | With a foreword by Stephen D. Shenfield | ISBN 978-3-89821-868-9

78 *Florian Küchler* | The Role of the European Union in Moldova's Transnistria Conflict | With a foreword by Christopher Hill | ISBN 978-3-89821-850-4

79 *Bernd Rechel* | The Long Way Back to Europe. Minority Protection in Bulgaria | With a foreword by Richard Crampton | ISBN 978-3-89821-863-4

80 *Peter W. Rodgers* | Nation, Region and History in Post-Communist Transitions. Identity Politics in Ukraine, 1991-2006 | With a foreword by Vera Tolz | ISBN 978-3-89821-903-7

81 *Stephanie Solywoda* | The Life and Work of Semen L. Frank. A Study of Russian Religious Philosophy | With a foreword by Philip Walters | ISBN 978-3-89821-457-5

82 *Vera Sokolova* | Cultural Politics of Ethnicity. Discourses on Roma in Communist Czechoslovakia | ISBN 978-3-89821-864-1

83 *Natalya Shevchik Ketenci* | Kazakhstani Enterprises in Transition. The Role of Historical Regional Development in Kazakhstan's Post-Soviet Economic Transformation | ISBN 978-3-89821-831-3

84 *Martin Malek, Anna Schor-Tschudnowskaja (Hgg.)* | Europa im Tschetschenienkrieg. Zwischen politischer Ohnmacht und Gleichgültigkeit | Mit einem Vorwort von Lipchan Basajewa | ISBN 978-3-89821-676-0

85 *Stefan Meister* | Das postsowjetische Universitätswesen zwischen nationalem und internationalem Wandel. Die Entwicklung der regionalen Hochschule in Russland als Gradmesser der Systemtransformation | Mit einem Vorwort von Joan DeBardeleben | ISBN 978-3-89821-891-7

86 *Konstantin Sheiko in collaboration with Stephen Brown* | Nationalist Imaginings of the Russian Past. Anatolii Fomenko and the Rise of Alternative History in Post-Communist Russia | With a foreword by Donald Ostrowski | ISBN 978-3-89821-915-0

87 *Sabine Jenni* | Wie stark ist das „Einige Russland"? Zur Parteibindung der Eliten und zum Wahlerfolg der Machtpartei im Dezember 2007 | Mit einem Vorwort von Klaus Armingeon | ISBN 978-3-89821-961-7

88 *Thomas Borén* | Meeting-Places of Transformation. Urban Identity, Spatial Representations and Local Politics in Post-Soviet St Petersburg | ISBN 978-3-89821-739-2

89 *Aygul Ashirova* | Stalinismus und Stalin-Kult in Zentralasien. Turkmenistan 1924-1953 | Mit einem Vorwort von Leonid Luks | ISBN 978-3-89821-987-7

90 *Leonid Luks* | Freiheit oder imperiale Größe? Essays zu einem russischen Dilemma | ISBN 978-3-8382-0011-8

91 *Christopher Gilley* | The 'Change of Signposts' in the Ukrainian Emigration. A Contribution to the History of Sovietophilism in the 1920s | With a foreword by Frank Golczewski | ISBN 978-3-89821-965-5

92 *Philipp Casula, Jeronim Perovic (Eds.)* | Identities and Politics During the Putin Presidency. The Discursive Foundations of Russia's Stability | With a foreword by Heiko Haumann | ISBN 978-3-8382-0015-6

93 *Marcel Viëtor* | Europa und die Frage nach seinen Grenzen im Osten. Zur Konstruktion ‚europäischer Identität' in Geschichte und Gegenwart | Mit einem Vorwort von Albrecht Lehmann | ISBN 978-3-8382-0045-3

94 *Ben Hellman, Andrei Rogachevskii* | Filming the Unfilmable. Casper Wrede's 'One Day in the Life of Ivan Denisovich' | Second, Revised and Expanded Edition | ISBN 978-3-8382-0044-6

95 *Eva Fuchslocher* | Vaterland, Sprache, Glaube. Orthodoxie und Nationenbildung am Beispiel Georgiens | Mit einem Vorwort von Christina von Braun | ISBN 978-3-89821-884-9

96 *Vladimir Kantor* | Das Westlertum und der Weg Russlands. Zur Entwicklung der russischen Literatur und Philosophie | Ediert von Dagmar Herrmann | Mit einem Beitrag von Nikolaus Lobkowicz | ISBN 978-3-8382-0102-3

97 *Kamran Musayev* | Die postsowjetische Transformation im Baltikum und Südkaukasus. Eine vergleichende Untersuchung der politischen Entwicklung Lettlands und Aserbaidschans 1985-2009 | Mit einem Vorwort von Leonid Luks | Ediert von Sandro Henschel | ISBN 978-3-8382-0103-0

98 *Tatiana Zhurzhenko* | Borderlands into Bordered Lands. Geopolitics of Identity in Post-Soviet Ukraine | With a foreword by Dieter Segert | ISBN 978-3-8382-0042-2

99 *Кирилл Галушко, Лидия Смола (ред.)* | Пределы падения – варианты украинского будущего. Аналитико-прогностические исследования | ISBN 978-3-8382-0148-1

100 *Michael Minkenberg (Ed.)* | Historical Legacies and the Radical Right in Post-Cold War Central and Eastern Europe | With an afterword by Sabrina P. Ramet | ISBN 978-3-8382-0124-5

101 *David-Emil Wickström* | Rocking St. Petersburg. Transcultural Flows and Identity Politics in the St. Petersburg Popular Music Scene | With a foreword by Yngvar B. Steinholt | Second, Revised and Expanded Edition | ISBN 978-3-8382-0100-9

102 *Eva Zabka* | Eine neue „Zeit der Wirren"? Der spät- und postsowjetische Systemwandel 1985-2000 im Spiegel russischer gesellschaftspolitischer Diskurse | Mit einem Vorwort von Margareta Mommsen | ISBN 978-3-8382-0161-0

103 *Ulrike Ziemer* | Ethnic Belonging, Gender and Cultural Practices. Youth Identitites in Contemporary Russia | With a foreword by Anoop Nayak | ISBN 978-3-8382-0152-8

104 *Ksenia Chepikova* | ‚Einiges Russland' - eine zweite KPdSU? Aspekte der Identitätskonstruktion einer postsowjetischen „Partei der Macht" | Mit einem Vorwort von Torsten Oppelland | ISBN 978-3-8382-0311-9

105 *Леонид Люкс* | Западничество или евразийство? Демократия или идеократия? Сборник статей об исторических дилеммах России | С предисловием Владимира Кантора | ISBN 978-3-8382-0211-2

106 *Anna Dost* | Das russische Verfassungsrecht auf dem Weg zum Föderalismus und zurück. Zum Konflikt von Rechtsnormen und -wirklichkeit in der Russländischen Föderation von 1991 bis 2009 | Mit einem Vorwort von Alexander Blankenagel | ISBN 978-3-8382-0292-1

107 *Philipp Herzog* | Sozialistische Völkerfreundschaft, nationaler Widerstand oder harmloser Zeitvertreib? Zur politischen Funktion der Volkskunst im sowjetischen Estland | Mit einem Vorwort von Andreas Kappeler | ISBN 978-3-8382-0216-7

108 *Marlène Laruelle (Ed.)* | Russian Nationalism, Foreign Policy, and Identity Debates in Putin's Russia. New Ideological Patterns after the Orange Revolution | ISBN 978-3-8382-0325-6

109 *Michail Logvinov* | Russlands Kampf gegen den internationalen Terrorismus. Eine kritische Bestandsaufnahme des Bekämpfungsansatzes | Mit einem Geleitwort von Hans-Henning Schröder und einem Vorwort von Eckhard Jesse | ISBN 978-3-8382-0329-4

110 *John B. Dunlop* | The Moscow Bombings of September 1999. Examinations of Russian Terrorist Attacks at the Onset of Vladimir Putin's Rule | Second, Revised and Expanded Edition | ISBN 978-3-8382-0388-1

111 *Андрей А. Ковалёв* | Свидетельство из-за кулис российской политики I. Можно ли делать добро из зла? (Воспоминания и размышления о последних советских и первых послесоветских годах) | With a foreword by Peter Reddaway | ISBN 978-3-8382-0302-7

112 *Андрей А. Ковалёв* | Свидетельство из-за кулис российской политики II. Угроза для себя и окружающих (Наблюдения и предостережения относительно происходящего после 2000 г.) | ISBN 978-3-8382-0303-4

113 *Bernd Kappenberg* | Zeichen setzen für Europa. Der Gebrauch europäischer lateinischer Sonderzeichen in der deutschen Öffentlichkeit | Mit einem Vorwort von Peter Schlobinski | ISBN 978-3-89821-749-1

114 *Ivo Mijnssen* | The Quest for an Ideal Youth in Putin's Russia I. Back to Our Future! History, Modernity, and Patriotism according to Nashi, 2005-2013 | With a foreword by Jeronim Perović | Second, Revised and Expanded Edition | ISBN 978-3-8382-0368-3

115 *Jussi Lassila* | The Quest for an Ideal Youth in Putin's Russia II. The Search for Distinctive Conformism in the Political Communication of Nashi, 2005-2009 | With a foreword by Kirill Postoutenko | Second, Revised and Expanded Edition | ISBN 978-3-8382-0415-4

116 *Valerio Trabandt* | Neue Nachbarn, gute Nachbarschaft? Die EU als internationaler Akteur am Beispiel ihrer Demokratieförderung in Belarus und der Ukraine 2004-2009 | Mit einem Vorwort von Jutta Joachim | ISBN 978-3-8382-0437-6

117 *Fabian Pfeiffer* | Estlands Außen- und Sicherheitspolitik I. Der estnische Atlantizismus nach der wiedererlangten Unabhängigkeit 1991-2004 | Mit einem Vorwort von Helmut Hubel | ISBN 978-3-8382-0127-6

118 *Jana Podßuweit* | Estlands Außen- und Sicherheitspolitik II. Handlungsoptionen eines Kleinstaates im Rahmen seiner EU-Mitgliedschaft (2004-2008) | Mit einem Vorwort von Helmut Hubel | ISBN 978-3-8382-0440-6

119 *Karin Pointner* | Estlands Außen- und Sicherheitspolitik III. Eine gedächtnispolitische Analyse estnischer Entwicklungskooperation 2006-2010 | Mit einem Vorwort von Karin Liebhart | ISBN 978-3-8382-0435-2

120 *Ruslana Vovk* | Die Offenheit der ukrainischen Verfassung für das Völkerrecht und die europäische Integration | Mit einem Vorwort von Alexander Blankenagel | ISBN 978-3-8382-0481-9

121 *Mykhaylo Banakh* | Die Relevanz der Zivilgesellschaft bei den postkommunistischen Transformationsprozessen in mittel- und osteuropäischen Ländern. Das Beispiel der spät- und postsowjetischen Ukraine 1986-2009 | Mit einem Vorwort von Gerhard Simon | ISBN 978-3-8382-0499-4

122 *Michael Moser* | Language Policy and the Discourse on Languages in Ukraine under President Viktor Yanukovych (25 February 2010–28 October 2012) | ISBN 978-3-8382-0497-0 (Paperback edition) | ISBN 978-3-8382-0507-6 (Hardcover edition)

123 *Nicole Krome* | Russischer Netzwerkkapitalismus Restrukturierungsprozesse in der Russischen Föderation am Beispiel des Luftfahrtunternehmens „Aviastar" | Mit einem Vorwort von Petra Stykow | ISBN 978-3-8382-0534-2

124 *David R. Marples* | 'Our Glorious Past'. Lukashenka's Belarus and the Great Patriotic War | ISBN 978-3-8382-0574-8 (Paperback edition) | ISBN 978-3-8382-0675-2 (Hardcover edition)

125 *Ulf Walther* | Russlands „neuer Adel". Die Macht des Geheimdienstes von Gorbatschow bis Putin | Mit einem Vorwort von Hans-Georg Wieck | ISBN 978-3-8382-0584-7

126 *Simon Geissbühler (Hrsg.)* | Kiew – Revolution 3.0. Der Euromaidan 2013/14 und die Zukunftsperspektiven der Ukraine | ISBN 978-3-8382-0581-6 (Paperback edition) | ISBN 978-3-8382-0681-3 (Hardcover edition)

127 *Andrey Makarychev* | Russia and the EU in a Multipolar World. Discourses, Identities, Norms | With a foreword by Klaus Segbers | ISBN 978-3-8382-0629-5

128 *Roland Scharff* | Kasachstan als postsowjetischer Wohlfahrtsstaat. Die Transformation des sozialen Schutzsystems | Mit einem Vorwort von Joachim Ahrens | ISBN 978-3-8382-0622-6

129 *Katja Grupp* | Bild Lücke Deutschland. Kaliningrader Studierende sprechen über Deutschland | Mit einem Vorwort von Martin Schulz | ISBN 978-3-8382-0552-6

130 *Konstantin Sheiko, Stephen Brown* | History as Therapy. Alternative History and Nationalist Imaginings in Russia, 1991-2014 | ISBN 978-3-8382-0665-3

131 *Elisa Kriza* | Alexander Solzhenitsyn: Cold War Icon, Gulag Author, Russian Nationalist? A Study of the Western Reception of his Literary Writings, Historical Interpretations, and Political Ideas | With a foreword by Andrei Rogatchevski | ISBN 978-3-8382-0589-2 (Paperback edition) | ISBN 978-3-8382-0690-5 (Hardcover edition)

132 *Serghei Golunov* | The Elephant in the Room. Corruption and Cheating in Russian Universities | ISBN 978-3-8382-0570-0

133 *Manja Hussner, Rainer Arnold (Hgg.)* | Verfassungsgerichtsbarkeit in Zentralasien I. Sammlung von Verfassungstexten | ISBN 978-3-8382-0595-3

134 *Nikolay Mitrokhin* | Die „Russische Partei". Die Bewegung der russischen Nationalisten in der UdSSR 1953-1985 | Aus dem Russischen übertragen von einem Übersetzerteam unter der Leitung von Larisa Schippel | ISBN 978-3-8382-0024-8

135 *Manja Hussner, Rainer Arnold (Hgg.)* | Verfassungsgerichtsbarkeit in Zentralasien II. Sammlung von Verfassungstexten | ISBN 978-3-8382-0597-7

136 *Manfred Zeller* | Das sowjetische Fieber. Fußballfans im poststalinistischen Vielvölkerreich | Mit einem Vorwort von Nikolaus Katzer | ISBN 978-3-8382-0757-5

137 *Kristin Schreiter* | Stellung und Entwicklungspotential zivilgesellschaftlicher Gruppen in Russland. Menschenrechtsorganisationen im Vergleich | ISBN 978-3-8382-0673-8

138 *David R. Marples, Frederick V. Mills (Eds.)* | Ukraine's Euromaidan. Analyses of a Civil Revolution | ISBN 978-3-8382-0660-8

139 *Bernd Kappenberg* | Setting Signs for Europe. Why Diacritics Matter for European Integration | With a foreword by Peter Schlobinski | ISBN 978-3-8382-0663-9

140 *René Lenz* | Internationalisierung, Kooperation und Transfer. Externe bildungspolitische Akteure in der Russischen Föderation | Mit einem Vorwort von Frank Ettrich | ISBN 978-3-8382-0751-3

141 *Juri Plusnin, Yana Zausaeva, Natalia Zhidkevich, Artemy Pozanenko* | Wandering Workers. Mores, Behavior, Way of Life, and Political Status of Domestic Russian Labor Migrants | Translated by Julia Kazantseva | ISBN 978-3-8382-0653-0

142 *David J. Smith (Eds.)* | Latvia – A Work in Progress? 100 Years of State- and Nation-Building | ISBN 978-3-8382-0648-6

143 *Инна Чувычкина (ред.)* | Экспортные нефте- и газопроводы на постсоветском пространстве. Анализ трубопроводной политики в свете теории международных отношений | ISBN 978-3-8382-0822-0

144 *Johann Zajaczkowski* | Russland – eine pragmatische Großmacht? Eine rollentheoretische Untersuchung russischer Außenpolitik am Beispiel der Zusammenarbeit mit den USA nach 9/11 und des Georgienkrieges von 2008 | Mit einem Vorwort von Siegfried Schieder | ISBN 978-3-8382-0837-4

145 *Boris Popivanov* | Changing Images of the Left in Bulgaria. The Challenge of Post-Communism in the Early 21st Century | ISBN 978-3-8382-0667-7

146 *Lenka Krátká* | A History of the Czechoslovak Ocean Shipping Company 1948-1989. How a Small, Landlocked Country Ran Maritime Business During the Cold War | ISBN 978-3-8382-0666-0

147 *Alexander Sergunin* | Explaining Russian Foreign Policy Behavior. Theory and Practice | ISBN 978-3-8382-0752-0

148 *Darya Malyutina* | Migrant Friendships in a Super-Diverse City. Russian-Speakers and their Social Relationships in London in the 21st Century | With a foreword by Claire Dwyer | ISBN 978-3-8382-0652-3

149 *Alexander Sergunin, Valery Konyshev* | Russia in the Arctic. Hard or Soft Power? | ISBN 978-3-8382-0753-7

150 *John J. Maresca* | Helsinki Revisited. A Key U.S. Negotiator's Memoirs on the Development of the CSCE into the OSCE | With a foreword by Hafiz Pashayev | ISBN 978-3-8382-0852-7

151 *Jardar Østbø* | The New Third Rome. Readings of a Russian Nationalist Myth | With a foreword by Pål Kolstø | ISBN 978-3-8382-0870-1

152 *Simon Kordonsky* | Socio-Economic Foundations of the Russian Post-Soviet Regime. The Resource-Based Economy and Estate-Based Social Structure of Contemporary Russia | With a foreword by Svetlana Barsukova | ISBN 978-3-8382-0775-9

153 *Duncan Leitch* | Assisting Reform in Post-Communist Ukraine 2000–2012. The Illusions of Donors and the Disillusion of Beneficiaries | With a foreword by Kataryna Wolczuk | ISBN 978-3-8382-0844-2

154 *Abel Polese* | Limits of a Post-Soviet State. How Informality Replaces, Renegotiates, and Reshapes Governance in Contemporary Ukraine | With a foreword by Colin Williams | ISBN 978-3-8382-0845-9

155 *Mikhail Suslov (Ed.)* | Digital Orthodoxy in the Post-Soviet World. The Russian Orthodox Church and Web 2.0 | With a foreword by Father Cyril Hovorun | ISBN 978-3-8382-0871-8

156 *Leonid Luks* | Zwei „Sonderwege"? Russisch-deutsche Parallelen und Kontraste (1917-2014). Vergleichende Essays | ISBN 978-3-8382-0823-7

157 *Vladimir V. Karacharovskiy, Ovsey I. Shkaratan, Gordey A. Yastrebov* | Towards a New Russian Work Culture. Can Western Companies and Expatriates Change Russian Society? | With a foreword by Elena N. Danilova | Translated by Julia Kazantseva | ISBN 978-3-8382-0902-9

158 *Edmund Griffiths* | Aleksandr Prokhanov and Post-Soviet Esotericism | ISBN 978-3-8382-0963-0

159 *Timm Beichelt, Susann Worschech (Eds.)* | Transnational Ukraine? Networks and Ties that Influence(d) Contemporary Ukraine | ISBN 978-3-8382-0944-9

160 *Mieste Hotopp-Riecke* | Die Tataren der Krim zwischen Assimilation und Selbstbehauptung. Der Aufbau des krimtatarischen Bildungswesens nach Deportation und Heimkehr (1990-2005) | Mit einem Vorwort von Swetlana Czerwonnaja | ISBN 978-3-89821-940-2

161 *Olga Bertelsen (Ed.)* | Revolution and War in Contemporary Ukraine. The Challenge of Change | ISBN 978-3-8382-1016-2

162 *Natalya Ryabinska* | Ukraine's Post-Communist Mass Media. Between Capture and Commercialization | With a foreword by Marta Dyczok | ISBN 978-3-8382-1011-7

163 *Alexandra Cotofana, James M. Nyce (Eds.)* | Religion and Magic in Socialist and Post-Socialist Contexts. Historic and Ethnographic Case Studies of Orthodoxy, Heterodoxy, and Alternative Spirituality | With a foreword by Patrick L. Michelson | ISBN 978-3-8382-0989-0

164 *Nozima Akhrarkhodjaeva* | The Instrumentalisation of Mass Media in Electoral Authoritarian Regimes. Evidence from Russia's Presidential Election Campaigns of 2000 and 2008 | ISBN 978-3-8382-1013-1

165 *Yulia Krasheninnikova* | Informal Healthcare in Contemporary Russia. Sociographic Essays on the Post-Soviet Infrastructure for Alternative Healing Practices | ISBN 978-3-8382-0970-8

166 *Peter Kaiser* | Das Schachbrett der Macht. Die Handlungsspielräume eines sowjetischen Funktionärs unter Stalin am Beispiel des Generalsekretärs des Komsomol Aleksandr Kosarev (1929-1938) | Mit einem Vorwort von Dietmar Neutatz | ISBN 978-3-8382-1052-0

167 *Oksana Kim* | The Effects and Implications of Kazakhstan's Adoption of International Financial Reporting Standards. A Resource Dependence Perspective | With a foreword by Svetlana Vlady | ISBN 978-3-8382-0987-6

168 *Anna Sanina* | Patriotic Education in Contemporary Russia. Sociological Studies in the Making of the Post-Soviet Citizen | With a foreword by Anna Oldfield | ISBN 978-3-8382-0993-7

169 *Rudolf Wolters* | Spezialist in Sibirien Faksimile der 1933 erschienenen ersten Ausgabe | Mit einem Vorwort von Dmitrij Chmelnizki | ISBN 978-3-8382-0515-1

170 *Michal Vít, Magdalena M. Baran (Eds.)* | Transregional versus National Perspectives on Contemporary Central European History. Studies on the Building of Nation-States and Their Cooperation in the 20th and 21st Century | With a foreword by Petr Vágner | ISBN 978-3-8382-1015-5

171 *Philip Gamaghelyan* | Conflict Resolution Beyond the International Relations Paradigm. Evolving Designs as a Transformative Practice in Nagorno-Karabakh and Syria | With a foreword by Susan Allen | ISBN 978-3-8382-1057-5

172 *Maria Shagina* | Joining a Prestigious Club. Cooperation with Europarties and Its Impact on Party Development in Georgia, Moldova, and Ukraine 2004–2015 | With a foreword by Kataryna Wolczuk | ISBN 978-3-8382-1084-1

173 *Alexandra Cotofana, James M. Nyce (Eds.)* | Religion and Magic in Socialist and Post-Socialist Contexts II. Baltic, Eastern European, and Post-USSR Case Studies | With a foreword by Anita Stasulane | ISBN 978-3-8382-0990-6

174 *Barbara Kunz* | Kind Words, Cruise Missiles, and Everything in Between. The Use of Power Resources in U.S. Policies towards Poland, Ukraine, and Belarus 1989–2008 | With a foreword by William Hill | ISBN 978-3-8382-1065-0

175 *Eduard Klein* | Bildungskorruption in Russland und der Ukraine. Eine komparative Analyse der Performanz staatlicher Antikorruptionsmaßnahmen im Hochschulsektor am Beispiel universitärer Aufnahmeprüfungen | Mit einem Vorwort von Heiko Pleines | ISBN 978-3-8382-0995-1

176 *Markus Soldner* | Politischer Kapitalismus im postsowjetischen Russland. Die politische, wirtschaftliche und mediale Transformation in den 1990er Jahren | Mit einem Vorwort von Wolfgang Ismayr | ISBN 978-3-8382-1222-7

177 *Anton Oleinik* | Building Ukraine from Within. A Sociological, Institutional, and Economic Analysis of a Nation-State in the Making | ISBN 978-3-8382-1150-3

178 *Peter Rollberg, Marlene Laruelle (Eds.)* | Mass Media in the Post-Soviet World. Market Forces, State Actors, and Political Manipulation in the Informational Environment after Communism | ISBN 978-3-8382-1116-9

179 *Mikhail Minakov* | Development and Dystopia. Studies in Post-Soviet Ukraine and Eastern Europe | With a foreword by Alexander Etkind | ISBN 978-3-8382-1112-1

180 *Aijan Sharshenova* | The European Union's Democracy Promotion in Central Asia. A Study of Political Interests, Influence, and Development in Kazakhstan and Kyrgyzstan in 2007–2013 | With a foreword by Gordon Crawford | ISBN 978-3-8382-1151-0

181 *Andrey Makarychev, Alexandra Yatsyk (Eds.)* | Boris Nemtsov and Russian Politics. Power and Resistance | With a foreword by Zhanna Nemtsova | ISBN 978-3-8382-1122-0

182 *Sophie Falsini* | The Euromaidan's Effect on Civil Society. Why and How Ukrainian Social Capital Increased after the Revolution of Dignity | With a foreword by Susann Worschech | ISBN 978-3-8382-1131-2

183 *Valentyna Romanova, Andreas Umland (Eds.)* | Ukraine's Decentralization. Challenges and Implications of the Local Governance Reform after the Euromaidan Revolution | ISBN 978-3-8382-1162-6

184 *Leonid Luks* | A Fateful Triangle. Essays on Contemporary Russian, German and Polish History | ISBN 978-3-8382-1143-5

185 *John B. Dunlop* | The February 2015 Assassination of Boris Nemtsov and the Flawed Trial of his Alleged Killers. An Exploration of Russia's "Crime of the 21st Century" | ISBN 978-3-8382-1188-6

186 *Vasile Rotaru* | Russia, the EU, and the Eastern Partnership. Building Bridges or Digging Trenches? | ISBN 978-3-8382-1134-3

187 *Marina Lebedeva* | Russian Studies of International Relations. From the Soviet Past to the Post-Cold-War Present | With a foreword by Andrei P. Tsygankov | ISBN 978-3-8382-0851-0

188 *Tomasz Stępniewski, George Soroka (Eds.)* | Ukraine after Maidan. Revisiting Domestic and Regional Security | ISBN 978-3-8382-1075-9

189 *Petar Cholakov* | Ethnic Entrepreneurs Unmasked. Political Institutions and Ethnic Conflicts in Contemporary Bulgaria | ISBN 978-3-8382-1189-3

190 *A. Salem, G. Hazeldine, D. Morgan (Eds.)* | Higher Education in Post-Communist States. Comparative and Sociological Perspectives | ISBN 978-3-8382-1183-1

191 *Igor Torbakov* | After Empire. Nationalist Imagination and Symbolic Politics in Russia and Eurasia in the Twentieth and Twenty-First Century | With a foreword by Serhii Plokhy | ISBN 978-3-8382-1217-3

192 *Aleksandr Burakovskiy* | Jewish-Ukrainian Relations in Late and Post-Soviet Ukraine. Articles, Lectures and Essays from 1986 to 2016 | ISBN 978-3-8382-1210-4

193 *Natalia Shapovalova, Olga Burlyuk (Eds.)* | Civil Society in Post-Euromaidan Ukraine. From Revolution to Consolidation | With a foreword by Richard Youngs | ISBN 978-3-8382-1216-6

194 *Franz Preissler* | Positionsverteidigung, Imperialismus oder Irredentismus? Russland und die „Russischsprachigen", 1991–2015 | ISBN 978-3-8382-1262-3

195 *Marian Madeła* | Der Reformprozess in der Ukraine 2014-2017. Eine Fallstudie zur Reform der öffentlichen Verwaltung | Mit einem Vorwort von Martin Malek | ISBN 978-3-8382-1266-1

196 *Anke Giesen* | „Wie kann denn der Sieger ein Verbrecher sein?" Eine diskursanalytische Untersuchung der russlandweiten Debatte über Konzept und Verstaatlichungsprozess der Lagergedenkstätte „Perm'-36" im Ural | ISBN 978-3-8382-1284-5

197 *Victoria Leukavets* | The Integration Policies of Belarus and Ukraine vis-à-vis the EU and Russia. A Comparative Analysis Through the Prism of a Two-Level Game Approach | ISBN 978-3-8382-1247-0

198 *Oksana Kim* | The Development and Challenges of Russian Corporate Governance I. The Roles and Functions of Boards of Directors | With a foreword by Sheila M. Puffer | ISBN 978-3-8382-1287-6

199 *Thomas D. Grant* | International Law and the Post-Soviet Space I. Essays on Chechnya and the Baltic States | With a foreword by Stephen M. Schwebel | ISBN 978-3-8382-1279-1

200 *Thomas D. Grant* | International Law and the Post-Soviet Space II. Essays on Ukraine, Intervention, and Non-Proliferation | ISBN 978-3-8382-1280-7

201 *Slavomír Michálek, Michal Štefansky* | The Age of Fear. The Cold War and Its Influence on Czechoslovakia 1945–1968 | ISBN 978-3-8382-1285-2

202 *Iulia-Sabina Joja* | Romania's Strategic Culture 1990–2014. Continuity and Change in a Post-Communist Country's Evolution of National Interests and Security Policies | With a foreword by Heiko Biehl | ISBN 978-3-8382-1286-9

203 *Andrei Rogatchevski, Yngvar B. Steinholt, Arve Hansen, David-Emil Wickström* | War of Songs. Popular Music and Recent Russia-Ukraine Relations | With a foreword by Artemy Troitsky | ISBN 978-3-8382-1173-2

204 *Maria Lipman (Ed.)* | Russian Voices on Post-Crimea Russia. An Almanac of Counterpoint Essays from 2015–2018 | ISBN 978-3-8382-1251-7

205 *Ksenia Maksimovtsova* | Language Conflicts in Contemporary Estonia, Latvia, and Ukraine. A Comparative Exploration of Discourses in Post-Soviet Russian-Language Digital Media | With a foreword by Ammon Cheskin | ISBN 978-3-8382-1282-1

206 *Michal Vít* | The EU's Impact on Identity Formation in East-Central Europe between 2004 and 2013. Perceptions of the Nation and Europe in Political Parties of the Czech Republic, Poland, and Slovakia | With a foreword by Andrea Petö | ISBN 978-3-8382-1275-3

207 *Per A. Rudling* | Tarnished Heroes. The Organization of Ukrainian Nationalists in the Memory Politics of Post-Soviet Ukraine | ISBN 978-3-8382-0999-9

208 *Kaja Gadowska, Peter Solomon (Eds.)* | Legal Change in Post-Communist States. Progress, Reversions, Explanations | ISBN 978-3-8382-1312-5

209 *Pawel Kowal, Georges Mink, Iwona Reichardt (Eds.)* | Three Revolutions: Mobilization and Change in Contemporary Ukraine I. Theoretical Aspects and Analyses on Religion, Memory, and Identity | ISBN 978-3-8382-1321-7

210 *Pawel Kowal, Georges Mink, Adam Reichardt, Iwona Reichardt (Eds.)* | Three Revolutions: Mobilization and Change in Contemporary Ukraine II. An Oral History of the Revolution on Granite, Orange Revolution, and Revolution of Dignity | ISBN 978-3-8382-1323-1

211 *Li Bennich-Björkman, Sergiy Kurbatov (Eds.)* | When the Future Came. The Collapse of the USSR and the Emergence of National Memory in Post-Soviet History Textbooks | ISBN 978-3-8382-1335-4

212 *Olga R. Gulina* | Migration as a (Geo-)Political Challenge in the Post-Soviet Space. Border Regimes, Policy Choices, Visa Agendas | With a foreword by Nils Muižnieks | ISBN 978-3-8382-1338-5

213 *Sanna Turoma, Kaarina Aitamurto, Slobodanka Vladiv-Glover (Eds.)* | Religion, Expression, and Patriotism in Russia. Essays on Post-Soviet Society and the State. ISBN 978-3-8382-1346-0

214 *Vasif Huseynov* | Geopolitical Rivalries in the "Common Neighborhood". Russia's Conflict with the West, Soft Power, and Neoclassical Realism | With a foreword by Nicholas Ross Smith | ISBN 978-3-8382-1277-7

215 *Mikhail Suslov* | Geopolitical Imagination. Ideology and Utopia in Post-Soviet Russia | With a foreword by Mark Bassin | ISBN 978-3-8382-1361-3

216 *Alexander Etkind, Mikhail Minakov (Eds.)* | Ideology after Union. Political Doctrines, Discourses, and Debates in Post-Soviet Societies | ISBN 978-3-8382-1388-0

217 *Jakob Mischke, Oleksandr Zabirko (Hgg.)* | Protestbewegungen im langen Schatten des Kreml. Aufbruch und Resignation in Russland und der Ukraine | ISBN 978-3-8382-0926-5

218 *Oksana Huss* | How Corruption and Anti-Corruption Policies Sustain Hybrid Regimes. Strategies of Political Domination under Ukraine's Presidents in 1994-2014 | With a foreword by Tobias Debiel and Andrea Gawrich | ISBN 978-3-8382-1430-6

219 *Dmitry Travin, Vladimir Gel'man, Otar Marganiya* | The Russian Path. Ideas, Interests, Institutions, Illusions | With a foreword by Vladimir Ryzhkov | ISBN 978-3-8382-1421-4

220 *Gergana Dimova* | Political Uncertainty. A Comparative Exploration | With a foreword by Todor Yalamov and Rumena Filipova | ISBN 978-3-8382-1385-9

221 *Torben Waschke* | Russland in Transition. Geopolitik zwischen Raum, Identität und Machtinteressen | Mit einem Vorwort von Andreas Dittmann | ISBN 978-3-8382-1480-1

222 *Steven Jobbitt, Zsolt Bottlik, Marton Berki (Eds.)* | Power and Identity in the Post-Soviet Realm. Geographies of Ethnicity and Nationality after 1991 | ISBN 978-3-8382-1399-6

223 *Daria Buteiko* | Erinnerungsort. Ort des Gedenkens, der Erholung oder der Einkehr? Kommunismus-Erinnerung am Beispiel der Gedenkstätte Berliner Mauer sowie des Soloveckij-Klosters und -Museumsparks | ISBN 978-3-8382-1367-5

224 *Olga Bertelsen (Ed.)* | Russian Active Measures. Yesterday, Today, Tomorrow | With a foreword by Jan Goldman | ISBN 978-3-8382-1529-7

225 *David Mandel* | "Optimizing" Higher Education in Russia. University Teachers and their Union "Universitetskaya solidarnost'" | ISBN 978-3-8382-1519-8

226 *Mikhail Minakov, Gwendolyn Sasse, Daria Isachenko (Eds.)* | Post-Soviet Secessionism. Nation-Building and State-Failure after Communism | ISBN 978-3-8382-1538-9

227 *Jakob Hauter (Ed.)* | Civil War? Interstate War? Hybrid War? Dimensions and Interpretations of the Donbas Conflict in 2014–2020 | With a foreword by Andrew Wilson | ISBN 978-3-8382-1383-5

228 *Tima T. Moldogaziev, Gene A. Brewer, J. Edward Kellough (Eds.)* | Public Policy and Politics in Georgia. Lessons from Post-Soviet Transition | With a foreword by Dan Durning | ISBN 978-3-8382-1535-8

229 *Oxana Schmies (Ed.)* | NATO's Enlargement and Russia. A Strategic Challenge in the Past and Future | With a foreword by Vladimir Kara-Murza | ISBN 978-3-8382-1478-8

230 *Christopher Ford* | Ukapisme – Une Gauche perdue. Le marxisme anti-colonial dans la révolution ukrainienne 1917-1925 | Avec une préface de Vincent Présumey | ISBN 978-3-8382-0899-2

231 *Anna Kutkina* | Between Lenin and Bandera. Decommunization and Multivocality in Post-Euromaidan Ukraine | With a foreword by Juri Mykkänen | ISBN 978-3-8382-1506-8

232 *Lincoln E. Flake* | Defending the Faith. The Russian Orthodox Church and the Demise of Religious Pluralism | With a foreword by Peter Martland | ISBN 978-3-8382-1378-1

233 *Nikoloz Samkharadze* | Russia's Recognition of the Independence of Abkhazia and South Ossetia. Analysis of a Deviant Case in Moscow's Foreign Policy | With a foreword by Neil MacFarlane | ISBN 978-3-8382-1414-6

234 *Arve Hansen* | Urban Protest. A Spatial Perspective on Kyiv, Minsk, and Moscow | With a foreword by Julie Wilhelmsen | ISBN 978-3-8382-1495-5

235 *Eleonora Narvselius, Julie Fedor (Eds.)* | Diversity in the East-Central European Borderlands. Memories, Cityscapes, People | ISBN 978-3-8382-1523-5

236 *Regina Elsner* | The Russian Orthodox Church and Modernity. A Historical and Theological Investigation into Eastern Christianity between Unity and Plurality | With a foreword by Mikhail Suslov | ISBN 978-3-8382-1568-6

237 *Bo Petersson* | The Putin Predicament. Problems of Legitimacy and Succession in Russia | With a foreword by J. Paul Goode | ISBN 978-3-8382-1050-6

238 *Jonathan Otto Pohl* | The Years of Great Silence. The Deportation, Special Settlement, and Mobilization into the Labor Army of Ethnic Germans in the USSR, 1941–1955 | ISBN 978-3-8382-1630-0

239 *Mikhail Minakov (Ed.)* | Inventing Majorities. Ideological Creativity in Post-Soviet Societies | ISBN 978-3-8382-1641-6

240 *Robert M. Cutler* | Soviet and Post-Soviet Foreign Policies I. East-South Relations and the Political Economy of the Communist Bloc, 1971–1991 | With a foreword by Roger E. Kanet | ISBN 978-3-8382-1654-6

241 *Izabella Agardi* | On the Verge of History. Life Stories of Rural Women from Serbia, Romania, and Hungary, 1920–2020 | With a foreword by Andrea Pető | ISBN 978-3-8382-1602-7

242 *Sebastian Schäffer (Ed.)* | Ukraine in Central and Eastern Europe. Kyiv's Foreign Affairs and the International Relations of the Post-Communist Region | With a foreword by Pavlo Klimkin and Andreas Umland| ISBN 978-3-8382-1615-7

243 *Volodymyr Dubrovskyi, Kalman Mizsei, Mychailo Wynnyckyj (Eds.)* | Eight Years after the Revolution of Dignity. What Has Changed in Ukraine during 2013–2021? | With a foreword by Yaroslav Hrytsak | ISBN 978-3-8382-1560-0

244 *Rumena Filipova* | Constructing the Limits of Europe Identity and Foreign Policy in Poland, Bulgaria, and Russia since 1989 | With forewords by Harald Wydra and Gergana Yankova-Dimova | ISBN 978-3-8382-1649-2

245 *Oleksandra Keudel* | How Patronal Networks Shape Opportunities for Local Citizen Participation in a Hybrid Regime A Comparative Analysis of Five Cities in Ukraine | With a foreword by Sabine Kropp | ISBN 978-3-8382-1671-3

246 *Jan Claas Behrends, Thomas Lindenberger, Pavel Kolar (Eds.)* | Violence after Stalin Institutions, Practices, and Everyday Life in the Soviet Bloc 1953–1989 | ISBN 978-3-8382-1637-9

247 *Leonid Luks* | Macht und Ohnmacht der Utopien Essays zur Geschichte Russlands im 20. und 21. Jahrhundert | ISBN 978-3-8382-1677-5

248 *Iuliia Barshadska* | Brüssel zwischen Kyjiw und Moskau Das auswärtige Handeln der Europäischen Union im ukrainisch-russischen Konflikt 2014-2019 | Mit einem Vorwort von Olaf Leiße | ISBN 978-3-8382-1667-6

249 *Valentyna Romanova* | Decentralisation and Multilevel Elections in Ukraine Reform Dynamics and Party Politics in 2010–2021 | With a foreword by Kimitaka Matsuzato | ISBN 978-3-8382-1700-0

250 *Alexander Motyl* | National Questions. Theoretical Reflections on Nations and Nationalism in Eastern Europe | ISBN 978-3-8382-1675-1

251 *Marc Dietrich* | A Cosmopolitan Model for Peacebuilding. The Ukrainian Cases of Crimea and the Donbas | With a foreword by Rémi Baudouï | ISBN 978-3-8382-1687-4

252 *Eduard Baidaus* | An Unsettled Nation. Moldova in the Geopolitics of Russia, Romania, and Ukraine | With forewords by John-Paul Himka and David R. Marples | ISBN 978-3-8382-1582-2

253 *Igor Okunev, Petr Oskolkov (Eds.)* | Transforming the Administrative Matryoshka. The Reform of Autonomous Okrugs in the Russian Federation, 2003–2008 | With a foreword by Vladimir Zorin | ISBN 978-3-8382-1721-5

254 *Winfried Schneider-Deters* | Ukraine's Fateful Years 2013–2019. Vol. I: The Popular Uprising in Winter 2013/2014 | ISBN 978-3-8382-1725-3

255 *Winfried Schneider-Deters* | Ukraine's Fateful Years 2013–2019. Vol. II: The Annexation of Crimea and the War in Donbas | ISBN 978-3-8382-1726-0

256 *Robert M. Cutler* | Soviet and Post-Soviet Russian Foreign Policies II. East-West Relations in Europe and the Political Economy of the Communist Bloc, 1971–1991 | With a foreword by Roger E. Kanet | ISBN 978-3-8382-1727-7

257 *Robert M. Cutler* | Soviet and Post-Soviet Russian Foreign Policies III. East-West Relations in Europe and Eurasia in the Post-Cold War Transition, 1991–2001 | With a foreword by Roger E. Kanet | ISBN 978-3-8382-1728-4

258 *Paweł Kowal, Iwona Reichardt, Kateryna Pryshchepa (Eds.)* | Three Revolutions: Mobilization and Change in Contemporary Ukraine III. Archival Records and Historical Sources on the 1990 Revolution on Granite | ISBN 978-3-8382-1376-7

259 *Mikhail Minakov (Ed.)* | Philosophy Unchained. Developments in Post-Soviet Philosophical Thought. | With a foreword by Christopher Donohue | ISBN 978-3-8382-1768-0

260 *David Dalton* | The Ukrainian Oligarchy After the Euromaidan How Ukraine's Political Economy Regime Survived the Crisis | With a foreword by Andrew Wilson | ISBN 978-3-8382-1740-6

261 *Andreas Heinemann-Grüder (Ed.)* | Who Are the Fighters? Irregular Armed Groups in the Russian-Ukrainian War since 2014 | ISBN 978-3-8382-1777-2

262 *Taras Kuzio (Ed.)* | Russian Disinformation and Western Scholarship. Bias and Prejudice in Journalistic, Expert, and Academic Analyses of East European, Russian and Eurasian Affairs | ISBN 978-3-8382-1685-0

263 *Darius Furmonavicius* | LithuaniaTransforms the West. Lithuania's Liberation from Soviet Occupation and the Enlargement of NATO (1988–2022) | With a foreword by Vytautas Landsbergis | ISBN 978-3-8382-1779-6

264 *Dirk Dalberg* | Politisches Denken im tschechoslowakischen Dissens. Egon Bondy, Miroslav Kusý, Milan Šimečka und Petr Uhl (1968-1989) | ISBN 978-3-8382-1318-7

265 *Леонид Люкс* | К столетию «философского парохода». Мыслители «первой» русской эмиграции о русской революции и о тоталитарных соблазнах XX века | ISBN 978-3-8382-1775-8

266 *Daviti Mtchedlishvili* | The EU and the South Caucasus. European Neighborhood Policies between Eclecticism and Pragmatism, 1991-2021 | With a foreword by Nicholas Ross Smith | ISBN 978-3-8382-1735-2

267 *Bohdan Harasymiw* | Post-Euromaidan Ukraine. Domestic Power Struggles and War of National Survival in 2014–2022 | ISBN 978-3-8382-1798-7

268 *Nadiia Koval, Denys Tereshchenko (Eds.)* | Russian Cultural Diplomacy under Putin. Rossotrudnichestvo, the "Russkiy Mir" Foundation, and the Gorchakov Fund in 2007–2022 | ISBN 978-3-8382-1801-4

269 *Izabela Kazejak* | Jews in Post-War Wrocław and L'viv. Official Policies and Local Responses in Comparative Perspective, 1945-1970s | ISBN 978-3-8382-1802-1

270 *Jakob Hauter* | Russia's Overlooked Invasion. The Causes of the 2014 Outbreak of War in Ukraine's Donbas | With a foreword by Hiroaki Kuromiya | ISBN 978-3-8382-1803-8

271 *Anton Shekhovtsov* | Russian Political Warfare. Essays on Kremlin Propaganda in Europe and the Neighbourhood, 2020-2023 | With a foreword by Nathalie Loiseau | ISBN 978-3-8382-1821-2

272 *Андреа Пето* | Насилие и Молчание. Красная армия в Венгрии во Второй Мировой войне | ISBN 978-3-8382-1636-2

273 *Winfried Schneider-Deters* | Russia's War in Ukraine. Debates on Peace, Fascism, and War Crimes, 2022–2023 | With a foreword by Klaus Gestwa | ISBN 978-3-8382-1876-2

274 *Rasmus Nilsson* | Uncanny Allies. Russia and Belarus on the Edge, 2012-2024 | ISBN 978-3-8382-1288-3

275 *Anton Grushetskyi, Volodymyr Paniotto* | War and the Transformation of Ukrainian Society (2022–23). Empirical Evidence | ISBN 978-3-8382-1944-8

276 *Christian Kaunert, Alex MacKenzie, Adrien Nonjon (Eds.)* | In the Eye of the Storm. Origins, Ideology, and Controversies of the Azov Brigade, 2014–23 | ISBN 978-3-8382-1750-5

277 *Gian Marco Moisé* | The House Always Wins. The Corrupt Strategies that Shaped Kazakh Oil Politics and Business in the Nazarbayev Era | With a foreword by Alena Ledeneva | ISBN 978-3-8382-1917-2

278 *Mikhail Minakov* | The Post-Soviet Human | Philosophical Reflections on Social History after the End of Communism | ISBN 978-3-8382-1943-1

279 *Natalia Kudriavtseva, Debra A. Friedman (Eds.)* | Language and Power in Ukraine and Kazakhstan. Essays on Education, Ideology, Literature, Practice, and the Media | With a foreword by Laada Bilaniuk | ISBN 978-3-8382-1949-3

280 *Paweł Kowal, Georges Mink, Iwona Reichardt (Eds.)* | The End of the Soviet World? Essays on Post-Communist Political and Social Change | With a foreword by Richardt Butterwick-Pawlikowski | ISBN 978-3-8382-1961-5

281 *Kateryna Zarembo, Michèle Knodt, Maksym Yakovlyev (Eds.)* | Teaching IR in Wartime. Experiences of University Lecturers during Russia's Full-Scale Invasion of Ukraine | ISBN 978-3-8382-1954-7

282 *Oleksiy V. Kresin* | The United Nations General Assembly Resolutions. Their Nature and Significance in the Context of the Russian War Against Ukraine | Edited by William E. Butler | ISBN 978-3-8382-1967-7

283 *Jakob Hauter* | Russlands unbemerkte Invasion. Die Ursachen des Kriegsausbruchs im ukrainischen Donbas im Jahr 2014 | Mit einem Vorwort von Hiroaki Kuromiya | ISBN 978-3-8382-2003-1

„Dieses exzellente, akribisch recherchierte Buch hat Gewicht. Es liefert nicht nur neue, auf forensischer Analyse basierende Erkenntnisse über die Eskalation der Gewalt in der ukrainischen Donbas-Region im Jahr 2014, sondern betritt auch methodisches Neuland: Es zeigt, wie Prozessanalyse und die Nutzung digitaler Informationen aus öffentlichen Quellen in konsequenter Weise kombiniert werden können, um die mit der Recherche von Informationen im Umfeld bewaffneter Konflikte verbundenen Herausforderungen zu bewältigen. *Russlands unbemerkte Invasion* bringt dringend benötigte Transparenz in ein undurchsichtiges, aber wichtiges Thema."

—Ben Noble,
Associate Professor für russische Politik, UCL SSEES

„Die meisten bisherigen Arbeiten zum Krieg in der Ostukraine sind nicht über Allgemeinplätze hinausgekommen. Hauter nutzt digitale Informationen aus öffentlichen Quellen für eine forensische Analyse, in der er die Ereignisse, die zum Krieg führten, in sechs kritische Wendepunkte aufgliedert, von denen Russland in vier Fällen als Hauptakteur identifiziert wird. Ohne Russland hätte es außerdem keine zwingende Entwicklung durch die sechs Phasen gegeben, und ein eindämmbarer Konflikt wäre nicht zu einem heißen Krieg geworden."

—Andrew Wilson,
Professor für Ukrainestudien, UCL SSEES

Das vorliegende Buch ist die vom Autor selbst angefertigte Übersetzung der englischen Originalausgabe *Russia's Overlooked Invasion: The Causes of the 2014 Outbreak of War in Ukraine's Donbas*.

***ibidem**.eu*

FSC
www.fsc.org
MIX
Papier | Fördert gute Waldnutzung
FSC® C083411

Zeitfracht Medien GmbH
Ferdinand-Jühlke-Straße 7
99095 Erfurt, Deutschland
produktsicherheit@kolibri360.de